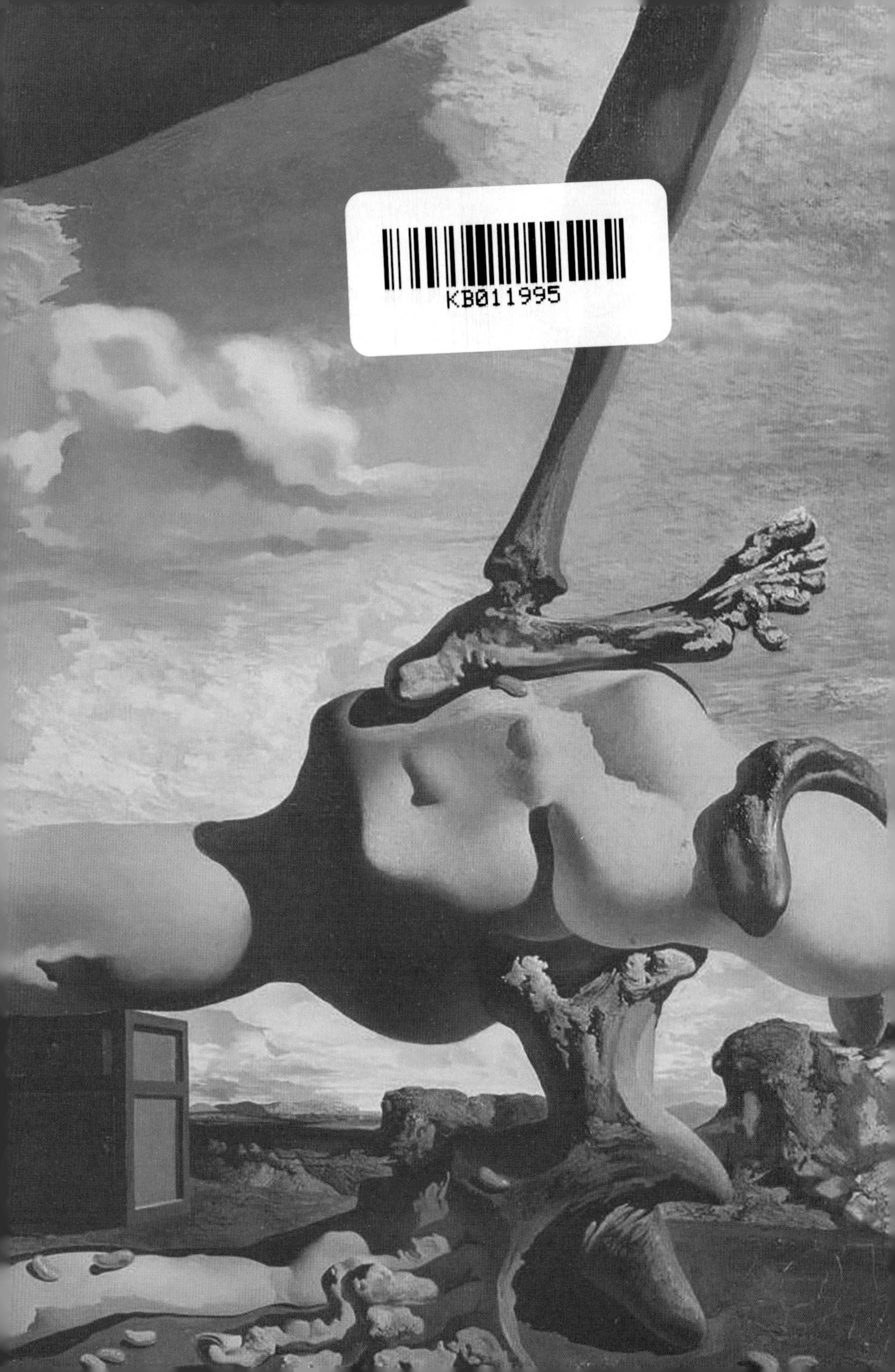

부숴라. 고색창연한 도시들을 부숴라.
무자비하게!

— 미래주의 선언

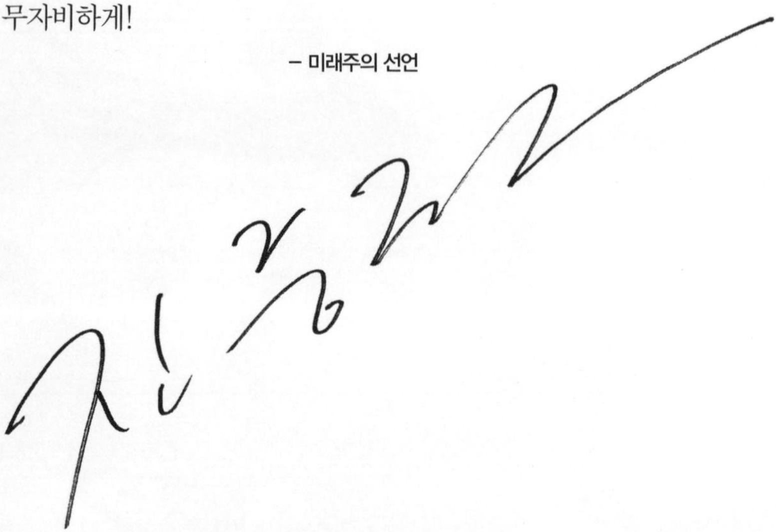

Modernism

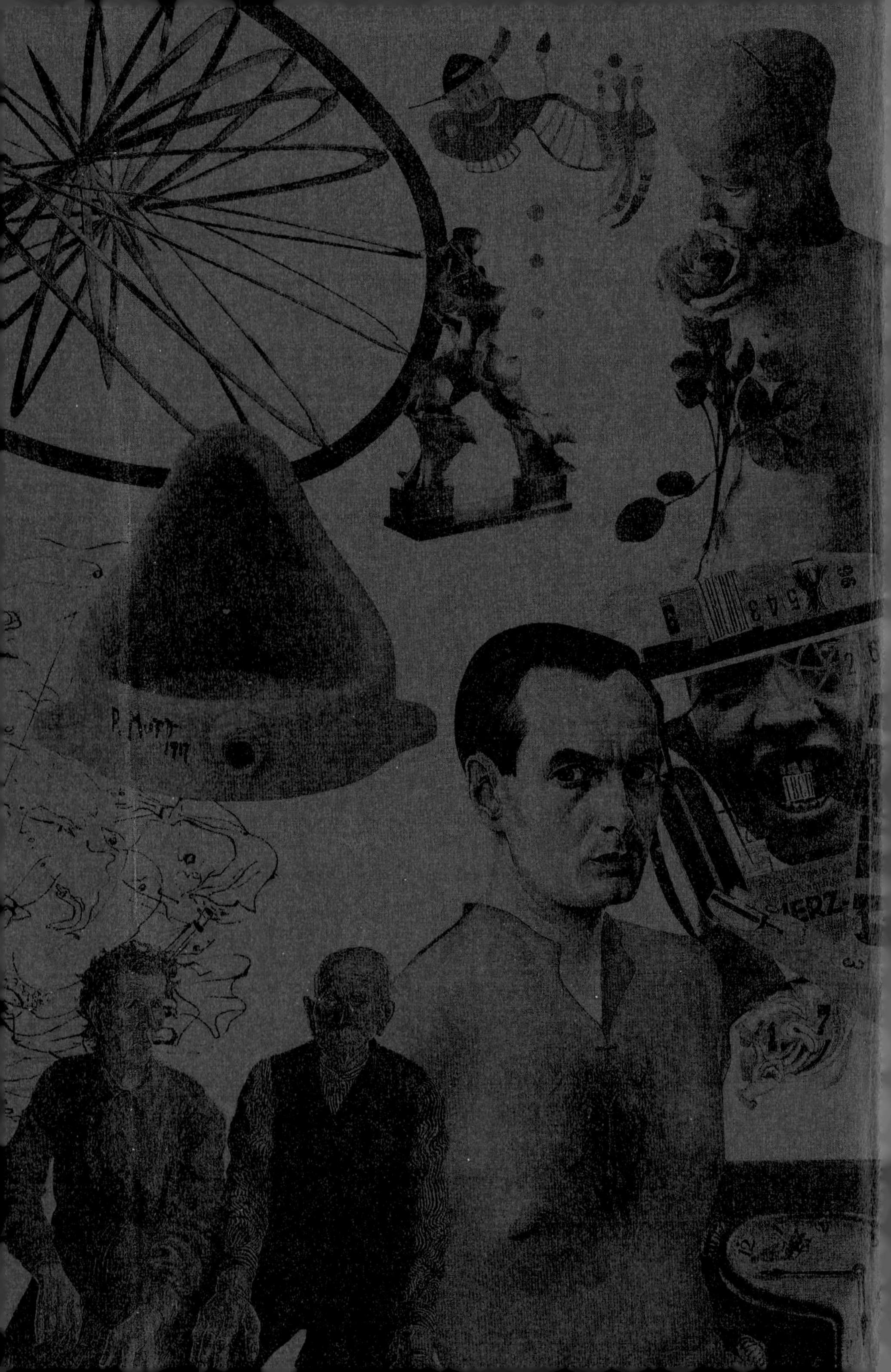

진중권의 서양미술사 | 모더니즘

Modernism

Humanist

| 지은이의 말 |

아방가르드의 시대

여기에서는 미술사에서 가장 위대한 시대 중 하나였던 20세기 초반 아방가르드 예술운동의 역사를 다룬다. 20세기에 등장한 예술운동은 저마다 선언과 강령을 발표하며 정당운동을 방불케 하는 정치적 수사를 구사하곤 했다. 미술사학의 중요한 논문과 저작을 중심으로 19세기까지의 미술사를 요약한 '고전예술'에 이어, 이번의 '모더니즘'에서는 주로 '예술가 진술(artist statement)', 즉 예술가들의 강령과 선언을 중심으로 아방가르드 예술의 본질을 추적할 것이다. 작품을 작가의 '의도'로 환원시키는 데는 이른바 '의도주의의 오류(intentionalist fallacy)'의 위험이 따르지만, 예술가의 의도를 이해하는 것이야말로 작품을 이해하는 데 빼놓을 수 없는 중요한 요인이라는 것에는 이견이 없을 것이다.

'고전예술'의 말미에서 예고한 대로, '모더니즘'에서는 현대예술에 대한 한스 제들마이어의 분석으로 시작한다. 18세기까지만 하더라도

'양식'은 길게는 수백 년, 짧게는 수십 년간 지속되는 안정적인 조형의 형식이었다. 하지만 19세기 말부터 양식의 수명이 점차 짧아지다가, 20세기에 들어오면 자고 일어나면 새로운 양식이 하나씩 태어난다고 말할 정도로 혼란한 양상을 보이게 된다. 짧은 시간 존속하다가 곧 다른 것들로 교체되는 복수의 양식들의 어지러운 공존, 그것이 바로 '모던'이라는 시대의 특징이기도 하다. 제들마이어는 현대예술의 풍경을 구성하는 이 복잡한 흐름들을 크게 네 가지 근원 충동으로 분류한다. '순수성의 추구, 근원을 향한 열망, 광기에 대한 호기심, 기술적 구축의 의지'가 그것이다.

비록 의도한 것은 아니지만, 《서양미술사》 '모더니즘'의 차례는 결과적으로 제들마이어의 분류와 대략 일치하게 됐다. 1장에서 4장까지는 '순수성의 추구', 즉 추상으로 향하는 운동을 살펴보게 된다. 5장과 6장은 '근원을 향한 열망', 즉 현대미술에 나타난 표현주의적 경향을 다루고, 7장과 8장에서는 현대예술의 비합리주의적 흐름, 특히 광기와 부조리에 대한 현대예술의 관심을 다루게 된다. 이어지는 9장 신즉물주의를 중심으로 현대예술에 일시적으로 나타난 복고적 경향, 즉 1920년대에 일어난 사실주의로의 복귀('질서로의 소환')를 다루게 된다. 마지막으로 10~12장에서는 구축주의, 데스테일, 바우하우스 등을 중심으로 현대예술에 나타난 '기술적 구축의 의지'를 살펴보게 될 것이다.

6장에서 다루는 이탈리아 미래주의는 '기술적 구축의 의지' 속에 배치할 수도 있을 것이다. 미래주의는 기술과 기계를 거의 맹목적으로 찬양했기 때문이다. 하지만 의외로 미래주의자들의 화면에서 현대적인 기계나 기술의 이미지는 그리 많이 나타나지 않는다. 게다가 구축주의,

데스테일, 바우하우스와 달리 미래주의자들은 예술적 조형에 산업적 수단을 도입하는 데는 이르지 못했다. 비록 문명 속에서 잃어버린 근원, 즉 원시적 순수성에 대한 열망 따위는 이 기술의 예찬자들과 거리가 멀지만, 미래주의자들의 정서에는 표현주의자들의 그것 못지않게 강렬한 비합리적 파토스가 흐른다. 미래주의 퍼포먼스가 다다이즘에 영향을 준 것은 이 때문일 것이다.

본문의 앞뒤로 '들어가기'와 '나가기'를 배치했다. '들어가기—현대예술의 혁명'은 1957년에 출간된 한스 제들마이어의 《현대예술의 혁명》의 내용을 요약한 것으로, 본격적 독해에 앞서 복잡한 현대예술의 개관을 제공하기 위한 것이다. 이 부분이 어렵게 느껴지는 분은 건너뛰어 본문으로 넘어갔다가 나중에 돌아와 읽기를 권한다. 제들마이어의 저서는 현대예술의 논리에 내재된 모순에 대한 정교한 비판을 담고 있어, 현대예술에 적대적인 그의 태도에도 불구하고, 현대예술을 이해하는 데 커다란 도움이 될 것이다. '나가기—아방가르드의 이론들'에서는 현대예술을 둘러싸고 벌어진 논쟁을 짚어보게 된다. 이 논쟁은 아방가르드 운동이 가진 여러 측면을 분명하게 드러내준다.

집필에 몰두하는 시기에 찾아와 지친 마음을 위로해준 마르셀 뒤샹에게 특별히 감사한 마음을 전하고 싶다. 뒤샹은 집필실로 사용하던 휴머니스트 구(舊)사옥으로 찾아왔던 모양이다. 마르셀 뒤샹에 관해 쓰다가 처음 만났기에 주인 없는 고양이가 그의 이름을 물려받았다. 매일 아침 나타나 통조림 하나씩을 조공 받아 갔지만, 유감스럽게도 그사이에 구사옥이 헐리는 바람에 더 이상 만날 수가 없게 되었다. 새끼까지 낳은 모양인데, 이 장맛비에 밥이나 제대로 챙겨먹는지 걱정이다. 이 책을 집필하는 동안 유일한 위안이 되어준 뒤샹에게 바친다.

| 차례 |

7

다다이즘 1916

부조리와 무의미의 예술

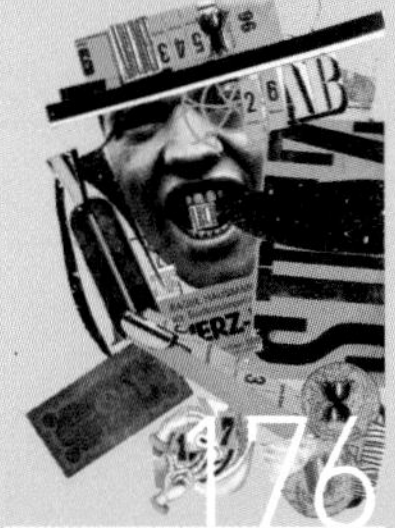

176

8

초현실주의 1924

현실 속의 경이로움

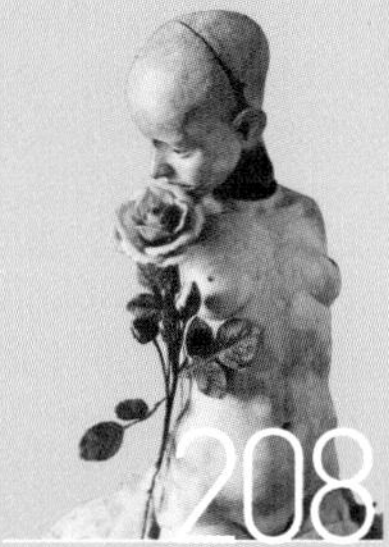

208

9

신즉물주의 1925

냉정한 현실의 질서

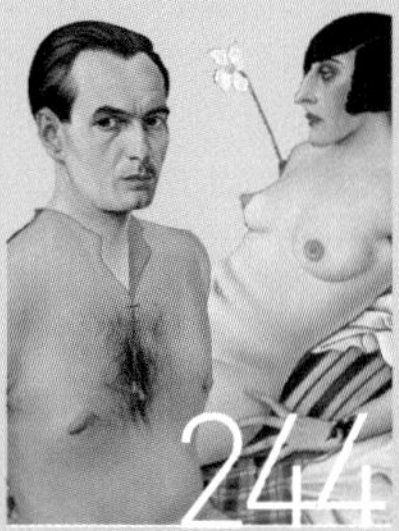

244

10

구축주의 1911

삶을 구축하는 혁명의 예술

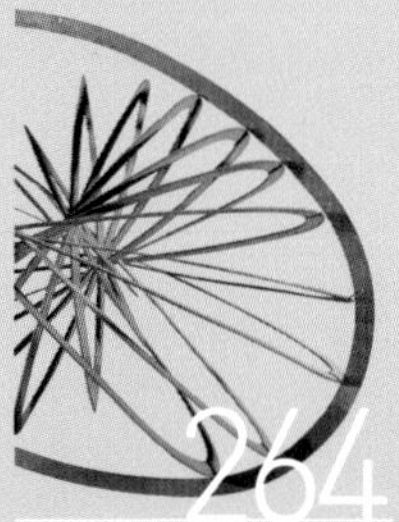

264

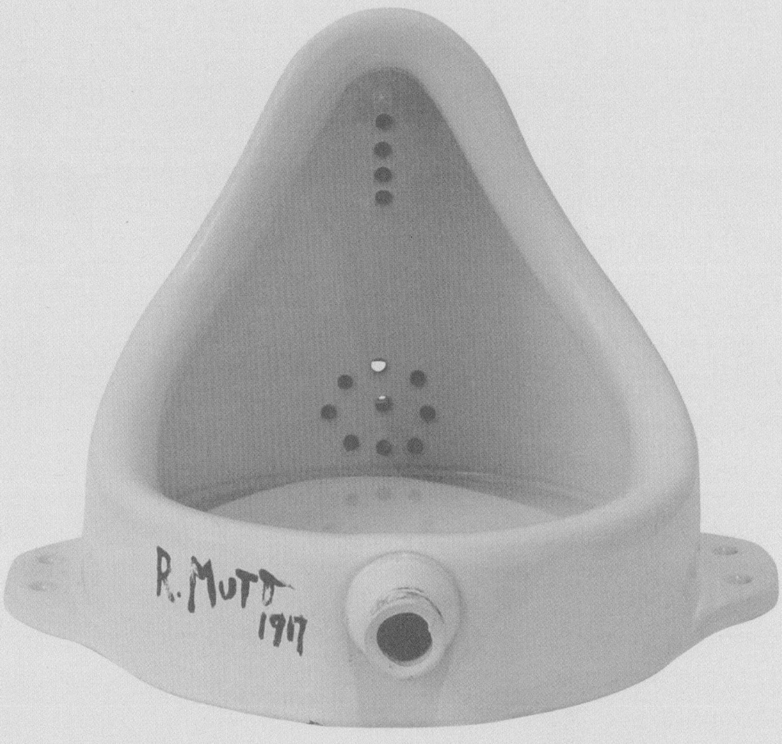
R. MUTT
1917

진중권의 서양미술사 | 모더니즘

Modernism

들어가기

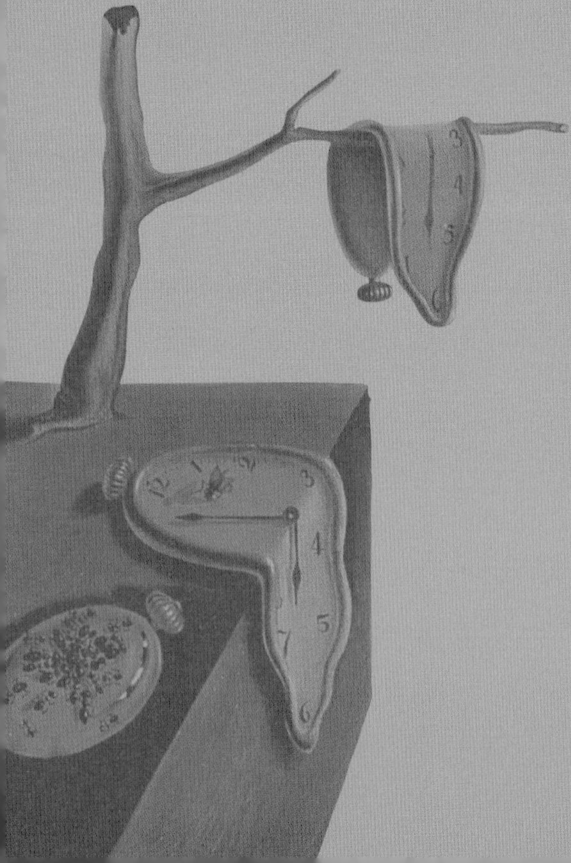

현대예술의 혁명

한스 제들마이어는 문화보수주의자로서 현대예술에 날카로운 비판의 칼날을 들이댄다. 그는 현대예술을 추동해온 네 가지 근원 현상을 끄집어내어, 그 각각의 논리를 냉정하게 분석한다. 제들마이어가 보기에 현대예술의 네 가지 기획은 어느 것이든 자기모순에 빠져 필연적으로 좌절하게 되어 있다. 현대예술은 혁명을 통해 전통적 가치를 부정했으나 결국 새로운 우상들을 받아들일 수밖에 없었다. 하지만 그 우상들의 숭배도 그들을 구원할 수 없음이 분명해지는 순간 스스로 예술이기를 거부하는 미적 허무주의에 빠져들었다. 제들마이어는 "과거와 연결된 강인한 정신" 만이 이 위기를 극복할 수 있다고 진단한다.

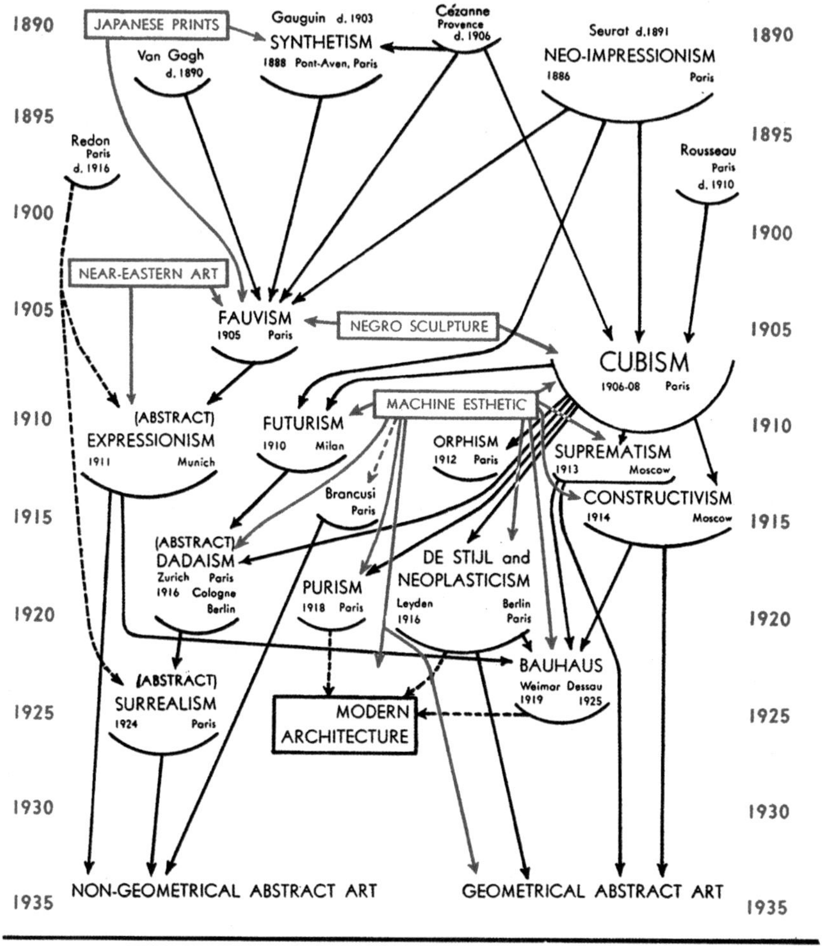

1
앨프레드 바가 '입체주의와 추상예술' 전을 위해 제작한 현대예술 다이어그램, 1936년

충격적인 것을 표현하는 작품은, 그것을 만든 예술적 능력에 감격의 소리밖에 낼 줄 모르는 사람들보다는 그것에 화를 낼지라도 그 충격을 온몸으로 인식하는 사람들이 오히려 더 잘 간파한다.1

현대미술에 비판적인 이들이 그것에 우호적인 이들보다 외려 그것을 더 잘 이해한다는 역설. 이는 아마도 제들마이어 자신에게 해당할 것이다. 현대예술에 익숙한 이들은 그것을 작품으로 보고 지나치지만, 낯설게 느끼는 이들은 거기서 충격을 받는다. 현대예술의 목표가 '감성적 쾌감'이 아니라 '지성적 충격'을 주는 데 있다면, 그 의도된 효과를 제대로 체험한 이들이야말로 그것의 본질을 제대로 간파했다고 할 수 있지 않을까? 그런 의미에서 역사상 가장 급진적이었던 예술운동의 본질은 외려 그것을 불편하게 느끼는 문화보수주의자의 눈에 더 뚜렷하게 보일지도 모른다.

현대예술의 지형

20세기에 들어와 우리는 이루 헤아릴 수 없을 만큼 많은 유파와 양식과 언어를 갖게 됐다. 예전에는 하나의 양식이 종종 수세기 동안 유지되곤 했지만, '모던' 시대에 들어와서는 예술의 양식들이 정신없이 돌아가는 공장의 기계만큼이나 빠른 속도로 나타났다 사라졌다. 20세기 초의 예술운동은 그것을 개관하기 위해 지도학(cartography)이 필요할 정도로 혼란스러웠다. 그리하여 1930년대에 뉴욕 현대미술관의 관장 앨프레드 바는 대중에게 복잡한 현대예술의 풍경을 한눈에 보여주기 위해 도표를 만들었다.[1] 이 현대예술의 지도는 오늘날 마치 "의심과 갈등을 쫓아주는 부적처럼 교과서에 새겨졌다."[2]

물론 그 도표는 완전하지 않다. 먼저 입체주의의 역할이 다소 과대평가되어 있다. 입체주의와 다른 유파들의 관계 역시 표에서처럼 일방적이라기보다는 상호적이었다. 도표에 따르면, 입체주의가 '신인상주의'의 영향을 받았으나 사실 신인상주의와는 그다지 관계가 없었다. 바의 도표는 현대예술의 전개를 (거의 목적론적으로) '추상을 향한 운동'으로 규정하고 있다.[3] 그의 도표에서 현대예술의 모든 흐름은 결국 '비기하학적 추상'과 '기하학적 추상'으로 귀결되고 만다. 이 경우 미국의 미술—가령 잭슨 폴록의 추상표현주의와 바넷 뉴먼의 색면추상—이 이 현대예술의 적자로 등극할 것이다.

앨프레드 바가 현대예술을 개관하기 위해 지도학을 도입했다면, 제들마이어는 같은 목적에 다소 고전적인 분류의 방법을 동원한다. 즉, 현대예술의 그 복잡하고 다양한 현상들을 몇 개의 근원(=뿌리)으로 환원시키는 것이다. 제들마이어에 따르면, 현대예술이라는 복잡한 숲을 이루는 그 모든 가지는 결국 네 개의 "공동의 뿌리"에서 자라 나왔다고 한다. '순수성의 추구, 기술적 구축, 광기의 탐닉, 근원의 탐색'이 그것이다.[4] 이 네 가지를 제들마이어는 현대예술의 '근원 현상'이라고 부른다. 순수, 기술, 광기, 근원. 이것이 20세기의 아방가르드(avant-garde) 운동을 추동해온 네 가지 충동의 이름이다.

순수성을 향하여

그중에서 가장 중요한 것은 역시 '순수성의 추구'일 것이다. "전적으로 순수해지려는" 예술의 충동은 건축에서 제일 먼저 나타났다. 20세기의 건축은 순수해지기 위해 우선 자기에게 속하지 않는 외적 요소들을 배제하기 시작했다. 가령, 회화적-장식적 요소, 상징적-우의적 요소, 의인적(擬人的) 요소, 그리고 대상적 요소 들이 그것이다. 이 모든 것을 제거하면 결국 순수한 건축적 형태, 즉 '입방체와 다면체'만 남을 것이다. 여기서 아무런 장식도, 의미도, 재현도 없이 세 개의 공간적 축으로만 이루어진 순수 기학적 건축이 탄생한다. 이 입방체와 다면체로 된 건축이 아무것도 묘사하거나 재현하지 않는 절대회화와 절대조각의 전주곡이 된다.[2]

회화 역시 순수해지려고 자신에게 속하지 않는 조형적, 건축적 요소를 배제한다. 여기서 '조형적 요소'란 명암을 이용해 평면 속에 입체를 만드는 것을 의미한다. 현대회화는 입체를 그리는 것을 포기한다. 한편, 회화에서 '건축적 요소'란 원근법을 이용해 가상의 무대를 세우는 것을 가리킨다. 현대회화는 이 무대를 없앤다. 그 결과 그림 속의 대상이 마치 지지대를 잃고 허공을 떠도는 것처럼 보인다. 극단적인 경우, 아예 그림에서 위/아래의 구별이 사라지기도 한다. (칸딘스키는 옆으로 누운 그림을 그 상태 그대로 작품으로 인정했다.) 이렇게 "건축적 요소가 흔들리고, 평면적 완결성이 득세"할 때 "사람들은 평면을 그림의 본질이라 생각하게 된다."

과거에 회화는 물체를 '묘사'함으로써 뭔가를 '의미'했다. 하지만 현

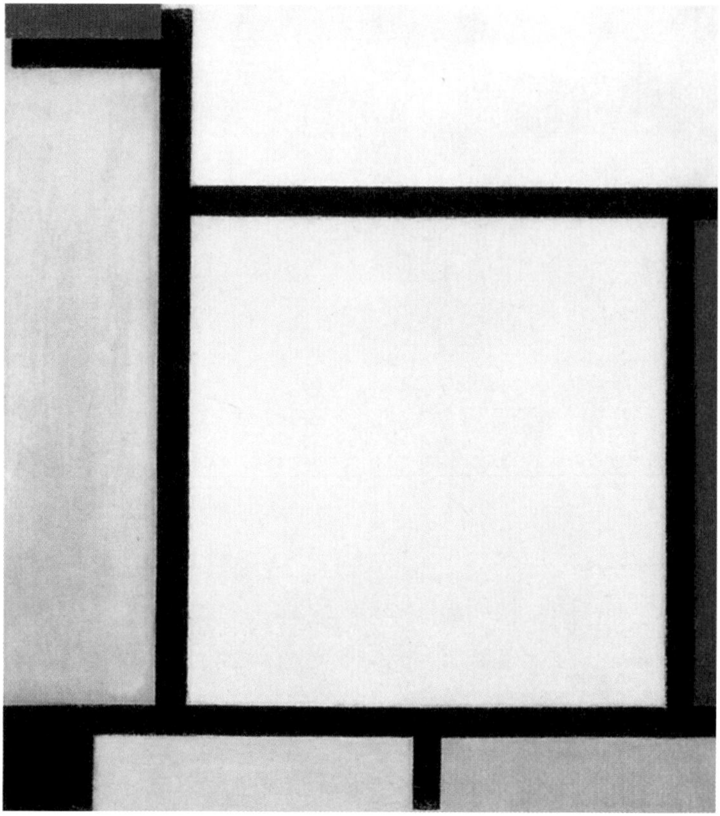

2

〈빨강, 파랑, 검정, 노랑, 회색의 구성〉 피트 몬드리안, 1921년대회화는 '묘사'에서 '의미'를 분리하여 그마저 배제하려 한다. 물론 비구상 회화라고 해서 무조건 의미를 배제하는 것은 아니다. 가령, 칸딘스키는 자신의 추상이 '정신적인 것'의 표현이라고 믿었다. 하지만 그림으로 뭔가를 의미하려 하는 한, 칸딘스키는 여전히 '구시대 예술의 마지막 단계'에 머물러 있는 셈이다. 순수한 회화라면, 그 어떤 것도 의미함이 없이 그저 "눈에 보이는 것이 전부"여야 한다. 물론 이는 성공하기 어려운 시도다. 의미를 배제할 경우, 회화는 한갓 장식이나 무늬로 전락하기 때문이다. 사실 현대 추상회화의 걸작들은 대부분 구상과 비구상의 경계에서 탄생했다.

칸딘스키처럼 추상에 의미를 부여한다 하더라도 문제는 남는다. "그림에서 보이는 것을 보이지 않는 의미에 맞추는 것"이 결코 쉽지는 않기 때문이다. 비구상 회화는 대상과의 연결이 끊겨 이미지의 의미가 혼란하고 모호하다. 이 다의성이 외려 현대예술에 가치를 부여한다는 주장도 있으나, 그것은 예술적 단점이지 결코 장점이 아니다. 혼란하고 모호한 의미란 결국 '암호'일 뿐이다. 암호에는 보통 해법이 있지만, 현대회화에는 객관적 해법이 없다. 결국 현대회화가 말하는 것이 있다면, 그것은 '나와 다르게 생각하고 느끼는 사람과는 더 이상 할 말이 없다.'는 것이리라. 제들마이어는 이것이 "인간 행위의 근본을 무시"하는 행위라고 본다.

> 이 극단적으로 주관적이고 마치 사이비 종교 같은 비교(祕教)적인 예술은 …… 선전을 통해서 수용자들에게 억지로 파고들어 가야 한다. …… 이 경우 다른 식으로 생각하는 사람은 예술을 모르는 속물이거나 수구

적이라고 낙인을 찍겠다는 위협을 느끼게 된다.5

회화가 의미 없이 지내는 데는 두 가지 길이 존재한다. 하나는 "객관적으로 물리학적 근거를 가진 색의 미학"을 만드는 길이다. 하지만 물리적 색채 이론에 따라서 그림을 그릴 경우, 그것은 더 이상 예술이 아니라 과학의 삽화에 불과할 것이다. 다른 하나는 거기에 "음악적 구조를 부여"하는 길이다. 실제로 '미술의 화성학'을 만들려는 시도가 있었다. 하지만 현실에서 그 시도는 성공하지 못했다. 쇤베르크의 12음 기법은 현대음악의 문법이 되었지만, 칸딘스키의 회화론은 그저 그만의 주관적 체계로만 남았다. "12음 기법이 …… 광범위하게 수용되는 체계에 도달한 반면, 절대회화는 비슷한 체계를 만드는 실험 속에서 산산이 분열되고 말았다."

음악의 경우는 어떤가? 음악에서 음악 외적인 것, 가령 인간적인 것을 배제하는 경향은 낭만주의로까지 거슬러 올라간다. 낭만주의자들은 기악만이 '순수한' 음악이며 성악은 '제한적' 음악이라고 보았다. 절대음악은 이 경향의 정점에 서 있다. 그것은 음악에서 감정의 요소들을 배제하고 오직 '수학적(mathematic), 조합적(combinatoric)' 요소만 남기려 한다. 제들마이어는 (하필 아도르노의 말을 인용하여) 이를 비판한다. "요소들의 원자적인 배열을 통해서 음악적 연관이라는 개념이 허물어졌다. 그런 연관이 없는 음악에 대해 도대체 무슨 말을 하겠는가. 수미일관에 대한 숭배는 우상숭배로 변했다." 이는 절대회화의 말기에 벌어진 현상과 유사하다.

시에서 '순수'를 향한 운동은 말라르메와 더불어 시작됐다. 순수시란

"단어의 소리에 따라 음악을 전달하는 시", 즉 의미 없는 음성시를 가리킨다. 하지만 이 순수시의 공식은 시인들을 진퇴양난으로 몰아넣었다. 발레리는 "시적 감흥만이 있는 시를 쓰는 것이 불가능하다."고 토로했고, 엘리엇은 "시작(詩作)에서 시만을 목적으로 한다면 그 시마저도 얻을 수 없다."는 것을 깨달았다. 말라르메 자신은 어떤가? 그의 시 중에서 위대한 것들은 순수시의 원리에 '따라서'가 아니라 거기에 '반(反)해서' 탄생했다. 사실 의미 없는 소리란 아예 단어가 아니다. 시에서 절대회화에 해당하는 것은 문학적 다다이즘일 것이나, 거기에서는 결국 "예술적 창조 자체가 부정"되고 만다.

> 차라가 모자에서 종잇조각을 꺼내게 하고 그렇게 우연히 모든 단어를 나열하고서 그것을 시라고 했을 때, 시인은 자기 역할을 영감 대신에 우연에 맡기게 된다. 이것이 미학적 허무주의가 아니면 무엇이 허무주의인가.6

기술적 구축의 의지

1920년대에 이르면, 순수를 향한 운동이 정점에 달하여 모든 예술에서 더 이상 제외할 요소가 남아 있지 않게 된다. 자극을 상실한 순수예술은 이 시점에서 새로운 유행에 사로잡힌다. 바로 현대의 지배자로 등극한 기술이다. 혁명의 첫 번째 시기에 각 예술이 순수성과 절대성을 향하여 서로 떨어져 나갔다면, 혁명의 두 번째 시기에는 개별 예술들이 기술 속에서, 기하학적 구축 속에서 다시 하나로 통합되려는 경향을 보인다. 현대예술은 기술 속에 뭔가 '정신적인 힘'이 있다고 오해했다. 그리고 그 착각에서 스스로 기술 결정적으로 되려고 했다. 그리로 나가는 통로를 마련해준 것은 예술의 순수화를 이끌어왔던 '기하학'의 모범이었다.

두 번째 혁명은 건축을 기하학과 동일시했다. 육면체, 원통형, 원추형이 이제 건축의 원형이 되었다. 철근 콘크리트는 형태의 급진적 구축을 가능하게 해주었다. 그 재료는 주물처럼 부어 어떤 형태로든 만들어낼 수 있기 때문이다. 하지만 그 혁명의 원인을 재료의 변화로만 설명할 수는 없다. 현대건축은 무엇보다 기계를 자신의 모범으로 받아들였다. 기계에서 필요 없는 부품은 반드시 제거되어야 하듯이, 건물의 형태 역시 이제 "미학적 결정이 개입될 필요 없이" 오직 재질과 목적에 대한 고려에서 자동적으로 만들어졌다. 이것이 이른바 '기능주의'의 원칙이다. 건축에서 기능과 관계없는 전통적, 문화적 요구들은 낭만적 감상주의로 취급당한다.

조각 역시 기술적 구축을 위해 기계의 모범을 따르게 된다. 수정과 같은 기하학적 결정체, 혹은 수학의 방정식을 표현한 구불구불한 입체를 닮은 현대조각은 '아무 목적이 없는' 기계처럼 보인다. 칼더, 뒤샹, 타틀린은 조각에 아예 기계의 또 다른 특성인 운동을 도입한다. 재치 있는 지적 유희, 매력적인 미적 유희를 위한 그들의 작품은 '절대적' 건축 구성을 가진 어느 공간에나 아주 잘 어울린다. 칼더의 모빌이 우아한 현대적 상점의 쇼윈도로 간 것은 놀랄 만한 일이 아니다. 현대조각은 기술적 성격을 가진 공예 작품이다. 여기서 형이상학적 요구, 즉 조각이 그 무언가의 정신적 표현이어야 한다는 요구는 자발적으로 포기

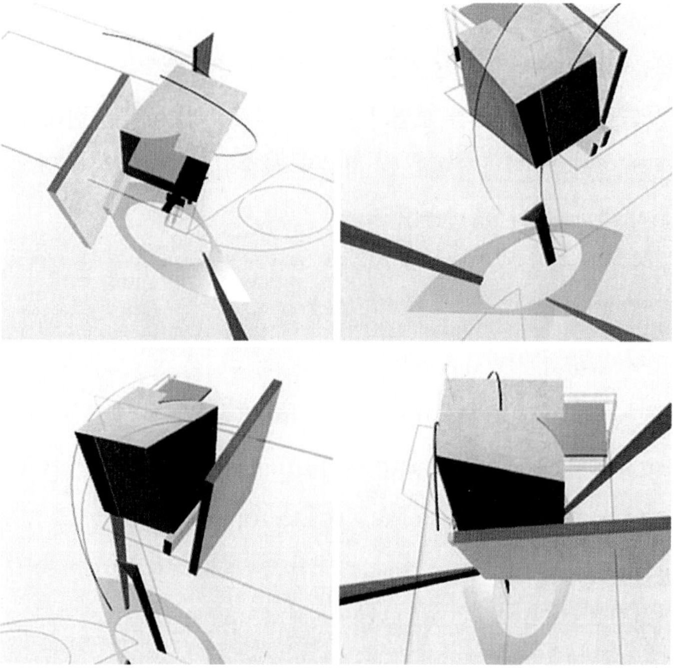

3
〈3차원 오브제〉 엘 리시츠키, 1920년

된다.

회화에서는 이미 입체주의가 자신을 기하학적 정신으로 규정한 바 있다. 1920년대에 들어와 예술은 더욱더 기하학적이며 기술 구축적인 영역으로 동화된다. 가령, 몬드리안이나 레제의 작품에서 회화는 공장에서 사용하는 기술적 청사진, 즉 기계의 도면이나 공장의 설계도와 비슷해진다. 과거의 화가는 그림을 그렸으나, 현대의 화가는 그림을 구축한다. 이제 "아틀리에는 실험실로 발전하고, 그림을 그린다는 것은 곧 실험을 하고 제작을 하는 것을 의미하게 된다." 창작은 이른바 '몽타주', 즉 공장에서 기계를 조립하는 일로 여겨진다. 이처럼 현대회화의 광대한 영역은 "자발적으로 그 정신을 예술의 창조력과는 거리가 먼 기술적 세계의 정신에 맞춘다."[3]

미술에서만이 아니다. 12음 기법을 사용한 '절대음악'도 오래지 않아 소음의 음악, 즉 전자음악과 기계적으로 만들어진 음악-몽타주로 넘어간다. 문학에서는 시를 창조하는 대신에 낱말을 조립하거나 한 낱말을 다른 낱말로 교체하는 "기술자로서 시인"이라는 관념이 등장한다. 물론 '창조'와 '구축'이 늘 서로 대립되는 것은 아니다. 신석기시대 이후 둘은 늘 서로 연결되어 있었다. 문제는 이 둘을 분리시킨 후 구축을 창조의 위에 올려놓고, 거기에 창조를 능가하는 초(超)창조력(Über-Schöpfung)이 있다고 믿는 것이다. 이로써 창조자로서 신이 제거된 후 이제 인간의 창조력마저 기술에서 나오는 초창조력을 위해 제거되기에 이른다.

자유의 도피처로서 광기

초현실주의는 '순수'하지 않다. 그것은 여전히 구상적이기 때문이다. 살바도르 달리는 초현실주의를 "구체적인 비합리성의 천연색 즉석 사진"이라고 불렀다. '구체적인 비합리성'이란, 가령 '수술대 위에서 재봉틀과 우산의 즉흥적 결합'(로트레아몽)처럼, 삶 속에서 발견되는 꿈을 가리킨다. 사물을 엉뚱한 맥락에 놓을 때 일상은 불현듯 몽상처럼 느껴

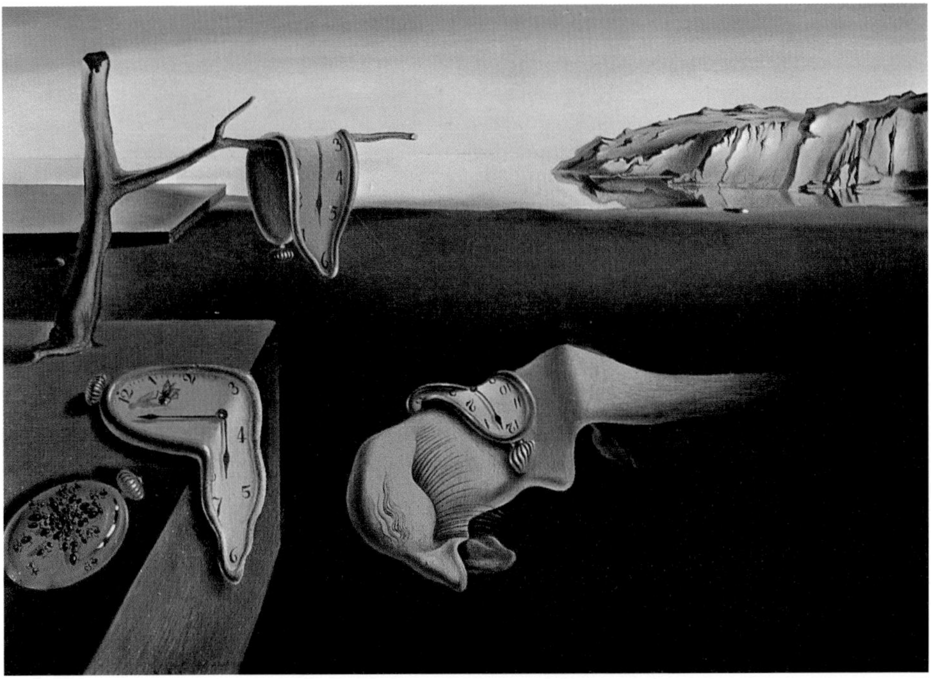

4
〈기억의 지속〉 살바도르 달리, 1931년

진다. "실제적인 것과 몽상적인 것이 더 이상 모순적 대립으로 여겨지지 않는" 상태를 만드는 것. 그것을 초현실주의자들은 '혼란의 체계화'라고 불렀다. 사물을 제자리에서 떼어내어(ent-stellt) 엉뚱한 맥락에 놓을(ver-rückt) 때, 일상은 왜곡(entstellt)되고, 정신은 광기에(verrückt) 다가간다.

'구체적인 비합리성'은 우리의 내면에도 존재한다. 초현실주의자들은 내면의 이 체계화된 혼란 역시 즉석 사진에 담으려 했다.[4] 거기에 사용된 것이 '자동기술법'. 즉, 아무 고려 없이 말이나 상을 의식에 떠오르는 대로 기록하는 기법이다. 하지만 초현실주의가 이 자동기술법에 집착하는 한, 그것은 "원료의 단순한 재생"으로 전락하게 된다. 그저 눈에 보이는 세상의 단면을 그대로 복사하는 것을 일반적으로 예술이라 부르지 않는다. 그렇다면 꿈을 그대로 기술하거나 착상을 떠오르는 대로 기록하는 것이 그보다 나을 이유가 뭐 있겠는가. 여기서 묘한 역설이 발생한다. '자신의 원리를 충실히 따를 때 초현실주의는 더 이상 예술이 아니게 된다.'

초현실주의도 결국 자기 운동의 극한에서 비예술로 전락한다. 초현실주의의 비논리적 모티프는 실은 완전히 논리적 배경을 갖는다. 그것은 "실제의 정신 분열이 아니라 의도적으로 계산된 정신 분열에서 나왔기" 때문이다. 사실 "무의식에 떠오르는 비논리적인 것을 순수한 상태로 표현하려는 시도 자체가 이미 대단히 논리적"이다. 그런 의미에서 초현실주의는 자신이 공격하던 논리주의적 오류의 또 다른 얼굴이라고 할 수 있다. 흥미로운 것은, 서로 대립하는 논리주의와 비논리주의가 결국 같은 지점에 도달한다는 점이다. 즉, 현대예술의 논리주의적 극단에서 예술가가 기술자가 된다면, 그것의 비논리주의적 극단에서 예술가는 자동기계가 된다.

근원적인 것을 찾아서

표현주의도 과학주의와 주지주의의 세계를 거부한다. "영혼의 적수

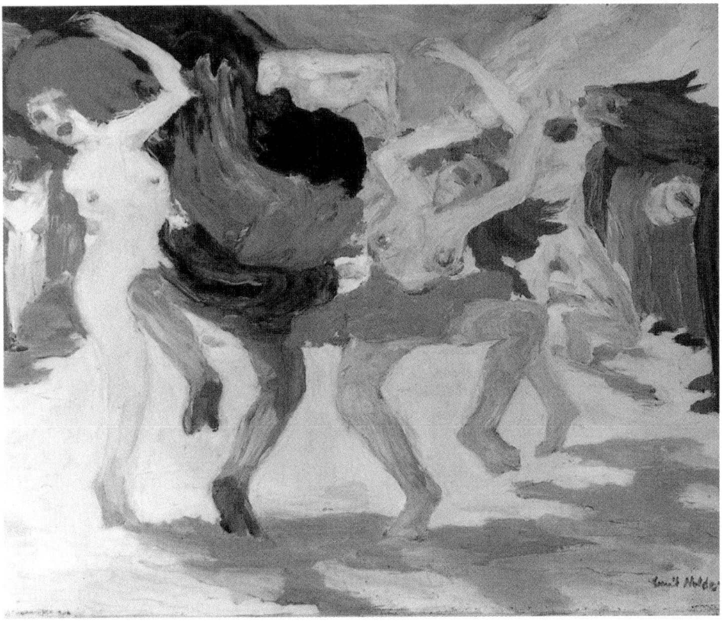

5
〈황금 송아지 주위의 댄스〉 에밀 놀데, 1910년

로서 정신", 이것이 표현주의의 전형적 구호였다. 하지만 표현주의의 거부는 열정적일지언정 다다이즘의 그것처럼 냉소적이지는 않았다. 초현실주의가 일체의 도덕을 억압으로 여겨 거부했다면, 표현주의는 모종의 에토스를 유지하려 했다. 표현주의 역시 절대예술처럼 순수함을 추구했으나, 현대예술처럼 그 과정에서 공허해지지는 않았다. 표현주의의 영혼은 근원적 일자(Ur-einem), 근원적 순수(Ur-Reinem)에 대한 열망으로 차 있었다. 그것을 찾으려면 모든 사물의 모태, 정신과 영혼과 감각이 분화되지 않은 곳, 예감이 가득한 세계로 들어가야 했다.

표현주의의 세계 감정은 이 세계가 본래의 순수함을 잃고 타락했다는 느낌이다. 근원적 순결을 찾으려면 타락 이전의 상태로 돌아가야 한다. 여기서 표현주의는 '원시적인 것'으로 눈을 돌린다.[5] 가령, 문명 이전의 원시 문화, 훈련 이전의 소인 예술, 성숙 이전의 아이의 그림, 이성 이전의 정신병자의 그림, 때로는 인간 이전의 동물의 세계. 표현주의자들에게는 이 모든 것이 되찾아야 할 '근원'으로 여겨졌다. 이렇게 표현주의는 태고의 신화, 상상과 묵시적 예언, 아직 결정되지 않은 채 생성되는 혼돈 속에 "의식과 이성을 가지고 죽어가는 인간"을 구원할 길을 찾는다. 그런 의미에서 표현주의는 종교적이다. 그것은 예술을 통해 종교성을 부활시키려 한다.

제들마이어는 표현주의에 내재된 모순을 지적한다. 표현주의적 창작의 전형적 특징은 "의식적인 순진성"이다. (이는 초현실주의의 "의도적인 정신 분열"과 대비된다.) 표현주의는 순진해지기 위해서 아직 선악의 구별을 모르는 어린아이의 상태로 돌아간다. "나는 어린아이처럼 죄 없이 악하다." 하지만 이 순진성은, 그것이 의식적 노력의 산물인 이상, 이미 순진한 게 아니라 가장 가공된 것이다. 즉, 그것은 죄 없이 악한 것이 아니라 그냥 악한 것이다. 순진해지려고 노력한 결과 인간은 외려 더 악해지고, 그럴수록 순진함에 대한 열망은 더욱 강해진다. 여기서 표현주의는 결국 악순환에 빠져든다.

우리는 무죄 상태를 잃어버렸다. 그와 함께 무죄 상태에 대한 향수는 점점 커졌고, 더불어 우리가 아직 순결을 간직하고 있었던 근원으로 돌아가려는 바람도 점차 커졌다. 항수가 커질수록 사람들은 무죄 상태를 회복하기 위해 점점 더 자연 속에 잘 감춰진 무의식의 어두운 심연으로 들어가려 했다. 그렇지만 결과는 더욱더 큰 순결의 상실이었다. 그런 식으로 오늘날 우리가 처해 있는 악순환이 만들어졌다.7

결국 표현주의의 시도는 실패로 끝날 수밖에 없었다. 오늘날 이성과 정신을 제물로 삼아 근원으로 되돌아가거나, 예술을 통해 신화와 종교를 다시 세우는 것은 불가능한 일이다. 하지만 그 노력에는 모종의 숭고함이 있기에, 우리는 그들의 실패 속에서도 어떤 위대함을 느끼게 된다.

우상과 혁명

제들마이어는 이 네 가지 규정 속에 담긴 현대예술의 모순과 역설을 날카롭게 지적한다. 가령, '순수성'을 지향하는 현대예술은 의미까지 배제하다가 단순한 비예술로 전락한다. '기하학'을 추구하는 흐름은 표현력과 창조력을 잃고 기술의 나락으로 떨어진다. '광기'에서 도피처를 찾은 흐름은 예술가를 자동기계로 만들어버림으로써 역설적으로 자신이 그토록 반대하던 흐름과 동일한 결과에 도달한다. '근원'을 찾아 순결을 회복하려는 시도는 더 큰 순결의 상실로 빠져든다. 의식적 순진성은 그 자체가 이미 가공된 순진성에 불과하기 때문이다. 현대예술은 어쩌다가 이런 자가당착의 상태에 이르게 되었을까?

제들마이어는 이를 설명하는 두 개의 관점을 제시한다. 첫 번째 관점은 현대예술이 일종의 '우상숭배'라는 것이다. "현대인은 신을 부인할 자유를 얻었다. 하지만 그 때문에 자신의 세계를 우상과 귀신을 동원하여 소생시켜야 한다는 절박함에 직면했다." 인간은 신에 대한 믿음을 거절할 자유가 있지만, 초월성 없이는 살아갈 수가 없다. 그 때문에 신을 대신하여 땅 위의 특정한 물체에 대한 신앙이 등장했고, 거기에 인간은 절대자의 힘과 권위를 부여했다. 이 새로운 절대자가 바로 예술지상주의, 기술만능주의, 과학만능주의, 광기에 대한 숭배였다. 이것이 현대예술이 섬기는 '그릇된 이상'인 우상이다.

두 번째 관점은 현대예술이 하나의 혁명, 그것도 자기 파괴에 이를 정도로 급진적인 혁명이라는 것이다. 제들마이어에 따르면, "이 혁명의 진정한 본성은 …… 예술이 예술 외적인 힘을 표준으로 삼거나 스스로 자율화하다가 그 자율화의 마지막 단계에 이르러 비(非)예술로 해체된 데 있다." 한마디로, "예술의 극단적으로 혁명적인 유파들은 스스로 더는 예술이 아니고자 했다." 현대예술의 네 가지 우상은 결국 하나로, 즉 "죽음의 숭배"로 모아진다. "우상으로 지적된 모든 가치를 두루 탐색하고 포기한 후에 결국 모든 가치를 부인하는 허무주의가 나타난다." 이 미학적 허무주의는 곧 예술의 죽음을 의미한다.

전통으로 복귀

모더니즘 비평은 이 결정적 사실을 망각했다. "모더니즘적 예술비평의 모호함은 …… 현대건축과 현대조형을 뭔가 완전히 새로운 것으로, 모든 구시대의 예술과는 완전히 다른 것으로 인식하면서도 …… 거기에다가 전통적 창작물에 부여했던 것과 똑같은 이름을 붙여준 데 있다.

예술이라는 이름이 그것이다." 한마디로, 모더니즘 비평은 예술이 아닌 것을 억지로 '예술'이라 부르는 오류에 빠져 있다는 것이다. 그렇다면 자살한 예술의 대안은 어디에 있는가? 제들마이어는 자기가 생각하는 진정한 현대예술의 조건을 제시한다.

> 예술이 구체적인 형태에 의미 있는 방식으로 다가가고 형식과 과제가 갖는 의미를 진지하게 받아들이는 데서, 예술이 비예술적 힘에 굴복하기를 거절하는 데서, 예술이 인간적인 내용을 포기하지 않는 데서, 예술이 세계 질서를 인정하고 그에 따르는 데서, 우리는 그런 현대예술을 만날 수 있다.8

이어서 '미래를 위해 과거로 돌아가라'는 셸링의 말을 인용한다.

> 진정한 미래는 파괴하려는 힘과 유지하려는 힘이 만드는 공동의 결과일 수밖에 없다. 바로 그렇기 때문에 진정한 미래를 창조할 수 있는 것은 새로운 시대의 복음에 사로잡히는 나약한 정신이 아니라 과거에 연결되어 있는 강인한 정신뿐이다.9

"과거에 연결되어 있는 강인한 정신", "시간의 흐름 속에서도 영원한 예술의 이념"이라는 표현은 우리 귀에 우스꽝스럽게 들린다. 하지만 현대예술의 논리적 모순에 대한 그의 분석은 예리하며, 모더니즘이 생명력을 다했다는 그의 진단은 정확하다. 이 책이 나온 지 몇 년 후에, 그러니까 1960년대에 미술은 '실재로 귀환'하고, '과거로 회귀'한다.

I 야수주의

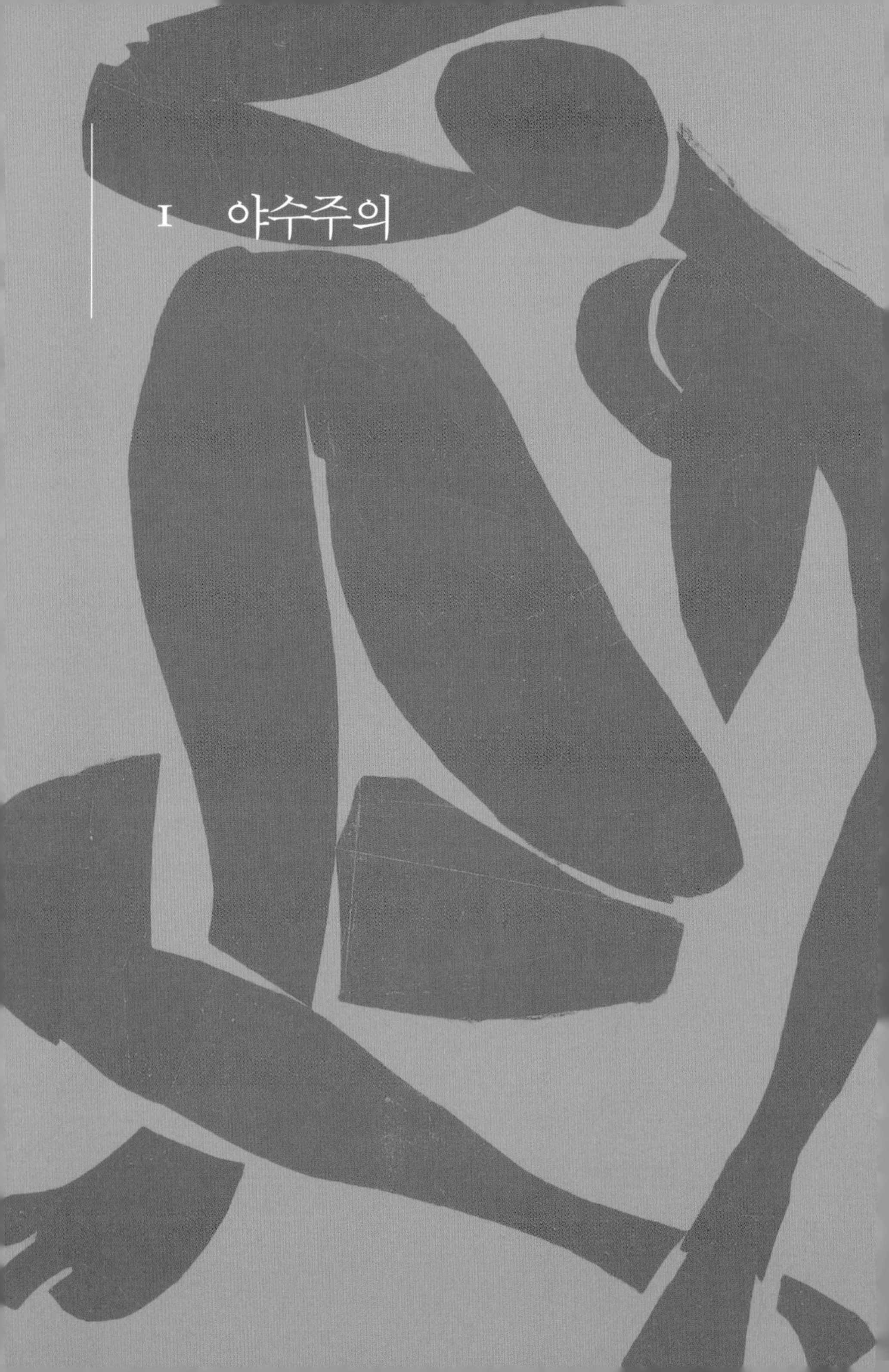

원색의 향연, 색채의 해방

세잔이 20세기에 속하는 만큼 아직 19세기에 속했다면, 야수주의와 더불어 최초로 20세기의 예술운동이 시작된다. 야수주의 운동의 요체는 회화의 논리를 전통적 '인상론'에서 현대적 '표현론'으로 바꾸어놓은 데 있다. 야수주의 이후 화면 위의 이미지는 '밖'에서 '안'으로 들어오는 인상(im-pression)이 아니라, '안'에서 '밖'으로 나가는 표현(ex-pression)으로 여겨지기 시작한다. 야수주의의 화면은 모사 대상의 색깔을 닮을 의무에서 벗어나 자율적인 원색의 향연이 된다. 야수주의가 일으킨 이 색채의 해방이야말로 20세기 회화가 르네상스 이후 400년 동안 예술의 공리로 군림해왔던 재현의 의무에서 벗어나는 첫걸음이었다.

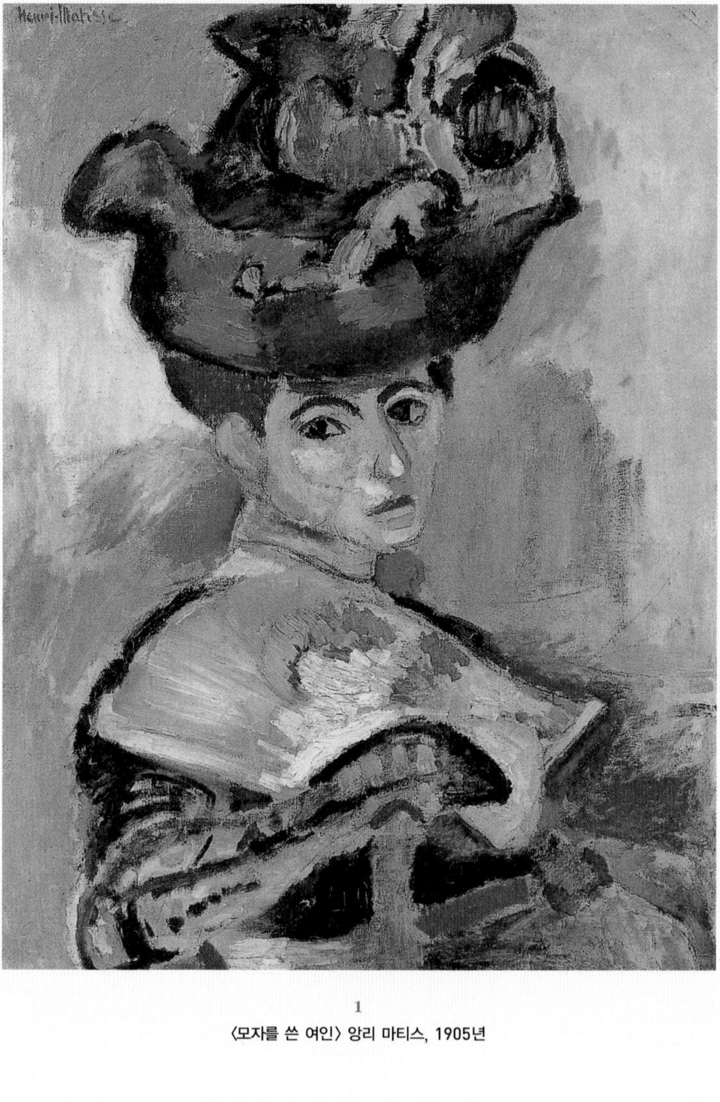

1
〈모자를 쓴 여인〉 앙리 마티스, 1905년

1905년 '살롱 도톤'. 루이 보셀이라는 비평가가 마티스와 드랭, 블라맹크, 카무엥, 망갱, 마르케의 작품이 걸린 7전시장을 둘러보다가 전시실에 생뚱맞게 놓인 피렌체 양식의 흉상을 보고 무심코 한마디 내뱉는다. "어라, 짐승들 가운데에 도나텔로가(Tiens, Donatello au milieu des fauves)." 〈질 브라스〉라는 이름의 잡지에 기고한 전시회평에서 이 비평가는 마티스(Henri Matisse, 1869~1954)의 〈모자를 쓴 여인〉[1]이 "원형극장에서 짐승들에게 내던져진 기독교도 여인의 운명"과 같다며, 전시회에서 받은 인상을 "야수들 사이의 도나텔로(Donatello parmi les fauves)"라고 표현한다.[1] 결국 이 명칭이 색채의 해방을 일으킨 유럽 최초의 아방가르드 운동의 이름이 된다.

그룹의 성원들은 그 명칭이 적합하지 않다고 보았다. 사실 '야수주의(Fauvism)'라는 명칭은 대중이 전시회에서 받은 '충격'과 색채를 "예술의 짐승 같은 부분"으로 여긴 시대의 '편견'을 반영한 것일 뿐, 이 그룹의 정신적 상태나 양식적 특성을 말해주지는 못한다. 가령, 블라맹크(Maurice de Vlaminck, 1876~1958)와 반 동겐(Kees van Dongen, 1877~1968)의 화폭은 '야수적'으로 느껴질지 모르나, 마티스나 드랭(Andre Derain, 1880~1954)의 화폭은 그리 격렬하지 않다. 그룹의 성원들은 굳이 이름을 가질 필요조차 느끼지 못했다. 그것은 야수주의가 인상주의나 입체주의처럼 뚜렷한 원리와 목적을 가진 '운동'이 아니었기 때문이다. 사실 야수주의는 그저 후기 인상주의에서 제기된 문제를 해결하려는 간헐적인 '실험'에 가까웠다. 반 동겐은 이렇게 술회한다.

인상주의는 나름대로 어떤 원리를 유지했기 때문에 하나의 화파로서 논의될 수 있다. 그러나 우리에게는 도무지 그런 원리가 문제시되지 않는다. 우리는 그저 인상주의자들이 사용하는 색채가 조금 따분하다고 생각할 뿐이다.[2]

야수주의에서 가장 눈에 띄는 효과는 역시 색채의 강렬함이다. 하지만 그것만으로는 야수주의를 특징짓기에 충분하지 않다. 야수주의자들은 사물의 실제 색에 관계없이 원색을 사용했을 뿐 아니라 질서 정연한 구성을 통해 화면의 전체적 효과를 강조했다. 그 결과는 의도와 상관없이 혁명적이었다. 후기 인상주의까지 이어져 내려오던 환영주의 전통과 결별할 수 있었기 때문이다. 모리스 드니의 유명한 말은 이 변화의 요체를 잘 보여준다. "그림이란 전투마나 누드나 어떤 일화이기 이전에 본질적으로 하나의 평평한 면, 즉 어떤 일정한 질서로 구성된 색채로 덮인 면이라는 것을 기억하라."[3]

후기 인상주의의 네 스승

야수주의는 거의 마티스의 작업과 궤적을 같이했다고 해도 과언이 아니다. 그룹을 주도한 사람도 마티스였고, 도중에 일탈하지 않고 운동을 끝까지 밀고 나간 사람 역시 마티스였다. 야수주의는 인상주의와 완전히 결별한 최초의 아방가르드 운동이라 하나, 정작 마티스의 작품 세계는 '모더니즘이 이룩한 중요한 발견들이 과거를 격렬하게 거부함으로써 성립했다.'는 주장을 무색하게 만든다. 그에게는 전통과 단절해야 한다는 아방가르드 의식이 없었다. 부르주아 사회와 불화하겠다는 의

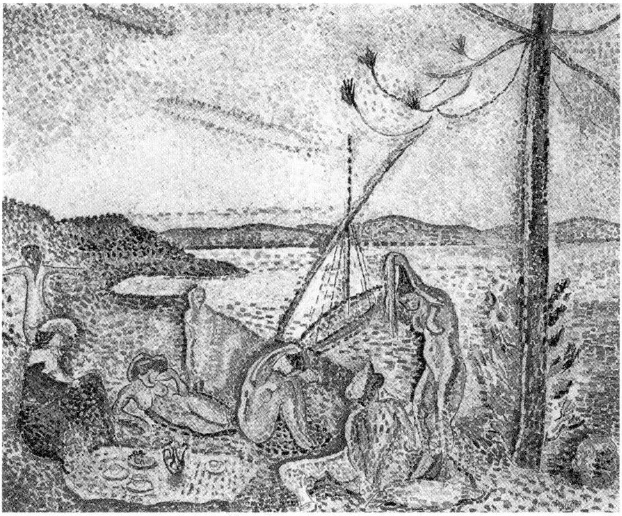

2 〈사치, 고요, 쾌락〉 앙리 마티스, 1904~1905년

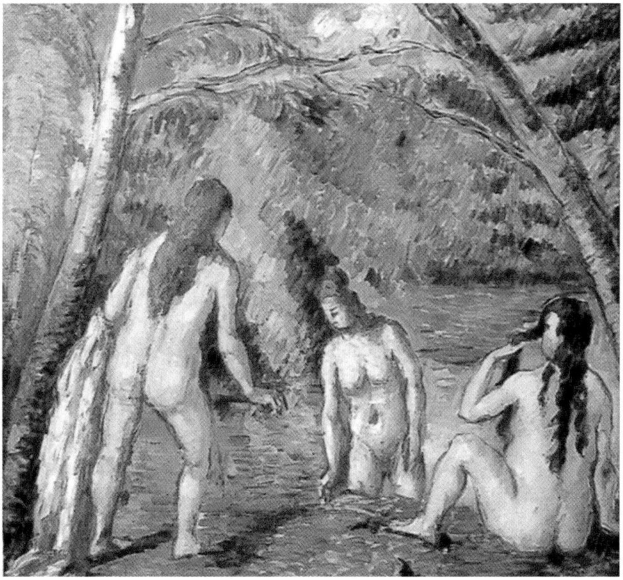

3 〈목욕하는 세 여인〉 폴 세잔, 1879~1882년경

지도 없었다. 외려 "교육 받은 부르주아만이 선구적 예술에 호응할 수 있다."며, 자신의 작품이 "지친 사업가에게 편안함을 주는 안락의자"가 되기를 바랐다.4

처음으로 야수주의 경향을 드러낸 〈사치, 고요, 쾌락〉[2]을 보자. 원색의 강렬한 효과에도 불구하고, 개념적으로는 세잔의 〈목욕하는 세 여인〉[3]을 차용하면서, 기법적으로는 쇠라의 분할주의를 사용하고 있다. 마티스에게 점묘법을 알려준 사람은 시냑이었고, 1905년 '앙데팡당' 전(展)에서 이 그림을 구입한 사람도 시냑이었다. 1906년 콜리우르에서 여름을 보내던 시절, 마티스는 아직 점묘법을 실험하고 있었다. 하지만 그와 함께 작업을 하던 드랭은 블라맹크에게 보낸 편지에서 이렇게 말한다. "마티스와 작업하다가 색조의 세분화와 관련된 것을 모조리 버려야겠다고 생각했네. 그는 계속 그 방식을 쓰지만, 난 넌더리가 나서 이제는 거의 사용하지 않고 있네."5

마티스 역시 드랭을 따라 곧 색채를 작은 면으로 분할하는 모자이크적 기법을 버리게 된다. "색채를 부수고 나면 그 다음에는 형태와 윤곽을 부수게 된다. 남는 것은 너무나 명료한 표현뿐인데, 그것은 표현과 윤곽의 평정을 파괴하는 망막의 교태에 지나지 않는다." 마티스가 스스로 자신의 작업의 일대 전환점이라 여긴 것은 〈삶의 기쁨〉[4-1, 4-2]이었다. 스케치 단계에서 여전히 남아 있던 색채 분할이 완성작에서는 완전히 사라져버린다. 1906년 '앙데팡당' 전에 이 작품이 전시되었을 때, 시냑은 마티스의 배신(?)에 실망한다. 특히 색면(色面)을 감싼 두꺼운 윤곽선이 그의 심기를 거슬렀던 모양이다.

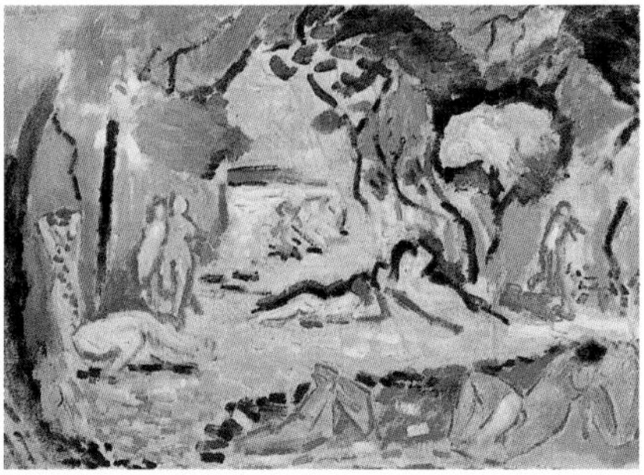

4-1
〈삶의 기쁨〉 앙리 마티스, 1905~1906년

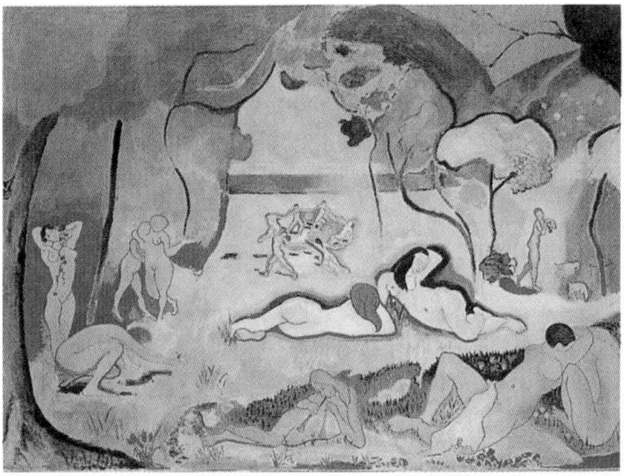

4-2
〈삶의 기쁨〉 앙리 마티스, 1905~1906년

> 지금까지 마티스를 높이 평가해왔지만, 그는 방향을 잘못 잡은 것 같다. 그는 2미터 반이나 되는 그림 전체에 괴상한 인물들을 엄지손가락 두께의 선으로 그린 틀 속에 집어넣고는, 순수하나 역겨운 색채로 래커처럼 반들반들 윤을 냈다. 아, 파스텔의 분홍색이라니! 전부가 랑송 그림 중 최악의 것들, 저 앙켕탱의 그림 가운데 경멸스러운 칠보 작품, 혹은 철물상이나 잡화상에 걸린 천박한 작품을 연상시킨다.

시냑이 격렬하게 분노했다는 것은 마티스가 이미 신인상주의와 결별했음을 의미할 것이다. 하지만 전통과 단절하는 것이 마티스의 의도였던 것 같지는 않다. 그 두꺼운 윤곽선은 실은 또 다른 후기 인상주의자, 고흐와 고갱의 영향을 반영하기 때문이다. 콜리우르에서 지내던 시절, 마티스와 드랭은 근처에 살고 있던 고갱의 친구 집에서 고갱의 그림들을 직접 볼 기회가 있었다. 이를 계기로 두 사람의 화풍은 확연히 달라지기 시작한다. 이들이 파리로 돌아와 '살롱 도톤'에 출품한 작품들은 비평가들의 혹평을 받아야 했다. 공격은 마티스의 〈모자를 쓴 여인〉에 집중됐는데, 이처럼 한 장의 그림이 스캔들이 된 것은 마네의 〈올랭피아〉 이후 처음이었다.

회화의 자기 충족성

이처럼 마티스의 야수주의 양식은 후기 인상주의의 여러 흐름을 두루 실험하는 가운데 탄생했다. 가령, 그는 세잔에게서 '총체화하는 장(場)으로서 회화적 표면'의 개념, 말하자면 모든 요소가 회화의 에너지를 증대시키도록 화면을 구축해 나가는 법을 배운다. 쇠라에게서는 분할주의, 즉 시냑이 "원색의 점이나 면을 가지런히 병치시키는" 법이라고 표현한 점묘법을 배운다. 고흐에게서는 선의 두께와 간격을 조정해 선의 효과에 미세한 차이를 주는 법을, 고갱에게서는 사물의 객관적 색깔에 관계없이 대담하게 주관적 색채를 구사하는 법을 배운다. 원근법을 없애서 화면을 장식적 단위로 응축시키는 것도 그가 고갱에게서 배운 또 다른 교훈이다.[6]

마티스는 점묘를 포기함으로써 인상주의와 결별할 수 있었지만, 사실 야수주의를 특징짓는 원색의 사용은 점묘의 분할주의에서 비롯된 것이다. 예를 들어 '점묘파'라 불리는 신인상주의 화가들은 팔레트 위에서 색을 섞는 대신 화면에 원색의 점들을 병치시킨다. 가령, 녹색을 칠해야 한다면, 그것을 두 개의 원색, 즉 파란 점과 노란 점으로 분할하

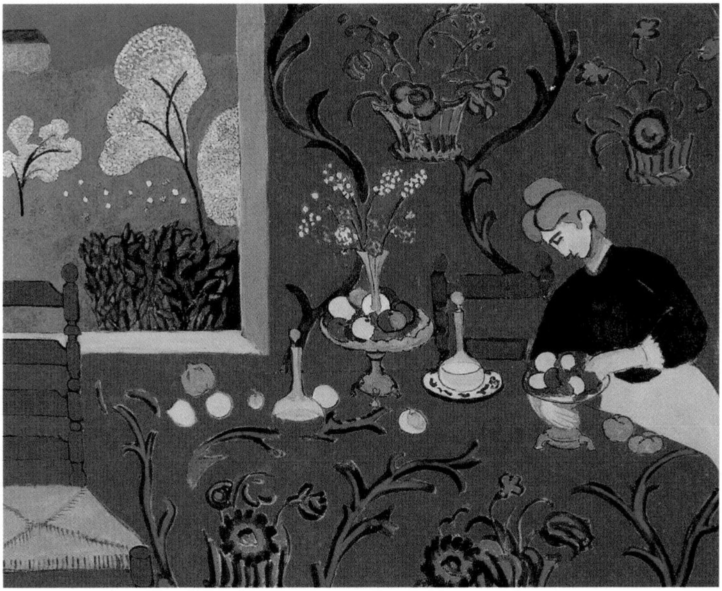

5
〈붉은 조화〉 앙리 마티스, 1908년

는 것이다. 이때—가령 고흐나 고갱처럼—색채의 모사 기능을 제쳐두고 원색 자체의 표현성을 강조하면 야수주의 특유의 표현에 도달하게 된다. 사실 〈모자를 쓴 여인〉에서 마티스는 이미 고흐와 고갱의 표현력을 넘어선다. 모사보다 표현을 강조할 때 화면은 환영의 공간에서 벗어나 구성의 평면에 가까워진다.

예를 들어 〈붉은 조화〉[5]에서는 창밖의 풍경과 방 안의 장면이 같은 깊이에 놓여 있는 것처럼 보인다. 방 안의 사물들도 이미 깊이를 잃었다. 이처럼 원근법적 깊이를 없애고 화면을 장식적 단위로 바꾸어놓는 것은 물론 고갱의 영향이리라. 하지만 마티스의 형태는 고갱과는 비교할 수 없을 정도로 단순하다. 색조도 삼원색으로 환원된다. 이로써 화면은 자기 '밖'의 세계를 재현하기보다는 차라리 자기 '안'에서 색채의 자율적 유희가 된다. 마티스를 후기 인상주의와 구별시켜주는 결정적 차이가 바로 이 "회화의 자기 충족성에 대한 믿음"이다. 이제 회화는 비재현 예술인 음악에 가까워진다. 마티스는 회화의 구성을 음악의 작곡에 비유한다.

> 나는 노예와 같은 방식으로 자연을 그대로 복사할 수 없다. 자연을 해석해서 그것을 그 그림의 정신에 예속시키지 않으면 안 된다. 내가 발견한 모든 색조의 관계로부터, 작곡에서 조화처럼 색조의 생동하는 조화가 나와야 한다.7

음악이 음표들의 관계로 이루어지듯이, 회화 역시 색조들의 관계로 이루어져야 한다는 것이다. 물론 마티스가 재현을 포기한 것은 아니다. 그는 늘 재현과 표현의 긴장 사이에서 작업을 했다. 〈빨간 바지를 입은 오달리스크〉[6]에서 볼 수 있듯이, 1920년대에는 '질서로 회귀(rappel à l'ordre)'이라는 일반적 분위기 속에서 사실주의로 경도되기도 했다.8 그가 온전한 추상에 접근하는 것은 말년의 '종이 오리기(papier coupé)'[7, 8] 작업에 이르러서인데, 그때조차도 그의 작품에는 언제나 한 자락 재현의 뉘앙스가 남아 있다. 그에게 "추상의 뿌리는 실재에" 있었기 때문이다. 하지만 그 무엇을 그리든, 그는 외부의 '재현'보다는 언제나 내면의 '표현'을 더 중요하게 여겼다.

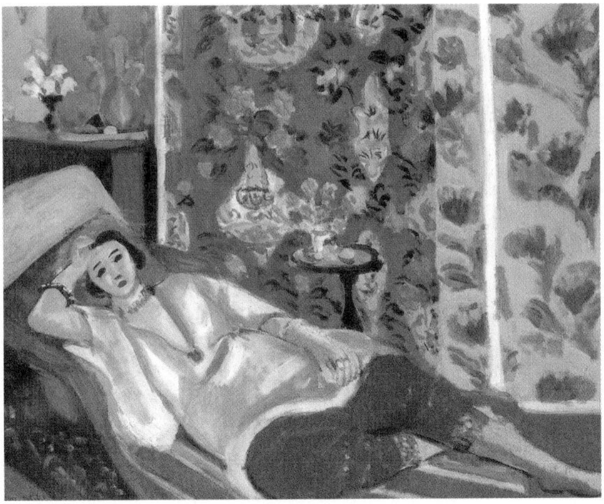

6
〈빨간 바지를 입은 오달리스크〉
앙리 마티스, 1924~1925년

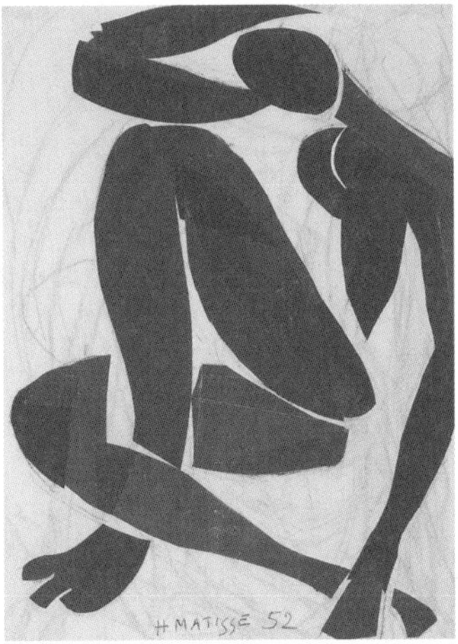

7
〈푸른 누드 Ⅳ〉 앙리 마티스, 1952년,
종이 오리기 위에 구아슈

내가 추구하는 것은 표현이다. 표현은 …… 인간의 얼굴이나 분노로 뒤틀린 동작에 투영된 정열로 이루어진 것이 아니다. 표현적인 것은 내 그림 속의 전체적 배치다. 인물이나 다른 물체들이 차지하는 화면, 그것들을 둘러싼 여백, 비례 등 모든 것이 각기 제 역할을 한다. 구성이란 화가가 제 감정을 표현하기 위해 여러 표현 요소들을 제 재량대로 장식적 방법으로 배치하는 기술이다. 하나의 그림에서 모든 부분이 …… 각기 부여된 역할을 한다. 그림에서 유용하지 못한 부분들은 장애가 된다. 하나의 예술 작품은 전체적으로 조화를 이루어야 한다. 불필요한 세부는 관람자들의 마음속에서 다른 본질적인 세부들을 할 것이기 때문이다.[9]

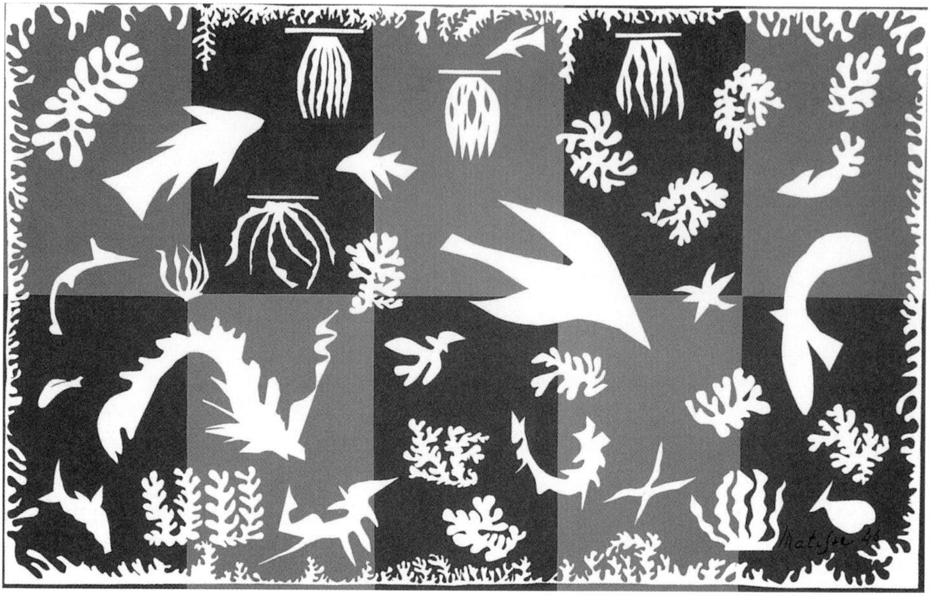

8
〈폴리네시아, 바다〉 앙리 마티스, 1946년

조화를 위해 부분을 전체에 종속시킨다는 점에서 여전히 그는 '유기적' 예술 작품이라는 전통적 이상을 좇고 있다. 여기서도 또 한 번 마티스의 의도가 그리 급진적이지 않았음이 드러난다. 재현보다 표현 요소들의 배치에 더 관심을 기울일 때, 회화는 장식적 성격을 띠게 된다. 실제로 그는 회화의 일차적 기능이 장식에 있다고 믿었다. 그가 젊은 시절, 강한 표현성을 지닌 아프리카의 조각과 더불어 강한 장식성을 지닌 아라베스크에 주목했던 것도 아마 그 때문일 것이다. 말년으로 갈수록 그의 아라베스크적 경향은 강화된다.[8] 하지만 회화의 본질을 장식으로 환원시키는 데는 치명적 위험이 따른다. 회화가 사소한 일로 전락할 수도 있기 때문이다.

입체주의를 향하여

"도대체 야수주의라는 것이 존재하는가? 아니면 그것은 예술사학자들이 그저 특정 시기에 같은 의도로 함께 전시를 했던 특정한 교우관계에 붙인 편의적 명칭에 불과한가?"[10] '야수주의'라는 편의적 명칭으로 불리던 느슨한 '교우관계'는 크게 세 그룹으로 이루어져 있었다. 귀스타브 모로의 제자였던 마티스, 마르케, 카무앵, 망갱. 샤투 출신의 두 화가, 드랭[9]과 블라맹크[10]. 인상주의에서 전향한 르아브르의 트리오, 오통 프리스, 라울 뒤피, 조르주 브라크. 이 중에서 마티스와 더불어 주목할 만한 인물은 드랭과 블라맹크일 것이다. 블라맹크는 자신이 "야수주의 양식을 제일 먼저 만들어냈고 또 제일 먼저 버렸다."고 주장하곤 했다.

실제로 야수주의 결성의 계기가 된 것은 1905년 2월 드랭의 권유로 마티스가 블라맹크의 작업실을 방문한 사건이었다. 아직 신인상주의에 매여 있던 마티스는 거기서 블라맹크가 색채를 공격적으로 사용한 것을 보고 큰 충격을 받는다. 콜리우르에 머물며 이때 받은 충격을 극복하는 과정에서 마티스는 비로소 온전한 야수주의 양식에 도달한다. 아무리 강렬해도 마티스에게서 색채들은 언제나 구성 속에서 정제된다. 하지만 블라맹크는 튜브의 물감을 짜서 화폭에 두껍게 발라가며 '야수'라는 이름에 걸맞게 색채의 폭력을 구사했다. 정신적인 면에서도 순

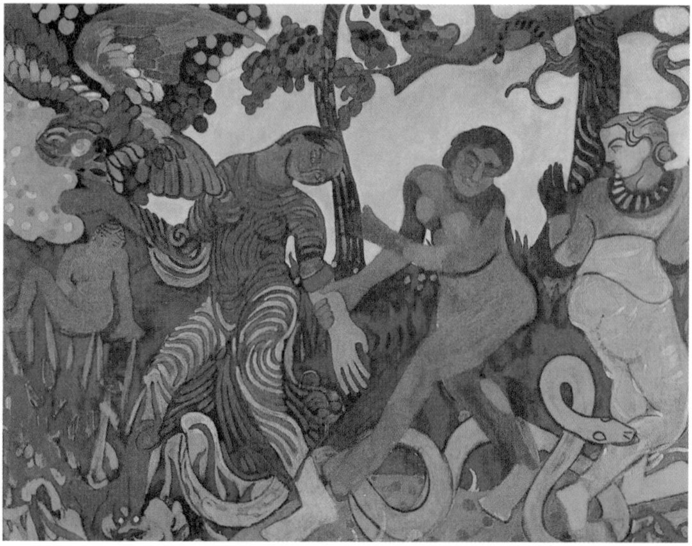

9
〈춤〉 앙드레 드랭,
1905~1906년

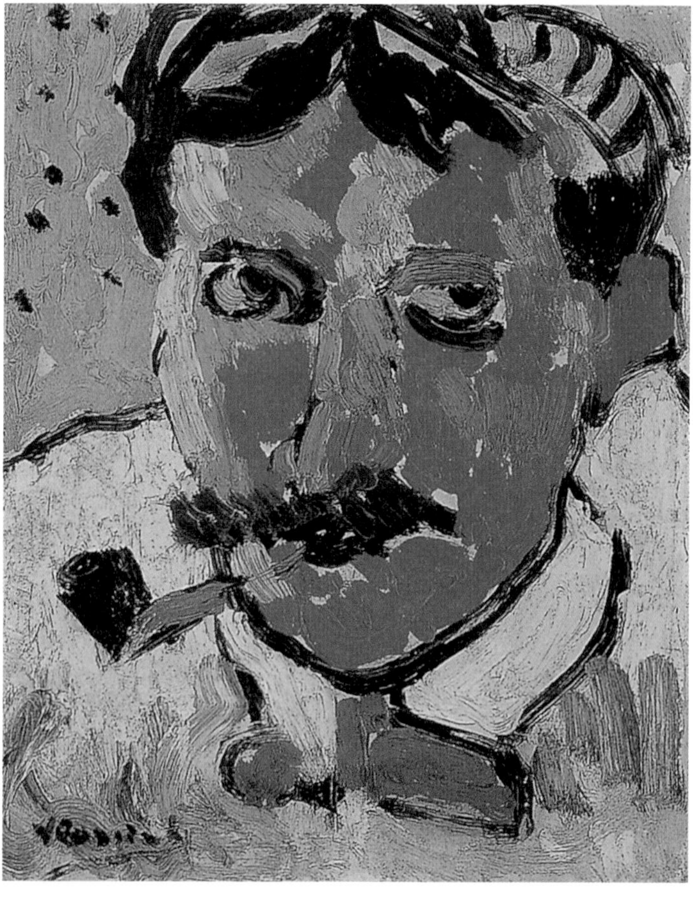

10
〈드랭의 초상〉
모리스 드 블라맹크, 1906년

응적이었던 마티스와 달리, 블라맹크는 기존의 권위를 향해 아방가르드 특유의 반항을 공공연히 드러내곤 했다.

> 나의 열광은 내게 모든 종류의 자유를 허용했다. 나는 전통적인 회화 방식을 추종하고 싶지 않았다. 나는 관습과 당시의 생활을 혁신하고자 했다. 즉, 자연을 자유롭게 하며 내가 연대의 장군이나 대령들만큼이나 증오했던 낡은 이론과 고전주의적 권위로부터 그것을 해방시키고자 했다. 결코 질투나 증오에 가득 찼던 것은 아니다. 단지 나 자신의 눈을 통해 비춘, 전적으로 나의 세계인 그 새로운 세계를 재창조하려는 거대한 충동을 느꼈을 뿐이다.[11]

"나는 모든 색깔의 명도를 높여서 내가 느꼈던 모든 것 하나하나를 순수색의 관현악으로 전위시켜놓았다."[12] 블라맹크의 말에서 드러나듯이, 야수주의 화가들은 재현의 의무에서 색채를 해방시키는 데 관심이 있었다. 이 느슨한 운동에 참여한 다양한 화가들을 하나로 묶어준 것이 있다면, 이처럼 색채를 그림의 테마로 삼아 재현의 한계를 뛰어넘으려 한 시도였다. 하지만 야수주의는 뚜렷한 강령이 없는 느슨한 모임이었기에, 1906년에 절정에 달한 후 1908년을 기점으로 급속히 해체되기 시작한다. 그들 스스로 색채의 향연이 너무 방만하게 느껴진 모양이다. 브라크는 당시를 이렇게 회고했다. "우리가 영원한 발작 상태에 머물 수는 없었다."[13]

마티스만이 끝까지 자기 노선을 고수했을 뿐, 다른 화가들은 야수주의를 각자 자신의 창작의 과도기로 여겼다. 1908년 야수주의의 지나친 감정주의(emotionalism)에 대한 반발로 자연의 질서와 구조에 대한 관심이 다시 일어난다. 야수주의는 주로 원색을 배치하는 쇠라의 점묘가 고흐와 고갱을 거쳐 색채의 표현성을 강화하는 과정에 주목했다. 후기 인상주의의 네 거장 중에서 아직 가능성이 충분히 탐구되지 않은 사람은 세잔뿐이었다. 야수주의는 색을 통해 재현에서 벗어나려 했으나, 세잔에게는 더 급진적 가능성이 잠재되어 있었다. 바로 형(形)의 해방이었다. 그 가능성을 찾아 야수주의를 떠난 브라크는 피카소와 함께 입체주의의 창시자가 된다.

마티스는 주로 색조의 관계를 조정해 화면을 '구축'하는 데 세잔을 참조했다. 부분과 전체의 조화를 꾀했던 그는 여전히 '유기적(organic)' 작품의 전통에 머문다. 하지만 세잔의 화면에는 동시에 시점들의 차이에서 빚어진 '균열'이 존재한다. 이 균열들은 원근법의 재현 체계를 파열시킬 가능성을 내포한다. 입체주의는 이를 이용하여 현실을 파편들로 분해했다가 재조립한다. 여기서 본격적인 현대예술, 즉 '무기적(unorganic)' 유형의 작품이 탄생한다. 피카소가 마티스를 제치고 현대미술의 대명사가 된 것은 이 때문이리라. 하지만 이 작업 역시 마티스 없이는 가능하지 않았을 것이다. 피카소는 자신과 마티스의 상호 의존을 '남극과 북극의 관계'에 비유했다.14

프랑스의 야수주의는 독일과 북구에서 표현주의 예술이 탄생하는 데도 영향을 끼쳤다. 야수주의와 표현주의는 강렬한 색채와 즉흥적 터치로 재현보다 표현을 강조한다는 점에서 서로 통하나, 둘 사이에는 또한 무시할 수 없는 차이가 있다. 야수주의가 회화적 조직의 형식적 측면에 집착한다면, 표현주의는 근원적 순수성이라는 정신적 주제에 주목하기 때문이다. 인상주의에서 나온 야수주의가 망막적(retinal)이라면, 상징주의에서 나온 표현주의는 영적(spiritual)이다. 둘 다 아프리카의 원시미술에 관심을 가졌지만, 야수주의가 거기서 형태와 색채의 강렬한 표현성을 보았다면, 표현주의는 그 표현의 소박함에서 아직 순수했던 인류의 유년기를 그리워할 것이다.

2 입체주의

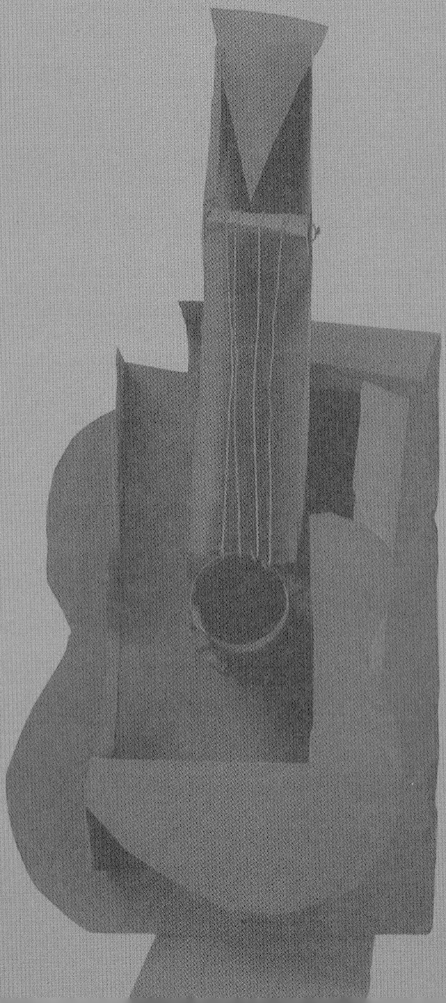

형태의 해방, 원근법의 해체

색채의 해방은 형태의 해방으로 이어질 수밖에 없다. 한때 야수주의에 가담했던 브라크는 야수주의를 떠나 피카소와 더불어 입체주의 운동을 시작한다. 입체주의가 분석적 단계에서 색채를 포기하고 모노크롬에 가까워진 것은 이 운동이 처음부터 색보다는 형의 문제에 집중했음을 의미할 것이다. 하지만 입체주의의 목표는 그보다 더 높은 데 있었다. 그것은 르네상스 이후 400년 동안 회화를 지배해왔던 원근법적 공간 자체를 무너뜨리는 것이었다. 그런 의미에서 입체주의는 글자 그대로 회화의 '혁명'이었다고 할 수 있다. 야수주의의 영향이 비교적 제한적이었다면, 입체주의는 20세기에 나타난 거의 모든 예술운동에 지대한 영향을 끼쳤다.

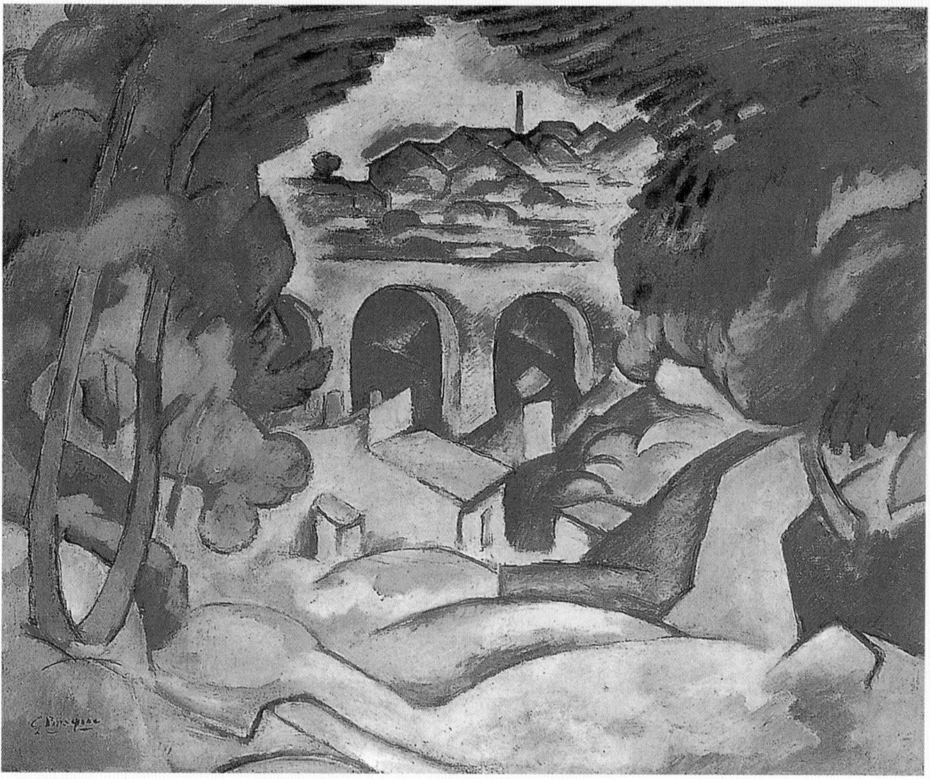

1
〈에스타크에서 그린 풍경화〉 조르주 브라크, 1907년

> 브라크는 매우 거만한 젊은이다. …… 그는 굉장히 단순화되고 변형된 금속성의 인물을 고안했다. 그는 형태를 무시하고 장소, 인물, 집 등 모든 것을 기하학적 윤곽과 입방체(cubes)로 축약했다. 그가 정직하니까 놀리지는 맙시다. 그리고 기다려봅시다.

1908년에 화상(畫商) 칸바일러의 갤러리에서 열린 브라크(Georges Braque, 1882~1963)의 전시회를 보고 평론가 루이 보셀은 〈질 블라스〉 지에 이렇게 썼다. '입체주의(Cubism)'라는 명칭은 여기서 유래한다. 하지만 아폴리네르에 따르면, '입방체'라는 표현을 처음 사용한 사람은 마티스라고 한다. "건물들이 있는 그림에서 입방형을 발견한 마티스가 조롱 섞인 용어를 사용한 데서 이 명칭이 생겼다."[1] 입방체가 있다는 그 그림은 브라크가 에스타크에서 그린 풍경화[1]를 가리킨다. 브라크는 이 작품을 '살롱 도톤'에 출품하나, 심사위원이던 마티스에게 거절당한다. 이 이야기를 전해 들은 보셀이 마티스의 표현을 기사에 그대로 사용한 것이 우연히 새로운 유파의 이름이 된 것이다.

몇 년 전 보셀은 마티스와 그의 동료들의 작품에 '야수주의'라는 이름을 붙여준 바 있었다. '야수주의'와 마찬가지로 '입체주의' 역시 조롱의 표현일 뿐, 이 유파의 양식적 특성을 보여주지는 못한다. '입체주의'의 언어는 피카소(Pablo Ruiz y Picasso, 1881~1973)와 브라크의 긴밀한 협력으로 탄생했다. 둘의 우정에 관하여 브라크는 "등산 자일에 함께 매달린 사이"라고 했고, 피카소는 "둘이 마치 결혼을 한 것 같았다."고 했다. 굳이 비교하자면, 피카소는 화면 위에 감각을 실현하는 데 뛰어났고, 브라크는 시각적 정확성으로 화면에 질서와 균형을 도입하는 데 능했다. 한마디로, 입체주의는 피카소의 '물질적 감각'과 브라크의 '관념적 기질'의 행복한 결합 속에서 탄생할 수 있었다.

20세기 미술사에 야수주의가 끼친 영향력이 비교적 제한적이었다면, 입체주의의 영향력은 엄청난 것이었다. 미래주의, 순수주의, 절대주의, 구성주의, 다다이즘, 초현실주의 등 20세기를 대표하는 거의 모든 예술 언어가 입체주의에서 태어났기 때문이다. 이 차이는 아마도 세잔에 대한 해석에서 비롯될 것이다. 마티스 역시 세잔을 참조했다. 그의 화면이 요란한 원색 속에서도 침착해 보이는 것은, 그가 세잔을 따라 화면을 정교하게 구축해 나갔기 때문이리라. 하지만 마티스는 세잔의 구축적 질서 속에 또한 '균열'이 있다는 사실에는 주목하지 않았다. 브라크와 피카소는 그 시점의 균열 속에서 서양 회화 400년의 전통을 파괴할 잠재력을 보았다.

세잔의 회의

세잔(Paul Cézanne, 1839~1906)의 화면에는 구조의 견고함과 관찰의 모호함이 공존한다. 인상주의의 화면에서 대상은 빛이 되어 그 육중함을 잃고 배경 속으로 사라지는 경향이 있다. 세잔은 물성이 사라진 화폭에 다시 구조의 견고함을 되살리려 했다. 언젠가 그는 대상을 원추, 원통, 구로 간주하라고 말했다. 어떤 의견에 따르면, 이 말은 세잔이 대상을 처리하는 원칙을 담고 있고, 다른 의견에 따르면, 그것은 그저 학생들에게 소묘를 가르치는 과정에서 내뱉은 별 의미 없는 충고에 불과하다고 한다. 어느 쪽이든, 세잔의 작품에서 대상이 기하학적 원형에 가까워지는 것만은 사실이다. 이는 대상에 그 촉각적 성질, 그 육중한 느낌을 되돌려주려는 시도에서 빚어진 현상이다.

세잔은 인상주의자들까지 여전히 유지했던 원근법이 자연을 실제 우리 눈에 보이는 그대로 보여주지 못한다고 느꼈다. 그리하여 그는 '이것이 내가 보는 것이다.' 라는 단언을 '이것이 내가 보는 것인가?'라는 물음으로 대체했다. 문제는 "자연이 우리를 건드리는 방식을 가시화"[2] 하는 것이다. 자신의 묘사가 거기에 성공했다는 확신이 들 때까지 그는 같은 대상을 그리고 또 그렸다. 한 모델을 같은 자리에 수백 번 앉히는 일도 있었다. 이것이 메를로퐁티가 말한 '세잔의 회의'다. 이처럼 자연의 참모습에 번민하며 자신의 묘사에 늘 의심을 갖는 것, 이것이야말로 세잔에게서 영웅적인 것이며, 이 영웅적 태도가 입체주의 이후의 모든 모더니즘 예술의 초석을 이룬다.

브라크는 세잔에게서 "회화로부터 기교적 완성이라는 개념을 제거한 업적"을 본다.[3] 세잔은 회화를 '아름다움'에 관한 예술이 아니라, '자연과 지각의 관계'에 관한 예술로 재(再)정의했다. 세잔의 화면은 별로 아름답지 않은데, 이는 그가 원근법과는 전혀 다른 규약을 따랐기 때문이다. 원근법에서 전제하는 것과 달리, 지각은 한 눈(monocular)이 아니라 두 눈으로(binocular), 고정된 위치에서가 아니라 안구와 신체의 움직임(kinaesthesia)과 더불어 이루어진다. 이를 화폭에 옮길 경우 화면에는 당연히 여러 개의 시점이 공존하게 된다. 원근법에 익숙한 눈에는 이 혼란이 아름다워 보일 리 없다. 하지만 세잔은 영웅적으로 그 혼란을 기꺼이 감수했다.

아비뇽의 처녀들

흔히 입체주의의 출발은 피카소의 〈아비뇽의 처녀들〉[2]이라고 하지만, 사실 이 작품은 그리 입체주의적이지 않다. 색깔에 따른 구분법에 따르면, 〈처녀들〉은 피카소의 청색시대(1901~1904)와 장미시대(1904~1906)에 이어지는 흑인시대(1907~1909)에 속한다. 이 작품에서 피카소가 세잔을 참조한 것은 분명해 보인다. 가령, 왼쪽에서 두 번째 여인의 포즈는 〈텐트 앞의 욕녀(浴女)〉[3]의 역시 왼쪽 두 번째 여인과, 오른쪽에

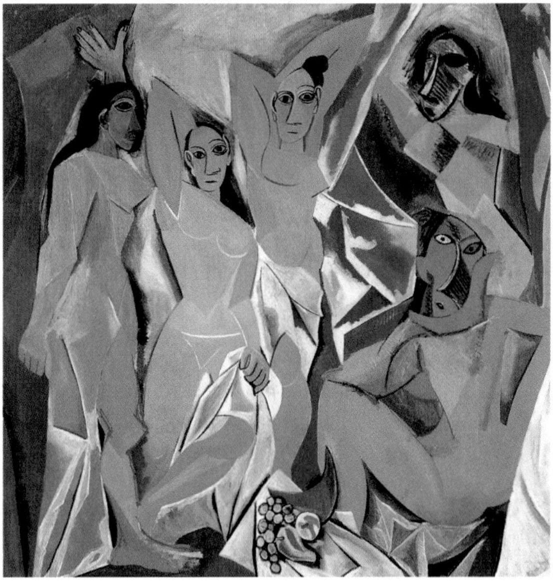

2
〈아비뇽의 처녀들〉 파블로 피카소, 1907년

선 검은 얼굴의 여인의 상반신은 〈욕녀〉의 중앙에 앉은 여인과 일치한다. 그 여인의 가슴을 묘사하는 데 사용된 파사주(passage: 두꺼운 붓질의 병치로 색면을 만드는 기법)에서도 세잔의 영향을 엿볼 수가 있다.

하지만 정작 이 작품에 영감을 준 결정적 원천은 따로 있다. 그것은 피카소가 야수주의 화가들을 통해 접한 아프리카 조각[4-1]이다. 당시의 화가들은 그동안 서양미술을 지탱해온 인간 형상의 전통이 마침내 고갈됐다고 느끼며, 새로운 생명력의 원천을 아직 때 묻지 않은 원시 문명에서 찾으려 했다. 마티스와 드랭, 블라맹크는 이미 오래전부터 아프

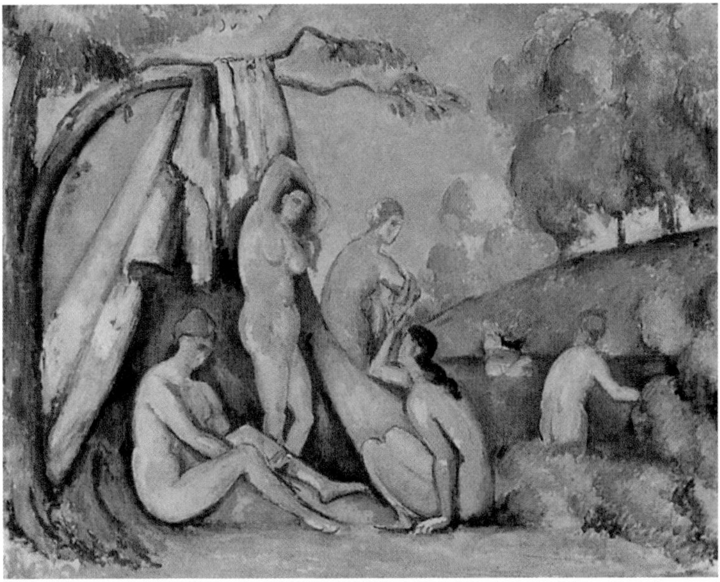

3
〈텐트 앞의 욕녀(浴女)〉 폴 세잔, 1883~1885년

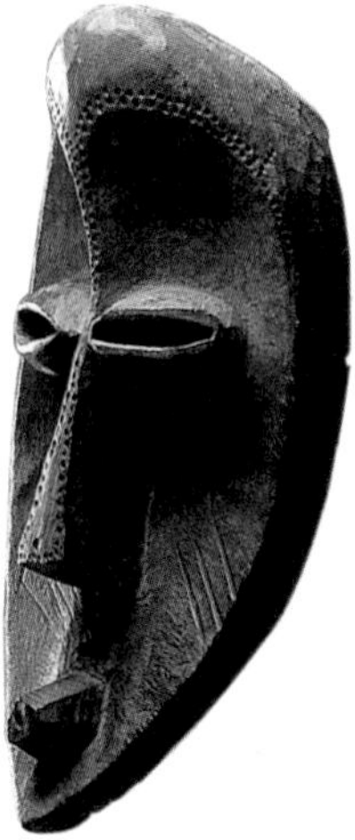

4-1
프랑스 식민지 콩고의 바반기족 마스크, 연대 미상

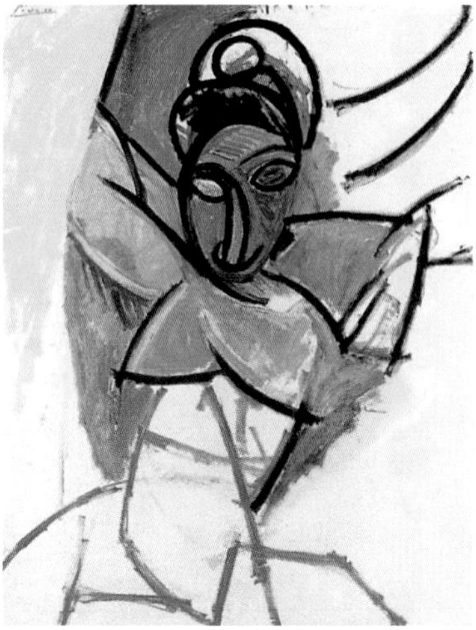

4-2
〈여인〉 파블로 피카소, 1907년

리카의 조각과 가면을 수집하고 있었다. 피카소 역시 브라크의 권유로 파리 트로카데로의 민속박물관을 방문한 후, 그 마력에 매료되어 아프리카 미술의 언어를 실험하는 '흑인시대'로 들어서게 된다.[4-2] 〈처녀들〉에서 가장 충격적인 요소 역시 아프리카의 마스크를 담은 여인들의 기괴한 얼굴일 것이다.

〈처녀들〉의 야만적이고 표현적인 붓질은 야수주의를 연상시킨다. 하지만 원시미술에서 강렬한 표현력을 본 야수주의자들과 달리, 피카소는 거기서 형(形)을 만들어내는 원리에 주목했다. 흑인 조각가들은 제재에 개념적으로 접근한다. 이렇게 자연주의적 묘사보다 제재에 관한 아이디어를 더 강조할 때, 당연히 상징성이 강한 추상적이고 양식화한 형태들이 등장하게 된다. 피카소는 아프리카의 미술에서 새로운 조형의 원리를 배웠다. 물론 이 역시 입체주의가 성립하는 데 필요한 조건이긴 하나 그것만으로는 충분하지 않다. 입체주의에 이르려면 아직 "복수의 가변적 시점과 공간의 촉각적 처리"[4]가 필요한데, 그것은 세잔의 화폭에 들어 있었기 때문이다.

원근법의 해체

〈아비뇽의 처녀들〉에서 피카소는 세잔에게서 주로 제재('욕녀')를 빌려왔을 뿐이다. 그보다 중요한 것은 그의 화폭에서 원근법적 공간을 파열시킬 가능성을 보는 것이리라. 물론 〈처녀들〉에도 부분적으로는 복수의 가변적 시점이 존재한다. 가령, 화면 오른쪽에 앉은 여인의 얼굴은 정면과 측면이 결합되어 있고, 전체적으로는 정면을 보는 얼굴에 등을 돌린 상체가 결합된 모습이다. 하지만 전체적으로 공간은 아직 해체되지 않았다. 피카소의 관심은 여전히 형태에 있었다. 그의 말대로 저 형상들을 오려서 다시 붙이면 정말로 "앞에 조각을 갖게 될 것"만 같다. 공간의 해체라는 측면에서 세잔의 중요성을 먼저 인식한 것은 브라크로 보인다.

세잔은 공간을 해체하려는 의도가 없었다. 외려 그는 아귀가 어긋나는 부분들을 가령 테이블보로 덮는 식으로 복수의 시점을 화면 안에서 '봉합'하려 했다. 반면, 브라크는 시점들 사이의 '균열'에 주목했다. 그 균열의 극한에서 새로운 유형의 공간이 탄생할 가능성을 보았기 때문이다.

자연에는 촉각적 공간이 있다. 나는 그것을 손의(manual) 공간이라 부르고 싶다. …… 내게 그것은 대상을 그저 보는 게 만지고 싶은 욕망을 의미했다. 나를 강하게 잡아끈 것은 바로 그 공간이었다. 왜냐하면 최초의 입체주의 회화란 공간에 대한 탐색이었기 때문이다.5

이렇듯 브라크는 '공간 감각'에 민감했던 터라, "우선 회화 공간부터 창조해놓지 않고는 대상을 끌어들일 수 없다."6고 느꼈다. 피카소에게 입체주의가 형태에 관련된 예술이었다면, 브라크에게 입체주의는 무엇보다 "내가 느낀 공간을 실체화하는 것"을 의미했다.

전통적 환각주의를 거부함에도 불구하고 세잔의 작품에는 놀라운 사실성이 있다. 그의 정물들은 실물과 별로 닮지 않았지만 거의 손으로 만지는 것 같은 느낌을 준다. 이 견고한 물성(物性)은 시각적 유형과는 또 다른 사실성이 존재함을 말해준다. 바로 촉지적(haptic) 사실성이다. 나아가 여러 시점이 공존하는 그의 작품은 마치 안구나 신체를 움직여 지각하는 것 같은 느낌을 준다. 이 역시 시각적 유형과는 또 다른 공간성이 존재함을 말해준다. 바로 촉각적(tactile) 공간이다. 여기서 입체주의가 '현실'의 개념 자체를 시각적인 것에서 촉각적인 것으로 바꾸어놓으려 했음을 알 수 있다. 브라크는 피카소와 더불어 현실에 대한 새로운 관념을 창조했다.

모든 르네상스의 전통이 내 비위에는 맞지 않는다. 미술에서 지속적으로 강요되어온 엄격한 원근법은 그것을 시정하는 데 4세기나 걸린 끔찍한 실수다. 세잔과 함께, 그의 뒤를 이은 피카소와 나는 그 공을 인정받

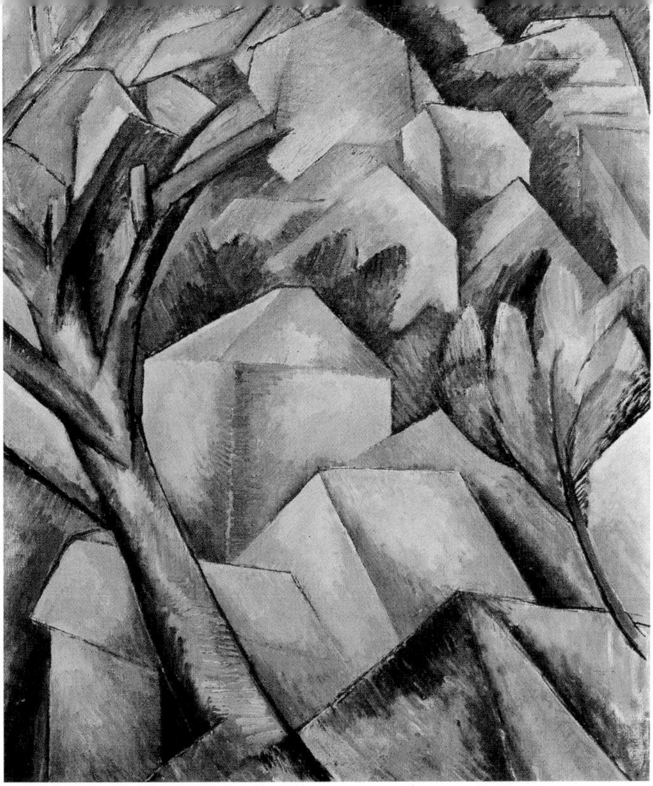

5
〈에스타크의 집들〉
조르주 브라크, 1908년

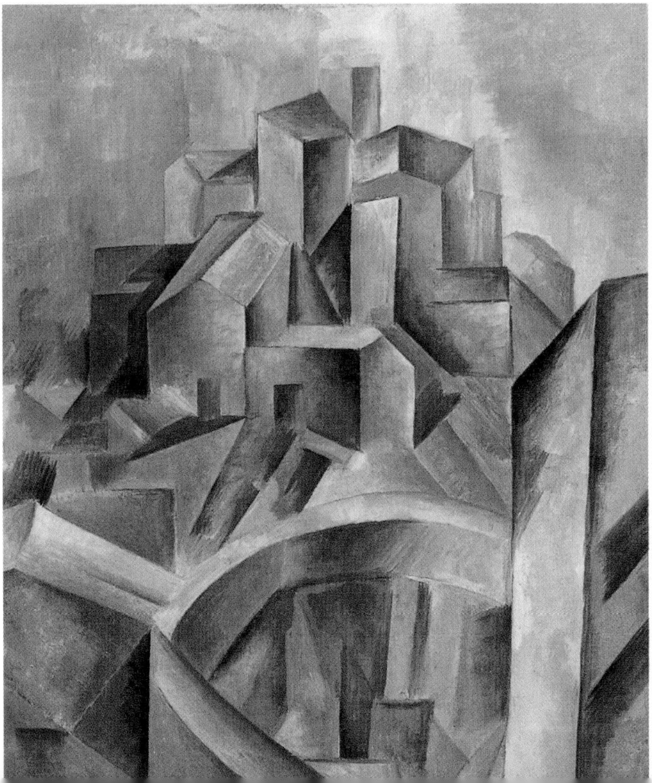

6
〈오르타의 저수지〉
파블로 피카소, 1909년

을 수 있다. 과학적인 원근법은 단지 눈을 속이는 환영주의다. 이것은 오브제를 보는 이의 손에 닿게 하는 대신 그로부터 점점 사라지도록 강요하기 때문에 미술가가 공간에 대한 충분한 경험을 전하는 것을 불가능하게 하는 나쁜 속임수다.7

브라크의 〈에스타크의 집들〉[5]은 세잔의 영향을 여실히 보여주는 작품이다. 다수의 시점의 공존으로 인해 원근법적 질서에서 풀려나온 집들이 마치 대강 쌓아놓은 입방체처럼 어지럽기만 하다. 제들마이어의 표현대로, 거기서 대상들은 "지반을 떠나 허공을 부유하는 것처럼 보인다." 원근법이 세상을 보는 정확한 위치가 있음을 전제한다면, 입체주의에서는 이렇게 관찰자가 어디에 서 있는지 알 수 없게 된다. 피카소의 〈오르타의 저수지〉[6]도 마찬가지다. 언덕 위의 구조들은 아직 세잔의 화폭처럼 견고하고 안정적이나, 아래 부분은 더 이상 읽어낼 수 없을 정도로 구조가 파편들로 분해되어 있다. 본격적인 입체주의는 바로 그 지점에서 시작된다.

분석적 입체주의

"내가 아는 모든 것은 오르타에서 배운 것이다." 이 시기에 피카소가 그린 두 점의 초상은 입체주의 언어가 형성되는 과정을 보여준다. 〈페르낭드〉[7]에서 그는 각각의 대상에 시점을 할당하는 수준을 넘어, 단 하나의 대상에 복수의 시점을 적용한다. 이 작품이 그럼에도 불구하고 여전히 '구축적'이라면, 〈앙브루아즈 볼라르의 초상〉[8]은 이미 '해체적' 경

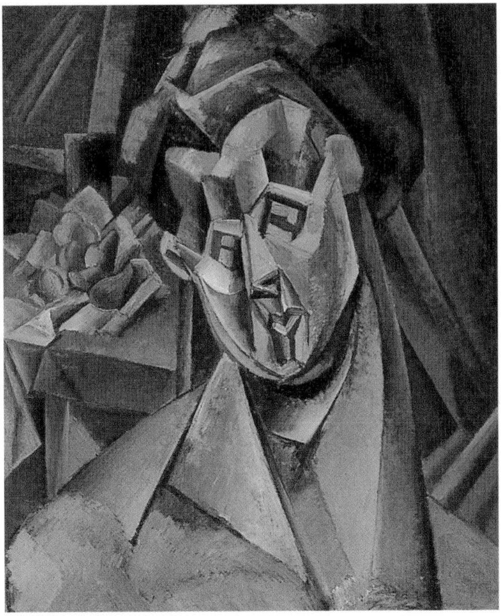

7
〈페르낭드(서양 배와 여인)〉
파블로 피카소, 1909년

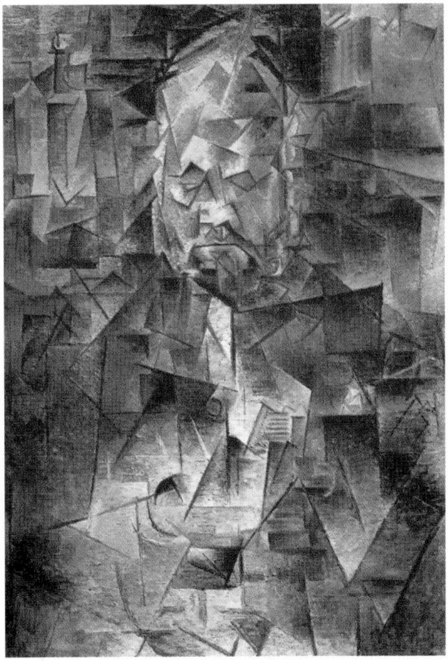

8
〈앙브루아즈 볼라르의 초상〉
파블로 피카소, 1910년

향을 드러낸다. 인물이 격자 모양의 파편들로 완전히 분해된다. 입체주의는 무엇보다 형태와 공간의 문제였기에, 화면 역시 거의 모노크롬에 가까워졌다. "중요하지 않은 리얼리티의 모든 개념을 배제"하는 입체주의자에게 "색은 부피를 묘사하는 데 도움을 주는 역할을 할 뿐"이다.

제욱시스와 파라시오스처럼 브라크와 피카소는 경쟁하며 입체주의의 언어를 발전시켜 나갔다. 이른바 '분석적 입체주의'라 불리는 이 시기에 이들의 작업은 자기들조차 놀랄 정도로 비슷해진다. 가령 만돌린

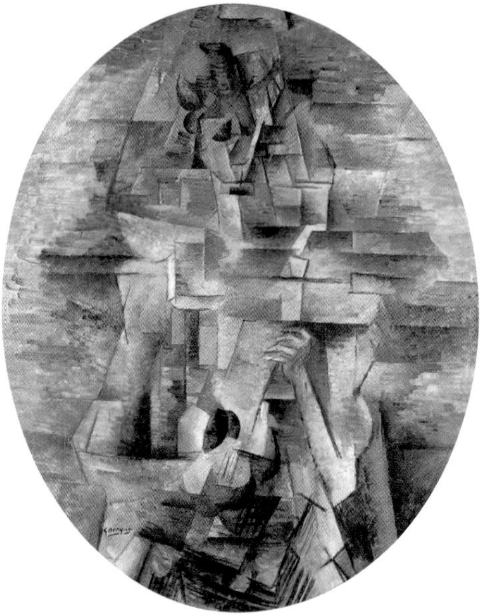

9-1
〈만돌린과 연인〉
조르주 브라크, 1910년

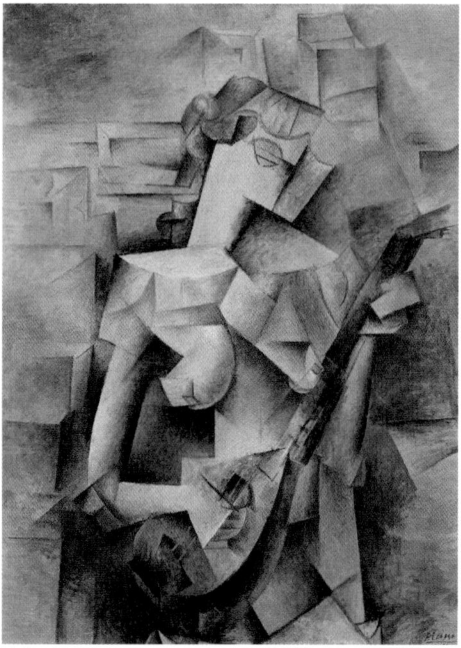

9-2
〈만돌린을 든 소녀(파니 텔리어)〉
파블로 피카소, 1910년

을 주제로 한 두 초상을 비교해보라.9-1, 9-2 특히 화면이 추상으로 치달으면서 둘의 작업은 아예 구별할 수 없을 정도가 된다. 추상(抽象)은 개별적 차이를 사상(捨象)하기 때문이다. 둘의 개성이 구별할 수 없을 정도로 비슷해지자, 이들은 작품에 사인을 하지 않기로 서로 약속을 한다.[8] 화상에게 작품료를 받으러 갈 때에는 장난 삼아 아예 노동자로 분장하기도 했다. 이는 훗날 예술가의 주체성을 부정하는 뒤샹과 워홀의 제스처를 연상시킨다.

분석적 입체주의는 대상의 파편이나 부분적 실루엣만으로 대상 전체를 암시하는 제유법을 사용한다. 로만 야콥슨은 실어증에 관한 유명한 논문에서 이렇게 대상을 일련의 제유들로 분해하는 입체주의의 기법을 "환유적 절차"라고 부르며, 이것을 초현실주의 예술의 "은유적 절차"에 대립시킨 바 있다.[9] 화면에서 환유가 강화될수록 대상은 격자 모양의 파편으로 흩어져 점점 더 알아보기 힘들어진다. 하지만 두 사람은 도상(icon)을 지표(index)로 대체하는 이 기호학적 표현이 '새롭고 더 나은 환영주의, 한층 고양된 (개념적) 사실주의'를 대변한다고 믿었다.[10] 피카소와 브라크의 화면은 이제 그것들이 '모사'하는 것보다 더 많은 것을 '암시'하게 된다.

어떤 것이 '무엇'의 부분인지 식별하려면, 적어도 전체를 암시하는 그 부분은 대상을 닮아 있어야 한다. 하지만 추상으로 치달을수록 이 닮음이 사라져 하나의 지표가 동시에 많은 대상을 암시하게 된다. 가령 전에는 '∫'라는 어휘가 바이올린만 가리켰다면, 이제는 모양이 비슷한 다른 모든 것을 암시하게 된다. 여기서 지표는 상징(symbol)으로 변한다. 아직 자연적 유사성을 유지하는 지표(index)와 달리, 상징은 유사성이 사라지거나 현저히 약화된 기호라서 따로 말해주지 않는 이상 그 의미를 알 수 없게 된다.[11] 브라크가 이 시기에 도입한 스텐실 글자는 화면에 해독의 단서를 남김으로써 약화된 암시 기능을 보충하기 위한 장치였다.

분석에서 종합으로

이 작은 트릭이 흔히 '종합적'이라 불리는, 입체주의의 다음 단계를 예고한다. 그려진 기호가 너무 추상화하여 지표의 기능을 발휘하지 못하게 되자, 피카소와 브라크는 대상을 암시하고 공간을 환기하는 데 아예 실물을 끌어들이게 된다. 이들이 캔버스에 처음으로 도입한 것은 종이였다. 브라크는 화면에 종이를 오려 붙이는 이른바 '파피에 콜레(papier collé)'의 작업을 시작한다. "처음으로 파피에 콜레를 제작하고 나서 나는 대단한 충격을 받았다. 이를 피카소에게 보여주자, 그는 더 큰 충격을 감추지 못했다." 자극을 받은 피카소는 화면에 종이 외에도 일상의 다양한 사물들을 끌어들여 파피에 콜레를 '콜라주(collage)'로 발전시킨다.

입체주의의 분석적 단계에서 피카소와 브라크는 자연적 이미지에서 출발해 공간과 형태를 쪼개고 나누었다. 그로써 화면이 거의 추상에 도달하자, 이들은 이제 방향을 바꾸어 거꾸로 추상에서 재현을 향해 나아갔다. '분석적' 방법이 '종합적' 방법으로 바뀐 것이다. 이는 두 사람이 추상과 재현 사이에 섬세한 균형을 유지하려 했음을 의미한다. 자연을 떠나 순수한 추상으로 가려는 의도가 아니었다. 두 사람은 현실로 이어지는 끈을 결코 놓으려 하지 않았다. 피카소에 따르면, "추상예술은 존재하지 않는다. …… 원하든 원하지 않든 인간은 자연의 도구다. 우리는 자연에 대항할 수 없다. 그것은 우리 가운데 가장 강한 자보다 강하다."12

콜라주를 사용한 두 사람의 방법에는 미묘한 차이가 있었다. 한마디로 브라크의 콜라주[10]가 '환유적' 이라면, 피카소의 그것[11]은 '은유적'이다. 가령, 모조 나무(나무 무늬가 그려진 벽지)를 사용할 경우, 브라크는 그것으로 기타의 몸통에 질감을 줄 것이다. 반면, 피카소는 콜라주로 공간의 유희를 펼치려 할 것이다. 가령, 그에게서 벽지는 기타의 몸통을 이루면서 동시에 기타 아래의 배경이 된다. 기타의 구멍 모양으로 덧붙여진 신문지는 표면보다 높으면서도 표면보다 깊은 공간을 암시한다. 브라크가 콜라주로 재료의 특성을 환기시킨다면, 피카소는 콜라주로 깊이와 평면의 관계를 뒤집는다. 브라크가 입체주의 노선에 충실히 머문다면, 피카소는 입체주의를 넘어 초현실주의로까지 접근한다.

신문을 오려 붙일 때도 마찬가지다. 브라크가 그것으로 붓질을 대신하는 데 그친다면[12], 피카소는 그것을 의미론적 전환과 시각적 조크의 수단으로 사용한다. 가령 'JOURNAL'[13]에서 오려낸 'URNAL'은 신문을 넘어 변기(urinal)의 연상으로 이어진다. '한 번의 타격(un coup de thêatre)'에서 오려낸 '한 번의 차(un coup de thé)'는 신문에 보도된 사건을 넘어 '한 번의 주사위 던지기(un coup de dés)'라는 말라르메의 시를 암시하게 된다. 이는 슈비터스의 몽타주, 혹은 뒤샹 특유의 언어유희를 연상시킨다. 피카소의 콜라주는 브라크의 것과 달리 과감하게 레디메이드를 도입한다. 몽타주, 언어유희, 레디메이드는 다다이스트들이 즐겨 사용한 기법이다.

살롱과 화랑의 입체주의

피카소, 마티스와 더불어 주목해야 할 또 다른 인물은 후안 그리스

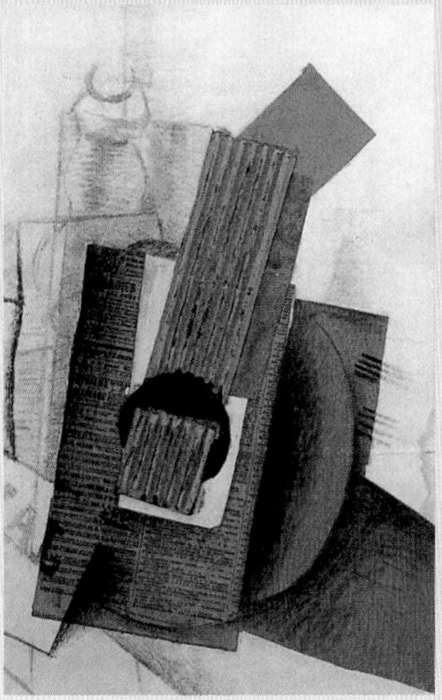

10
〈만돌린〉 조르주 브라크,
1914년

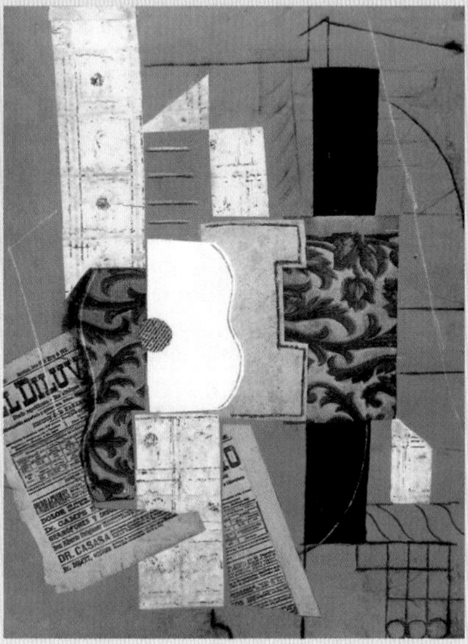

11
〈기타〉 파블로 피카소, 1913년

12
〈늙은 마르크의 파이프, 유리잔, 병〉 조르주 브라크, 1914년

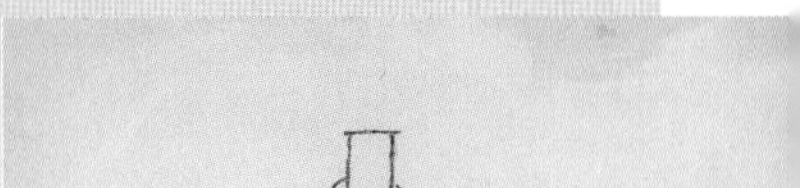

13
〈병, 포도주, 신문이 있는 탁자〉
파블로 피카소, 1912년

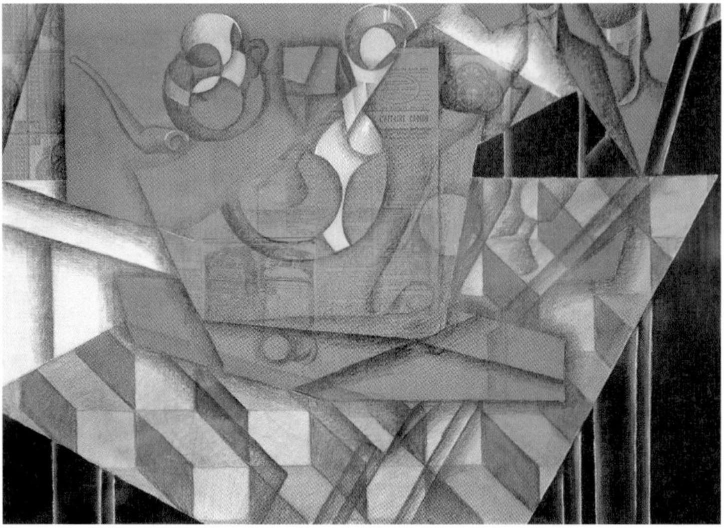

14
〈찻잔〉 후안 그리스, 1914년

(Juan Gris, 1887~1927)[14]이리라. 그는 마티스 같은 색채 효과에 차가운 기하학적 형태를 결합시킨 새로운 형태의 종합적 입체주의를 선보이며, 평생 입체주의의 대변자 노릇을 하면서 그것을 이론화하는 데도 앞장섰다. ('분석적/종합적'이라는 구분법 역시 그리스의 글에서 나온 것이다.) 입체주의가 분석에서 종합을 향하던 즈음, 이 세 사람 외에도 이미 많은 화가들이 입체주의자를 자처하고 있었다. 이들은 종종 퓌토에 있는 자크 비용의 집에 모여 입체주의의 본질과 기법에 대해 열띤 토론을 벌이곤 했다. 이 때문에 입체주의의 이론적 후원자였던 아폴리네르는 이들을 '퓌토 그룹'이라고 불렀다.

로베르 들로네, 페르낭 레제, 프란시스 피카비아, 알베르 글레즈, 장 메챙제와 같은 화가들이 이 그룹에 속해 있었는데, 입체주의가 세상에 널리 알려진 것은 이들의 공이라 할 수 있다. 흔히 피카소와 브라크를 '화랑 입체주의자', 퓌토 그룹을 '살롱 입체주의자'라고 부른다. 피카소와 브라크가 화상 칸바일러의 요구에 따라 살롱전에 출품하지 않고 오직 그의 화랑을 위해서만 작업을 하는 사이, 퓌토 그룹은 공공의 전시와 출판을 통해 입체주의를 현대의 대표적 운동으로 만들었기 때문이다. 한편, 라울 뒤피, 피트 몬드리안, 디에고 리베라, 콘스탄틴 브랑쿠시, 레이몽과 마르셀 뒤샹 형제도 잠시나마 퓌토 그룹으로서 입체주의 운동에 가담한 바 있다.

칸바일러는 신화를 유지하기 위해 이들 살롱 입체주의자들이 자신의 화랑에 출입하는 것을 금지했다고 한다. 글레즈와 메챙제가 자신들의 저서인《입체주의에 관하여》에서 "피카소와 브라크가 입체주의의 발달에 결정적 역할을 하지 못했다."고 주장한 것은 이와 관련이 있다. 하지만 사실을 말하자면 입체주의는 매 시기마다 피카소와 브라크의 발명이었지, 살롱 입체주의자들이 본질적 기여를 한 것은 없었다. 그들에게 업적이 있다면, 그것은 차라리 입체주의에 내재한 여러 가능성을 탐구하는 가운데 입체주의 이후를 준비한 데서 찾아야 할 것이다. 입체주의의 아버지에게는 이들이 마냥 마음에 들지는 않았던 모양이다. 피카소는 훗날 이렇게 회고했다.

그들은 입체주의를 벗어나 일종의 물리적 문화를 만들기 바랐다. 그리하여 여러분은 허약한 자들이 갑자기 중요한 척 처신하기 시작하는 것을 보았다. 그들은 모든 것을 입방체로 감축하는 것이 능력과 위대함을 고양하는 길이라고 상상했다. 여기서부터 내가 열망한 논리적 작품과는 진정한 관계가 없는, 도가 지나친 유형의 미술이 생겨났다.13

입체주의 그 이후

아폴리네르는 들로네[15]와 레제, 피카비아를 '오르픽 입체주의'로 분류했다.14 그 이름 안에는 이들이 오르페우스의 예술, 즉 음악을 닮은 순수회화를 지향한다는 뜻이 담겨 있다. 아폴리네르는 이들을 여전히 '입체주의자'라고 불렀지만, 정작 그들은 입체주의를 넘어 순수추상으로까지 밀고 나가려 했다(84쪽 그림 참조). 이렇게 회화가 순수한 형과 색의 유희로 되는 경향은 분석적 입체주의에 이미 나타났던 것이다. 그 앞에서 피카소와 브라크는 구상으로 회귀했지만, 그 가능성이 한번 열린 이상 회화가 추상의 극한으로 나아가는 것은 역사적 필연이었다. 레제의 말대로 "색, 선, 형. 가장 순수한 감각으로 사용된 그림상의 대조는 …… 현대회화의 기틀이 된다."15

마리네티가 〈미래주의 선언〉을 발표한 것은 1909년이었지만, 선언이 곧 양식을 보장해준 것은 아니었다. 미래주의에 공감한 화가들이 전시회를 열었지만, 그들은 자신들의 언어가 그다지 미래주의적이지 못함을 깨닫게 된다. 움베르토 보초니, 루이지 루솔로, 카를로 카라는 피카소와 브라크의 작업실을 방문하여 당시의 가장 앞선 미술의 양식을 배운다. '살롱 도톤' 8호실에 전시된 뒤샹[16]과 레제[17]의 작품은 이탈리아 미래주의자들에게 새로운 가능성을 열어주었다. 그들은 뒤샹에게서 시

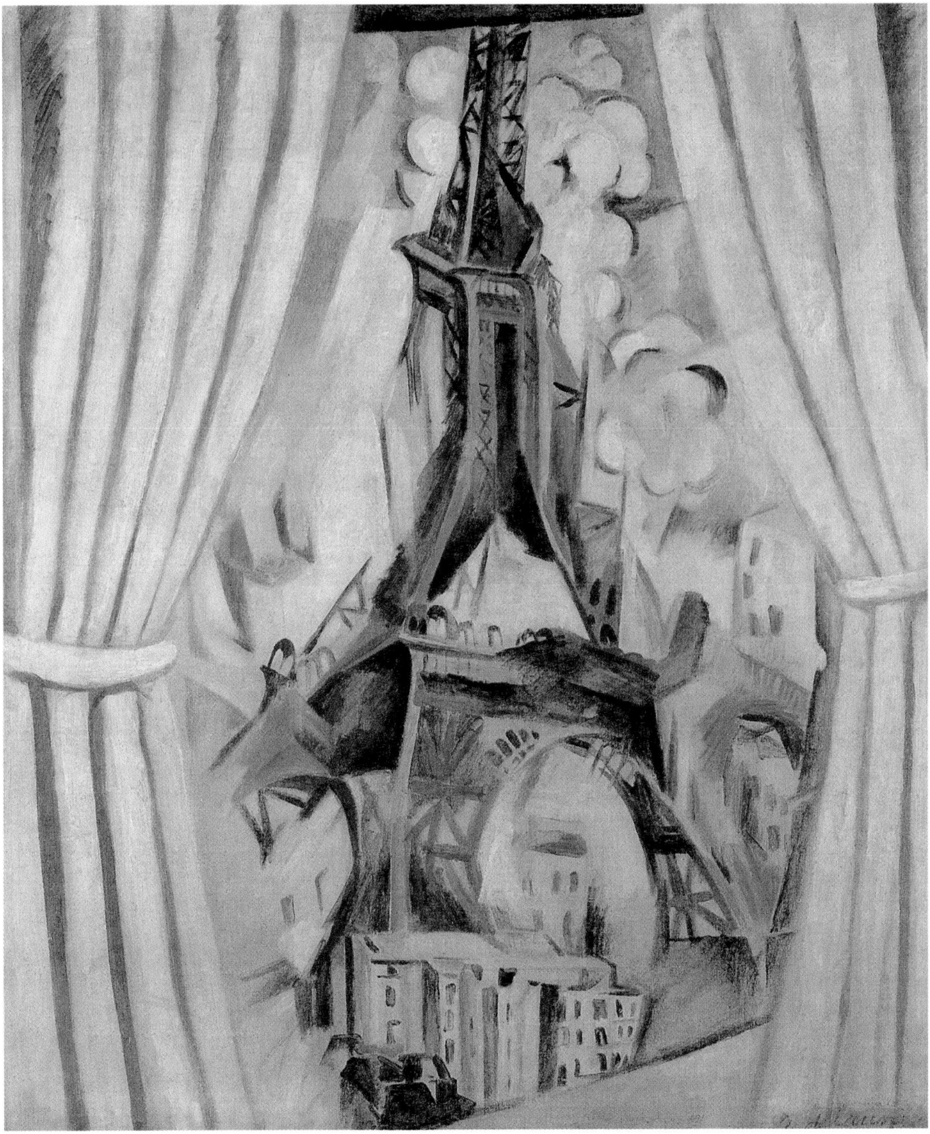

15
〈커튼 뒤의 타워〉 로베르 들로네, 1910년

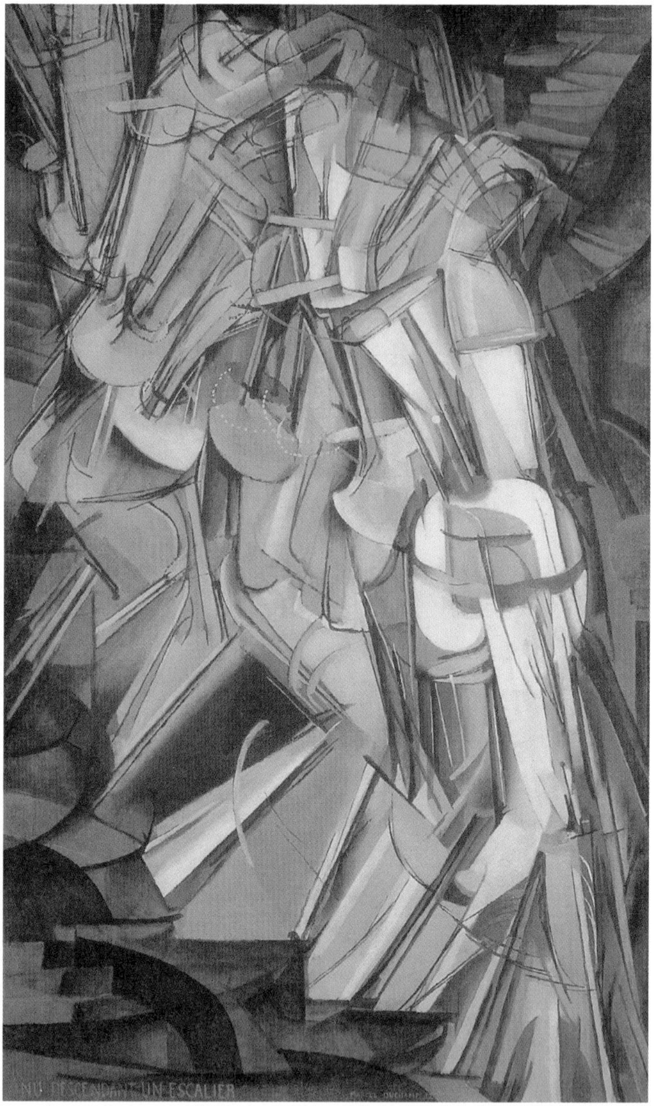

16

〈계단을 내려오는 누드 2〉 마르셀 뒤샹, 1912년

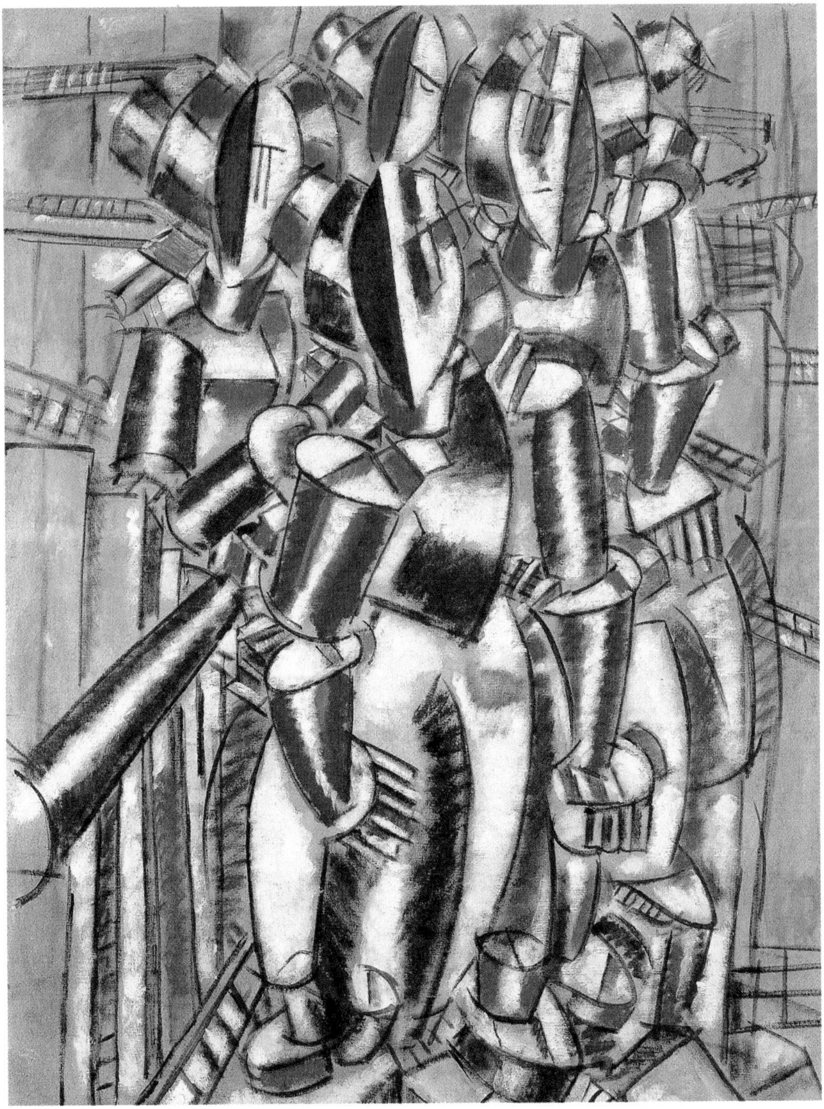

17
〈발코니〉 페르낭 레제, 1914년

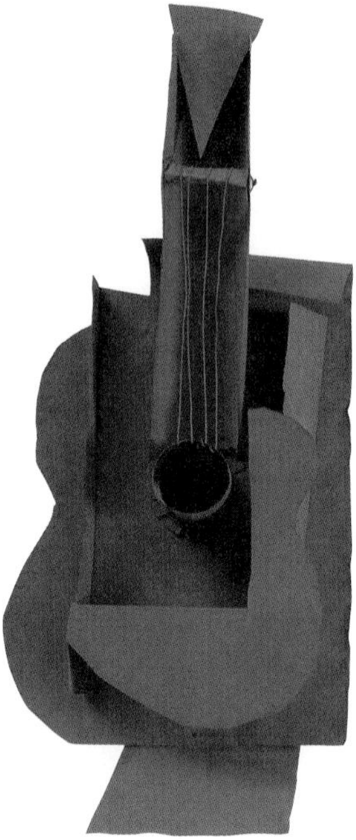

18
〈녹슨 기타〉 파블로 피카소, 1914년

간에 대한 새로운 접근법의 암시를 얻었고, 레제에게서는 기계문명의 현대적 표현에 대한 감각을 배웠다. 그들은 입체주의와의 경쟁의식 속에서 고유의 미래주의 양식을 발전시켜 나갔다.

러시아의 타틀린 역시 피카소와 브라크의 작업실을 방문한 것으로 알려져 있다. 입체주의는 어디까지나 회화의 실험이었기 때문에, 거기서 조각의 비중은 그리 크지 않았다. 피카소가 제작한 입체주의 조각은 대부분 회화를 위한 실험으로 제작된 습작들이었다. 그럼에도 불구하고 그의 실험은 '조각'의 개념을 바꿔놓았다. 과거에 조각이 점토 주형, 구리 주물, 깎인 석재의 견고한 덩어리(solid mass)였다면, 피카소의 조각은 입체적 구성으로 형성된 '열린 구축물(open construction)'이라 할 수 있다. 특히 피카소의 〈녹슨 기타〉[18]는 데이비드 스미스와 안소니 카로가 금속조각을 시작하는 계기가 되었고, 나아가 타틀린이 주도한 러시아 구축주의의 시발점이 되었다.

3 순수추상

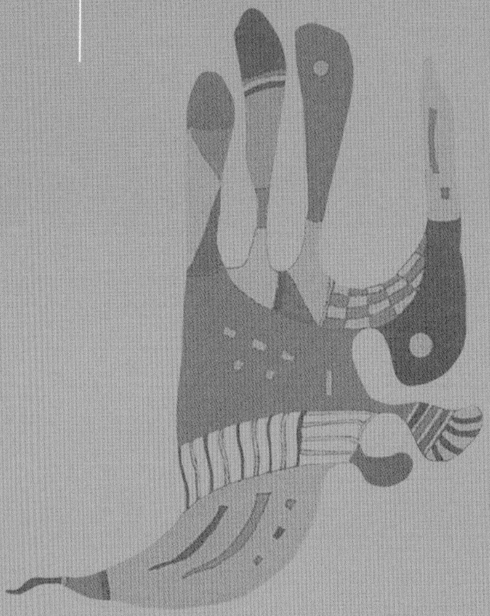

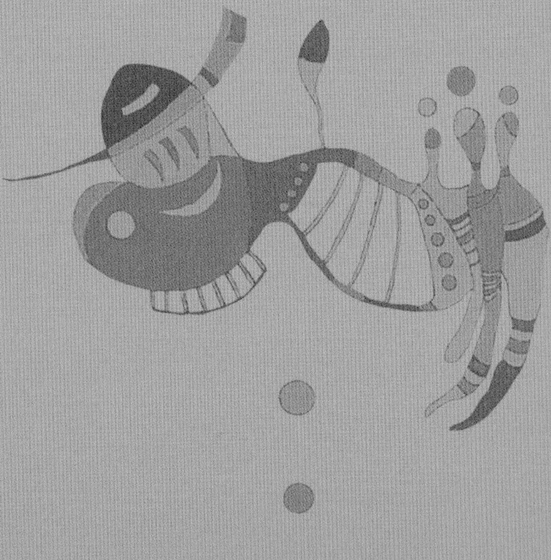

형태와 색채의 교향악

색의 해방과 형의 해방, 나아가 원근법적 공간의 해체 속에는 또 다른 회화의 가능성이 내포되어 있다. 아무것도 재현하지 않는 순수회화의 가능성이다. 입체주의가 포기한 것은 '원근법적' 재현일 뿐, 그것이 재현 자체를 포기한 것은 아니었다. 피카소와 브라크는 입체주의를 원근법보다 더 참된 재현으로 이해했다. 입체주의의 분석적 단계에서 화면은 거의 순수추상에 근접한다. 피카소와 브라크는 거기서 한 걸음 물러나 다시 재현을 강화하고, 그로써 입체주의의 종합적 단계로 이행한다. 하지만 칸딘스키는 거기서 용감하게 걸음을 내디뎌 최초로 순수회화에 도달한다. 일체의 재현을 포기하고 순수한 색과 형의 유희가 됨으로써 회화는 완전한 자율성에 도달한다.

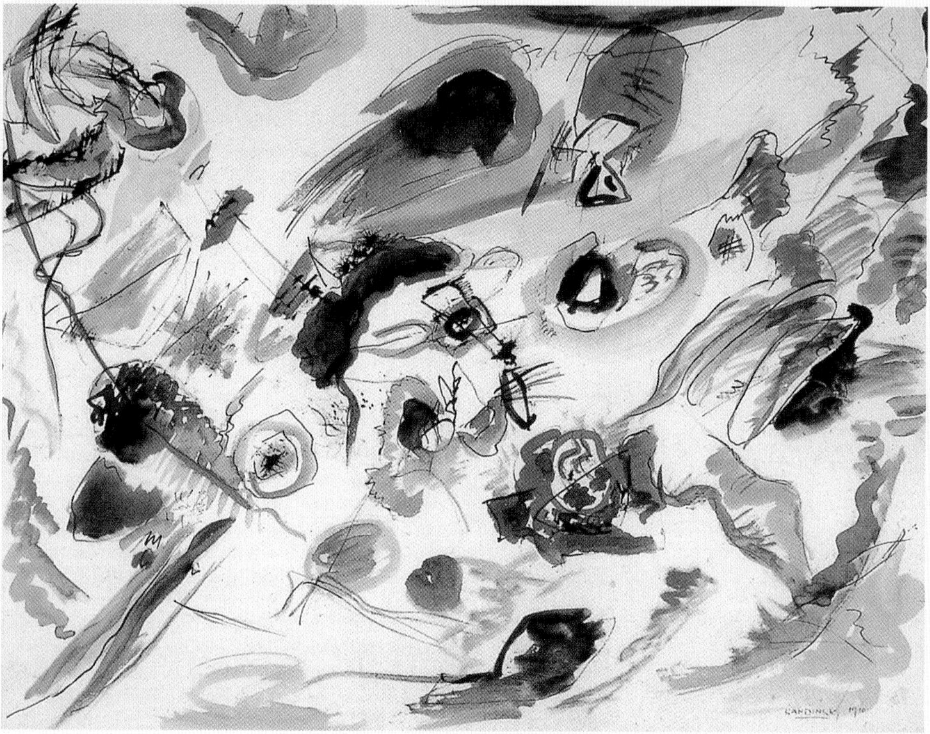

1
〈무제〉 바실리 칸딘스키, 1913년, '최초의 추상 수채화'

현대미술에서 최초의 추상으로 여겨지는 것은 제목이 없는 칸딘스키(Wassily Kandinsky, 1866~1944)의 수채화다.[1] 니나 칸딘스키는 이 그림의 연도를 1910년이라 주장하나1, 오늘날 이 주장은 의심을 받는다. 그의 작품에 나타난 경향을 추적해보건대, 그가 대상성을 일체 포기하고 완전한 추상에 도달한 것은 1913년경으로 보인다. 1910년에 써서 1912년에 발표한 《예술에서 정신적인 것에 관하여》에서도 칸딘스키는 외려 "오늘날 회화가 지닌 기본적 상황 때문에 자연에서 완전히 해방된 색채 구성과 형태 구성에서 내적인 체험을 얻는 것은 거의 불가능하다."고 말한다. 추상을 향해 함께 움직이던 경쟁자들을 제치고 '순수회화의 창시자'라는 타이틀을 남편의 것으로 해두려면 작품의 연도를 몇 년 앞당겨야 했을 것이다.

칸딘스키의 경쟁자는 들로네[2], 피카비아, 레제, 쿠프카 등 아폴리네르가 '오르픽 입체주의자'라고 불렀던 이들이다. 재현의 영역을 떠나지 않은 마티스나 피카소와 달리, 이들은 재현에 묶여 있는 입체주의를 떠나 과감히 순수회화의 길로 나아갔다. 들로네, 피카비아, 레제는 1912년 가을경 거의 같은 수준의 추상에 도달한다. 거기서 가장 앞선 사람은 역시 쿠프카였다. 이 체코 출신의 화가는 이미 〈뉴턴의 원반들〉[3]과 〈아모르파, 두 색의 푸가〉에서 완전한 추상에 도달한 바 있다. 또 한 가지 흥미로운 것은, 쿠프카 역시 칸딘스키나 몬드리안처럼 자신의 추상을 신지학(theosophy)이라는 신비주의 사상으로 뒷받침했다는 점이다.

최초의 추상화를 누가 그렸는지 묻는 것은 의미 없는 일이다. 당시에 여러 화가가 동시에 거의 같은 수준의 추상에 도달했기 때문이다. 더 중요한 물음은 '명확한 강령과 확고한 이론을 가지고 추상의 기획을 일

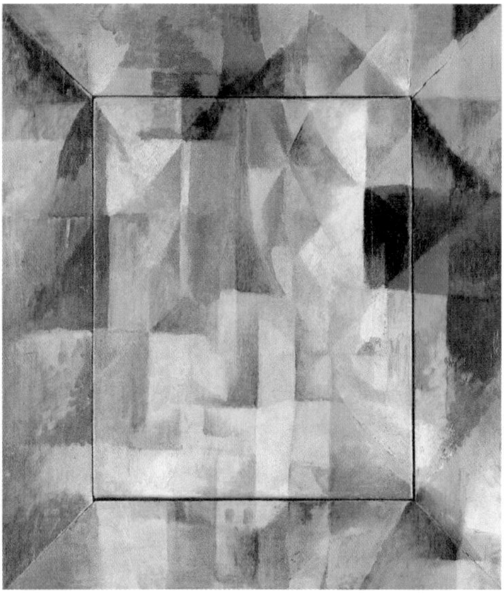

2
〈도시를 향해 있는 동시적인 창〉
로베르 들로네, 1912년

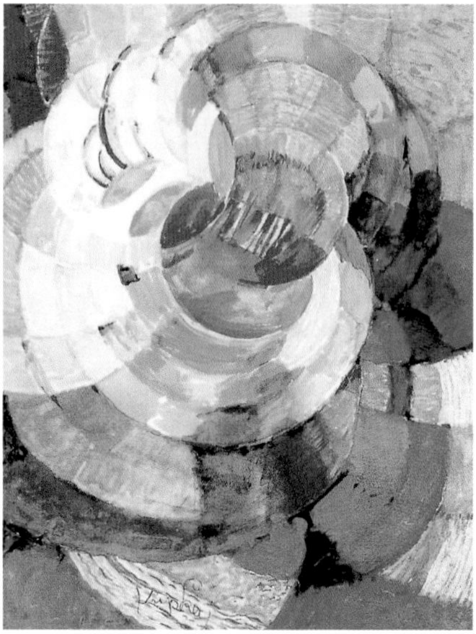

3
〈뉴턴의 원반들〉 프랑수아 쿠프카,
1911~1912년

관되게 밀고 나간 것이 누구냐' 하는 것이리라. 이렇게 바꾸어 물을 경우, 순수추상의 기획은 칸딘스키, 말레비치, 몬드리안과 더불어 성립했다고 할 수 있을 것이다. 셋 중에서 가장 앞선 이는 물론 칸딘스키였다. 특히 그가 쓴《예술에서 정신적인 것에 관하여》는 당대의 수많은 화가들에게 커다란 영향을 미쳐, 현대미술이 순수회화, 즉 색과 형으로만 이루어진 비구상으로 나아가는 데 결정적 계기가 되었다.

위대한 두 표지판

칸딘스키에게는 "일생에 도장을 찍으며" 그를 "뿌리째 흔든" 두 개의 사건이 있었다.[2] 하나는 1895년 모스크바의 인상주의 전시회에서 모네의 〈노적가리〉[4]를 본 것이었다. 그는 카탈로그를 보고서야 그것이 노적가리임을 알았다고 한다. "알아보지 못해 기분이 상한 터라, 화가에게 그렇게 부정확하게 그릴 권리는 없다는 생각이 들었다. 하지만 동시에 막연하게나마 그 그림에 대상이 없음을 의식했다." 다른 하나는 모스크바 왕립극장에서 바그너의 오페라 〈로엥그린〉을 관람한 것이었다. 새로운 음의 관현악에서 그는 색과 선의 공감각을 체험한다. "나는 정신 속에서 내가 가진 모든 색을 보았다. 바로 눈앞에서 광폭한 선들이 거의 광기에 가까운 드로잉을 이루었다."

법학자였던 칸딘스키는 1896년 30세의 늦은 나이로 화가가 되기 위해 모스크바를 떠나 뮌헨으로 이주한다. 1902년 그곳에는 뮌헨 화파의 자연주의, 즉 아카데미의 역사주의에 맞서 상징주의자들의 '분리주의(Secession)' 그룹이 형성된다. 같은 시기에 그곳에서는 〈유겐트〉라는 이름의 잡지도 창간된다. 독일 판 아르누보의 이름인 '유겐트슈틸(Jundendstil)'은 여기서 유래한다. 이 흐름을 주도한 건축가 아우구스트 엔델은 1896년의 팸플릿에서 이 운동의 정신을 이렇게 요약했다. "우리가 범할 수 있는 최대의 실수는 자연을 정밀하게 복제하는 일이다." 칸딘스키는 뮌헨에서 화가 수업을 받으며 점차 상징주의와 유겐트슈틸에 끌리기 시작한다.

대상이 빛이 되어 사라지는 모네의 화폭에서 칸딘스키는 "미술의 추

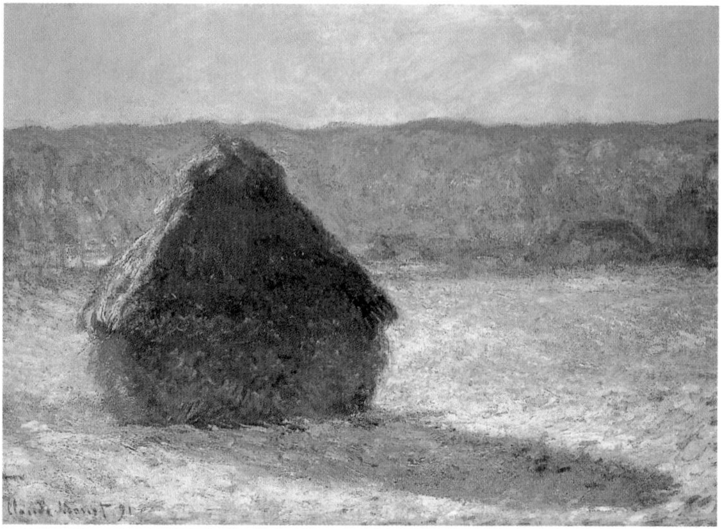

4
〈노적가리〉 클로드 모네, 1891년

상성에 대해 눈을 뜨게 되었다."[3] 바그너의 오페라에서는 선과 색의 유희로 이루어진 순수회화의 예를 보았다. 이 공감각의 체험은 상징주의 예술에서도 중요한 역할을 한다. '공감각'이란 결국 '음향의 상징주의'가 아닌가. 상징주의에서 "자연의 타블로, 인간의 행동, 모든 구체적 현상은 자기 자신을 가리키지 않는다. 그것들은 그저 원초적 이념과의 신비한 친화성을 표현하기 위한 감각적 외관"[4]으로 간주된다. 여기서 칸딘스키는 감각적 이미지로 이념을 표현할 가능성을 보았다. 아울러 그곳에서 접한 유겐트슈틸의 장식성이 그가 순수회화로 나아가도록 더욱 재촉했다.

하지만 가장 중요한 계기는 파리 체류 중에 야수주의와 입체주의의 화풍을 접한 것이었으리라. 칸딘스키는 자신의 저서에서 이 두 화파의 대표에게 각별한 경의를 표한다. "마티스는 …… 그림 속에 신성한 것을 묘사하려 했으며, 이 목적을 달성하기 위해 …… 그림에만 속하는 수단, 즉 색과 형만을 필요로 했다." 피카소에 대해서는 특히 형태를 해방시킨 점을 높이 평가한다. 피카소는 "소묘의 문제에서 색이 그를 혼란시킬 경우에는 그것을 집어던지고 황색이나 흰색으로 그림을 그렸다." 칸딘스키는 마티스와 피카소를 현대미술이 나아갈 길을 보여준 이정표로 간주한다.

> 마티스-색채. 피카소-형태. 이 두 위대한 표지판은 위대한 목표를 지향하기 시작했다.5

이로써 추상으로 나아가기 위한 전제는 모두 갖추어졌다. 이제 남은 것은 그리로 결정적 일보를 내딛는 것뿐이었다. 그 사건은 마치 '계시'처럼 찾아왔다. 1913년에 출간한 그의 《회상록》에 나오는 유명한 일화다.

> 저녁놀이 내릴 즈음이었다. 나는 습작을 마치고 화구통을 든 채 돌아왔다. 아직 방금 마친 작업에 골몰한 상태에서 갑자기 형언할 수 없는 아름다움과 내면의 빛으로 가득 찬 그림을 보았다. 잠시 자리에 얼어붙었다가 재빨리 그 그림으로 다가갔다. 거기에서 형태와 색깔은 분간할 수 있었지만, 내용은 당최 알아볼 수 없었다. 순간, 수수께끼의 열쇠를 발견했다. 그것은 내가 그린 그림으로, 옆으로 누운 채 벽에 기대어 있었

던 것이다. 다음 날 햇빛 아래서 전날 받았던 인상을 다시 느껴보려 했지만, 옆으로 누인 상태에서도 반쯤만 성공할 수 있었다. 석양 무렵의 어스름이 없는 상태에서는 대상들이 끊임없이 식별되었다. 그제야 대상들이 내 그림에 해를 끼친다는 사실을 깨달을 수 있었다.[6]

예술에서 정신적인 것

하지만 추상에도 위험은 따른다. 칸딘스키도 이를 안다. "자연과 맺은 유대를 폐기하고 …… 순수한 색과 독립적 형태를 배합함으로써 만족을 얻으려 한다면, 넥타이나 양탄자 같은 작품을 만들지 모른다." 물론 칸딘스키는 형식주의자가 아니었다. "색채와 형태의 미는 그 자체로 예술에서 충분한 목적이 되지 않는다."[7] 유미주의자도 아니었다. '예술을 위한 예술'은 "예술가의 힘을 무산"시킬 뿐이다. "예술가는 무엇인가 전달하지 않으면 안 된다. 예술가의 임무는 형식을 지배하는 게 아니라, 내용에 적합한 형식을 만드는 데 있기 때문이다."[8] 예술가가 전달해야 할 그 '무엇'이란 물론 제재(대상)가 아니라 "예술의 영혼", 즉 "예술에서 정신적인 것"을 가리킨다.

칸딘스키가 머물고 있던 독일에는 마침 예술을 정신의 표현으로 보는 철학적 전통이 존재했다. 가령, 헤겔은 예술을 절대정신의 표현으로 보았다. 쇼펜하우어는 예술이 인간을 잠시나마 현상계('마야') 너머의 본체계로 이끌며, 물질에서 형태를 분리하면 형태가 이데아에 훨씬 더 가까워진다고 말했다. 하지만 칸딘스키는 그 '정신적인 것'을 당시 지식인들 사이에서 유행하던 신지학에서 찾았다. 오늘날의 뉴에이지 종

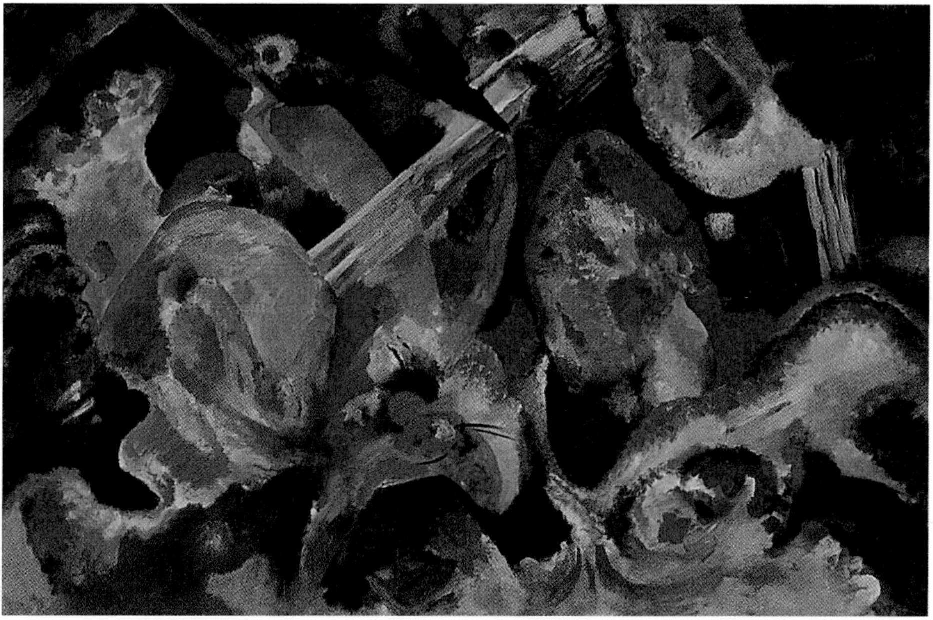

5
〈대홍수 즉흥〉 바실리 칸딘스키, 1913년

교 비슷한 이 "저속한 정신주의"[9]에 따르면, 현대는 영성 없는 물질주의의 타락 상태에 빠져 있다. 하지만 이 타락의 시대가 지나면 "위대한 정신성의 시대"가 도래하여 정신적 명상 속에서 세계가 밝음으로 나아간다고 한다.

이 운동〔신지학〕은 어둠에 휩싸여 절망하는 많은 사람들의 가슴속에 구원의 종소리가 되었으며, 길을 가리키고 도움을 주는 손으로 나타났다. 종교, 과학, 도덕 등이 흔들릴 때, 그리하여 외적인 버팀목이 무너질 것 같을 때, 인간은 시선을 외적인 것에서 자기 자신에게로 돌린다. 문학, 음악, 미술은 이 정신적 전환이 현실적 형태로 인지되는 가장 감각적인 첫 번째 영역이다.[10]

1912~1914년 사이에 그의 작품에 자주 등장하는 묵시론적 주제들—가령 〈대홍수 즉흥〉[5]—은 이 정신적 종말론의 분위기를 보여준다. 칸딘스키는 앞으로 다가올 위대한 정신성의 시대를 맞이하려면 특별한 예술이 필요하다고 믿었다. 물질주의의 파국에 이어 도래할 천년왕국에서 인류는 완전무결한 상태에 도달한다. 그때가 되면 굳이 예술이 필요 없게 되겠지만, 그날이 올 때까지 예술은 인간들이 물질적 대상이 아니라 비물질적 정신의 차원에서 사유하도록 이끌어야 한다. 거기에 적합한 예술의 형태는 물론 대상 세계와 인연을 끊은 순수추상이리라.

추상과 감정이입

20세기 추상예술에 이론적 근거를 제공한 책은 1907년에 출간된 빌헬름 보링거의 《추상과 감정이입》이었다. 보링거에 따르면, "감정이입 충동의 전제가 인간과 외부' 세계 현상들의 행복한 범신론적 신뢰의 관계라면, 추상 충동은 외부 세계의 현상이 인간 내면에 초래한 커다란 내적 불안의 산물이다."[11] 인간과 세계의 관계가 우호적인 곳에서 인간은 "자신을 외부 세계의 대상 속으로 투사하여, 그 속에서 자신을 즐기게" 된다. 이때 유기적-자연적 양식이 나타난다. 반면, 세계와 적대하는 곳에서는 외부 사물을 자의성과 우연성에서 떼어내어 추상화, 영속화함으로써 내면의 평정과 도피의 지점에 도달하고 싶어 한다. 이때 기하학적-추상적 양식이 나타난다.

지식이 없었던 원시인들은 광활한 세계 앞에서 공간 공포를 느꼈다. 원시예술의 추상적 양식은 거기서 비롯된다. 하지만 인식을 통해 점차 자연의 공포를 극복하면서 인간은 세계와 친화적 관계에 들어가게 된다. 문명사회의 유기적 양식은 여기서 유래한다. 20세기에 일어난 추상의 부활은 서구 문명의 끝에서 인간과 세계의 관계가 다시 낯설어졌음을 의미한다. 실제로 칸딘스키를 비롯한 현대의 예술가들은 자신들이 적대적 세계 속에 처했다고 느꼈다. 현대예술이 원시예술로 돌아간 것은 이 때문이다. 하지만 추상의 이 두 형태가 동일한 것은 아니다. 원시적 추상이 인식 '이전(vor)'의 현상이라면, 현대의 추상은 인식 '이상(über)'의 현상이기 때문이다.

칸딘스키는 당시를 과도기로 본 듯하다. "우리는 아직도 외적 자연에 긴밀히 연관되어 있어 거기서 형태를 끌어내어 창조하지 않으면 안 된다." "오늘날의 예술가들은 순수추상적 형태를 가지고는 아무 작업도 하지 못한다." "그들에게 추상적 형태들은 너무나 불명확하여, 창작을 그리로 제한할 경우 표현 수단만 약화될 것이다." 하지만 전환은 시작됐다. 초인을 예고하는 니체의 어조로 칸딘스키는 임박한 순수추상의 시대를 예언한다. "정신적 전환이 직접 폭풍의 속도로 다가오고, 정신생활의 가장 확고한 토대인 실증과학이 붕괴하여 물질의 용해를 눈앞에 두고 있음을 고려할 때, 이 순수한 구성의 시대가 우리에게서 멀지 않음을 주장할 수 있다."[12]

어떤 면에서 '구상이냐 추상이냐'는 사실 부차적 문제일 수도 있다. 칸딘스키에 따르면, 예술가는 구상이든 추상이든 모든 형태를 사용할 수가 있기 때문이다. 중요한 것은 콘라드 피들러가 말한 '내적 필연성(innere notwendigkeit)'이다.

> 예술적 활동은, 인간이 가시적 현상이라는 면에서 세계가 무한한 수수께끼로 다가온다고 느끼는 곳에서, 그리고 쏟아져 들어오는 가시성의 혼란한 덩어리를—내적 필연성에 추동되어—정신의 힘으로 포착하여 형상화하는 곳에서 시작된다.[13]

한 형태가 외부 세계와 갖는 관계가 아니라 작품 내부의 구성을 위해 사용된다면, 그 형태가 아무리 구상적이더라도 세계의 '재현'이 아니라 내면의 '표현'이 될 수 있다. 형태의 구상성이 문제가 될 경우는, 앞에서 언급한《회상록》의 일화에서처럼, 외부 세계를 지시하는 재현 기능이 내적 구성상의 필요를 집어삼킬 때뿐이다. 물론 재현의 방해는 집요하다. 아주 희미한 시각적 암시에서도 우리는 즉각 세계 속의 대상을 떠올리기 때문이다. 현대의 화가들이 결국 순수추상으로 나아가야 했던 이유는 거기에 있을 것이다.

회화의 화성학

하지만 아무것도 재현하지 않는 회화로 어떻게 정신적인 것을 표현할 수 있을까? 실마리는 음악에 있다. 음악은 현실을 재현하지 않지만 우리에게 깊은 정서적 울림과 정신적 감동을 주지 않는가. 그리하여 칸딘스키는 음악을 현대회화의 모범으로 제시한다. "자연현상의 모방을 목표로 삼지 않는 예술가, 자기의 내면세계를 표현하려 하는 창조자는 그 같은 목표가 오늘날의 비(非)물질적 예술, 즉 음악에서 얼마나 자연스럽고 용이하게 달성되는지 부러운 눈으로 보고 있다." 음악처럼 내면의 표현이 되려면, 음악의 화성학에 해당하는 "회화의 문법"이 있어야 할 것이다. 그리하여 칸딘스키는 "회화에서 대위법을 구성할 가능성"을 모색하기 시작한다.

그는 먼저 색채에 눈을 돌린다. 광학적 색채론에 의존했던 파리의 화가들과 달리, 칸딘스키는 루돌프 슈타이너의 신지학 강연에서 접한 괴테의 직관적 색채론을 참조한다.14 괴테는 모든 색은 어둠과 밝음의 혼합에서 나오며, 겹침이 없는 프리즘의 양끝에는 노랑과 파랑이 자리한다고 보았다.15 칸딘스키 역시 괴테를 따라 색채에서 네 가지 주요 음향을 구별한다. 따뜻함과 차가움, 밝음과 어둠이 그것이다. 여기서 따뜻함과 차가움은 노랑이나 파랑으로 향하는 경향을, 밝음과 어둠은 흰색이나 검은색으로 향하는 경향을 말한다. 이어서 그는 색채의 이 네 가지 주요 음향이 서로 어우러져 연출해내는 다양한 심리적 효과들을 상세히 분석한다.

색채가 '회화적' 대위법을 구성한다면, 형태는 '소묘적' 대위법의 대상이 된다. 일찍이 아우구스트 엔델은 형태가 환기하는 정서적 효과의 심리적 분석을 제시한 바 있다. "모든 감각은 속도와 강도이기에, 형태는 우리 내면에 온갖 종류의 감정을 환기할 수 있다."16 칸딘스키는 아마도 뮌헨에서 이 유겐트슈틸의 디자인 언어를 접했을 것이다. "개별 형태의 유연성, 형태의 내적-유기적 변화, 화면 위에서 형태의 방향, 그것들에서 구상성 또는 추상성의 우위, 더 큰 형태를 이루는 여러 형태의 배열, 각 부분의 협화음과 불협화음의 원칙 …… 등등. 이 모든 것이 순수하게 소묘적 대위법의 가능성을 형성하는 요소요, 그 대위법으로 인도하는 요소다."17

이처럼 공감각을 통해 색채와 형태가 그 자체로서 뭔가를 의미할 수 있다는 생각은 상징주의에서 유래한다. 칸딘스키는 상징주의에서 유래한 이 관념을 신지학의 용어로 재해석한다. 신지학에 따르면, 인간은 감각을 깨우는 사물 없이도 이미지로 사유할 수 있다. 명상에 형과 색의 이미지가 따른다는 것은 결국 이미지와 사유 사이에 모종의 '공명'이 존재한다는 것을 의미한다. 여기서 색채와 형태 역시 음악처럼 우리 영혼에 '떨림'을 줄 수 있다는 생각이 나온다.

색은 영혼에 직접적인 영향을 미치는 수단이다. 색은 피아노의 건반이요, 눈은 줄을 때리는 망치요, 영혼은 여러 개의 선율을 가진 피아노인 것이다. 예술가들은 인간의 영혼에 진동을 일으키는 목적에 맞추어 이리저리 건반을 두드리는 손과 같다. 이로써 색의 조화가 오직 인간의 영혼을 합목적적으로 움직이게 하는 법칙에 근거한다는 사실이 분명해진다. 이것이 내적 필연성의 원칙이다.18

이 피아노의 은유에서 '색채'의 자리에 '형태'를 대입할 수도 있을 것이다. 색채는 형태를 떠나서 존재할 수 없기에, 형태는 불가피하게 색채에도 영향을 미친다. 가령, 노란 삼각형과 파란 삼각형, 파란 원과 노란 원, 초록 사각형과 초록 삼각형은 완전히 상이하게 작용하는 실체들이다. 색과 형의 배합은 무궁하며, 따라서 그 효과도 무궁하다. 이로써 회화의 대위법은 이제 색채들 사이의 관계(회화적 대위법), 형태들 사이의 관계(소묘적 대위법)를 넘어 색채와 형태 사이의 관계로까지 확장된다.

점 선 면

회화는 교향악이 된다. 칸딘스키는 자신의 교향악적 구성을 세 단계로 구별한다. 첫째는 외적 자연의 인상을 즉각적으로 기록한 인상(Impression)[6]이고, 둘째는 내적 자연, 즉 내면의 과정을 무의식적으로 드러내는 즉흥(Improvisation)[7]이며, 셋째는 이 안팎의 인상을 치밀한 실험을 통해 의식적, 의도적으로 완성하는 구성(Komposition)[8]이다. 이는 마티스가 작품에 제목을 붙이는 기준이기도 하나, 본인 스스로 그 구분을 엄격히 지킨 것은 아니어서, 사실 구별하기가 어렵다. 그 셋 중

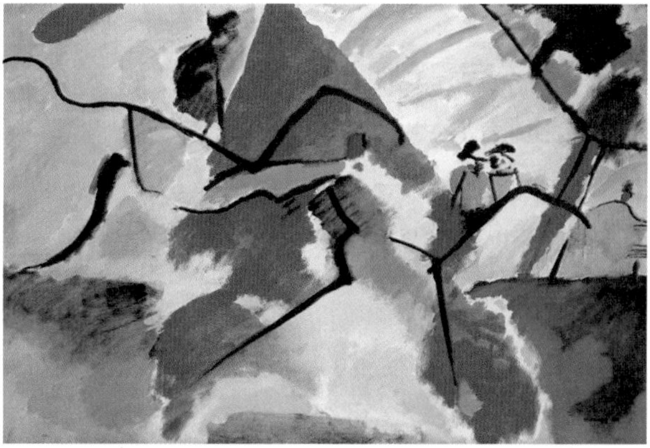

6
〈인상 5〉
바실리 칸딘스키,
1911년

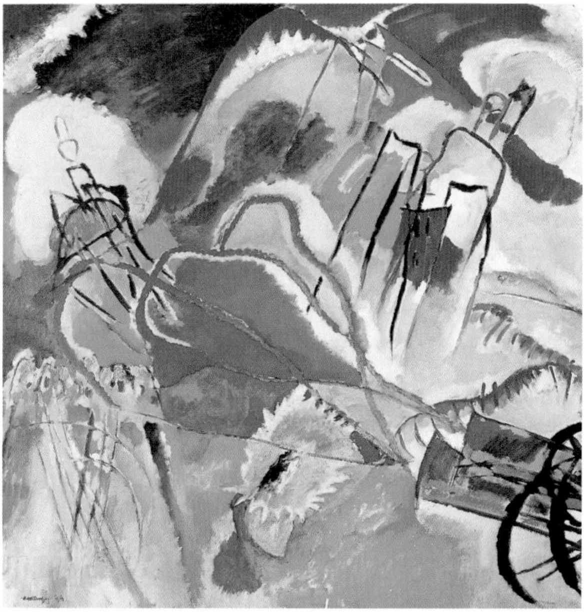

7
〈즉흥 30〉
바실리 칸딘스키,
1913년

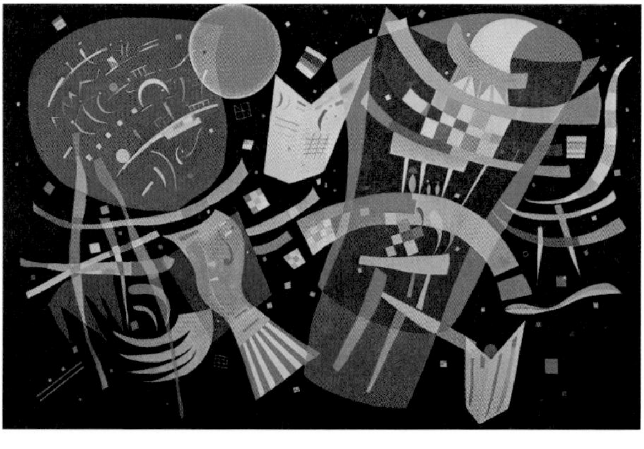

8
〈구성 X〉
바실리 칸딘스키,
1939년

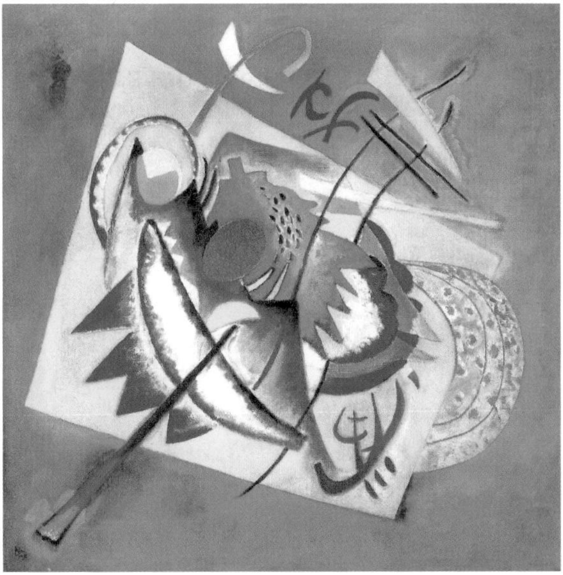

9
〈붉은 타원형〉 바실리 칸딘스키, 1920년

어느 쪽에 속하든, '청기사' 시절의 작품은 피카소보다 마티스에 가깝다는 그의 말대로 형태의 경계를 넘어 풍부한 색채를 떠올리게 하는 표현주의적 경향을 보인다.

1914년 1차 세계대전의 발발로 칸딘스키는 모스크바로 돌아간다. 1922년까지 그곳에 머무는 동안 그의 화면은 서서히 기하학적 추상으로 이동한다. 당시 러시아의 미술계를 지배하던 절대주의와 구성주의의 자장 속에 들어 있었기 때문이리라. 〈붉은 타원형〉[9]은 절대주의나 구성주의에 대한 칸딘스키의 응답이라 할 수 있다. 초록 바탕 위의 노란 사다리꼴은 그가 본 절대주의 회화의 인상일 것이다. 이 시기에 그의 화면은 점점 더 기하학에 접근한다. 그에 따라 색채의 풍부함이 점점 더 형태와 경계 안으로 얌전히 사로잡혀 들어간다. 하지만 이 기하학적 전환을 구축주의나 절대주의의 영향만으로 설명할 수는 없다.[19] 거기에는 또 다른 근원이 있었다.

칸딘스키가 기하학적 추상으로 전환한 것은 '회화의 화성학'을 수립한다는 기획과 관련이 있을 것이다. 음악이라는 야누스는 동시에 오르페우스('비합리성')와 피타고라스('합리성')의 얼굴을 갖고 있다. 음악의 문법을 수립하는 것은 철저한 이성의 작업일 수밖에 없다. 음악의 문법이라 할 수 있는 대위법이나 화성학을 완성한 것은 17세기 고전주의였다. 그것을 파괴한 쇤베르크 역시 철저한 수학적 계산 위에 12음 기법을 완성했다. '청기사' 시절 칸딘스키의 추상은 낭만주의 음악에 가까웠지만, 바우하우스 시절 그를 사로잡은 것은 학생들의 교육을 위해 '회화의 문법'을 수립하는 작업이었다. 이는 당연히 차가운 이성의 작업이 될 수밖에 없었다.

〈점 선 면〉에서 색채에 관한 논의는 주변으로 밀려난다. 《예술에서 정신적인 것에 관하여》에서 색채론이 중심을 차지했던 것과는 확연히 대비된다. 바우하우스 시절의 작품은 색채의 표현성이 기하학 속에 갇혀 있는 느낌을 준다.[10] 여기에는 어떤 모순 혹은 충돌이 있다. 칸딘스키는 이 시절의 작품을 "타오르는 화염이 담긴 얼음 조각"이라고 불렀다. 그는 회화의 에스페란토어를 의도했으나, 사실 그가 수립한 규칙들은 "객관적으로 검증할 수 있는 법칙이라기보다는 주관적 평가의 산물"[20]에 가까웠다. 회화의 언어가 절대적이라는 그의 믿음은 에이젠슈

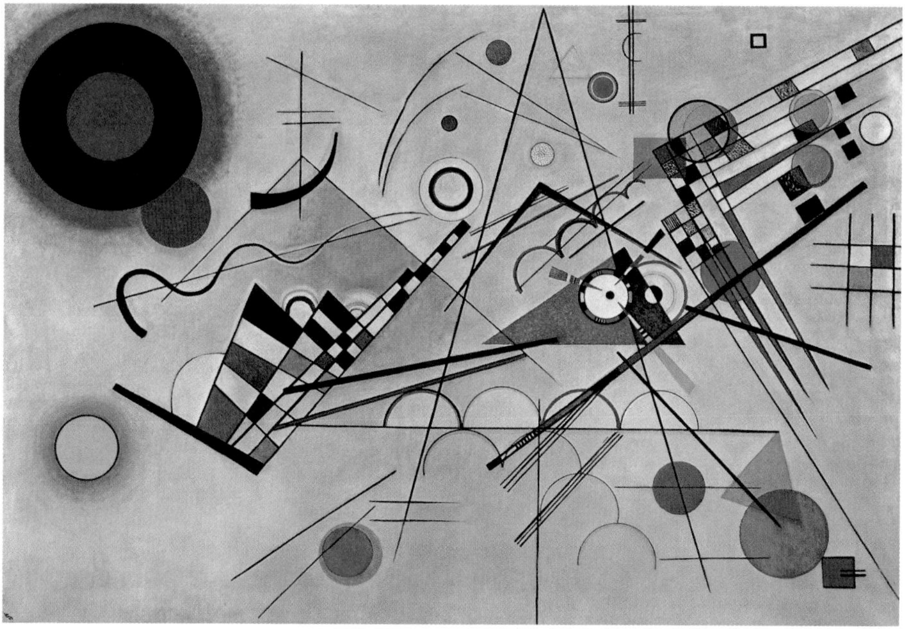

10
〈구성 VIII〉 바실리 칸딘스키, 1923년

타인으로부터 "형과 색의 의미는 문화적-역사적으로 상대적"이라는 정당한 비판을 받는다.

1933년 나치가 바우하우스를 폐교시키자 칸딘스키는 파리로 이주한다. 이 시기에 그는 화면을 정교하게 세공한 듯한 생명 형상적 추상으로 채우기 시작한다.[11] 그 시절 장 아르프와 호안 미로도 생명 형상을 그리고 있었기에, 한동안 그는 초현실주의자로 오해를 받기도 했다. 칸딘스키의 생명 형상은 클레의 영향을 받았을 것이다. 이 독일의 화가에

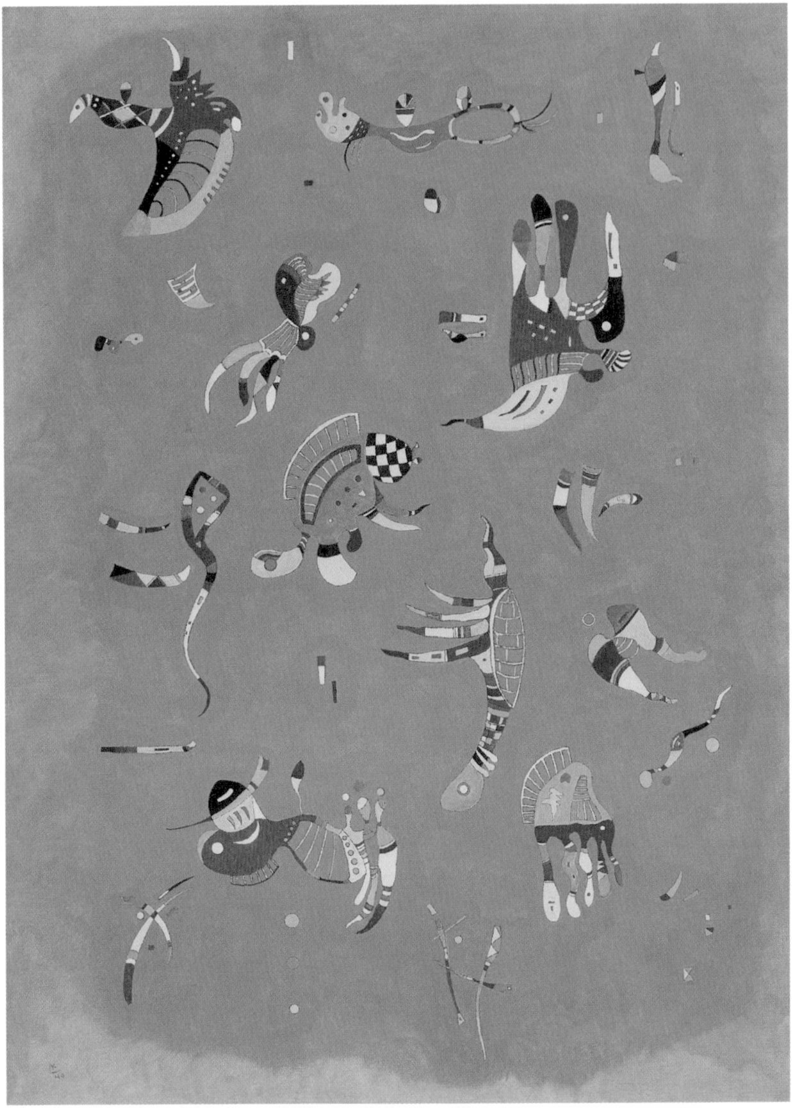

11
〈하늘색〉 바실리 칸딘스키, 1940년

게 창작은 '제2의 창세기'였다. 칸딘스키의 생명 형상에는 신지학의 범신론적 경향이 엿보인다. 세상의 모든 것에는 영성이 있기에 형태도 생명이 될 수 있다. 혼돈 속에서 생명이 출현하는 이 낭만적 창조 신화가 칸딘스키의 추상을 구성주의나 절대주의의 그것과 본질적으로 구별시켜준다.

4 절대주의

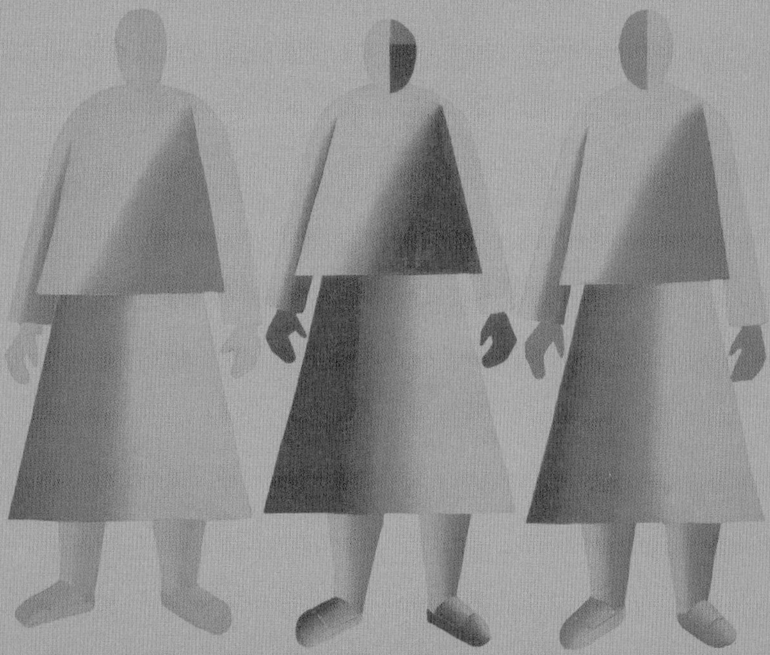

회화의 영도

회화가 비재현적 예술이 될 때, 그것은 음악에 가까워진다. 그리하여 칸딘스키에게 회화의 구성(composition)은 곧 음악의 작곡(composition)이나 다름없었다. 하지만 추상을 향한 회화의 운동은 여기서 멈추지 않았다. 구성은 형태 및 색채 요소들의 존재를 전제하나, 말레비치의 화면에서 모든 형태는 하나의 정사각형으로, 모든 색채는 흑백의 무채색으로 환원된다. 이때 사라지는 것은 바로 '구성' 자체다. 칸딘스키에게 회화는 여전히 형태 및 색채 요소들의 자유로운 유희를 의미했으나, 말레비치의 화면에서 회화는 마침내 형태와 색채마저 사라지는 절대주의로 이행한다. 절대주의는 그 너머로는 더 이상 예술일 수 없는 회화의 극한이다.

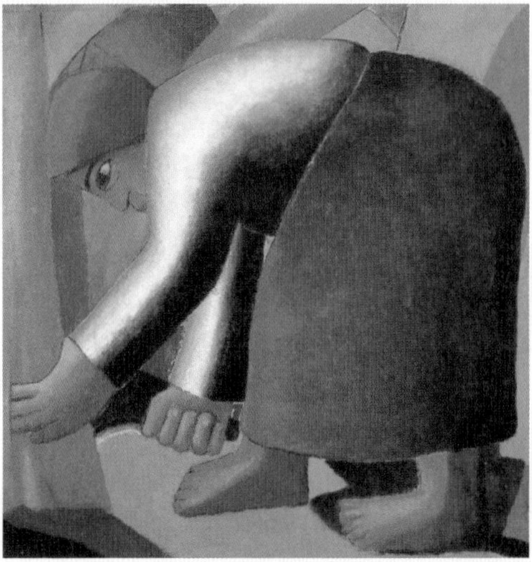

1
〈추수하는 사람〉 카지미르 말레비치,
1912년, '말레비치의 튜비즘'

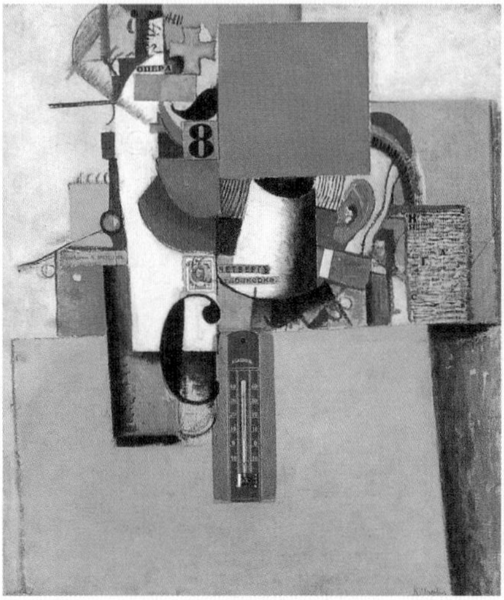

2
〈모스크바 제1사단의 용사〉
카지미르 말레비치, 1914년

말레비치(Kazimir Severinovich Malevich, 1878~1935) 역시 제 언어에 도달할 때까지 다양한 예술 실험을 거쳤다. 1903년경 인상주의에서 출발한 그의 화풍은 1910년경 쇠라의 신인상주의와 곤차로바의 신원시주의로 발전한다. 1912년에는 입체주의를 받아들여 레제의 튜비즘을 연상시키는 화법을 보여주다가[1], 1913년에는 미래주의 퍼포먼스 〈태양에 대한 승리〉를 통해 '입체-미래주의적(cubo-futurist)' 무대 디자인을 선보인다. 이어지는 1913~1914년 '초이성적 리얼리즘' 시기의 작품에는 이미 종합적 입체주의의 구성 위에 절대주의(Suprematism)를 예감하는 커다란 색면(色面)이 등장한다.[2] 1915년에 그는 급작스레 순수 추상으로 개념적 비약을 한다. 하지만 그는 이 비약의 이유를 단 한 번도 설명한 적이 없다.1

검은 사각형

〈검은 사각형〉은 뒤샹의 변기와 더불어 그 너머로는 더 이상 예술일 수 없는 한계를 이룬다. "대상의 멍에로부터 예술을 해방하려는 필사적 노력 끝에 나는 정사각형에서 도피처를 찾았고, 1913년 하얀 바탕에 검은 사각형으로만 이루어진 그림을 전시했다."2 말레비치는 절대주의가 1913년에 시작됐다고 주장하나, 실제로 작품이 발표된 것은 1915년이었다. 그가 "터무니없이 연도를 조작"했다는 지적3도 있지만, 위의 언급은 아마도 〈태양에 대한 승리〉의 무대 장식을 위해 1913년 종이에 연필로 스케치한 습작들을 염두에 둔 것이리라. "왜 나는 사각형을 연필로 검게 칠하는가? 그것이 인간의 감수성이 할 수 있는 가장 겸

3
〈검은 사각형〉
카지미르 말레비치, 1915년

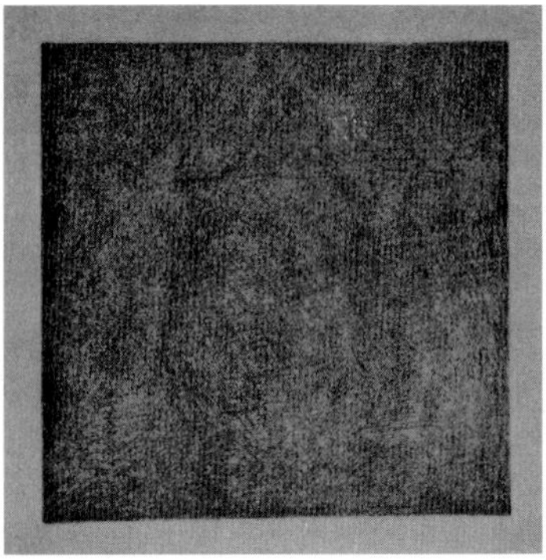

4
〈기본적 절대주의의 요소: 사각형〉
카지미르 말레비치, 1914년

허한 행동이기 때문이다.”[3, 4] [4]

1915년 페트로그라드에서 열린 ‘0-10 : 마지막 미래주의’ 전(展)에 그는 39점의 비구상 회화를 출품했다. 당시의 사진을 통해 〈검은 사각형〉이 두 벽 사이의 높은 곳에 걸려 있는 것을 볼 수 있다.[5] 그곳은 러시아 정교회에서 성상을 걸어놓는 자리라고 한다. 이 패러디에는 뒤샹의 변기 못지않게 매력적인 역설이 있다. 정교회의 성상(icon)이 있어야 할 자리에 회화적 성상파괴(iconoclasm)의 아이콘(icon)이 들어섰기 때문이다. 전시회에서 배포한 선언문에서 그는 이렇게 주장했다. “그림에서 자연의 한 모퉁이나 성모 마리아나 부끄러운 줄 모르는 비너스를 보는 정신의 습관이 사라져야, 비로소 순수한, 살아 있는 작품을 보게 될 것이다.”[5]

“순수한 화가가 되려면 제재와 대상을 버려야 한다.” 이 원칙에 따라

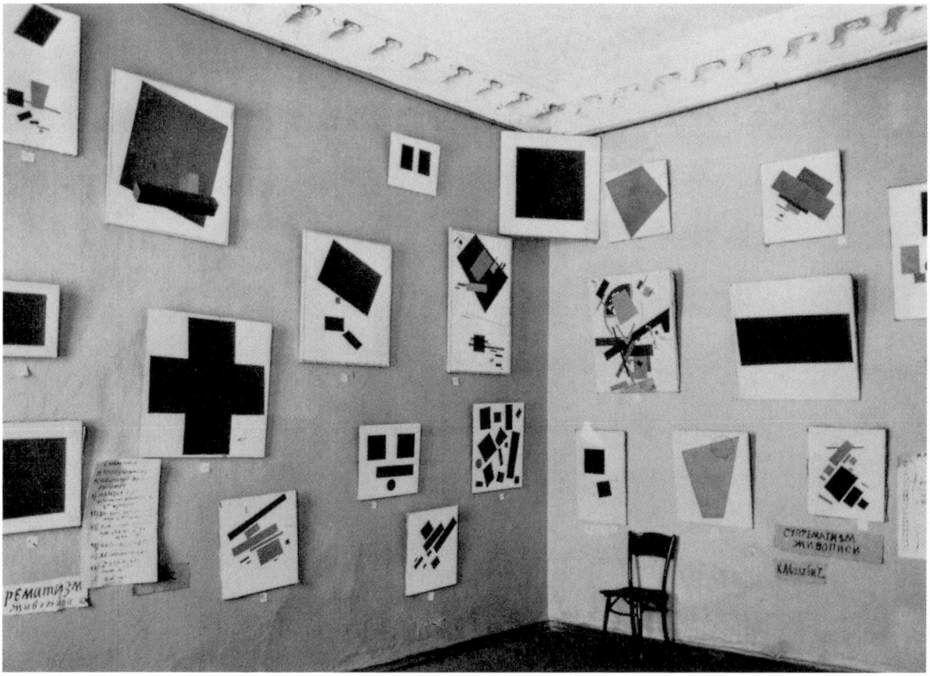

5
페트로그라드의 '0-10' 전의 전시장, 1915년, 〈검은 사각형〉이 모퉁이 맨 위로 보인다.

자연을 모방해온 기존의 예술은 "야만인의 예술"로 규정된다. 르네상스 시대에 정점에 도달한 이 야만인의 예술은 오늘날 아카데미 예술을 통해 마지막 명맥을 이어가고 있다. 말레비치에게 아카데미즘은 그저 "이상주의와 미적 감정의 요구"를 "고문의 도구"처럼 휘두르는 "종교재판의 고문실"일 뿐이었다. 이 감옥에서 벗어나려는 시도는 일찍이 사실주의와 인상주의로 시작하여, 입체주의와 미래주의를 거친 후, 마침내 말레비치의 절대주의에 이르러 완성된다. "나는 나 자신을 형태의 영도(零度)로 변형시켜 쓰레기로 가득 찬 아카데미즘 예술의 웅덩이에서 빠져나왔다."

말레비치에게 "회화의 색과 결(texture)은 그 자체가 목적"이었다. 사실 "이것이 회화의 본질이나, 이 본질은 언제나 제재에 파괴되어왔다." 회화에서 제재를 제거하는 데 결정적 역할을 한 것은 물론 미래주의와 입체주의였다. 가령 "조형적 회화의 역동성에 대한 (미래주의의) 요구는 회화 속에서 덩어리가 대상으로부터 출현하여 형태가 …… 내용과 대상을 지배할 지경에 이를 필요성을 시사한다." 하지만 미래주의는 완전히 제재를 버리지 못했다. "입체주의 시대에 예술가는 …… 대상을 파괴했다. …… 대상은 새로운 예술 문화를 위해 연기처럼 사라졌다." 하지만 대상을 파편으로 해체시킨 입체주의 역시 재현에서 완전히 자유롭지는 못했다.

제재와 대상에서 완전히 자유로우려면 회화는 "비대상적 절대주의"로 나아가야 한다. 말레비치는 "창조하는 예술과 복제하는 예술 사이에는 큰 차이가 있다."고 지적한다. "예술가는 제 그림 속의 형태들이 자연과 아무 공통성이 없을 때에만 창조자가 될 수 있다." 따라서 회화는 '절대적 창조'가 되어야 한다. 이때 "형태는 살아 있는 사물의 복제가 아니라, 그 자체가 살아 있는 사물이 될 것이다." 말레비치에게 "칠해진 표면은 정말로 살아 있는 형태다." 이렇게 회화는 사물을 복제하는 게 아니라 창조하기에, 말레비치는 절대주의야말로 "새로운 리얼리즘"이라고 주장한다. "회화의 이 새로운 리얼리즘은 직관적 이성으로 발견한 무(無)로부터의 구축을 증명"한다.

붉은 사각형

절대주의 회화를 '검은 시대', '색채 시대', '하얀 시대'로 분류하곤 한다. 하지만 앞의 두 시기인 검은 시대와 색채 시대의 출발이 시기적으로 명확히 구별되는 것은 아니다. 이미 1915년의 전시회에 색채를 가진 도형들이 검은 사각형과 더불어 전시된 바 있기 때문이다. 전시된 작품들은 색채만이 아니라 형태 또한 다양했다. 당시 현장에서 배포된 선언문도 주요하게 색채에 관해 언급하고 있다. "내 신경계는 색채로 물든다. 내 두뇌는 색채로 타오른다. 하지만 색채는 상식에 억압되고 예속된다. 이때 색채의 정신은 약화되어 사멸한다. 하지만 색채의 정신이 상식을 정복하면, 색채의 물결이 혐오스러운 대상의 형태들을 덮쳐 그 위로 넘쳐흐를 것이다."

절대주의는 한마디로 회화의 영도(zero degree), 즉 그 너머로는 더 이상 회화일 수 없는 경계, 혹은 회화의 더 이상 환원할 수 없는 근원에 도달하려는 기획이었다고 할 수 있다. 이 기획을 통해 말레비치가 최종적으로 도달한 것이 바로 정사각형이라는 형태였다. "정사각형은 잠재의식적 형태가 아니다. 그것은 직관적 이성의 창조다. 그것은 새로운 예술의 얼굴이다. 정사각형은 살아 있는 왕자이자 예술에서 순수한 창조를 위한 첫걸음이다. 그 이전에는 소박한 변형과 자연의 모방만이 있었을 뿐이다." 정사각형이 형태의 영도라면, 당연히 색채에도 그에 해당하는 것이 있어야 할 것이다. 이어지는 시기에 말레비치는 이제 색채의 영도를 찾아 나선다.[6]

1916~1917년 색채 시대에 말레비치의 화면은 다양한 색채와 형태

6
〈붉은 사각형〉 카지미르 말레비치, 1915년

의 구성을 보여준다. 어떻게 보면 이는 절대주의의 기획에서 후퇴하여 현실로 되돌아가는 것을 의미한다. 예로부터 서사의 전통이 유난히 강했던 러시아에서는 말레비치마저도 회화를 다시 외부 세계와 연결시키지 않을 수 없었을 것이다.6 이 시기에 그의 작품은 그 스스로 '항공 절대주의(aerial suprematism)'라고 부른 방향으로 발전한다. 가령, 이 시기에 제작한 〈절대주의 구축〉을 보라.[7] 이 작품의 이미지는 비행기에서 내려다본 건물, 혹은 인공위성에서 내려다본 지구를 연상시킨다. 하지

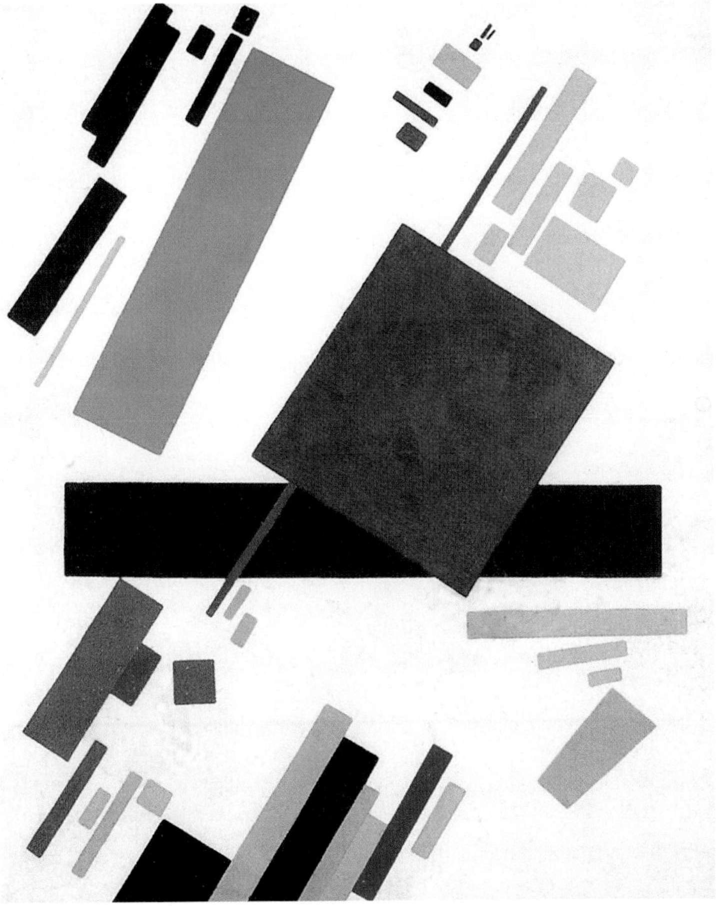

7
〈절대주의 구축〉 카지미르 말레비치, 1915~1916년

만 훗날 그는 이처럼 환영주의로 돌아간 데 대해 자신을 신랄하게 비판하게 된다.7

하얀 사각형

절대주의의 마지막 단계인 1917~1918년 하얀 시대에 말레비치는 모노크롬에 도달한다. 이 시기의 기념비적 작품은 10차 모스크바 국전에 발표된 〈하양 위의 하양〉[8]이다. 모노크롬은 색채의 영도를 찾는 실험의 결론으로 보인다. "색채가 요구한 것에 기초하여 순수한 색의 프레임이 창조되어야 하며, 그 색은 도상적 혼합(pictorial mix)에서 빠져나와 독립적인 통일체(unity)가 되어야 한다."8 도달해야 할 그 '순수한 색의 프레임', '독립적인 통일체'가 바로 흰색이었다. "나는 흰색의 세계로 탈출했다. 나 외에도, 조종사 동료들이 이 무한에서 헤엄친다. 나는 절대주의의 신호기를 꽂았다. 헤엄쳐라! 자유롭게 흰 바다, 무한대가 그대 앞에 놓여 있다."

이제 대상은 없다. 그것은 에너지 속에서 해체될 뿐이다. 널리 알려진 것처럼 아인슈타인은 그 유명한 방정식을 통해 대상을 에너지로 해체시켜버렸다. 한편, 마르코니의 무선통신은 선(wire)의 부재를 통해 기호를 전송할 수 있음을 보여주었다. 여기서 물질적 존재를 가졌던 기호는 공간 속으로 사라졌다가 다시 나타난다. 이는 이 세상의 모든 것이 완전한 비구상으로 존재할 수도 있다는 것을 의미한다.9 실제로 말레비치는 어느 작품에선가 직접 국제 전신부호를 채택하기도 했다. 한마디로 절대주의는 "대상 없는 세상을 출현시키기 위한 의식"이었다고

8
〈하양 위의 하양〉 카지미르 말레비치, 1918년

할 수 있다. 안드레이 나코프의 말대로 절대주의가 추구한 것은 "존재론적 해방"이었다.[9]

이 존재론적 해방을 통해 도달한 무(無)는 허무주의의 '허무'와는 관계가 없다. "그것은 현상이 나오는 그곳에서 나타나는 무의 세계"[10], 즉 우주를 집어삼키는 블랙홀과 우주를 뱉어내는 화이트홀이 맞붙은 지점을 가리킨다. 1915년 전시회의 명칭 '0-10'은 '무에서 무한까지'를 상징한다. 이 무가 '공허하다'는 비평가들의 비판에 그는 그것이 "모든 물체의 부재로 가득 차 있고 의미를 잉태하고 있다."고 반박했다. '비대상성

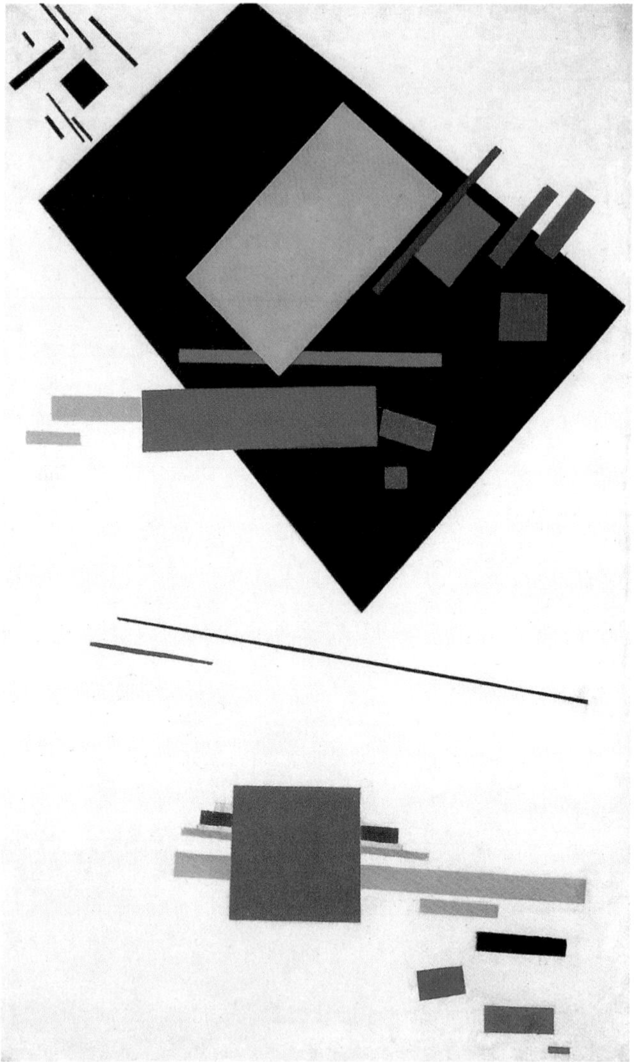

9

〈우주 공간에 대한 감각을 전달하는 절대주의적 구성〉 카지미르 말레비치, 1916년

(Non-Objectivity)'은 그저 대상성을 지운다는 부정적 의미만 갖는 게 아니라, 회화의 조건, 즉 회화적 행위 자체를 가능하게 해주는 공간성의 적극적 표현이기도 하다.11 그가 "자유롭게 흰 바다"라 부른 것이 바로 이 공간성이다.

말레비치에게 "예술은 형과 색의 상호관계나 구성의 아름다움이라는 미적 토대가 아니라, 무게, 속도, 운동의 방향이라는 토대 위에서 구축을 하는 능력"을 의미했다. 미래주의는 최초로 회화를 에너지의 역동성으로 이해했으나, 끝내 대상을 버리지 못해 그저 "고기 대신 기계"를 그리는 데 그쳤다. 입체주의는 (대상을 입자들의 분포로 바꿔놓은 열역학처럼) 대상을 파편으로 해체했으나, 그 역시 재현을 포기하지는 못했다. 이 두 흐름이 여전히 회화를 하려 했다면, 절대주의는 회화를 가능하게 해주는 조건을 드러냄으로써 '회화의 회화'가 되려 했다. 그리하여 "세기 초에 뒤샹과 더불어 '망막적' 회화에 반대하여 행동한 정신이 또 있다면, 그것은 말레비치였다."12

대상의 부활

1920년 이후에 말레비치는 점차 소비에트의 공식 미학인 사회주의 리얼리즘과 마찰을 빚기 시작한다. '관념론자'라는 비난을 받으면서 그는 모방적 예술에 대해 자신의 입장을 다시 한 번 분명히 표명할 필요를 느끼게 된다. 1920년에 발표한 글에서 그는 여전히 "새로운 예술은 재현이 아니라 창조적 구축"이어야 한다며, 비대상-예술이야말로 진정으로 혁명적 양식이라고 주장한다.13 이 시대에 권력의 감각은, 가령

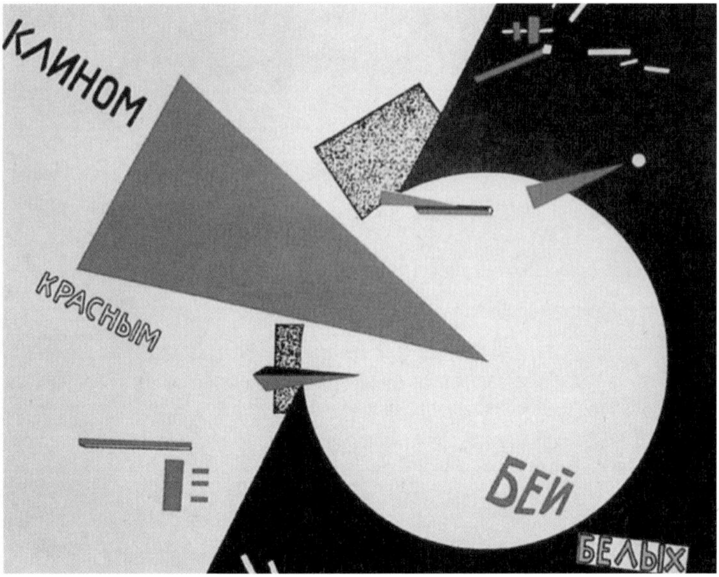

10
〈붉은 쐐기로 흰색을 쳐라〉 엘 리시츠키, 1920년

붉은 깃발을 든 노동자의 형상이 아니라 "흰색을 향해 전진하는 붉은색의 추상적 형태를 통해서만" 표현될 수 있다는 것이다. 그의 제자 엘 리시츠키는 실제로 적군과 백군의 대결을 붉은색과 흰색의 추상적 형태로 표현하기도 했다.[10]

1930년 독일을 다녀온 후 말레비치는 두 달 동안 수감되어 예술철학에 관한 심문을 받기도 한다. 1920년대 후반에 그의 작업이 구상으로 회귀하는 것은 이와 관련이 있다. 1932년 말레비치는 극작가 메이어홀드에게 보낸 편지에서 "사회주의 건설의 이 단계에서 예술은 뒤로 돌

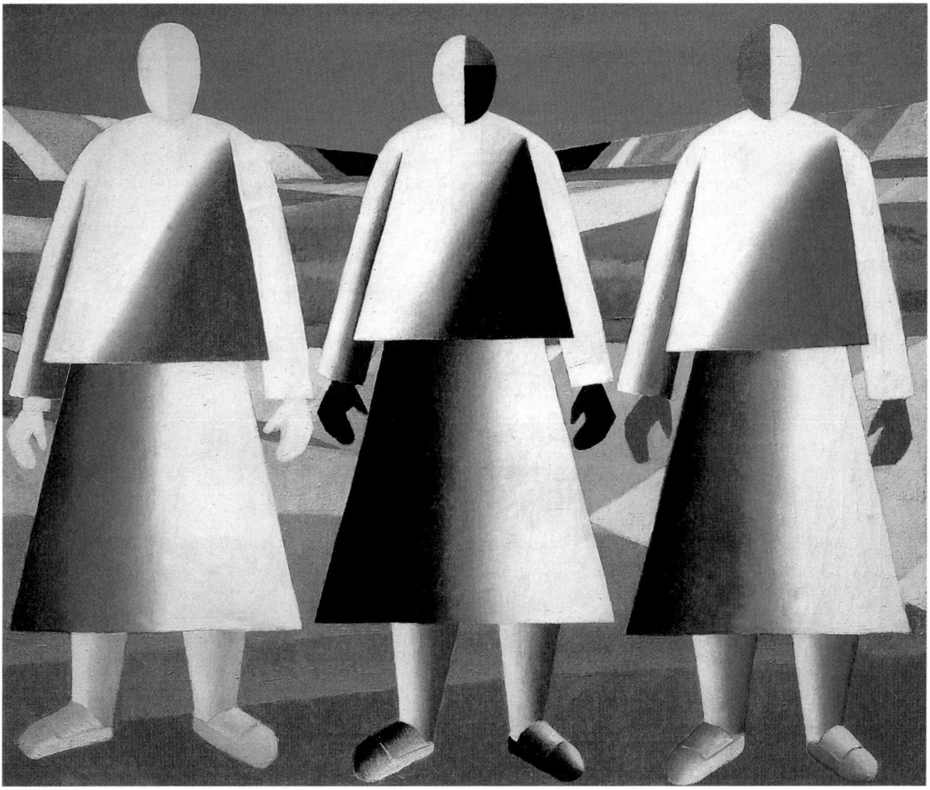

11
〈들판의 소녀들〉 카지미르 말레비치, 1928~1932년, '말레비치의 구상 회화'

아가 구상이 되어야 한다."고 설득한다.14 그는 이 퇴보를 혁명 이후에 등장한 새로운 대상으로 정당화한다. "하지만 뒤로 되돌아가는 길에서 회화는 프롤레타리아트 혁명이 만들어낸 새로운 대상과 마주치게 되었다. 이 대상에도 형태를 주어, 그것을 예술 작품의 수준으로 끌어올릴 필요가 있다." 물론 이는 자발적 전향이 아니라 "성상파괴주의자의 강요된 물구나무서기"15일 것이다.[11]

말레비치는 칸딘스키나 몬드리안과 더불어 순수추상의 창시자였다. 어떤 의미에서 말레비치의 절대회화는 칸딘스키나 몬드리안의 추상보다 더 급진적이다. 칸딘스키가 여전히 "형과 색의 상호관계나 구성의 아름다움이라는 미적 토대" 위에 서 있다면, 말레비치는 그 '미적 토대'마저 떠났기 때문이다.16 또한 몬드리안의 추상이 대상의 형태를 단순화한 결과라면, 말레비치는 환경에 대한 조건부 반응을 깨뜨리고 '자연 그 자체의 실재처럼 의미 있는' 새로운 실재를 창조하려 했기 때문이다. 물론 절대주의를 미니멀리즘과 동일시할 수는 없겠지만17, 작품 자체를 또 다른 실재로 만들었던 1960년대 미니멀리스트들은 말레비치의 후예였다고 할 수 있을 것이다.

"비대상적 절대주의에는 대상이 존재하지 않는다. 반면 현실의 삶에는 절대주의적 현상이 존재하지 않는다." 한때 말레비치는 삶과 절대주의를 분리시켰지만, 혁명 후에 미술교육을 맡으면서 절대주의를 다시 삶으로 돌려보내려는 시도를 한다. 그가 '아키텍톤(architecton)'이라 부른 삼차원 입체 모델의 실험은 구축주의에도 적잖은 영향을 끼쳤다. 하지만 구축주의자들과 달리 그는 예술과 기술 사이의 편의적 결합을 부정했다. 그는 "과학은 일시적이나 예술은 영원하다."면서 "사회주의가 과학기술의 절대 확실성에 의지한다면 큰 실망이 그 안에 배태되어 있다."[18]고 경고했다. 아키텍톤은 그의 제자 리시츠키를 통해 데스테일과 바우하우스 양식에도 큰 영향을 끼친다.

그리드

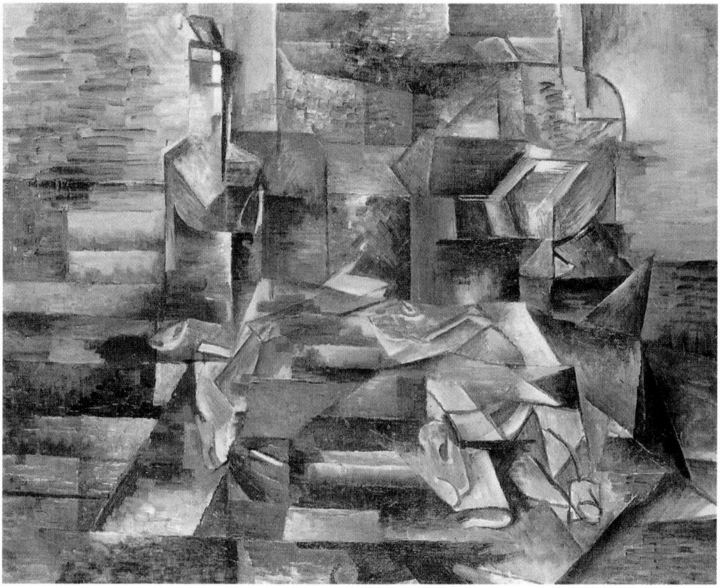

1
〈병과 물고기〉 조르주 브라크, 1910년

분석적 입체주의 단계에서 피카소와 브라크[1]의 화면은 그리드의 평면에 가까워진다. 공간의 '환영'을 파괴하고 '공간' 그 자체를 담으려는 시도가 역설적으로 공간의 평면화를 낳은 것이다. 현실을 모사하지 않는 순수한 추상은 두 사람의 의도가 아니었기에, 그들은 그 앞에서 뒷걸음쳐서 다시 공간을 환기시키는 새로운 방법을 만들어낸다. 그 새로운 기법, 즉 콜라주의 사용과 더불어 그들의 입체주의는 입체주의의 종합적 단계로 나아간다. 하지만 피카소와 브라크의 화면 속에 암시되어 있는 가능성이 실현되는 것은 시간문제였다.

몬드리안의 작품은 현대회화가 입체주의[2]에서 시작하여 그리드에 도달하는 과정을 시각적으로 보여준다. 몬드리안은 신지주의 사상의 영향 아래 세계의 모든 것이 수평적 에너지(음)와 수직적 에너지(양)의 교차로 이루어진다고 보았다.[3] 그 결과 그의 화면에는 수평선과 수직선의 직교로 이루어진 그리드가 등장한다. 1920년대 중반에 이르러 그의 화면은 거의 흰색 바탕에 검은 줄이 쳐진 순수한 그리드에 가까워진다.[4] 몬드리안은 이렇게 감각 세계의 개별적 요소들을 추상함으로써 개별자가 보편자와 합일('평형')에 도달한다고 믿었다.

그리드 속에는 어떤 역설이 존재한다. 그것은 개별자의 묘사를 거부함으로써 외려 모든 개별자가 현상하는 보편적 원리를 표현한다. 이집트의 장인들은 그림을 그리기 전에 화면에 먼저 그리드를 쳤다. 그 그리드로부터 세상의 모든 사물의 이미지가 탄생한다. 하지만 그렇게 탄생한 모든 이미지의 차이를 지워 나가면 그 모든 이미지의 바탕에 깔린 어떤 공통적인 것이 떠오를 것이다. 그것은 물론 그리드이리라. 그리드는 이집트의 장인들에게 그들의 회화적 행위 자체를 가능하게 해주는

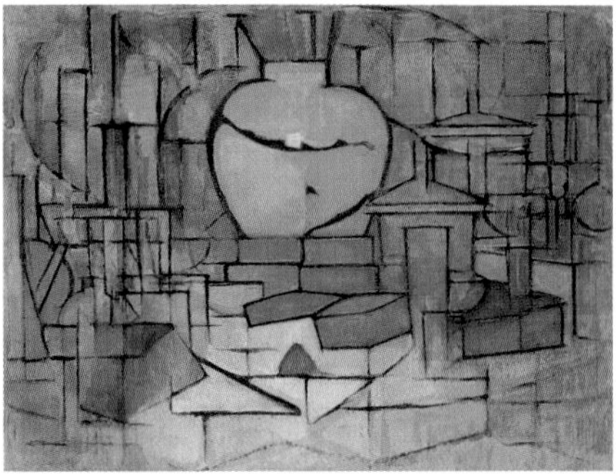

2
〈적갈색 단지가 있는 정물 II〉
피트 몬드리안, 1912년

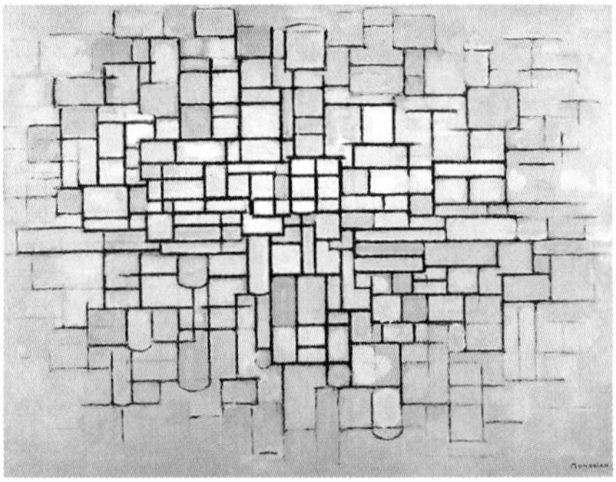

3
〈구성 XI〉 피트 몬드리안, 1913년

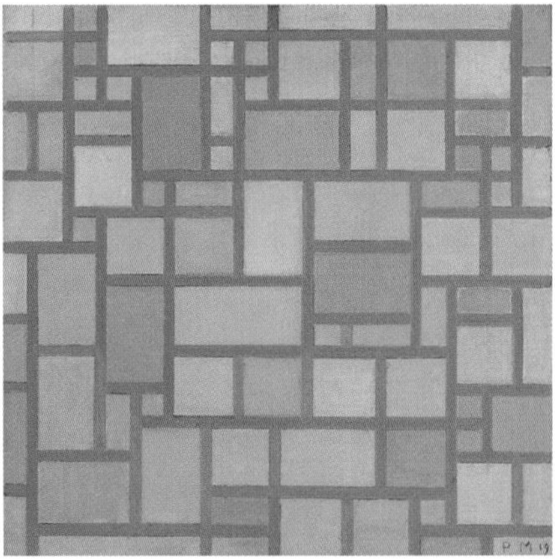

4
〈그리드 VII의 구성〉 피트 몬드리안,
1919년

어떤 추상적 장소를 의미했을 것이다.

그리드는 기하학적 추상의 극한이라면, 극한 중의 극한은 말레비치의 〈검은 사각형〉과 〈하양 위의 하양〉일 것이다. 그는 화면에서 모눈 하나만 남겨놓는다. 그의 정사각형들은 회화의 영도(零度), 즉 회화적 행위 자체를 가능하게 해주는 장소를 표현한다. 그렇다면 절대주의를 삼차원으로 확장시킨 엘 리시츠키의 '프라운(Proun)' 도형은 건축의 영도, 즉 건축적 행위 자체를 가능하게 해주는 공간성의 적극적 표현일 것이다. 이 건축적 절대주의는 이미 19세기에 루이 블레의 기하학적 건축을 통해 예견된 바 있다.

특히 1960년대의 미니멀리즘에서 그리드는 결정적 역할을 한다. 어떤 의미에서 미니멀리즘은 곧 그리드의 지향이었는지도 모른다. 널리 알려진 것처럼 미니멀리스트들은 "더 적은 것이 더 많다(Less is more)."는 건축가 미스 반 데어 로에의 모토에 따라 작품을 최소한의 요소로 되돌리려 했다. 그 환원의 끝에서 그들이 도달한 것이 그리드였다. 가령 아그네스 마틴의 드로잉[5]과 로버트 라이먼의 회화[6], 솔 르윗의 설치[7]와 칼 안드레의 조각[8] 속에서 어렵지 않게 그리드를 발견할 수 있다.

로잘린드 크라우스(Rosalind Krauss, 1940~)는 그리드를 "모더니스트 야심의 엠블렘"이라고 부르며, 그 안에서 "현대예술의 침묵 의지, 문학과 서사와 담론에 대한 적대감"을 본다. 그리드는 두 가지 방식으로 현대성을 선언한다. 먼저 공간적 의미에서, 그리드는 "예술 영역의 자율성"을 선언한다. "평평하고, 기하학화하고, 질서가 잡힌 모습을 통해 그것은 반자연적, 반모방적, 반실재적이다. 그것은 예술이 자연에 등을 돌릴 때 나타나는 모습을 닮았다. …… 그리드는 실재적인 것을

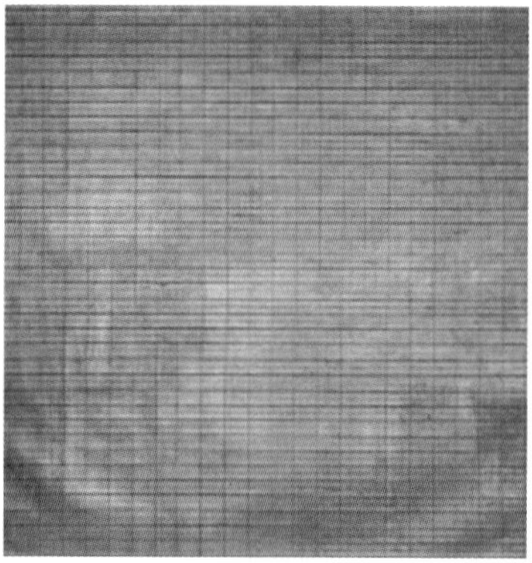

5
〈우정〉 아그네스 마틴, 1963년

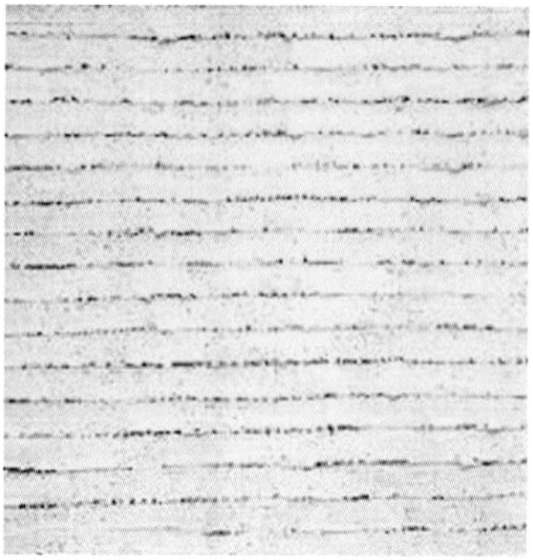

6
〈무제〉 로버트 라이먼, 1965년

추방하고 그것을 단순한 평면의 횡적 확장으로 대체시킨다."

한편, "시간적 차원에서 그리드는 그 자체로서 현대성의 엠블렘이다. 그리드라는 형식은 우리 세기에는 도처에 널려 있으나 지난 세기에는 어디에서도 볼 수 없었다." 19세기의 예술에서 모더니즘으로 이어지는 거대한 사슬 속에서 그리드는 전 세기와 완전한 단절을 가져온 "최종적 전환(final shift)"을 의미했다. "그리드를 발명함으로써 입체주의, 데스테일, 몬드리안, 말레비치는 …… 앞서 존재하던 모든 것이 도달한 지점 너머에 착륙했다. 즉, 그들은 현재에 안착했고, 그 밖의 모든 것은 과거라 선언되었다."

크라우스는 그리드가 지닌 "양가성(ambivalence)"을 지적한다. 그리드는 원근법과 달리 현실과 재현을 서로 매핑(mapping)하지 않는다. 매핑하는 것이 있다면, 그것은 인물이나 정물이나 풍경이 아니라 회화

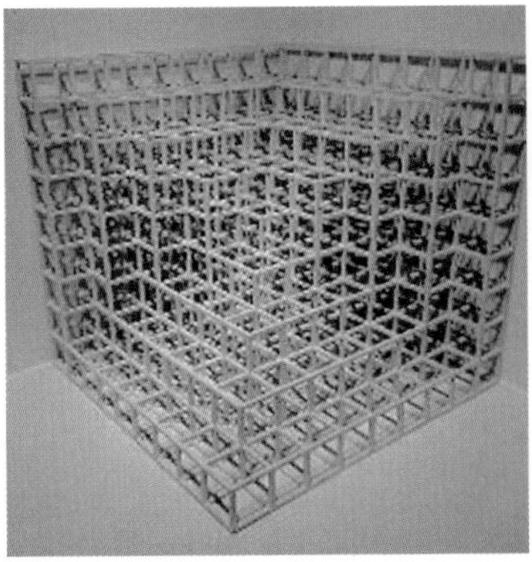

7
〈모듈화한 열린 입방체〉 솔 르윗, 1996년

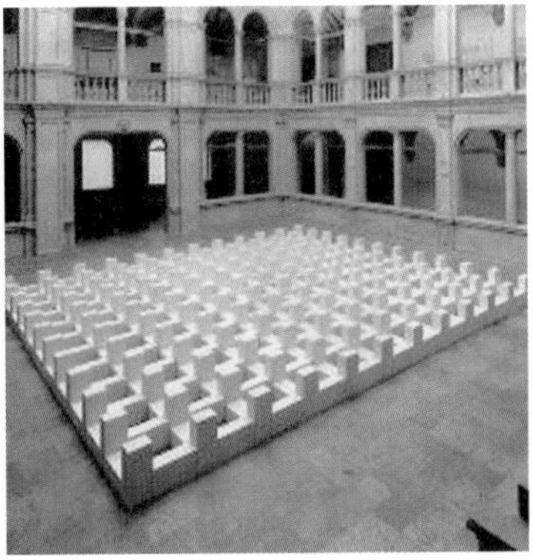

8
〈뮌스터의 평화〉 칼 안드레, 1984년

적 표면 그 자체다. 그런 의미에서 그리드는 물질주의적이다. 하지만 그리드를 사용한 말레비치나 몬드리안의 글은 정작 존재, 정신, 영혼에 대해서만 이야기한다. 그들은 그리드를 "보편자로 올라가는 계단"으로 여기며 "그 아래의 구체적인 것에는 관심을 보이지 않는다." 그리드는 이렇게 정신주의적이다.

예술가들은 이 물질주의와 정신주의, 즉 세속적인 것과 신성한 것 사이에서 하나를 선택해야 할 것이다. 하지만 흥미롭게도 현대의 예술가들은 서로 모순되는 이 두 경향을 동시에 긍정하려 한다. 실제로 그리드는 예술가들에게 물질주의(과학 혹은 논리)를 다루면서도 동시에 자기들이 신앙(환상 혹은 허구)의 영역에서 작업하고 있다고 믿게 해준다. 그런 의미에서 그리드는 "세속적 종교"라고 할 수 있다. 크라우스는 과학의 옷을 입고 나타난 이 종교를 정신분석학의 관점에서 '억압된 것의

회귀'로 설명한다.[1]

크라우스가 그리드를 《티마이오스》에서 플라톤이 말한 '코라(khora)'의 개념과 연관시키지 않은 것은 이상한 일이다. '코라'는 초감각적 이데아를 받아 그것들에 물질의 옷을 입혀 감각적 사물로 탄생하게 해주는 모태와 같은 존재다. 플라톤에 따르면, 그것은 예지계(이데아의 세계)에도, 현실계(감각의 세계)에도 속하지 않는 제3의 존재라고 한다. 한마디로 '코라'는 두 세계의 중간자 혹은 매개자로서, 그것의 이편에는 감각적 사물의 세계가 펼쳐지고, 그것의 저편에는 초감각적인 이데아의 세계가 자리하고 있다.[2]

이집트의 장인들은 머릿속의 관념을 그리드를 통해 구체적 형상으로 바꾸어놓았다. 반면 현대의 화가들은 거꾸로 구체적 형상들을 그리드로 걸러 이데아로 되돌리려 한다. 흥미로운 것은 플라톤이 코라를 '체'에 비유했다는 사실이다. 그 체로 이데아들을 통과시키면 물질의 옷을 얻어 입고 감각적 사물이 된다. 반면 거꾸로 그 사물들을 다시 그 체로 통과시키면 물질성이 걸러져 감각으로 확인할 수 없는 순수한 정신적 존재, 즉 이데아가 될 것이다. 플라톤이 '코라'의 비유로 사용한 '체'는 공교롭게도 그리드를 닮았다.

플라톤의 '철학+신화' 속에서 '코라'는 신들이 이데아를 가지고 세계를 창조하는 원리다. 그것은 어떤 것을 세계 속에 존재하게 해주는 터전, 가령 영어의 '있다(there is)'에서 '그곳(there)', 독일어의 '있다(es gibt)'에서 '그것(es)', 불어의 '있다(a lieu)'에서 '장소(lieu)'를 가리킨다. 현대예술이 그리드로 돌아가는 것은 회화 그 자체, 구축 그 자체를 비로소 가능하게 해주는 그 장소(there, es, lieu)를 지시하기 위해서가 아닐까? 한마디로 그리드는 그곳으로부터 조형이 시작되고, 그곳 너머에서 조형이 정지하는 예술의 극한이다.

말레비치가 자신의 정사각형들을 가리켜 "현상이 나오는 그곳에서 나타나는 무의 세계"라고 일컬었을 때, 그가 염두에 둔 것도 아마 그 지점이었을 것이다. 말레비치는 자신의 비대상성(Non-Objectivity)이 "모든 물체의 부재로 가득 차" 있으나 동시에 모든 "의미를 잉태하고 있다."고 말한다. 플라톤에 따르면, 코라는 아무것도 없기에 동시에 모든 것을 잉태할 수 있는 자궁이다. 플라톤이 코라를 왁스처럼 무정형한 어떤 것으로 표상했다면, 말레비치는 절대주의 회화의 세계를 "자유롭게 흰 바다"에 비유한다.

5 표현주의

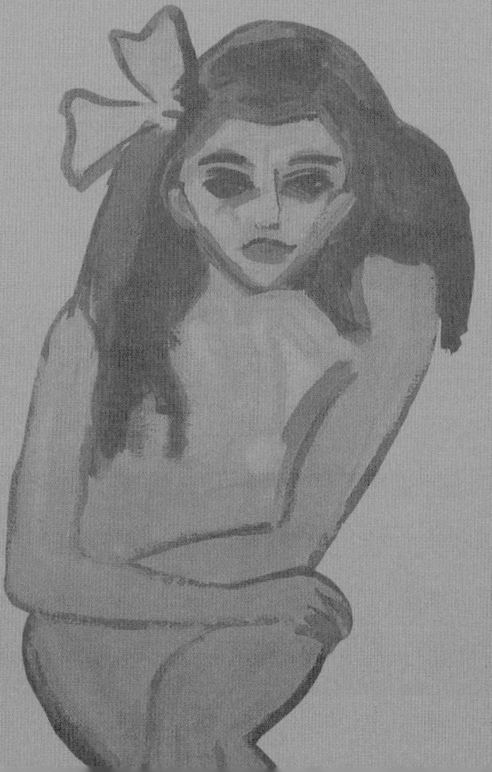

재현에서 표현으로

프랑스에서 야수주의 운동이 한창일 때 독일에서도 비슷한 운동이 일어나고 있었다. 독일의 표현주의는 재현보다 표현을 강조한다는 점에서 야수주의와 일치하나, 색채의 예술적 효과보다는 현대사회에서 인간이 느끼는 심리에 주목한다는 점에서 야수주의와 분명히 구별된다. 주목할 것은 특히 1906년의 '다리파 강령'에서 최초로 미술사에 '아방가르드'라고 부를 만한 의식이 나타난다는 점이다. 실제로 표현주의 내에 정치적으로 급진적인 흐름이 존재하기도 했다. 하지만 이는 일부의 현상일 뿐, 표현주의자들의 저항은 본질적으로 예술의 영역에 머물러 있었다. 이 모호한 태도 때문에 표현주의는 후에 좌익과 우익 모두로부터 비판의 대상이 된다.

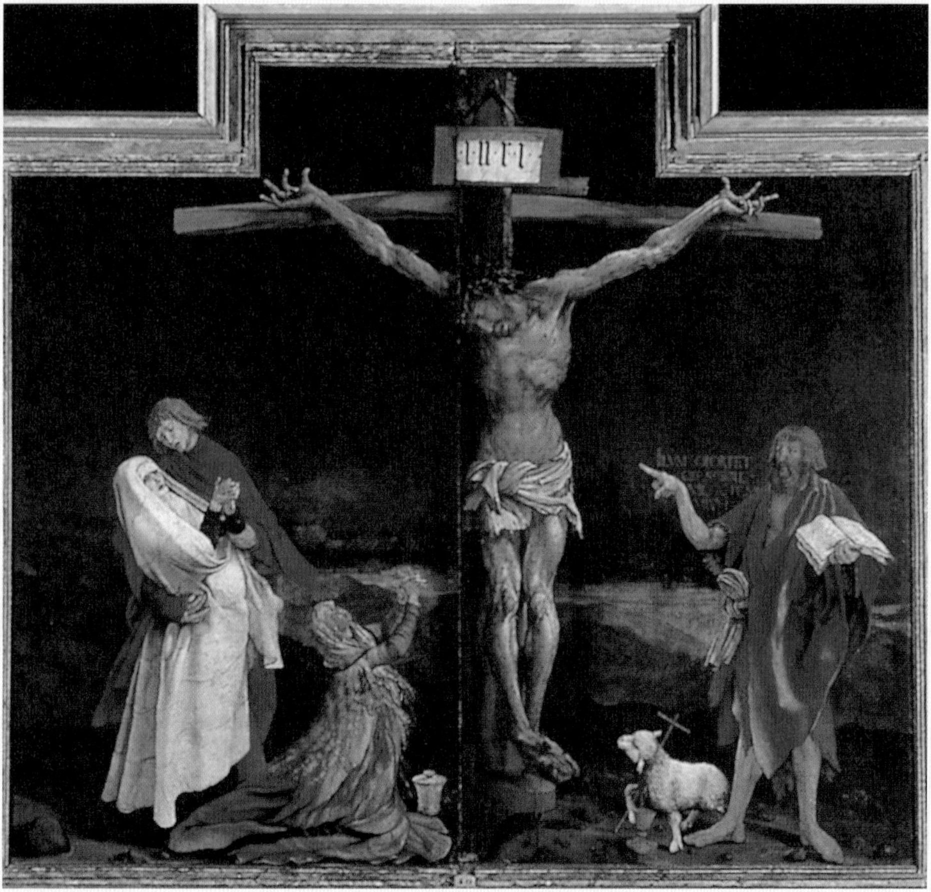

1
〈이젠하임 제단화〉 마티아스 그뤼네발트, 1512~1516년

'표현주의'(Expressionism)라는 명칭은 '모더니즘'이라는 말만큼이나 의미가 불특정하다. 이 명칭은 베를린의 화상(畵商) 파울 카시러가 뭉크의 작품을 인상주의에 대립시켜 '표현주의적'이라고 칭한 데서 유래한다.[1] 한동안 '표현주의'는 특정한 운동이 아니라, 인상주의에 반대하는 모든 흐름의 이름이었다. 표현주의 운동이 일어나던 당시에 이 이름은 거의 '현대미술'의 동의어로 통했다. 여기에 변화가 생긴 것은 1차 세계대전이 발발하던 즈음의 일. 이 시기인 1914년에 출간된 《표현주의》에서 저자 파울 페히너는 처음으로 '표현주의'를 '다리파(Brücke)'와 '청기사파(blaue Reiter)'라는 독일의 운동에 국한시켰다.[2] 오늘날 '표현주의'는 주로 독일어권의 예술운동을 가리킨다.

인상에서 표현으로

마티스의 작업도 넓은 의미에서는 '표현주의'에 속할 것이다. 하지만 프랑스의 야수주의가 어디까지나 망막적(retinal)이었다면, 독일의 표현주의는 무엇보다도 정신적(spiritual)이었다. 이렇게 정신성에 집착하는 독일인의 기질이 괴테를 짜증나게 했던 모양이다. 1827년 그는 에커만과 대화를 나누다 이렇게 말한다. "독일인은 정말 이상한 운명을 타고났다. 그들은 어디에서나 깊은 이념과 생각을 찾아 거기에 모든 것을 쏟아 넣음으로써 쓸데없이 삶을 어렵게 만든다. 그저 과감하게 첫인상에 자신을 떠맡겨라. …… 추상적 관념이나 이념이 없다 해서 모든 게 무의미하다고 생각할 필요는 없다."[3] 여기서 라틴과 게르만의 기질 차이를 엿볼 수 있다.

보링거 역시 《추상과 감정이입》에서 비슷한 지적을 한다. 온화한 풍토에서 사는 남유럽 사람들이 자연에 감정이입을 한다면, 그보다 불리한 자연환경에 사는 북유럽인의 예술에는 추상 충동이 나타난다는 것이다. 사실 보링거의 명제는 입체주의적 추상에는 잘 어울리지 않는다. 피카소나 브라크의 작품에서는 공포가 별로 느껴지지 않기 때문이다. 심리적 공포에서 나온 추상의 경향은 외려 표현주의에서 찾아볼 수 있다. 다만, 표현주의자들에게 공포의 대상이 된 것은 더 이상 자연이 아니라, 생명을 억압하는 사회와 문명이었다. 이는 파울 클레의 말 속에 잘 드러나 있다. "특히 지금 상태처럼 세계가 무서워질수록 예술은 더 추상화되어간다."

독일에는 표현주의의 오랜 전통이 있다. 뒤러, 보슈, 크라나하, 알트도르퍼 등 후기 중세와 초기 르네상스의 화가들은 형태의 표현주의적 왜곡을 통해 정신의 묵시론적 불안감을 드러내곤 했다. 이는 특히 그뤼네발트의 〈이젠하임 제단화〉[1]에 잘 나타나 있다. 여기서 화가는 십자가에 매달린 예수의 고통을 강렬히 표현하기 위해 그의 신체를 해부학적으로 불가능할 정도로 왜곡한다. 오늘날 이 작품은 독일 표현주의의 아이콘으로 통한다. 하지만 20세기의 표현주의에 이보다 직접적인 영향을 끼친 것은 18세기 후반의 낭만주의, 즉 질풍노도(Sturm und Drang) 운동이었다. 낭만주의자들은 주관성의 표현이 세계의 객관성보다 더 근원적인 진리를 말한다고 믿었다.

물론 표현주의가 독일의 전통만으로 탄생한 것은 아니다. 고흐와 고갱, 뭉크와 앙소르, 마티스와 드랭이 또한 그것의 탄생에 결정적 역할을 했다. 특히 프랑스의 야수주의는 "독일인들이 허용하려 들었던 것이상으로 독일 미술에 영향을 주었다."[4] 당시 독일에는 아방가르드 운동을 독일 정신을 위협하는 해로운 영향으로 배척하는 분위기가 존재했다. 빌헬름 제국의 국수주의에 맞서 미술의 국제적 경향을 소개하는 전시회에서는 다리파나 청기사파는 물론이고, 입체주의나 야수주의까지 종종 '표현주의'라는 이름 아래 묶이곤 했다. '표현주의'라는 명칭에 독일어('Ausdruck') 대신 불어('expression')가 사용된 것 역시 이 운동의 국제적 지향을 시사한다.

드레스덴의 다리파

표현주의는 1905년에 발생하여 1920년까지 지속됐다. 물론 그 이후에도 여러 화가가 표현주의 화풍을 고수했지만, 표현주의가 예술의 '시대정신'으로 통했던 시기는 그때였다. 프란츠 마르크(Franz Marc, 1880~1916)에 따르면, 이 운동을 주도한 것은 드레스덴의 '다리파(Die Brücke)'[2]와 베를린의 신분리파(Neue Sezession), 그리고 뮌헨의 신동맹(Neue Vereinigung)이었다.[5] 그중 가장 오래된 것은 물론 네 명의 드레스덴 공대생(키르히너, 로틀로프, 헤켈, 블라일)이 결성해 1905~1913년에 활동한 '다리파'였다. 이들은 모두 드레스덴 공대의 건축학과에 적을 두고 있었으나, 이는 그저 집에서 학비를 받아내는 명분이었을 뿐, 마음은 이미 오래전에 회화에 가 있었다.

단체의 결성을 제안한 사람은 키르히너(Ernst Ludwig Kirchner, 1880~1938)였고, 거기에 이름을 붙인 이는 로틀로프였다. 헤켈은 훗날 이렇게 회상했다. "물론 우리는 우리 자신을 공적으로 어떻게 소개해야 할

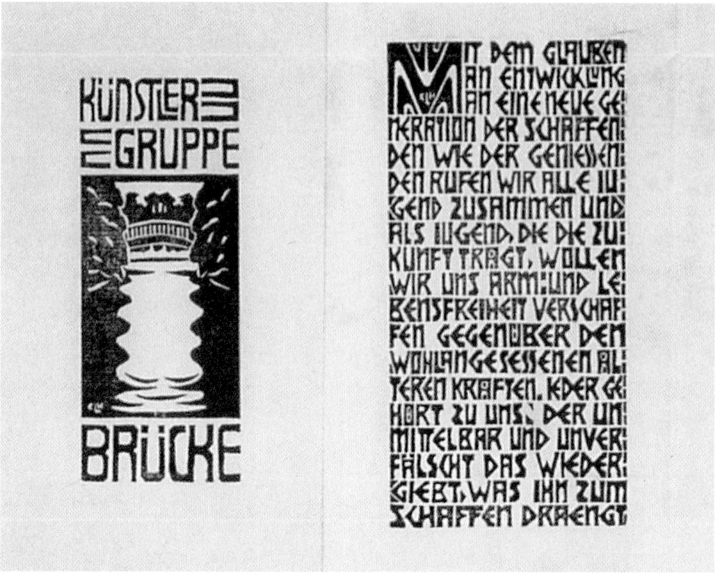

2
다리파 강령, 1906년

지 생각했다. 어느 날 저녁 우리는 집에 돌아가다가 다시 거기에 대해 얘기했다. 로틀로프가 '다리파'라고 하면 어떻겠느냐고 했다. 그 낱말이 다층적 의미를 갖고 있어 강령이 될 수는 없지만 확실히 한쪽에서 다른 쪽으로 데려다준다는 의미를 담고 있다는 것이다."[6] 그 시절 로틀로프는 에밀 놀데에게 보낸 편지에서 '다리'라는 이름의 의미를 이렇게 설명했다. "혁명적으로 끓어오르는 모든 요소를 자신에게 끌어들이는 것이다. 이것이 다리라는 이름이 의미하는 것이다."[7]

'다리'라는 은유는 그들이 즐겨 읽던 니체의 저서에서 따온 것이리

라. "인간에게서 훌륭한 점은 그가 다리이지 목표가 아니라는 것이다. 인간에게 매력적인 것은 그가 건너가는 존재이면서 몰락하는 존재라는 점이다."[8](《차라투스트라는 이렇게 말했다》, 1883) 1906년 드레스덴의 전시회를 위해 제작한 전단에는 과거와 미래를 잇는 다리가 되려 했던 이 예술적 초인들의 짤막한 강령이 실려 있었다.

> 진보에 대한 신념과 새 세대의 창조자 및 관객에 대한 믿음을 가지고 우리는 모든 젊은이를 부르며, 젊은이로서 미래를 짊어지고 우리 자신을 위해 확립된 질서의 낡은 세력에 대항해 운동과 삶의 자유를 창조하기 원한다. 자신을 창조로 몰고 가는 것을 직접적으로 진정하게 표현하는 이는 누구나 우리에게 속한다.[9]

여기서 "삶의 자유"란, 내용의 측면에서는 문명의 억압 없이 자연 속에서 원시적으로 살아갈 자유를, 형식의 측면에서는 현실을 직접적으로 진정하게 화면에 옮길 자유를 의미할 것이다. 드레스덴 시절 다리파의 핵심적 주제는 풍경 속의 누드, 즉 마치 미개인들처럼 자연 속에서 문명의 옷을 벗어버린 인간의 신체였다. 그들은 이 제재를 색면의 보색 대비가 만들어내는 팽팽한 긴장감 속에서 즉발적으로 표현했다. 자연에서 느낀 이미지를 신속하게, 즉각적으로 화폭에 옮기기 위해 물감을 개는 데 오일 대신 휘발유를 사용하기도 했다. 이들보다 좀 늦게 다리파에 합류한 놀데(Emil Nolde, 1867~1956)는 이렇게 말한다.

> 우리 시대에는 도자기든, 보석류든, 그릇이나 의복이든, 모두 만들어지

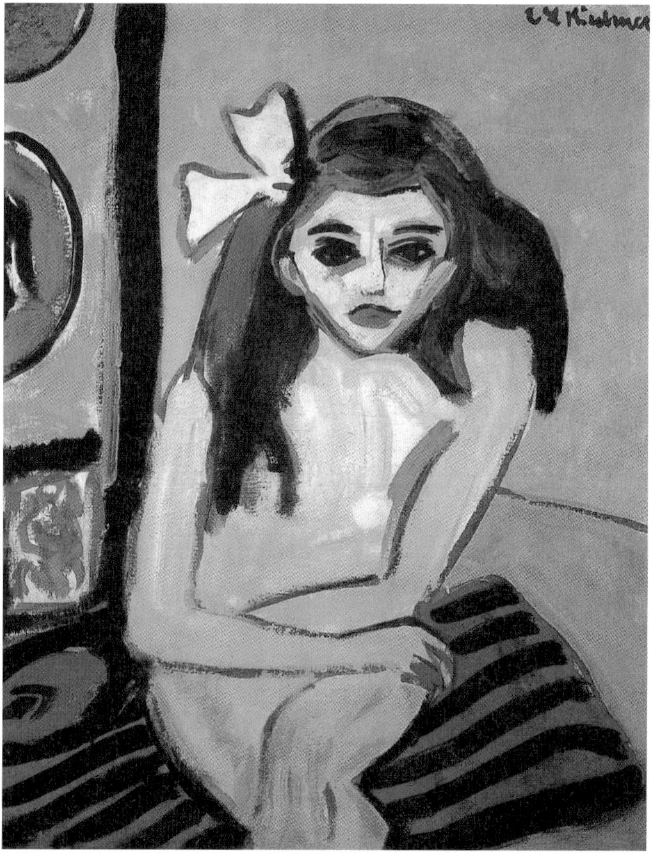

3

〈마르첼라〉 에른스트 루트비히 키르히너, 1909~1910년

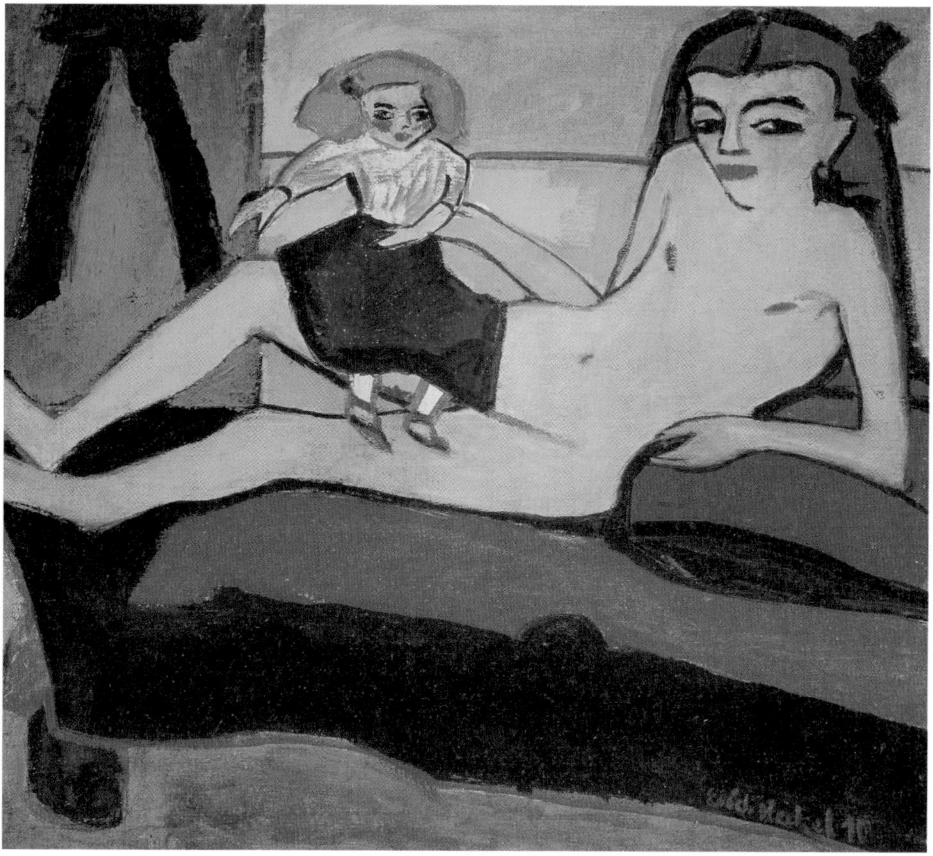

4

〈인형을 가지고 있는 소녀〉 에리히 헤켈, 1910년

기 전에 먼저 종이 위에 디자인되어야 한다. 하지만 미개인들은 자기 손에 들린 재료에서 바로 작품을 만들어낸다.10

강렬한 표현적 제스처로 특징지어지는 다리파-양식은 네 화가의 공동 작업의 산물이었다. 그들은 심지어 서로 돌아가며 상대의 회화를 목판으로 복제해주곤 했다. 이는 작품에 익명성을 도입하기 위해서가 아니라, 그 과정에서 뭔가 독창적인 작품을 얻을지 모른다는 기대감에서 한 일이라고 한다.11 이 긴밀한 공동 작업 때문에 드레스덴 시절 그들의 작품은 종종 구별하기 어려울 정도로 유사하다.[3, 4] 여기에 변화가 생기는 것은 베를린으로 활동을 옮긴 후의 일. 대도시의 미술계는 예술가들에게 타인과 구별되는 개성을 요구했고, 다리파의 성원들 역시 그 요구에 응해야 했다. 그 결과 1912~1913년경에는 이들 사이에 더 이상 통일적 양식이 존재하지 않게 된다.

베를린 신분리파

다리파의 화가들이 베를린으로 옮기면서 기대한 것은 명성만이 아니었다.[5] 대도시의 익명성, 사회 계층들 사이의 대립, 박동하는 밤 문화, 수많은 예술가 그룹의 활동 등은 새로운 창작의 원천이 될 수 있었다. 그들은 베를린에서도 한동안 함께 작업을 했지만, 곧 새로운 환경 속에서 각자 개인 양식을 발전시키기 시작한다. 이 과정에서 경쟁의식도 심화되어, 결국 1913년 키르히너가 쓴 〈KGBrücke〉라는 문건을 계기로 다리파는 해산을 결의한다. 문제의 문건에서 키르히너는 '다리파'에서 자

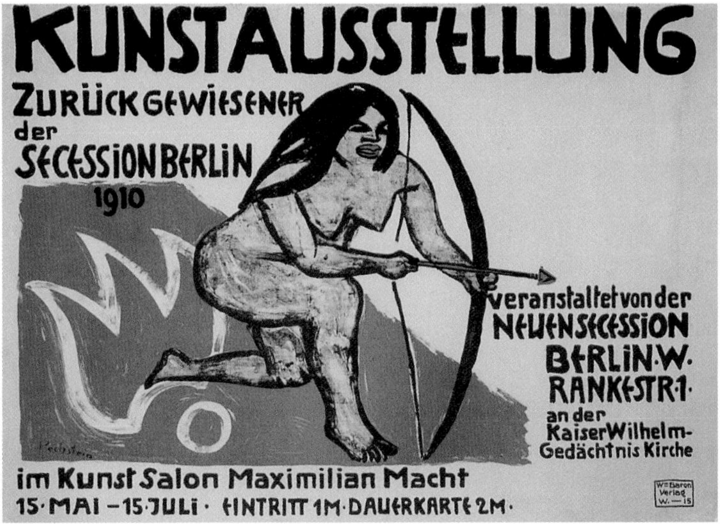

5
신분리파 포스터

신의 역할을 터무니없이 과장했는데, 이 증상이 날로 심해져 나중에는 다리파의 다른 회원들이 그저 자기의 생각을 훔쳐가는 일에만 골몰했다고 믿게 된다.

베를린에서 다리파의 작품은 드레스덴 시절의 온화함을 잃어버린다. 가장 양식적 변화가 심했던 사람은 역시 키르히너였다. 키르히너는 이 시절의 변화를 베를린 여인들의 "건축적으로 축조된 엄격한 형식의 신체가 부드러운 작센(=드레스덴)의 신체를 대체했다."고 표현했다. 〈드레스덴의 거리〉[6]에서는 둥글게 마감되어 있던 신체들이 〈베를린의 거리 장면〉[7]에서는 신경과민적으로 날카로워진다. 〈거리의 여인들〉

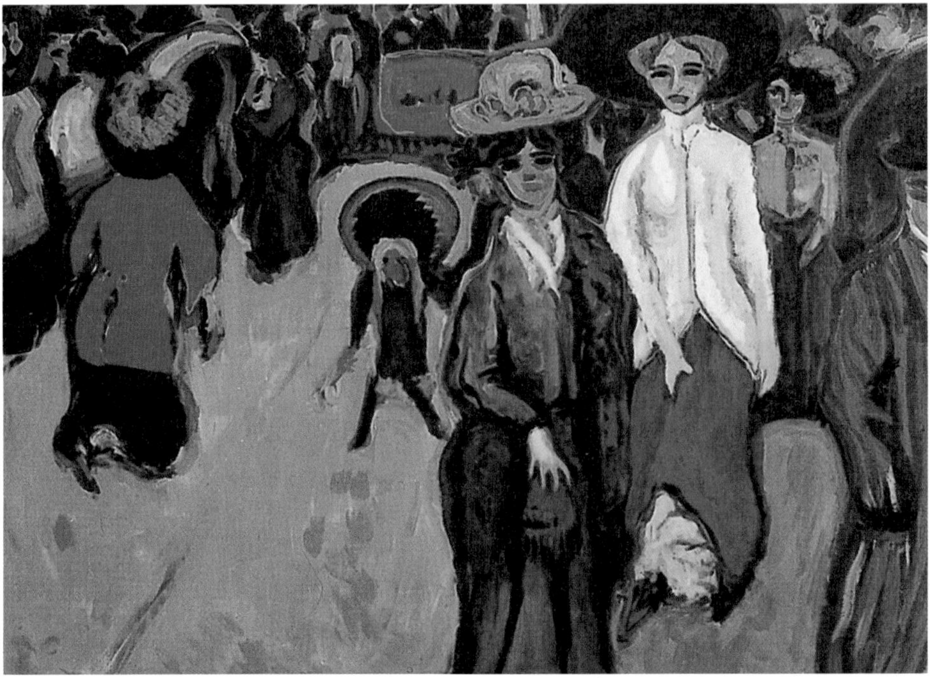

6
〈드레스덴의 거리〉 에른스트 루트비히 키르히너, 1908년

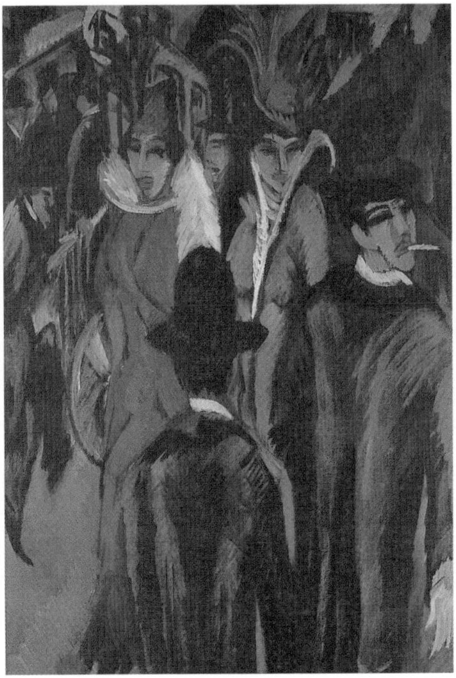

7
〈베를린의 거리 장면〉 에른스트 루트비히 키르히너, 1913년

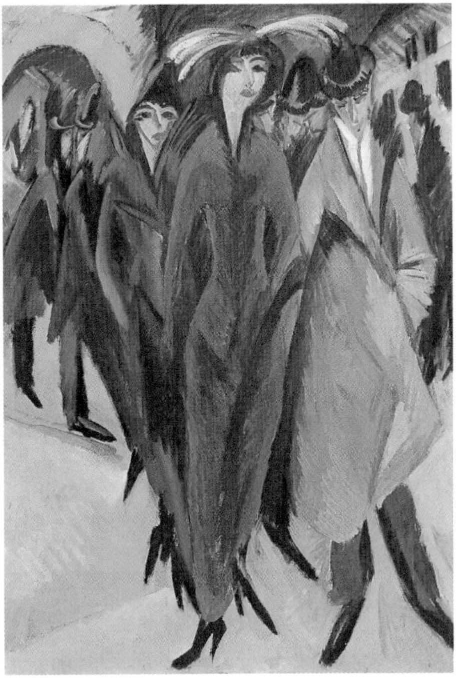

8
〈거리의 여인들〉 에른스트 루트비히 키르히너, 1915년

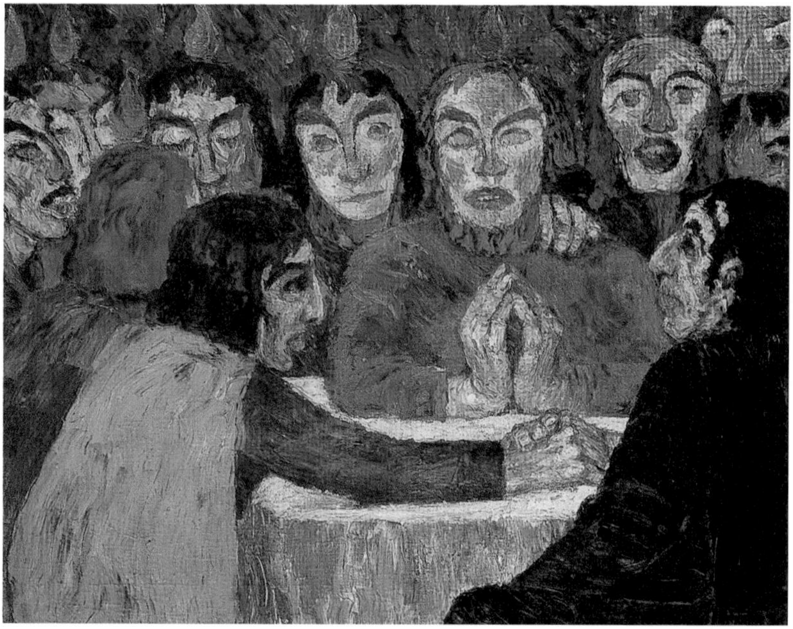

9
〈성령강림절〉 에밀 놀데, 1909년

(1915)[8]에서 신체는 날아오르는 고딕건축으로 변한다. 이는 베를린에서 접한 미래주의와 입체주의의 영향이겠지만, 그가 대도시에서 느낀 공포감의 표현이라 할 수도 있다. 그의 공포는 후에 공황증과 피해망상으로 이어진다.

이 시절 베를린에는 '신분리파'라는 표현주의 운동의 또 다른 움직임이 있었다. '신분리파'는 별도의 예술가 그룹이라기보다는 제도권에서 거절당한 작가들의 협회에 가까웠다. 당시 독일에서 현대예술을 대표한 것은 막스 리버만이 주도한 '베를린 분리파'였다. 이들은 빌헬름 제국의 아카데미즘에 미술의 현대적 흐름을 옹호했지만, 이들도 표현주의의 급진성만은 수용할 수 없었던 모양이다. 20회 '분리파' 전시회의 심사위원들이 몇몇 작가들의 출품을 거절하자, 분리파의 이 새로운 보수주의에 맞서 페히슈타인(Max Pechstein, 1881~1955)은 '신분리파'의 결성을 주도하게 된다. 심사에서 특히 문제가 된 것은 에밀 놀데의 〈성령강림절〉[9]이었다.

신분리파의 전시회에는 당시 표현주의 성향을 보인 거의 모든 작가가 참여했다. 가령 다리파의 창립자들, 좀 늦게 합류한 페히슈타인과 오토 뮐러, 북독일 표현주의를 대표하는 에밀 놀데, 남부의 뮌헨에서 활동하던 칸딘스키와 마르크의 청기사파는 물론이고, 외국에서 활동하던 작가들의 작품도 거기에 전시되었다. 오래지 않아 신분리파의 전시회는 분리파의 그것을 제치고, 이른바 '새로운 예술(neue Kunst)'의 대명사로 떠오른다. 1910년에서 1차 세계대전이 발발하는 1914년까지 신분리파는 독일의 안팎에서 벌어지던 여러 운동을 연결하는 구심점으로 기능하며, 표현주의를 독일과 유럽 예술의 '시대정신'으로 만드는 데 결정적 기여를 한다.

뮌헨의 청기사들

프란츠 마르크는 새로운 예술을 추구하는 '야인들(Wilden)'의 예로 다리파, 신분리파와 더불어 신동맹을 든다. 하지만 뮌헨의 신동맹은 사실 전시장에 대한 욕구 때문에 결집한 잡다한 모임의 집합에 가까웠다.

1911년 3회 전시회를 앞두고 동맹은 심각한 분열에 휩싸인다. 보수파들은 칸딘스키의 추상적이고 신비적인 미학을 비판하며 '객관적이고 대상이 있는 현실'을 강조한다. 이들에게 작품을 거절당하자 칸딘스키는 바로 동맹을 탈퇴하여 마르크와 '청기사'를 결성하게 된다. "우리 모두 청색을 좋아했고, 마르크는 말을, 나는 기사를 좋아했다." 후에 칸딘스키는 '청기사'라는 은유가 가진 상징적 의미를 이렇게 설명했다.

> 말은 신속하고 확실하게 기수를 태워다준다. 하지만 말을 모는 것은 기수다. 미술가의 재능은 신속하고 확실하게 미술가를 저 높이 데려다준다. 하지만 그 재능을 인도하는 것은 미술가다.[12]

베를린의 '신분리파'가 별도의 조직이 아니라면, 표현주의 운동의 주축이 된 것은 결국 드레스덴의 다리파와 뮌헨의 청기사파였다. 내면의 표현을 지향한다는 공통점에도 불구하고, 두 그룹 사이에는 무시할 수 없는 차이가 있었다. 가령, 다리파가 생활과 작업을 함께하던 화가들의 공동체였다면, 청기사파는 두 차례 발간되다가 중단된 잡지 〈청기사 연감〉을 매개로 한 화가들의 느슨한 연결에 불과했다. 또 다리파가 달랑 두 문장으로 된 강령만 남겼다면, 청기사파는 꽤 방대한 양의 선언과 이론을 남겼다. 즉발적인 자기표현에 만족했던 다리파와 달리, 청기사의 화가들은 실험을 통해 의식으로 통제 가능한 언어를 만들어내려 했기 때문이다.

언젠가 마르크는 보링거의 《추상과 감정이입》을 "우리가 유용하게 쓸 수 있는 민감한 정신"[13]이라 부른 바 있다. 하지만 청기사의 예술은

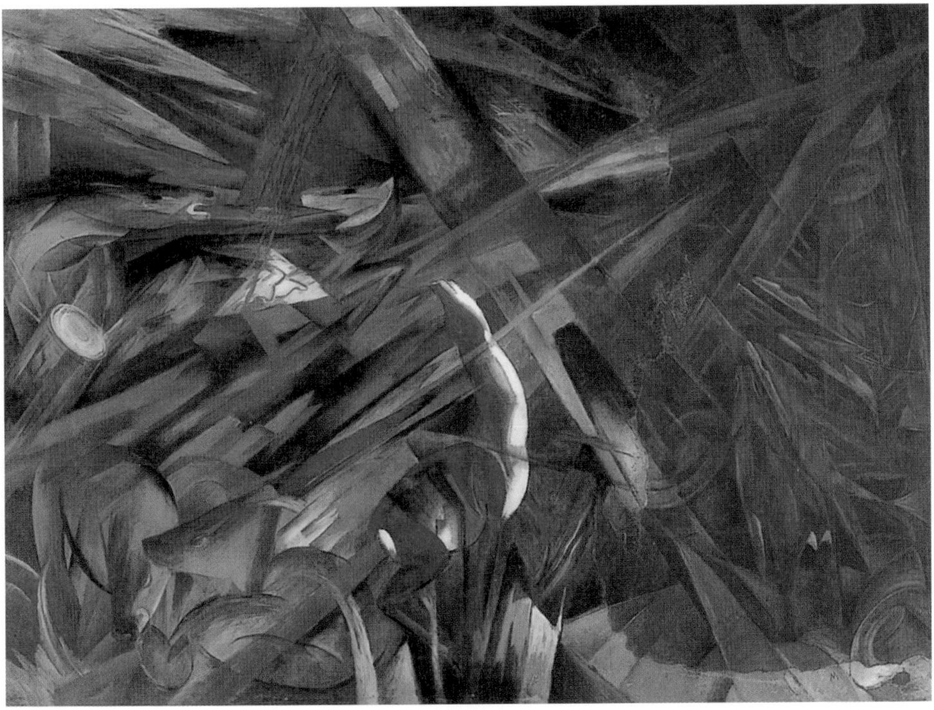

10
〈동물들의 운명〉 프란츠 마르크, 1913년

사실 보링거의 이론과는 다소 거리가 있다. 다리파의 추상이 대도시의 혼란함 앞에서 느끼는 공간 공포를 드러냈다면, 청기사파의 추상은 외려 외부 세계와 화해에 도달하는 수단이었기 때문이다. 추상을 통해 칸딘스키는 영적 세계와 교접하려 했고, 마르크는 자연 세계와 교감하려 했다. 특히 마르크에게 예술이란 "자연, 나무, 동물, 대기에서 박동하는 피의 흐름에 범신론적으로 침투하는 것"을 의미했다.[10] 한마디로, 청기사파가 제안한 미학은 '추상 대(對) 감정이입'이 아니라, 차라리 '감정이입으로서 추상'이었다.14

전후의 표현주의

요란한 제스처에도 불구하고 표현주의의 저항은 대체로 미적 영역에 국한되어 있었다. 하지만 모든 표현주의 운동이 그랬던 것은 아니다. 발덴의 잡지 〈폭풍(Der Sturm)〉이 대체로 정치에 무관심했다면, 펨퍼트의 〈행동(Die Aktion)〉은 정치적 참여도가 높은 화가들을 우선적으로 조명하려 했다. 유대교의 전통을 사회주의와 연결시킨 마이트너도 그 중 하나였다. 흔히 '묵시론적 풍경'이라 불리는 마이트너의 작품은 다가오는 불행한 사건의 예언자 역할을 했다. 〈묵시론적 도시〉[11]에서 도시는 폭격을 당하고, 건물은 화염에 휩싸인다. 물론 이는 전쟁 직전의 정치적 상황 앞에서 느낀 불안한 기분을 미래주의 기법으로 표현한 것이다.

전쟁을 '위생학'으로 본 것은 미래주의자만이 아니었다. 표현주의자들 역시 니체를 그릇 해석하여 전쟁을 일종의 카타르시스로 보았다. 가령 자원입대한 마르크는 전선에서 아내에게 "전쟁은 유럽이 자신을 '정화'하기 위해 겪을 수밖에 없는 자발적 희생이자 속죄"라고 써 보냈다. 물론 그 생각이 환상으로 드러나는 데는 오래 걸리지 않았다. 아우구스트 마케는 전선에 도착하자마자 아내에게 "승리에 취한 사람들은 전쟁이 얼마나 끔찍한지 모른다."고 써 보냈다. 전쟁으로 인해 표현주의자

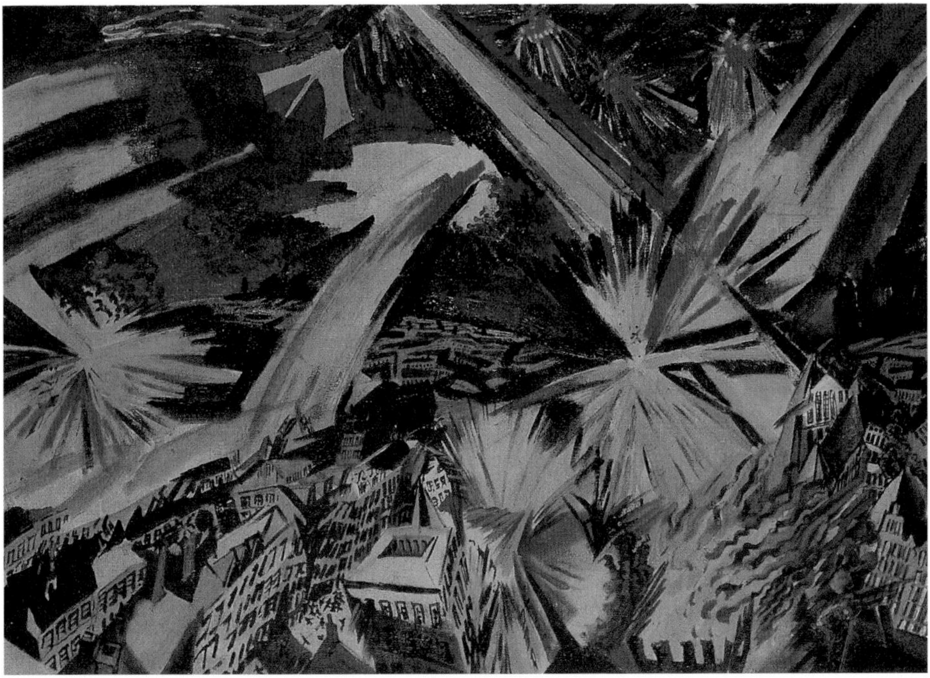

11
〈묵시론적 도시〉 루트비히 마이트너, 1913년

들은 뿔뿔이 흩어졌다. 마르크와 마케는 전사하고, 키르히너는 전선에서 정신병을 얻어 스위스로 은둔하고, 칸딘스키는 적국이 된 독일을 떠나 러시아로 돌아가야 했다.

전쟁은 독일의 패배로 기울었다. 1918년 11월 9일, 병사와 노동자들은 베를린의 거리로 쏟아져 나와 공공건물을 점령했고, 같은 날 사민당의 당수 샤이데만은 공화제를 선포했다. 이 흐름에 맞추어 표현주의자들은 다다이스트를 포함한 모든 급진적 예술가를 모아 '예술노동평의회'와 '11월 그룹'을 결성했다. 연립 정권은 오래가지 못했다. 다음 해 1월 스파르타쿠스단이 베를린에서 혁명을 일으켰다. 이 봉기는 참전 용사들로 구성된 의용단의 손에 신속히 진압되었고, 봉기의 두 지도자인 로자 룩셈부르크와 카를 리프크네히트는 처참하게 암살당했다. 그 직후에 실시된 총선에서 다수당이 된 사민당은 의회민주주의에 기초한 바이마르 공화국을 선포했다.

그로피우스가 이끄는 '예술노동평의회'는 새 정부에 반발하여 프롤레타리아 계급의 지지를 선언한다. 반면, 페히슈타인을 비롯한 '11월 그룹' 성원들은 새 정부에서 추진하는 예술 민주주의 프로그램에 참여한다. 심지어 그들은 정부 홍보를 위해 볼셰비즘의 위협을 경고하는 반공 포스터를 제작하기도 한다. 이렇게 표현주의는 국가의 후원으로 대중에게 다가갈 수 있었지만, 그 대가로 아방가르드 운동으로서 정체성을 상실하게 된다. 1921년 '11월 그룹'의 전시회는 정부의 요청에 따라 딕스와 슐리히터의 작품을 철거한다. 작품이 너무 공격적이라는 것이 이유였다. 이에 항의하여 그로스(George Grosz, 1893~1959)와 딕스(Otto Dix, 1891~1969)를 비롯한 다다이스트들이 그룹에서 탈퇴한다.

표현주의 논쟁들

바이마르 시절에 11월 그룹은 국가와 부르주아의 아첨꾼이라고 비난을 받았다. 〈행동〉의 창간자 펨퍼트는 1918년 경력 때문에 혁명가가 된 표현주의자들은 '문학적 장사꾼'이라고 비난한다. 한때 뮌헨의 청기사파를 지원한 하우젠슈타인은 1918년 표현주의의 혁신적 국면이 지났다고 말한다. 1920년에는 표현주의가 상업적으로 변질되고 제도에 편입됐다며 아예 그것의 죽음을 선언한다. 이보다 더 결정적인 것은 표현주의의 이론적 대변자나 다름없는 보링거의 진단이다. 1920년 3월 뮌헨에서 행한 강연에서, 그는 표현주의의 종언을 선언한다. 그는 생명력을 잃고 예쁜 벽장식으로 전락한 표현주의와 더불어 예술 자체가 종말을 맞았다고 보았다.15

전쟁 앞에서 무력한 표현주의에 실망하여 일군의 예술가들은 오래전에 베를린 다다를 결성한 바 있었다. '11월 그룹'에서 탈퇴한 그로스와 딕스는 뜨거운 열정을 가라앉히고 냉정한 신즉물주의 양식을 채택한다. 이 시기에 칸딘스키는 표현적 추상에서 기하학적 추상으로 나아가고, 클레와 더불어 바우하우스 운동에 합류한다. 한편, 놀데를 비롯한 몇몇 표현주의자들은 바이마르 공화국이 붕괴된 후에 나치당에 가입한다. 하지만 나치에 대한 그들의 충성은 아무 소용이 없는 것이었다. 압수되어 '퇴폐예술' 전에 걸린 작품 대부분이 표현주의자들의 것이었기 때문이다. 자신의 예술을 '독일의 예술'이라 믿었던 키르히너는 충격을 받아 스스로 목숨을 끊는다.

표현주의는 '국제적 아방가르드 운동'이자 '독일 고유의 민족 예술'이었다. 이 이중성이 종종 표현주의의 정체성에 관한 혼란을 일으키기도 했다. 가령 나치의 선전상 괴벨스는 표현주의를 게르만 민족의 양식으로 간주했으나, 나치의 이론가 로젠베르크는 '잡종 예술'로 규정했다. "잡종주의는 영적 매독과 예술적 소아병을 먹고사는 자신의 조잡한 종자가 '영혼의 표현'을 대표한다고 주장한다. 이 바보 같은 예술의

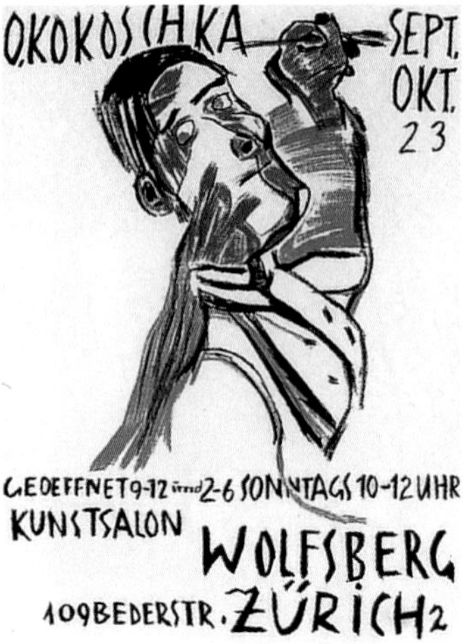

12
〈자화상〉 오스카 코코슈카, 1923년

괴물 같은 내적 본성을 대충 이해하려면 코코슈카의 〈자화상〉[12] 같은 작품을 …… 보라."[16] 표현주의의 성격을 놓고 괴벨스와 로젠베르크 사이에서 벌어진 논쟁은 결국 히틀러가 개입하여 로젠베르크의 손을 들어주는 것으로 끝났다.

하지만 표현주의를 놓고 논쟁을 벌인 것은 나치만이 아니었다. 좌익들 역시 러시아 망명자들의 잡지 〈말(Das Wort)〉을 통해 표현주의의 정체성을 놓고 논쟁을 벌였다. 포문을 연 것은 헝가리의 미학자 루카치였다. 그는 표현주의가 비합리적 신화 위에 서 있음을 지적하면서, 그 때문에 그 사이비 행동주의에도 불구하고 결국 같은 토대를 가진 파시즘에 합류할 수밖에 없다고 주장했다. 이에 맞서 브레히트는 루카치의 예술 이해의 협소함을 지적하며, 리얼리즘이라는 19세기 언어를 대안으로 제시하는 루카치의 몰역사성을 비판했다. 아도르노는 예술 역시 생산의 일종임을 강조하며 아방가르드 운동으로서 표현주의의 형식적 공헌을 평가했다.[17]

표현주의는 1930년대 초까지 명맥을 이어 나가지만, 이미 1920년대를 기점으로 더 이상 예술의 시대정신이기를 그친다. 끊어진 표현주의의 역사를 복원한 것은 잭슨 폴록을 비롯한 미국의 추상표현주의 화가들이었다. 독일에서 표현주의는 오랫동안 망각되었다가 1960년대 이후 끊어진 독일 미술의 전통을 찾아 나선 몇몇 동독 출신 화가들에 힘입어 '신표현주의'의 이름으로 화려하게 부활한다.

6 미래주의

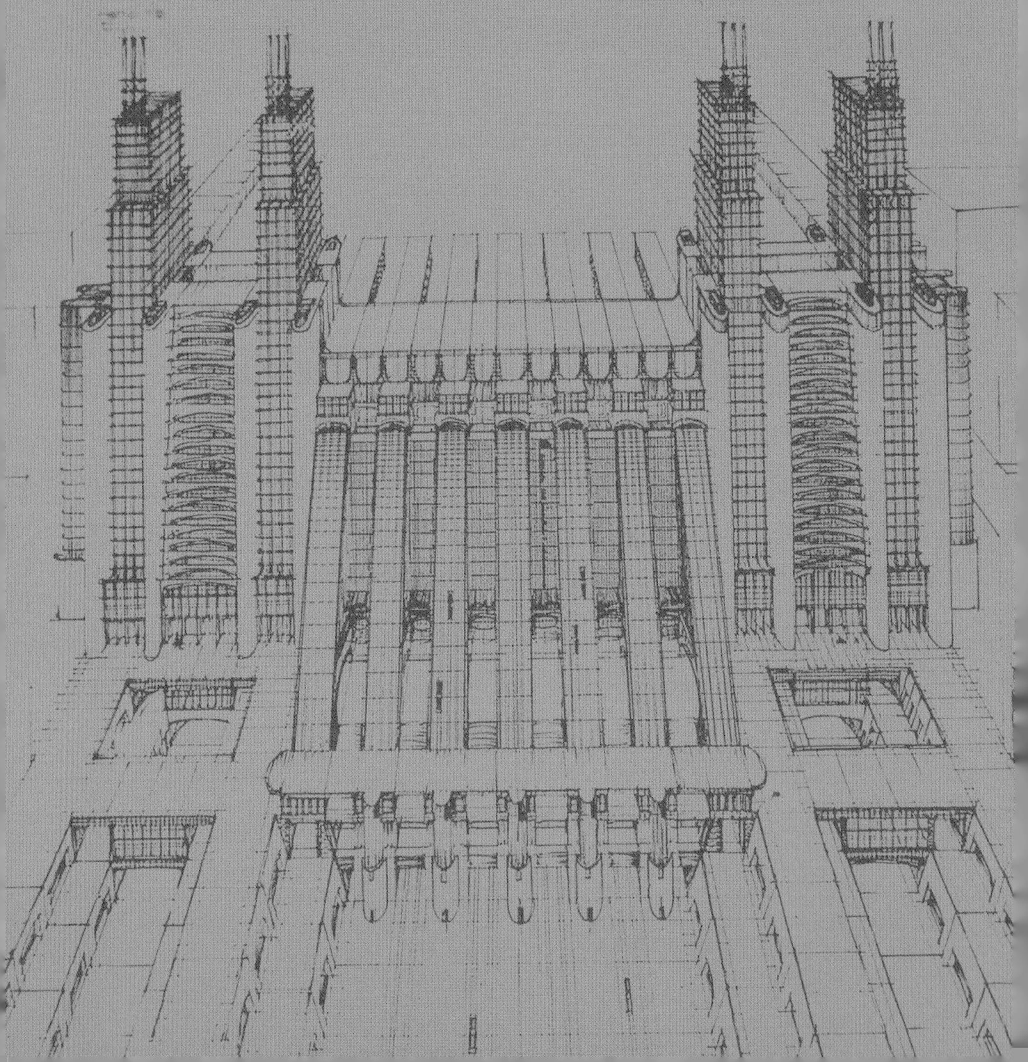

아방가르드, 미래를 향한 질주

예술적 영역을 벗어나지 못한 표현주의와 달리, 미래주의는 미학적 급진성에 정치적 과격함을 결합한 본격적인 아방가르드 운동이었다. 미래주의 선언이 발표된 것은 1909년의 일이나, 미래주의가 제 언어를 갖게 된 것은 입체주의의 영향을 흡수한 1911년 이후의 일이었다. 이렇게 양식보다 강령이 앞선 데서 미래주의자들의 성급함을 엿볼 수 있다. 이탈리아 사회의 후진성에서 비롯된 이 조급함은 미래주의자들을 맹목적인 기술 숭배자로 만들었다. 미래주의는 제 이상을 실현하기 위해 파시즘에 적극적으로 협력하나, 파시스트 정권은 대중의 선동을 위해 외려 고전고대의 양식으로 돌아감으로써 미래주의자들의 이상을 배신하게 된다.

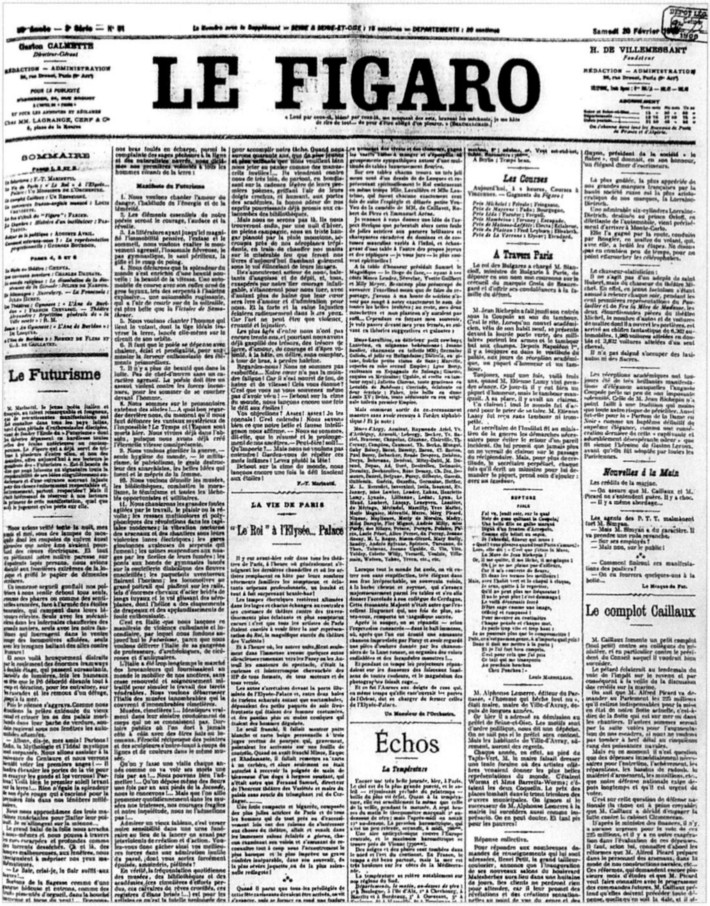

LE FIGARO

Samedi 20 Février 1909

Gaston CALMETTE
Directeur-Gérant

H. DE VILLEMESSANT
Fondateur

SOMMAIRE

Le Futurisme

Manifeste du Futurisme

LA VIE DE PARIS

"Le Roi" à l'Elysée-Palace

Les Courses

A Travers Paris

Échos

La Température

Nouvelles à la Main

Le complot Caillaux

1
〈미래주의 창립 선언〉이 실린 1909년 2월 20일자 《르피가로》 1면

1909년 2월 20일 파리의 〈르피가로〉 지의 1면에는 요란한 선언문[1]이 실린다. 유럽에 '아방가르드'의 이념을 만들어낸[1] 미래주의(Futurism) 운동의 출범을 알리는 선언이었다. 마리네티(Filippo Tommaso Emilio Marinetti, 1876~1944)는 원래 상징주의 계열의 시인이었다. 일찍이 자동차 경주에 매료되어 '속력이라는 초자연적 힘'을 찬미했던 그이지만, 그때만 해도 그의 작품에는 여전히 우주적 범신론이 흐르고 있었다. 사울이 말에서 떨어져 바울로 거듭나듯이, 이 자연의 생명주의자를 역동성과 동시성과 속력의 '신흥종교'로 개종시킨 것은 자동차 전복 사고였다. 선언문은 계시의 순간을 이렇게 전한다. "전복된 차에서 빠져나왔을 때, 나는 하얗게 달구어진 쇠가 심장을 스치고 지나가는 것을 느꼈다."[2]

속력의 신흥종교

'미래주의'라는 이름은 마리네티 자신이 선택한 것이다. 그는 '역동주의', '전기주의', '미래주의' 사이에서 망설이다가 결국 그 이름을 택했다고 한다. 미래주의자들은 미래야말로 "현실에서 유일하게 진정한 차원"이며, 생성 중인 운동이 "절대적 진리의 터전"이라 믿었다. 그들은 전통과 아방가르드의 최전선에 미래주의를 배치하고, 테러리스트를 방불케 하는 과격한 어조로 역사적 연속을 파괴하고 역사적 기억을 지우려 했다.

그들을 오게 하라, 손가락에 숯 검댕이 묻은 즐거운 방화자들을! 그들이

왔다! 그들이 왔다! 도서관 서고에 불을 질러라! 운하의 물길을 박물관으로 돌려 홍수를 일으켜라! 오, 오래된 영광의 캔버스들이 탈색되고 찢어진 채 물 위에 둥둥 떠다니는 것을 보는 즐거움이여! 손도끼를 들어라, 그대의 손도끼와 망치를, 그리고 부숴라. 고색창연한 도시들을 부숴라. 무자비하게![3]

미래의 맹목적 숭배와 전통의 과격한 부정. 이 조급성에는 배경이 있다. 세기 초 이탈리아는 국가 발전이 매우 뒤처진 상태였다. 마르코니의 무선통신을 제외하면, 유럽의 산업화에 이탈리아가 기여한 부분은 거의 없었다. 반면, 그곳에서 과거의 전통은 과도하게 웅장했다. 로마제국과 르네상스의 위대한 전통이 이탈리아의 것이었기 때문이다.[4] 미래주의자들은 이 전통을 '영광'이 아니라 차라리 '부담'으로 느꼈다. "우리는 16세기 이래로 고대 로마인들의 영광을 끊임없이 우려먹어 온 예술가들의 비열한 게으름에 신물이 난다." 이런 상황에서 미래주의자들은 새로운 철학적 토대 위에서 이탈리아 사회를 근본적으로 재구성할 필요성을 느꼈다.

그들은 국가의 재구성에 필요한 새로운 철학을 니체에게서 찾았다. '신이 사라진 세상에서 신을 대신할 지도자', 그것이 미래주의자들의 자의식이었다. "순간마다 영원을 아로새기면서 항상 앞서 있으려는 일촉즉발의 긴장 상태"[5], 이것이 니체가 설파한 초인주의의 본질이라고 한다면, 결국 그들은 니체가 말한 '초인'을 자기 자신 안에서 찾은 셈이다. 그들의 목표는 현대화를 담당할 새로운 초인들의 세대를 창조하는 데 있었다. 그들이 전쟁마저 유미화한 것 역시 니체와 관련이 있을 것이다. 니체는 "세상과 인간의 실존은 미적 현상으로서만 정당화된다." 고 말했다. 물론 당시의 다른 화가들처럼 그들 역시 니체를 제대로 이해한 것은 아니었다.

미래주의 화가 선언

야수주의나 입체주의가 이론과 실천의 상호작용을 통해 서서히 양식을 만들어 나갔다면, 미래주의는 양식보다 이념을 먼저 내세웠다. 〈미래주의 선언〉 이후 마리네티는 이탈리아 여러 도시에서 저녁 난장(soirée)[2]을 개최하여 미래주의 선전 선동을 벌였다. 이때만 해도 미래주의는 아직 시인들의 운동이었다. 1910년 2월, 밀라노의 난장을 찾은 보초니(Umberto Boccioni, 1882~1916)는 마리네티의 방법론에 깊은 인상을 받고 거기서 자기가 "그림으로 해야 할 일"을 본다. 같은 해 3월 18일, 보초니는 카라(Carlo Carrà, 1881~1966), 루솔로(Luigi Russolo, 1885~1947)와 함께 토리노의 한 극장에서 〈미래주의 화가 선언〉을 발표한다. "우리가 내뱉는 저항의 외침은 우리의 이상과 미래주의 시인들의 이상을 서로 제휴하는 것이다."[6]

이 선언은 미래주의 선언의 회화적 대응물을 제시하겠다는 의지만 보여줄 뿐 아직 양식에 관해서는 언급하지 않고 있다. 그로부터 한 달 후 이들은 "회화의 혁신에 관한 강령의 기술적 상세화"로서 〈미래주의 회화: 기술 선언〉을 발표한다. 여기에는 세 사람 외에 발라(Giacomo Balla, 1871~1958), 세베리니(Gino Severini, 1883~1966)가 새로이 참여한다. 이 선언의 바탕에는 세계를 흐름, 변화, 감각으로 파악하려 한 베르그송의 철학이 깔려 있었다.

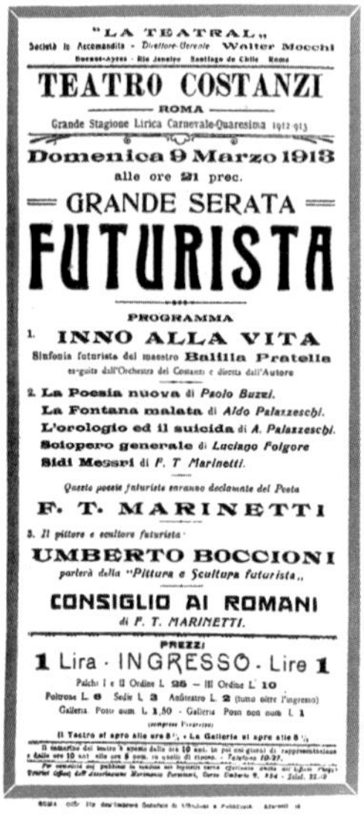

2
난장 개최

우리가 캔버스 위에 그리려는 제스처는 더 이상 우주적 역동성 속의 고정된 순간이 아니다. 그것은 그냥 역동적 감각 그 자체가 될 것이다. 모든 사물은 움직인다. 달리며 빠르게 변화한다. 물체의 윤곽은 눈앞에서 절대로 가만히 있지 않는다. 망막 위에 남은 이미지의 관성 때문에 움직이는 물체들은 끊임없이 스스로 증식된다. 그 형태는 미친 듯한 속도로 빠른 진동처럼 변화한다. 그러므로 달리는 말의 다리는 네 개가 아니라 스무 개이며, 그것들의 움직임은 삼각형을 이룬다.7

발라의 〈가죽 끈에 끌려가는 강아지의 역동성〉[3]은 잔상('관성') 때문에 물체가 중첩('증식')되어 보이는 이미지를 보여준다. (움직임을 묘사하기 위해 신체 부위를 중첩시키는 만화의 기법은 여기서 유래한다.) 〈기술 선언〉에는 물질성을 해체하는 또 다른 요소가 언급된다. 바로 빛이다. "운동과 빛이 물체의 물질성을 파괴한다." 발라의 〈가로등〉[4]은 빛 속에서 물질성이 해체되는 모습을 보여준다. 이 작품은 아마도 마리네티의 시 〈달빛을 죽이자〉에서 영감을 얻었을 것이다. 그 시에서 마리네티는

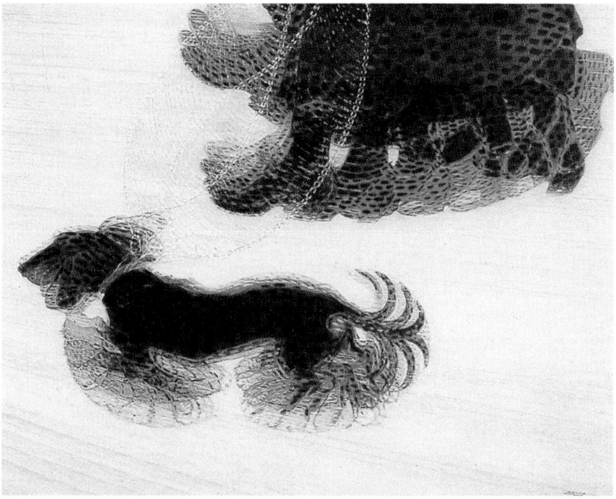

3
〈가죽 끈에 끌려가는 강아지의 역동성〉
자코모 발라, 1912년

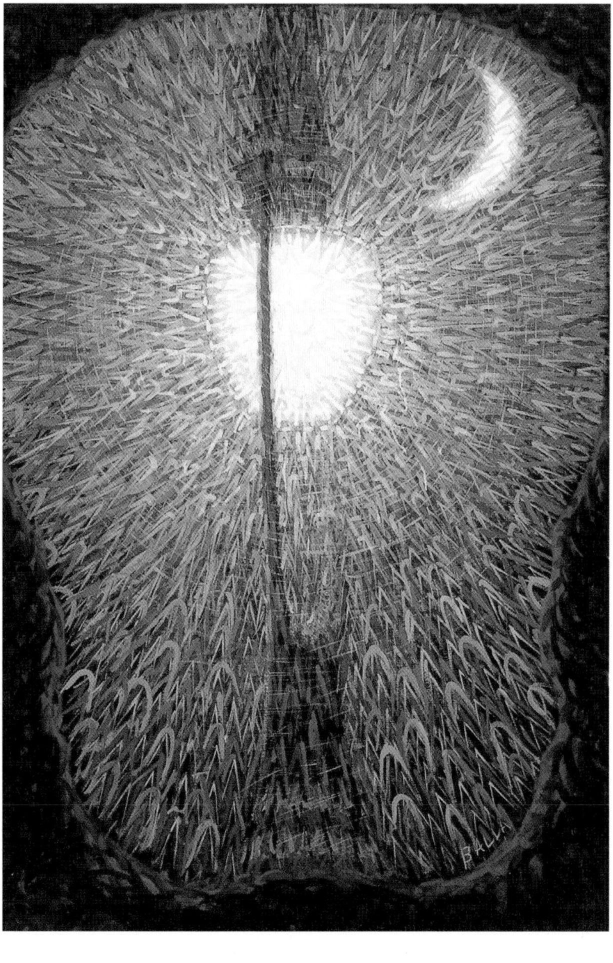

4
〈가로등〉
자코모 발라, 1909년

전기를 달의 여성성에 대립되는 남성성의 상징으로 제시한 바 있다. 여기서 발라는 색채를 분할하는 신인상주의 기법을 미래주의적 용도로 사용하고 있다. 모더니즘을 늦게 수용한 바람에 미래주의자들은 분할주의를 회화의 첨단으로 보았던 모양이다.

> 결론적으로, 오늘날 회화는 분할주의 없이는 존재할 수 없다. …… 현대의 화가에게 분할주의는 선천적 보색성(innate complementariness)이고, 우리는 그것이 본질적이며 필수적이라고 선언한다.[8]

1911년 4월에 밀라노에서 열린 최초의 미래주의 전시회는 이 과도기의 특성을 그대로 보여준다. 가령 보초니의 〈일어나는 도시〉[5]의 경우, 주제는 단호하게 미래주의적이나 형식은 여전히 전통적 분할주의에 머물러 있다. 차이가 있다면, "광학적, 분석적 인상이 아니라 영적, 전체적 체험"의 표현을 위해 보색 대비로 표현성을 강화한 것뿐이다. 특히 〈발코니를 뛰고 있는 소녀〉[6]의 경우, 크로노포토그래피 효과를 도입했음에도 불구하고 화면은 이상할 만큼 고색창연해 보인다. '미래'를 표방하면서 이미 극복된 '전통'을 차용하는 것은 사실 매우 거북한 현상이 아닐 수 없다.

미래주의적 니케

이 모순을 먼저 알아차린 사람은 현대미술의 중심에 체류하던 세베리니였다. 그의 권유로 1911년 보초니와 카라, 루솔로는 파리를 방문

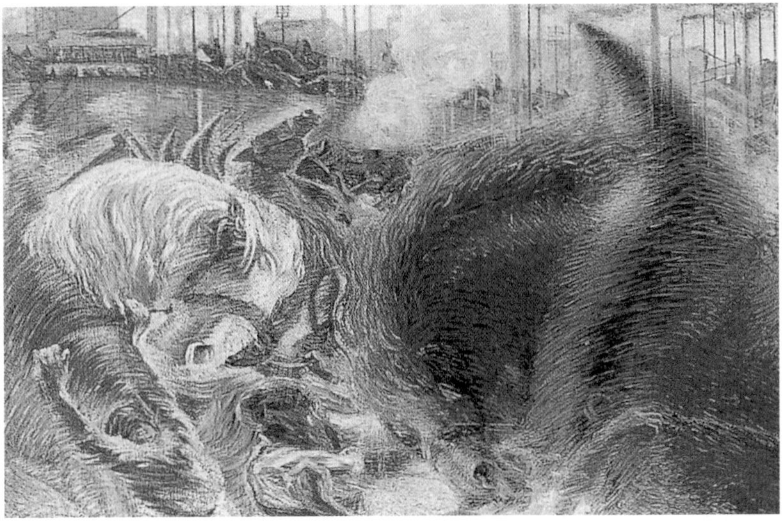

5 〈일어나는 도시〉 움베르토 보초니, 1910년

6 〈발코니를 뛰고 있는 소녀〉 움베르토 보초니, 1912년

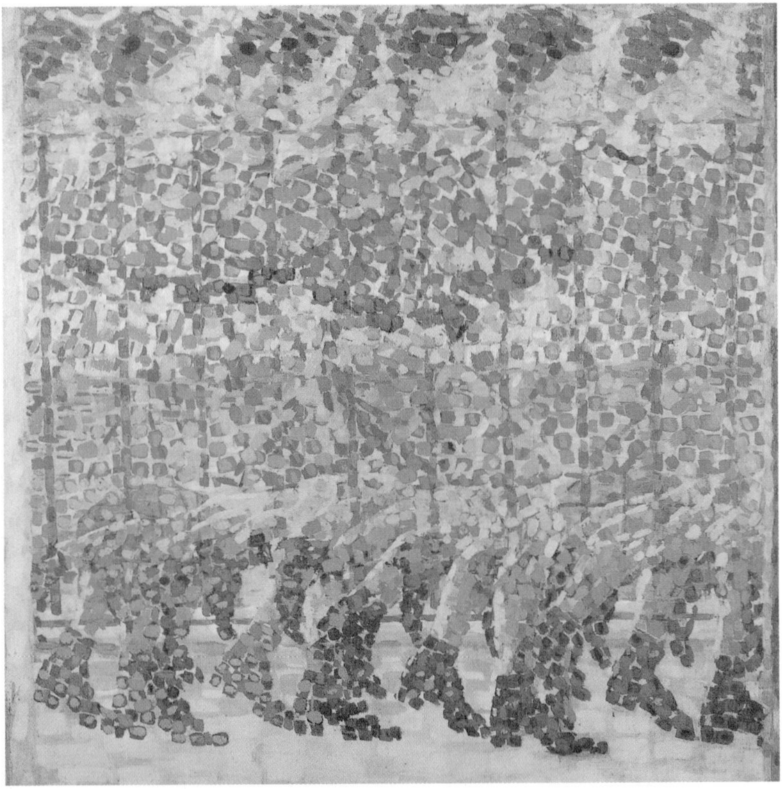

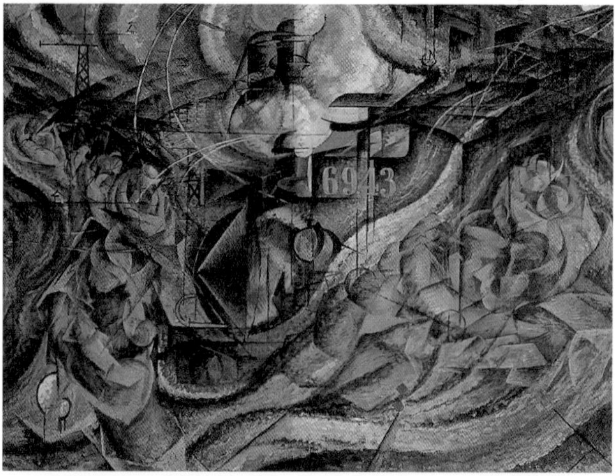

7-1
〈마음의 상태 Ⅰ–이별〉
움베르토 보초니, 1911년

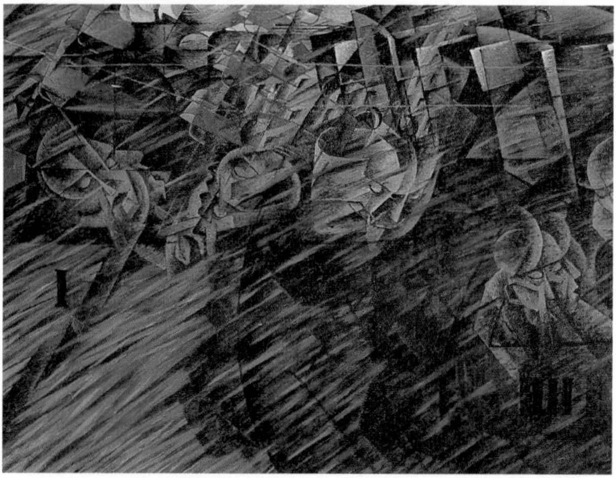

7-2
〈마음의 상태 Ⅱ–떠나는 사람들〉
움베르토 보초니, 1911년

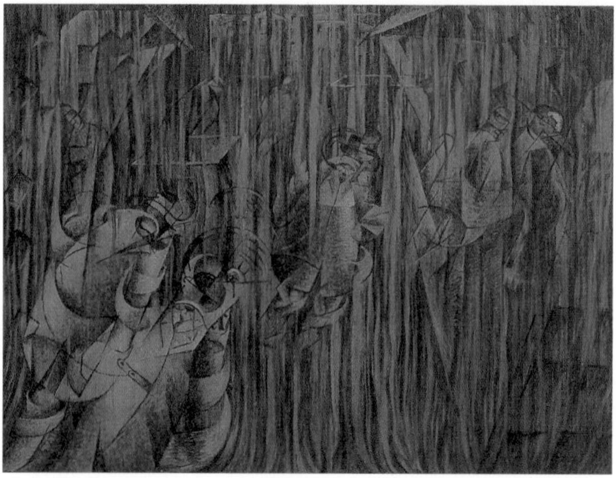

7-3
〈마음의 상태 Ⅲ–머무는 사람들〉
움베르토 보초니, 1911년

한다. 세베리니의 주선으로 만난 피카소의 아틀리에에서 그들은 당시의 가장 혁신적인 언어를 접한다. 파리에서 분석적 입체주의의 세례를 받고 돌아온 이들은 이제 미래주의 고유의 언어를 발전시키기 시작한다. 미래주의 양식의 확립에 주도적 역할을 한 이는 역시 보초니였다. 〈마음의 상태〉[7-1, 7-2, 7-3] 연작은 역에 도착한 기차, 떠나는 이들과 머무는 이들을 묘사한 세 점으로 이루어져 있다. 입체주의의 해체적 측면과 기하학적 측면을 역동화함으로써, 보초니는 입체주의를 뚜렷한 미래주의 양식으로 개조해내는 데 성공한다.

1912년에는 파리에서 이미 미래주의 회화전이 열린다. 미래주의자들의 작업은 피카소와 브라크의 미래주의가 분석적 단계에서 종합적 단계로 발전하는 데 영향을 끼쳤을 것으로 추정된다. 미래주의가 입체주의를 확실히 넘어선 것은 아마 조각의 영역에서였을 것이다. 회화에서 미래주의 양식을 확립한 후 보초니는 1912년에 〈미래주의 조각의 기법 선언〉을 발표한다. 여기서 보초니는 전통적 관념에 사로잡힌 기존의 조각이 "권태와 구토"의 대상이 되었다며, 형태와 환경의 경계를 무너뜨리는 "환경의 조각"을 주장한다. "종결된 선과 완결된 조상의 포기를 선언하자. 형상을 창문처럼 개방하여 그것이 들어 있는 환경을 그 안에 집어넣어 버리자."[9]

〈공간 속에서 연속성의 특수한 형태〉[8]는 우리에게 "포탄처럼 질주하는 자동차가 〈사모트라케의 니케〉보다 아름답다."는 미래주의 선언의 구절을 연상시킨다. 이 고전적 니케의 미래주의적 대체물은, "형상의 (미적) 가치가 아니라 형태를 결정하는 평면과 부피의 추상적 재구축"이라는 조각의 새로운 관념을 보여준다. 신체가 움직일 때 주변의 공기

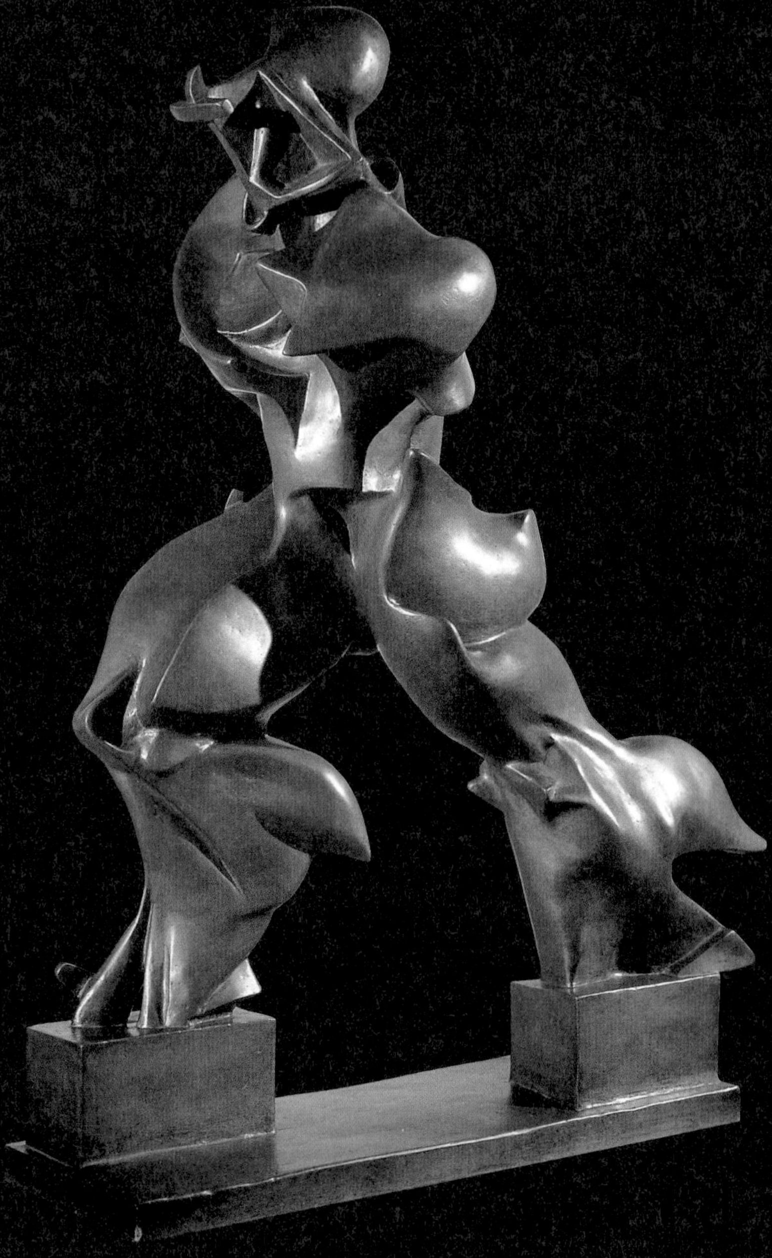

〈공간 속에서 연속성의 특수한 형태〉 움베르토 보초니, 1913년

도 함께 움직이고, 주위 에너지의 장(場)도 함께 변화한다. 보초니의 조각에서 안과 밖은 구별되지 않는다. 형상의 안은 밖으로 확산되고, 밖은 안으로 접혀 들어간다. "가시적 세계 전체가 우리에게 몰려들어 우리와 뒤섞여 조화를 만들어낸다고 선언하자. 이 조화를 지배하는 것은 창조적 직관뿐이다."[10]

'창조적 직관'이라는 말에서 짐작할 수 있듯이, 이 관념의 바탕에는 니체와 더불어 미래주의에 영감을 준 베르그송의 철학이 깔려 있다. 베르그송은 '상대적' 지식, 즉 가시적 현상에 관한 과학적 인식과 '절대적' 지식, 즉 자연의 본질을 꿰뚫는 내적 직관을 구별한다. 이 '직관'에 의거하여, 보초니는 물체의 운동감('상대적 운동')을 넘어 물체의 생명력('절대적 운동')까지를 포착하려 했다. "절대적 운동과 상대적 운동, 한데 합쳐져서 환경과 전체의 모습을 형성하는 오브제, 즉 환경+오브제 사이의 끝없는 상대성의 표명 속에서 해석되는 서정적 형식 개념", 이것이 그의 목표였다. 그 즈음 세베리니에게 보낸 편지에서 그는 이렇게 토로한다.

> 조각과 씨름하고 있다네. 작업하고, 또 하고, 또 하지만, 무엇을 만들고 있는지 모른다네. 그것은 내부적인 것인가, 외부적인 것인가? 그것은 감정인가, 황홀경인가? 단지 뇌일 뿐인가, 분석인가, 종합인가? 도대체 그것이 무엇인지 나는 모르겠어! 형태 위의 형태 …… 혼돈.[11]

공감각의 총체 예술

보초니가 '미래주의 조각'을 선언한 1912년 이후 다른 분야에서도 선언들이 쏟아져 나오기 시작한다. 1912년 사진사 브라갈리아는 〈미래주의적 사진역동주의〉12라는 이름의 선언을 발표한다. 여기서 그는 인상주의가 색채를 분할한 것처럼, 사진 역시 행동의 분할주의를 실천해야 한다고 주장했다. 방법은 장시간 노출과 같은 기법을 이용하여 사진

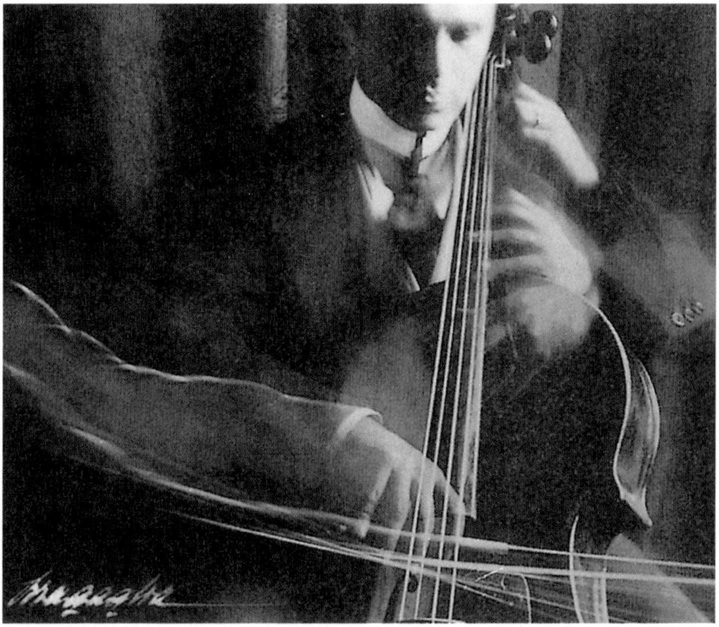

9
〈첼리스트〉 안토니오 브라갈리아, 1913년

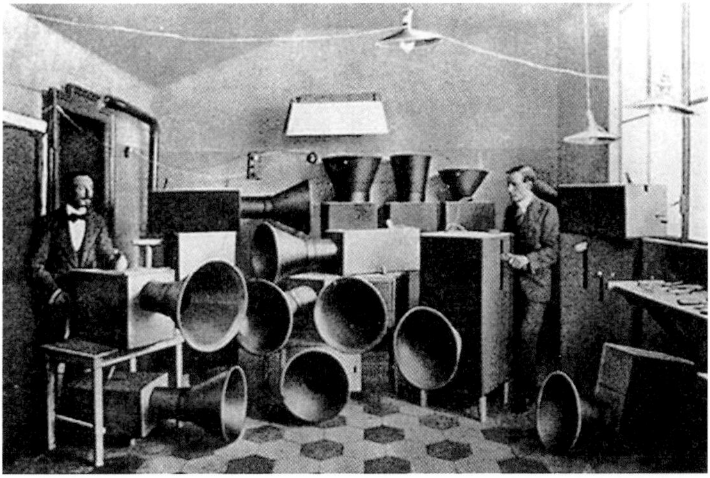

10
루이지 루솔로가 조수와 함께 소음기계를 작동시키고 있다. 1913년

에 행동의 궤적(trajectory)[9]을 담아내는 것이었다. 그에게 운동의 궤적은 "우리의 감각을 매혹시키는 행동의 종합"이자, "아찔한 삶의 서정적 표현"이자, 동시에 "끊임없는 우주의 진동에 따르는 장엄한 역동적 표현을 생생히 환기시켜주는 것"이었다. 심지어 그는 사진에 냄새를 담을 가능성까지 실험했다.

같은 해에 프라텔라는 〈미래주의 음악가 선언〉13을 발표하고, 이듬해에 루솔로는 〈소음의 예술〉을 선언한다. "눈보다 더 깨어 있는 귀를 열고 현대의 도시를 돌아다녀 보라. 그러면 금속 파이프 속의 물과 공기와 가스의 소용돌이, 밸브 여닫는 소리, 피스톤의 왕복운동, 기계톱이 윙윙대는 소리, 선로 위 전차의 덜컹거림……을 구별해내는 기쁨을 즐길 것이다."14 우리가 즐기게 될 이 소음들의 "정신적 오케스트레이션" 속에는 마리네티가 전선의 참호 속에서 들었다는 "현대 전쟁의 소음"도 포함된다. 루솔로는 파열음, 분쇄음, 마찰음 등 여섯 가지 종류의 소음을 내는 기계들을 제작하여 유럽 전역에 순회공연을 다니기도 했다.[10]

같은 해에 카라는 〈음향, 소음, 냄새의 회화〉라는 선언을 발표하여, 소음과 냄새를 포괄하는 '총체 회화(total painting)'의 이념을 제시한다.

> (1) 침묵은 정태적이고 음향, 소음, 냄새는 역동적이다. (2) 음향, 소음, 냄새는 진동의 상이한 형태와 강도와 다르지 않다. (3) 음향, 소음, 냄새의 그 어떤 연쇄도 우리 정신에 형태와 색채의 아라베스크를 새긴다. 우리는 이 강도를 측정하고, 그 아라베스크를 지각해야 한다.15

이 공감각 회화를 만드는 데는 "빨강, 가장 빠르르알간 소르르리치는 빠르르르르알강, 비명을 지르르르르는 푸르르은 색, 가장 폭력적인 노랑" 등 요란한 색채와, "예각의 충돌", "뒤집힌 깔때기 형태(폭발의 자연적 형태)", "꼭짓점에서 충돌하는 두 개의 깔때기", "지그재그와 파형선"과 같은 현란한 형태가 사용된다. 공감각을 일으키는 이 회화적 바그너리즘의 예로 카라는 자신의 〈무정부주의자 갈리의 장례식〉[11]을 든다. 이 작품은 1904년 총파업 당시 살해당한 노조 지도자의 장례식에서 벌어진 경찰과 시위대의 충돌을 묘사한 것이다.

아방가르드의 정치적 유토피아와 관련하여 주목할 것은, 아마도 1914년에 발표된 산텔리아(Antonio Sant'Elia, 1888~1916)의 〈미래주의 건축 선언〉일 것이다. "미래주의적 도시 …… 그것은 거대하고 격동적

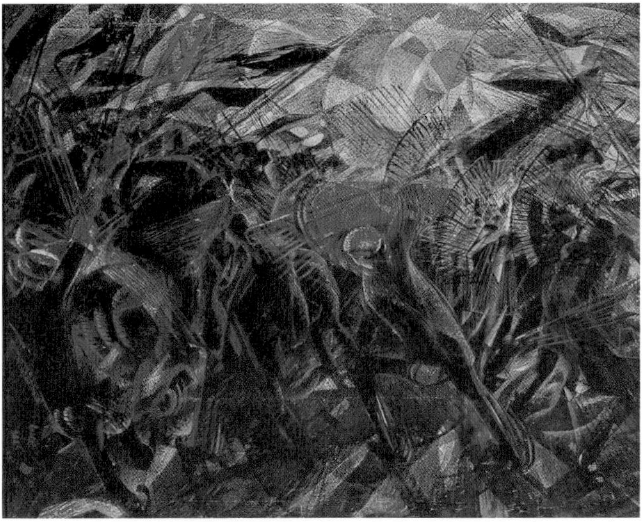

11 〈무정부주의자 갈리의 장례식〉 카를로 카라, 1911년

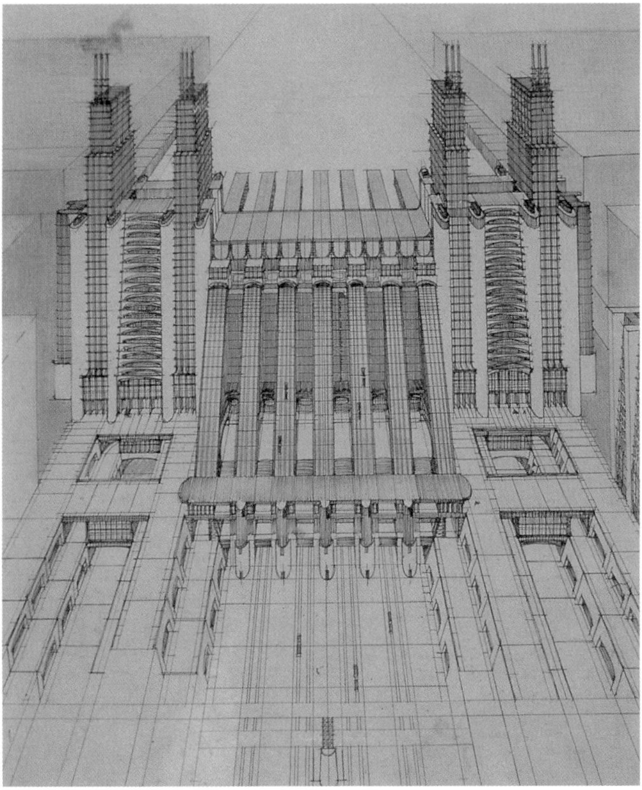

12 〈세 층의 도로 위에 엘리베이터와 케이블카가 설치된 공항과 기차역〉 안토니오 산텔리아, 1914년

이고 생동적이고 고상하며 모든 부분에서 역동적인 작업장 같아야 한다. 또 미래주의적 건물은 거대한 기계와 같아야 한다."16 미래주의자들은 엘리베이터와 에스컬레이터로 움직이는 이 미래 도시의 영감을 유럽이 아닌 미국에서 찾았다. 하지만 미국의 도시 건축이 자유주의적이라면, 산텔리아의 미래주의 도시[12]('밀라노, 2000')는 전체적 구조 속에서 인간의 삶을 통제하고 조화시키려 한다. 그 점에서 산텔리아의 상상력은 "파시스트 군중 사회라는 독재주의적 환상을 예고하고 있다."17

전쟁, 인류의 유일한 위생학

미래주의자들은 사회를 통합하고 국가에 활력을 줄 수 있다면 전쟁까지도 긍정할 준비가 되어 있었다. 심지어 마리네티는 전쟁을 "인류의 유일한 위생학"이라고 불렀다. 후에 그는 파시즘의 열렬한 후원자가 되지만, 무솔리니처럼 그 역시 한때는 사회주의와 무정부주의 집회에서 폭력을 선동하기도 했다. 그의 정신은 좌익이나 우익의 어느 쪽에 속한다기보다는 폭력 자체가 진보라고 믿는 소렐주의에 가까웠다. 소렐주의 폭력은 우익의 신화적 폭력으로도, 좌익의 신학적 폭력으로도 나아갈 수 있었다. 마리네티에게 중요한 것은 폭력으로 부르주아 공론장을 파괴하는 것이지, 그 대안이 '프롤레타리아 공론장이냐, 파시스트 공론장이냐'는 부차적 문제였다.

전쟁이 임박하자, 마리네티는 이탈리아가 중립을 깨고 전쟁에 참여해야 한다고 주장했다. 카라 역시 전쟁 개입을 주장하는 의미에서 〈개입주의자 선언〉[13]을 발표한다. 이 작품은 항공기에서 뿌려지는 전단에

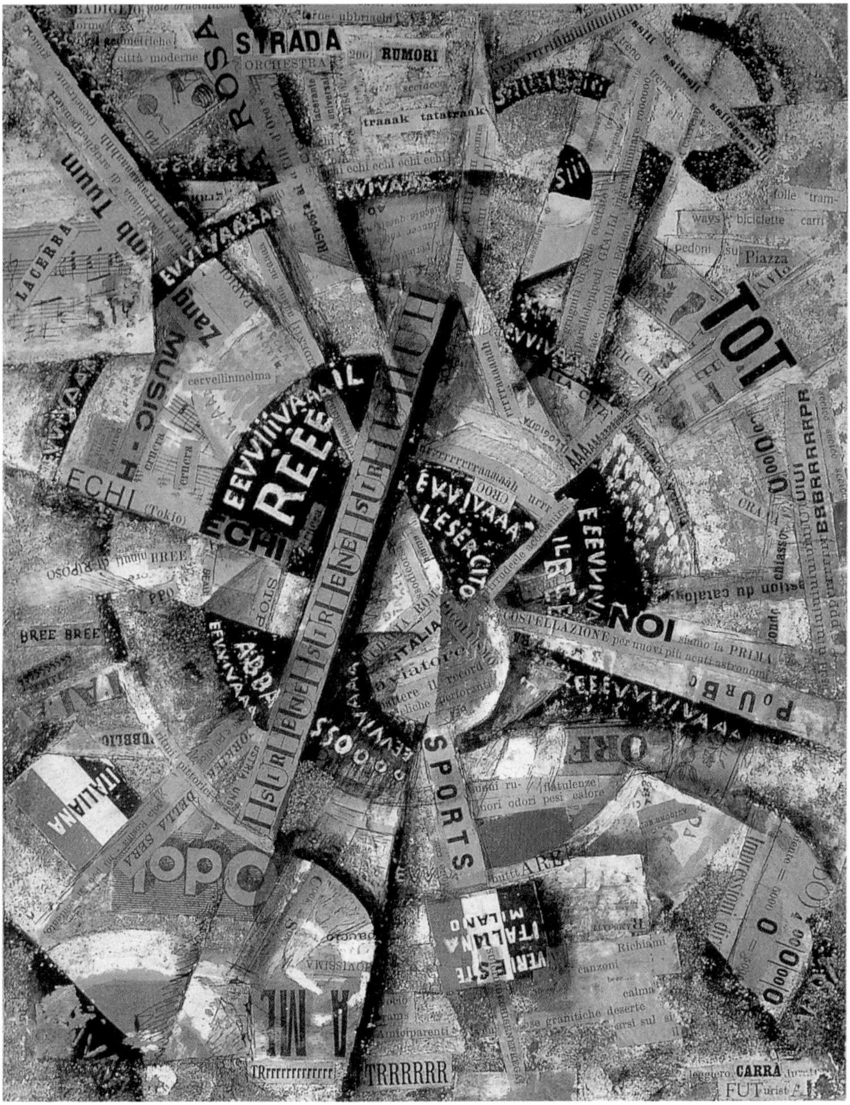

13

〈개입주의자 선언문〉 카를로 카라, 1914년

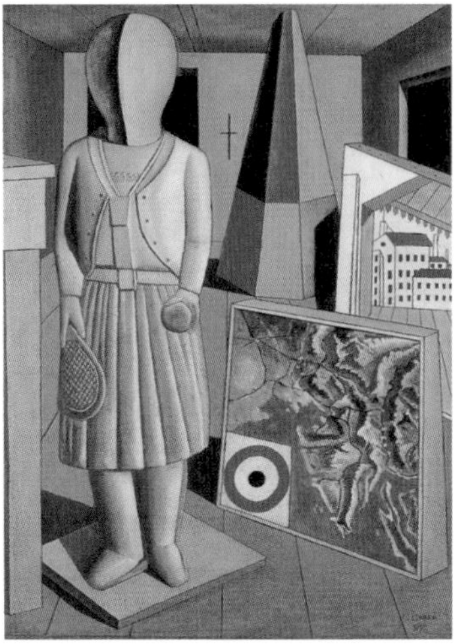

14
〈형이상학적 뮤즈〉 카를로 카라, 1917년

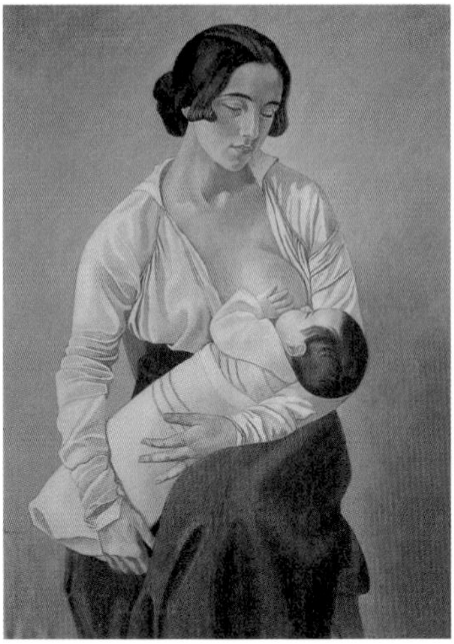

15
〈모성애〉 지노 세베리니, 1916년

서 영감을 얻은 것으로, 국가를 찬양하고 전쟁을 선동하는 요란한 구호들이 회전하는 프로펠러 모양으로 배열된 일종의 소음의 회화다. 여기서 '콜라주'라는 아방가르드의 기법은 대중 선동의 매체로 활용됐다. 훗날 베를린의 다다이스트들 역시 여기에 자극을 받아 포토몽타주를 거꾸로 반전(反戰)과 혁명의 매체로 활용하게 된다. "파시즘이 행하는 '정치의 유미화'에 공산주의는 '예술의 정치화'로 맞선다."는 벤야민의 유명한 명제는 이와 관련이 있다.

전쟁이 발발하자 미래주의 화가들은 대거 자원입대한다. 하지만 그들이 고대하던 전쟁은 외려 미래주의의 종언을 앞당겼다. 특히 혁신을 주도하던 보초니가 전사한 것은 결정적 타격이었다. 전장에서 정신병을 얻은 카라는 키리코를 만난 후 미래주의를 버리고 '형이상학적 회화'[14]로 전향한다. 더 극적인 것은 세베리니의 변신[15]이다. "질서로 회귀"하는 분위기 속에서 그는 아예 이탈리아 르네상스의 고전적 양식으로 돌아가, 안티 모더니즘의 극적인 실례가 된다. 산텔리아 역시 전사한다. 하지만 그의 죽음 못지않게 허무한 것은, 무솔리니 정권이 미래주의 건축을 배신하고 고대 로마의 영광을 재현한 웅장한 신고전주의 양식을 채택한 것이었다.

미래주의 그 이후

전쟁을 통해 주요한 멤버들을 잃었음에도 불구하고, 마리네티는 이른바 '제2미래주의' 운동을 시작한다. 발라가 자연스레 주도적 역할을 맡고, 데페로와 프람폴리니가 새로 가담하여 입체적 형태를 도입한 장식적 추상, 생활의 모든 분야를 포괄하는 총제적 미래주의 환경 등 다양한 프로젝트를 발전시킨다. 데페로와 더불어 미래주의는 키네틱 단계에 이르기도 한다. 1929년 마리네티는 또다시 〈항공회화 선언〉을 발표하는 등 활동을 계속한다. 하지만 미래주의 운동은 전쟁 전에 도달했던 정점에는 다시 오를 수 없었다. 게다가 무솔리니 정권에 협력한 마리네티는 1929년 이탈리아 예술원 회원에 피선됨으로써 '아방가르드'의 이념마저 저버리게 된다.

《1900년대 이후의 미술사》에 따르면, 미래주의에는 크게 세 가지 특성이 있다. 첫째는 오감들 사이의 경계를 지우는 공감각(syn-aesthesia)과 정지와 운동의 경계를 무너뜨리는 동감각(kin-aesthesia)이다. 둘째

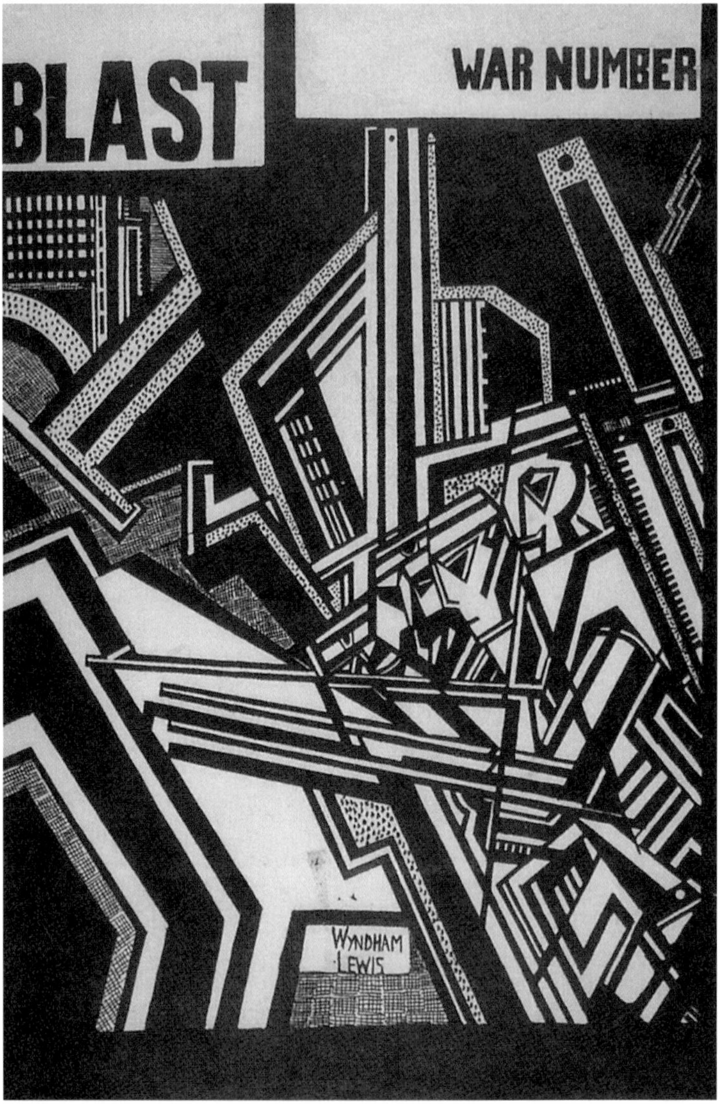

16
잡지 〈블래스트〉의 표지, 윈덤 퍼시 루이스, 1916년

는 기술적으로 변화된 지각의 표현, 즉 사진이나 영화와 같은 지각의 테크놀로지와 전통적 회화 사이의 유사성을 추구하는 것이다. 셋째는 전통의 거부와 부르주아 유산의 공격, 그리고 기술과 예술의 통합이다. 저자들은 미래주의가 "테크놀로지 영역을 순수하게 모방하려고 했을 뿐 산업 생산의 반복적 형식을 채택하는 식으로 구조적 관계에 접근하지는 못했"으며, "아방가르드의 감수성과 대중문화를 융합하려는 자가당착의 시도"를 했다고 비판한다.[18]

이런 한계에도 불구하고 이탈리아의 미래주의가 남긴 영향은 지대했다. 러시아의 미래주의와 영국의 소용돌이파(vorticism)[16]에 결정적 영향을 끼쳤고, 독일의 표현주의에 부분적인 영향을 끼쳤다. 또한 입체주의가 모노크롬에서 색채 단계로 진입하는 데도 자극을 주었을 것이다. 미래주의는 특히 다다이즘의 형성에 결정적 역할을 했다. 미래주의 특유의 "조절된 흥분 상태와 계산된 과장의 결합"은 "아방가르드 운동의 도전 태세를 보여주는 수사학적 근간"이었다.[19] 요란한 미래주의 밤 연회는 다다 퍼포먼스의 원형이며, 콜라주를 이용한 미래주의의 대중 선동은 베를린 다다의 포토몽타주 프로젝트에 영감을 주었다.

7 다다이즘

부조리와 무의미의 예술

다다이즘은 세계대전의 충격을 견디기 위한 예술가들의 심리적 방어기제였다고 할 수 있다. 그 어떤 아방가르드 운동도 다다만큼 급진적이지는 못했다. 부르주아 예술에 대한 다다의 비판은 '미적 허무주의'에 근접했고, 부르주아 정치에 대한 다다의 공격은 무정부주의적 저항에 가까웠다. 하지만 과도한 급진성은 비판의 초점을 잃고 실천적으로는 보수성으로 이어지게 마련이다. 그리하여 그 요란한 저항의 수사에도 불구하고, 다다이즘의 비판은, 공산주의 운동과 연대했던 베를린 다다를 제외하면, 대부분 예술의 영역을 크게 벗어나지 못했다. 다다의 급진성은 외려 예술을 더 이상 예술이 아닌 지점까지 밀고 나간 철저함에서 찾아야 할 것이다.

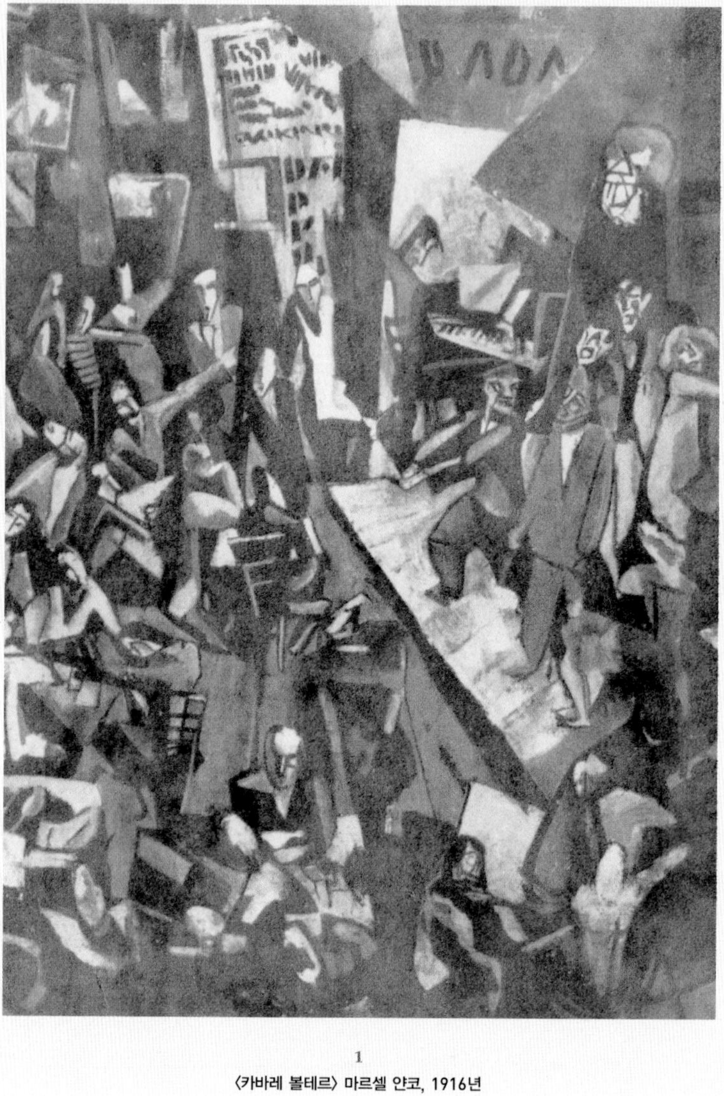

1
〈카바레 볼테르〉 마르셀 얀코, 1916년

전쟁은 예술가들에게 큰 충격을 주었다. 기성세대는 후방에서 애국적 수사(修辭)를 늘어놓으면 그만이었지만, 젊은 세대는 직접 군인이 되어 공포와 충격을 몸으로 겪어야 했다. 프란츠 마르크, 안토니오 산텔리아, 아폴리네르 등 수많은 시인과 예술가들이 그 전쟁에서 목숨을 잃었다. 실제로 체험한 전쟁의 참상과 국가에서 외치는 구호 사이에는 당연히 현격한 차이가 있었다. 이 괴리 속에서 젊은이들은 기성세대의 뻔뻔한 허위와 기만을 보았다. 기성의 모든 것을 불신하게 된 젊은이들은 당연히 예술에서도 모든 형식적 권위, 모든 전통적 양식을 증오하게 되었다.

전쟁이 한창이던 시절에 후고 발(Hugo Ball, 1886~1927)과 트리스탄 차라(Tristan Tzara, 1896~1960), 장 아르프(Jean Arp, 1887~1966)를 비롯한 일군의 작가들이 스위스의 취리히로 모여든다. 후에 '다다이스트'라고 불린 이들은 전쟁을 혐오하고, 전쟁을 부추긴 민족주의와 식민주의, 부르주아적 이해관계를 증오했다. 그들에게 국가는 "모리배 모피상이나 피혁상의 카르텔에 불과하고, 최악의 경우에는 독일인들과 같이 배낭에 괴테의 책을 넣고 행진하다 러시아인이나 프랑스인을 보면 총검으로 찔러 죽이는 문화적 연합체"에 불과했다. 또한 그들에게 그런 "국가의 이념을 위해 총알에 관통되는 것도 불사하는 용기"란 무의미한 것이었다.1

그들은 밤마다 '카바레 볼테르'라는 곳에서 광란에 가까운 도발적 퍼포먼스로 부르주아 문화와 전통에 조롱과 경멸을 보냈다.[1] 그들이 난장을 벌이고 있던 그 시간에, '카바레 볼테르'의 맞은편에서는 한 사내가 파국에 빠진 세계를 구할 다른 종류의 대안을 기획하고 있었다.

> 우리가 취리히 슈피겔가세 1번지에 카바레 볼테르를 갖고 있었을 때, 그 맞은편, 그러니까 슈피겔가세 6번지에, 내가 틀리지 않는다면, 울랴노프 레닌이 살고 있었다. 그는 매일 저녁 우리의 음악과 소음을 들었음에 틀림없다. 그가 그것들을 즐겼는지, 혹은 거기서 뭔가를 취했는지는 모르겠다. 그리고 우리가 반호프슈트라세에 갤러리를 열었을 때, 그는 혁명을 일으키기 위해 페테르스부르크로 갔다. 표시와 제스처로서 다다이즘은 볼셰비즘의 반대일까?[2]

이 질문은 매우 인상적이다. 다다이즘(Dadaism)과 볼셰비즘은 비록 부르주아 체제를 전복한다는 목표를 공유했지만, 둘은 아나키즘과 코뮤니즘만큼이나 엄청난 간극이 있었다.

국가 속에서 슬픈 이들

국가들의 갈등 속에서 영원한 중립을 선언한 나라에서 다다이스트들은 자신을 구속하던 국가의 굴레에서 벗어날 수 있었다. 다다는 처음부터 독일, 루마니아, 프랑스, 스위스 등 다국적으로 이루어진 집단이었다. 그들의 활동 역시 국제적이어서, 운동은 짧은 시간에 취리히, 베를린, 쾰른, 파리, 뉴욕 등 유럽과 미국의 주요한 도시로 퍼져 나갔다. 다다이스트들이—비록 정치적 의미에서는 아닐지라도—대부분 무정부주의적 성향을 가졌던 것은 자연스러운 일이리라. 1918년의 〈2차 다다 선언〉을 쓴 트리스탄 차라의 이름은 아예 '국가 속에서 슬프다'는 뜻이다.

무정부주의와 다다이즘이 공유한 것은 묵시록적(apocalyptic) 사고.[3]

웹스터 사전은 '묵시록'을 "임박한 우주적 재앙 속에서 신이 악의 지배 세력을 파괴하고 의로운 자들을 메시아의 왕국에서 되살려내는 것"으로 정의한다. 다다는 신을 대신하여 이 묵시론적 파국을 실현하려 했다. 마르셀 얀코(Marcel Janko, 1895~1984)는 이렇게 회상한다. "우리는 우리 문화에 대한 확신을 잃었다. 모든 것이 무너져야 했다. 우리는 백지상태에서 다시 시작하려 했다. 카바레 볼테르에서 우리는 상식, 여론, 교육, 제도, 미술관, 좋은 취향, 한마디로 지배 질서 전체에 충격을 주려 했다."

다다가 파국을 실현하기 위해 사용한 것은 '행동에 의한 선동(propaganda by deed)'이라는 무정부주의 전술이었다. 아나키스트들처럼 다다이스트들 역시 '행동'으로 사회를 충격에 몰아넣으려 했다. "파괴적 행위를 위해 전신 투구의 주먹질로 항의하는 일, 다다." 이는 물론 전쟁을 방관한 정치적, 문화적 순응주의에 가하는 '예술적 테러'였다. 장 아르프는 이렇게 술회한다. "전쟁이라는 도살장에서 뛰쳐나온 우리는 시대의 터무니없는 광기에서 인류를 구할 예술의 본질이 무엇인지 골똘히 생각하게 되었고, 결국 그것이 익명성을 띤 집단적 예술뿐이라는 결론에 도달했다."

트리스탄 차라의 〈1918년 다다 선언〉은, 신이 인류의 죄를 대홍수의 파국으로 씻어냈듯이, 문명의 파국을 통해 다시 순결함에 도달한다는 다다의 묵시론적 신념을 보여준다.

> 모두들 외쳐라, 우리가 완성해야 할 파괴적이며 부정적인 대사업이 있다고! 깨끗이 소제하고 청소하라! 광기, 공격적이며 완벽한 광기의 상태

…… 이 세계의 광적 상태가 있은 다음에야 개인의 결백이 입증되는 것이다.[4]

표현주의와 미래주의

다다의 제스처는 대부분 미래주의에서 온 것이다. 하지만 세계대전을 통해 다다이스트들이 확인한 것은, 기술 합리성으로 인해 사상 최초로 인간의 대량 살상이 가능해졌다는 사실이다. 이처럼 대량 살상의 무기로 변한 이성과 논리에 다다는 부조리와 무의미로 맞섰다. 비록 다다가 미래주의의 급진적 수사학과 파괴적 제스처를 즐겨 차용했지만, 전쟁에 대한 취향은 애초에 다다와 거리가 먼 것이었다. 또한 다다 역시 미래주의 못지않게 과격하게 전통을 거부했지만, 다다에 결여된 것은 미래의 낙관이었다. "기억의 폐기, 다다. 고고학의 폐기, 다다. 예언자의 폐기, 다다. 미래의 폐기, 다다."[5]

과도한 이성주의에 반발한다는 점에서 다다는 표현주의와 통하는 면이 있다. 하지만 다다와 표현주의 사이에는 또한 근본적 차이가 있다. 가령, 표현주의자들이 그저 비합리적 표현력으로 과도한 이성화를 수정하여 인성과 세계의 대통합을 꾀하려 했다면, 다다는 표현주의가 여전히 유지한 인간중심주의와 세계개선주의마저 포기한다.[6] 행동 없이 내면으로 침잠하는 표현주의의 정숙주의도 다다이스트들의 마음에는 들지 않았던 모양이다. "표현주의는 자발적 행동이 아니다. 그것은 도피하려 하고, 현재와 전쟁과 참상을 잊으려는 피곤한 자들의 제스처다."[7]

다다는 차라리 허무주의적이었다. 표현주의가 여전히 합리적 정신에 압살당한 근원적 생명력을 부활시키려는 에토스를 유지했다면, 다다는 현상을 유지하는 데 기여하는 "모든 가치관과 사회적 등식"을 폐기하려 했다. 도래해야 할 파국에서 예술도 예외가 아니었기에, 다다는 '반(反)예술'이 된다. "돈을 벌고 점잖은 부르주아 계급을 만족시키기 위해 예술을 한단 말인가?" 세상의 모든 가치에 보내는 예술의 냉소는 마침내 자기 자신을 향한다. "어떤 예술 작품이나 조형예술도 불필요한 것이다." 다다의 미적 허무주의는 예술의 자기 풍자이자 미학의 자살이었다.

촉각적 충격

'다다'라는 이름을 누가 도입했는지에 대해서는 의견이 엇갈린다. 트리스탄 차라는 자신이 그 이름을 붙였노라고 주장하나, 아마도 작명자는 후고 발이었을 것이다. 1916년의 〈1차 다다 선언〉에서 그는 다다의 유래를 밝힌다. "다다는 사전에서 나왔다. 아주 단순하다. 불어로는 '장난감 목마'를 가리킨다. 독일어로는 '굿바이', '내 등에서 내려', '언젠가 보자'를 의미한다. 루마니아어로는 '그래, 네가 옳아, 바로 그거야, 물론이지, 그래 맞아'라는 뜻이다." 하지만 이 낱말은 그의 말대로 "국제적인 낱말"이 되었다. "그저 한 마디의 말일 뿐인데, 그 낱말은 운동이 되었다."[8]

다다는 입체주의처럼 특정한 회화적 양식에 이르지는 못했다. "예술적 실험의 완전한 자유"를 표방했기에, 그들의 작업은 외려 연극에 가

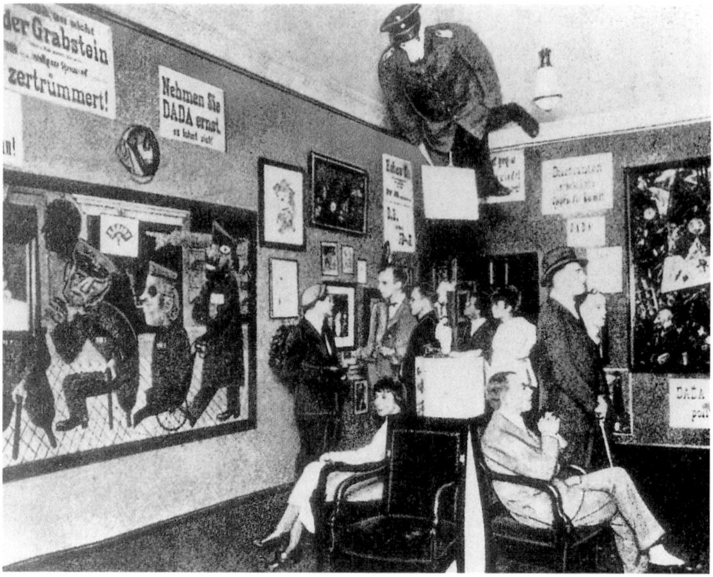

2

1차 다다 페어의 오프닝 사진, 1920년 6월 5일

까웠다.[2] 실제로 그들은 "연극을 가장 탁월한 인간 행위의 하나"로 간주했다.[9] 당시 이들의 퍼포먼스가 벌어지던 카바레 볼테르의 분위기가 어땠는지는 같은 제목을 가진 얀코의 작품을 통해 짐작할 수 있다. 초기부터 이 운동에 참여했던 장 아르프는 훗날 그 시절을 이렇게 회상했다.

> 옆에서 사람들이 소리 지르고, 웃고, 손짓 발짓으로 말한다. 우리는 사랑의 신음, 계속되는 딸꾹질, 시, 소 울음소리, 중세풍의 소음 같은 음악을 연주하는 이들이 내는 고양이 같은 울음 같은 잡음으로 화답한다. 차

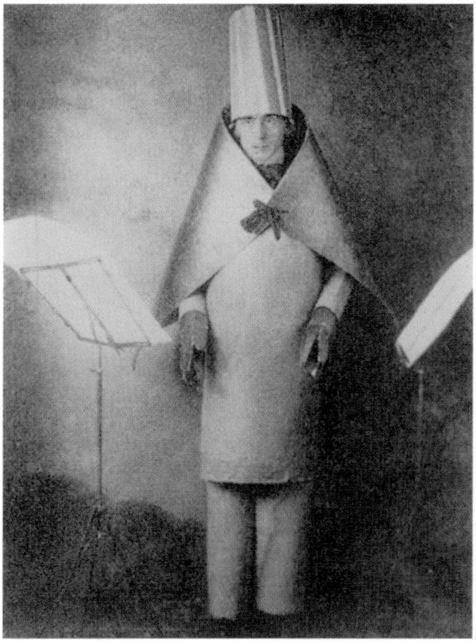

3
후고 발이 카페 '카바레 볼테르'에서 행한 퍼포먼스, 1916년

라는 벨리댄스를 추는 무희처럼 엉덩이를 흔들어대고, 얀코는 바이올린도 없이 바이올린을 연주하는 것처럼 팔을 움직이다가 부수는 연기를 하고 있다. 헤닝스 부인은 마돈나 분장을 하고 다리를 옆으로 벌리는 곡예를 펼쳐 보인다. 휠젠베크는 큰 드럼을 쉬지 않고 두들기고, 발은 그 옆에서 허연 유령처럼 창백한 얼굴로 피아노 위에 앉아 있다. 그래서 우리는 허무주의자라는 명예로운 이름을 얻었다.10

"다다이즘에 이르러 예술은 시각적, 청각적 구성물이기를 그치고 폭

탄이 되었다."11 차라에 따르면, "구성물은 완벽성을 지향하지만, 그 완벽성은 사람을 권태롭게 한다." "예술 작품은 그 자체로서 아름다움이 되어선 안 된다. 아름다움은 죽었기 때문이다." 그 대신에 예술에는 "최고의 단순성(새로움)이라고 할 충격을 부여"해야 한다. 이제 작품은 망막 위의 '시각적' 현상이 아니라, 신체 위의 '촉각적' 사건이 된다. 벤야민은 다다의 이 충동적 몸짓을 현대인의 "충격 방어기제"로 해석한 바 있다. 벤야민을 따라 할 포스터(Hal Foster) 역시 다다를 트라우마를 치유하는 심리극으로, 즉 충격을 정화하는 일종의 원시적 제의로 바라본다.[3]

> 다다가 불협화와 파멸의 마임을 하는 이유는 불협화와 파멸을 없애기 위해, 혹은 적어도 극도의 공포와 고뇌에도 불구하고 그런 충격을 일종의 방어 같은 것으로 전환하기 위해서다.12

우연의 시-다다 취리히

다다이스트들에게는 새로운 예술 언어를 만들겠다는 의지가 별로 없었다. 그들 사이에 합일점도 없었고, 일관된 '다다 양식'이란 것도 존재하지 않는다. 양식적 관점에서 다다의 퍼포먼스에는 입체주의, 표현주의, 미래주의에 속하는 요소들이 어지럽게 뒤섞여 있었다. 하지만 다다에 그저 부정의 정신만 있었던 것은 아니다. 가령, 취리히 다다 2단계에서 핵심적 역할을 한 아르프는 당시에 다다에 어울리는 새로운 추상 예술의 형식을 진지하게 고민하기도 했다. 하지만 그렇게 만들어진 작

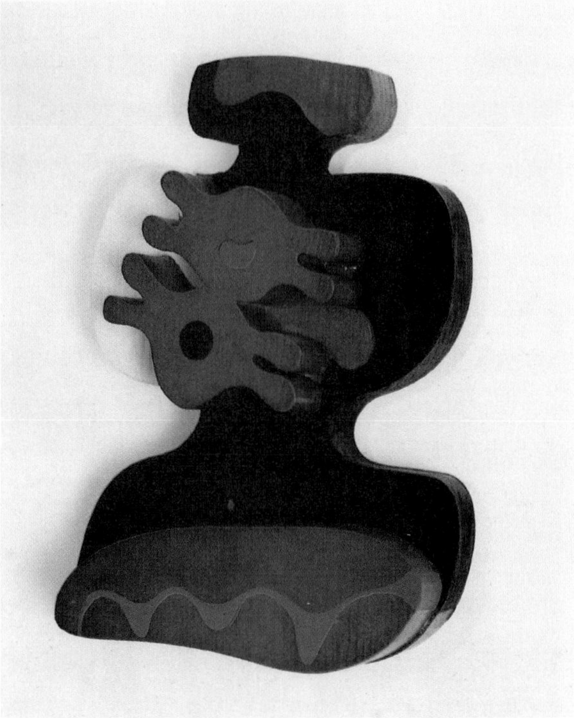

4
〈수족관의 새〉 한스 아르프, 1920년

품은 그다지 다다스러워 보이지 않았다.[4]

특정한 예술 양식에 이르지는 못했지만 다다는 훗날 다른 예술운동에 영향을 끼칠 몇몇 기법들을 창안해냈다. 대표적인 것이 '우연'과 '레디메이드'다. 트리스탄 차라는 1920년 파리 포볼로즈키 화랑에서 〈연약한 사랑과 씁쓸한 사랑에 대한 다다 선언〉이라는 글을 낭송한다. 거

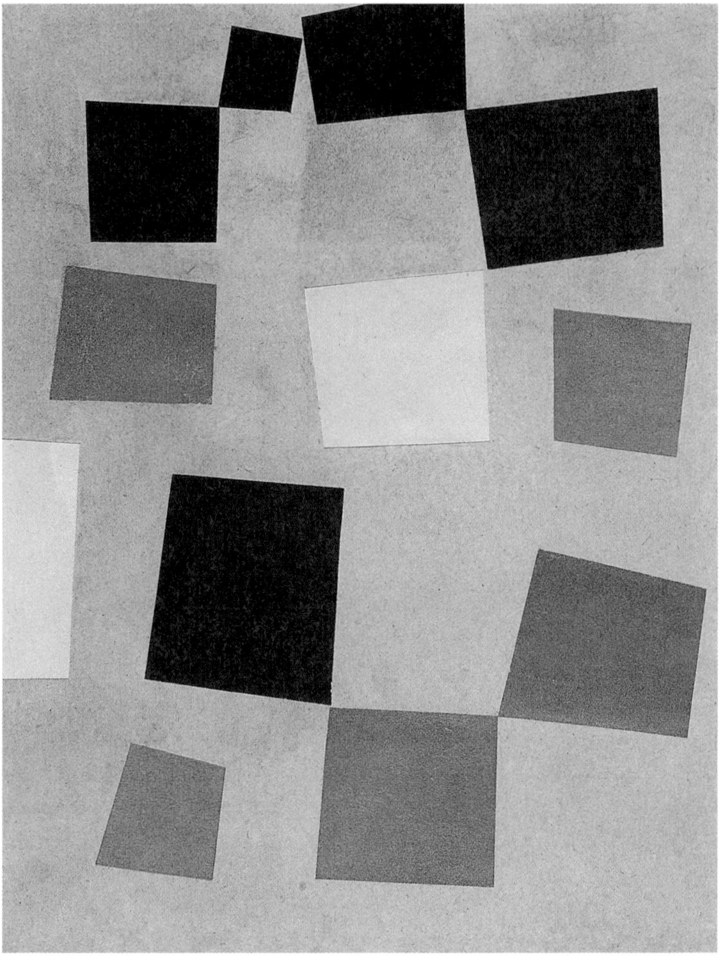

5

〈우연성의 법칙에 따라 배열된 사각형 콜라주〉 한스 아르프, 1917년

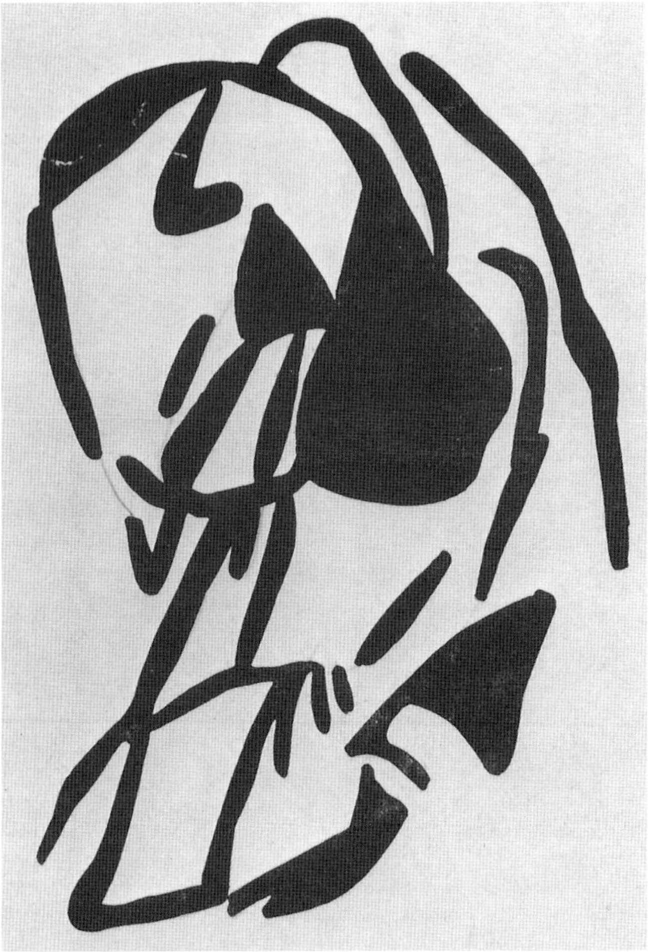

6
〈대서양 횡단선의 승객〉 한스 아르프, 1921년

기서 그는 다다 시를 쓰는 방법을 소개한다.

> 신문을 들어라. 가위를 들어라. 당신이 시에 알맞겠다고 생각되는 분량의 기사를 이 신문에서 골라내라. 그 기사를 오려라. 그 기사를 형성하는 모든 낱말을 하나씩 조심스레 잘라서 자루 속에 넣어라. 조용히 흔들어라. 그 다음에 자른 조각을 하나씩 꺼내라. 자루에서 나온 순서대로 정성스레 베껴라. 그럼 시는 당신과 닮을 것이다. 그리하여 당신은 무한히 독창적이며 매혹적인 감수성을 지닌, 그러면서 무지한 대중에겐 이해되지 않는 작가가 될 것이다.13

이처럼 레디메이드(신문)와 우연의 놀이(추출)를 결합시켜 입체주의 기법(콜라주)의 기능을 전환하는 것이 다다가 사용한 기법의 전형이다. 가령 장 아르프는 상업용 종이를 적당히 찢어 바닥에 떨어뜨린 후 그것들을 떨어진 그 자리에 그대로 풀로 붙였다.[5] 입체주의에서 '논리적 분석'의 도구였던 콜라주는 다다에 이르러 '우연적 구성'의 도구로 변한다. 한편, 아르프는 자유롭게 흐르는 잉크의 그림을 만들기도 했는데, 이는 훗날 초현실주의의 자동기술법으로 발전한다.[6]

레디메이드-다다 뉴욕

〈계단을 내려오는 누드〉가 입체주의자들에게 거절당하자, 뒤샹(Marcel Duchamp, 1887~1968)은 완전히 새로운 도발을 모색한다. 그 요체는 파리 아방가르드의 '망막적(retinal) 관심'으로부터 해방되는 것

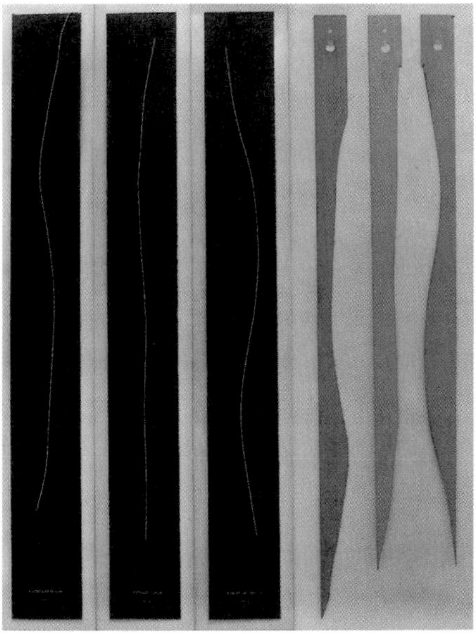

7
〈세 개의 표준 정지기〉 마르셀 뒤샹, 1913~1914년

이었다. 영감을 준 것은 동음이의 현상을 이용하여 이미지를 자유로이 변화시키는 레몽 루셀의 시. 그는 작품에 제목을 붙일 때 그와 유사한 언어 놀이를 사용하곤 했다. 하지만 그가 "완벽한 해방의 광경"을 목격한 것은 1912년 여름을 보낸 뮌헨에서라고 한다. 아마 무대 위에서 소변을 보거나 자위를 하며 외설적 질문을 던진 프랑크 베데킨트의 도발적 연극을 접한 것이 계기가 되었을 것이다.[14]

우연을 이용한 아르프의 콜라주도 뒤샹에게 영감을 받은 것으로 보인다. 가령 뒤샹의 〈세 개의 표준 정지기〉[7]는 1미터 길이의 실을 캔버

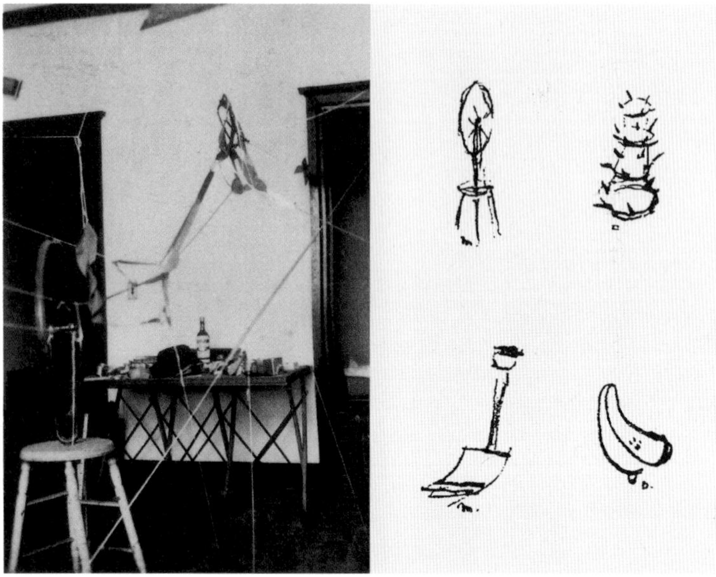

8
마르셀 뒤샹의 드로잉, 시계 방향으로 자전거 바퀴(1913년), 병걸이(1914년), 눈삽(1915년) 등.

스에 떨어뜨려 그 형태를 그대로 고정시킨 것이다. 레디메이드 역시 자전거 바퀴, 병걸이, 눈삽을 통해[8] 뒤샹이 다다 이전부터 해오던 작업이었다. 다다이스트들은 '익명성'을 위해, 그 누구라도 작품을 만들 수 있음을 보여주려고 '우연'을 도입했다. 뒤샹 역시 '우연'이라는 개념을 사용했지만, 미적 주체성, 즉 작가의 개념을 부정하는 그의 방식은 정작 따로 있었다. 그는 그것을 '회화적 유명론'이라고 불렀다.

철학의 유명론이 '개념은 실재하지 않고 그저 이름뿐'이라고 말한다면, 회화의 유명론은 '작품은 실재하지 않고 그저 이름뿐' 이라고 말한

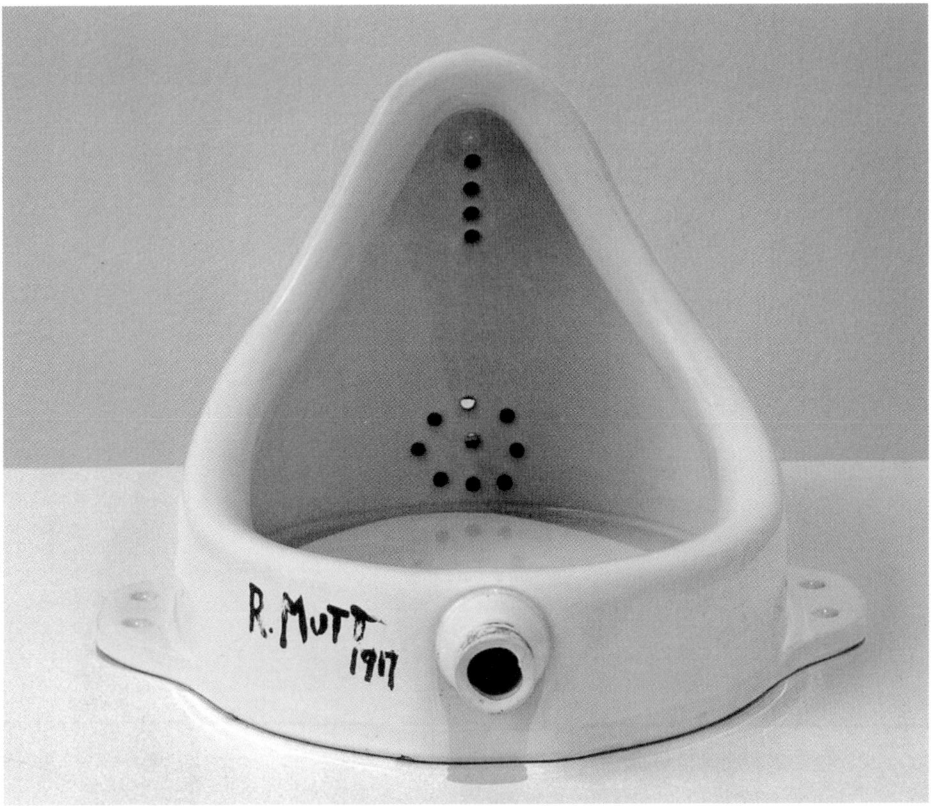

9
〈샘〉 마르셀 뒤샹, 1917/1964년

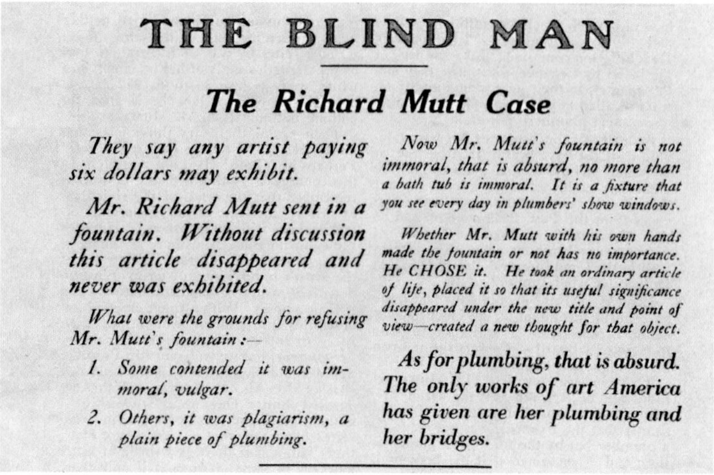

THE BLIND MAN

The Richard Mutt Case

They say any artist paying six dollars may exhibit.

Mr. Richard Mutt sent in a fountain. Without discussion this article disappeared and never was exhibited.

What were the grounds for refusing Mr. Mutt's fountain:—

1. *Some contended it was immoral, vulgar.*
2. *Others, it was plagiarism, a plain piece of plumbing.*

Now Mr. Mutt's fountain is not immoral, that is absurd, no more than a bath tub is immoral. It is a fixture that you see every day in plumbers' show windows.

Whether Mr. Mutt with his own hands made the fountain or not has no importance. He CHOSE it. He took an ordinary article of life, placed it so that its useful significance disappeared under the new title and point of view—created a new thought for that object.

As for plumbing, that is absurd. The only works of art America has given are her plumbing and her bridges.

10
당시에 뒤샹이 잡지에 기고한 항의문 '리차드 머트 씨의 케이스', 1917년

다. 1913년의 노트에서 그는 "작품(works)을 작업(works)으로 만드는 일이 가능할까?"라고 묻는다. 중요한 것은 '결과'가 아니라 '행위'다. 1914년의 노트에서는 예술을 명명하는 일을 제작하는 일과 동일시한다. 뒤샹의 레디메이드는 굳이 우연한 결합을 통해 콜라주가 되지 않아도 그저 '명명'만으로 작품이 된다. 그 유명한 〈샘〉[9]이 미국 독립미술가협회에서 거절당했을 때, 그는 가상의 대리인을 내세워 이렇게 항변했다.

머트 씨가 직접 그 〈샘〉을 제작했는지는 중요하지 않다. 그는 그것을 선택했다. 그는 평범한 일상 용품을 고른 후 새로운 이름을 부여하고 새로

운 관점에서 조명함으로써 그 유용성이 사라지게 했다. 다시 말해 그는 사물에 관한 새로운 관념을 창조해냈다.[10] 15

제들마이어에 따르면, 뒤샹의 〈샘〉은 (말레비치의 〈검은 사각형〉과 더불어) "예술이 사라지게 되는 변경에 한계점을 찍은 것"이다. 뒤샹은 다다이스트들 중에서 가장 급진적이었다. 그가 주장한 것은 반(反)미학(anti-aesthetics)이 아니라, 아예 비(非)미학(A-aesthetics)이었기 때문이다. 20세기 최고의 작품으로 꼽히는 〈샘〉을 보존하지 않고 그냥 사라지게 한 데서도 그의 철저함이 엿보인다. 오늘날 우리가 미술관에서 보는 것은 1964년에 제작된 복제다. 1923년 이후 뒤샹은 적어도 공적으로는 모든 예술 활동을 포기함으로써 다다를 극한으로 몰고 간다.

포토몽타주–다다 베를린

미학적 급진성이 정치적 급진성을 의미하는 것은 아니다. 뒤샹은 부르주아의 체제가 아니라 그들의 예술 제도를 공격했을 뿐이며, 그 공격을 통해 새로운 예술을 만들려고 하지도 않았다. 하지만 다다의 모든 흐름이 탈정치적이거나 허무주의적이었던 것은 아니다. 가령 베를린 다다는 양상이 달라 처음부터 고도로 정치화한 아방가르드 기획으로 출발했다. 베를린의 다다이스트들은 이탈리아 미래주의와 소비에트 아방가르드에서 유래한 급진적 파토스를 가지고 당시의 주류였던 표현주의의 정숙주의적, 신비주의적 경향에 맞서 적극적으로 예술의 정치적 세속화를 꾀했다.

독일의 다다가 이처럼 정치성을 띤 것은 물론 독일이 패전국으로서 전쟁의 후과가 가장 참담했던 것과 관련이 있다. 이 급진적 분위기 속에서 베를린 다다는 "급진적 공산주의를 기초로 한 창조적이고 지성적인 남녀의 국제적 혁명 조직, 즉각적인 사유재산의 몰수와 공동사회적 배분"을 요구했다. 베를린 다다는 이 정치적 프로그램에 '포토몽타주'라는 새로운 기법을 사용했다. 마침 소련에서도 같은 시기에 클루치스와 로드첸코가 같은 목적으로 같은 기법을 사용하고 있었다(282쪽 그림 참조). 하지만 베를린 다다의 포토몽타주는 소비에트 아방가르드와 다른 기원을 갖고 있었을 것으로 보인다.

사실 텍스트와 이미지를 한 공간 안에 나란히 배치하는 것은 이미 1890년대부터 존재하던 광고 기법이었다. 또 여러 장의 사진을 오려 합성한 우편엽서 역시 세계대전 당시 전선의 병사들이 자신의 애국심과 남성성을 과시하기 위해 사용하던 국가주의적 매체였다. 하지만 하트필드(John Heartfield, 1891~1968)와 그로스는 일찍이 전선에 있을 때 이 포토몽타주의 형식을 차용한 애매한 메시지의 엽서를 주고받으며 검열을 피해 은밀히 전쟁을 풍자했다고 한다. 베를린 다다는 이런 식의 '기능 전환(Umfunktionierung)'을 통해 국가와 시장에 봉사하던 매체를 혁명의 매체로 바꾸어놓은 셈이다.

할 포스터에 따르면, 베를린의 것이든, 소비에트의 것이든, 포토몽타주 사이에는 세 가지 특징이 있다고 한다. 첫째, 사진을 재료로 사용함으로써 시각 세계를 사진이 주도하게 되었다는 인식을 드러낸다. 둘째, 상품과 광고의 이미지를 분해하고 파괴함으로써 대중문화가 조장하는 신화를 해체한다. 셋째, 현실을 초월한 영원한 작품이 아니라 순간순간

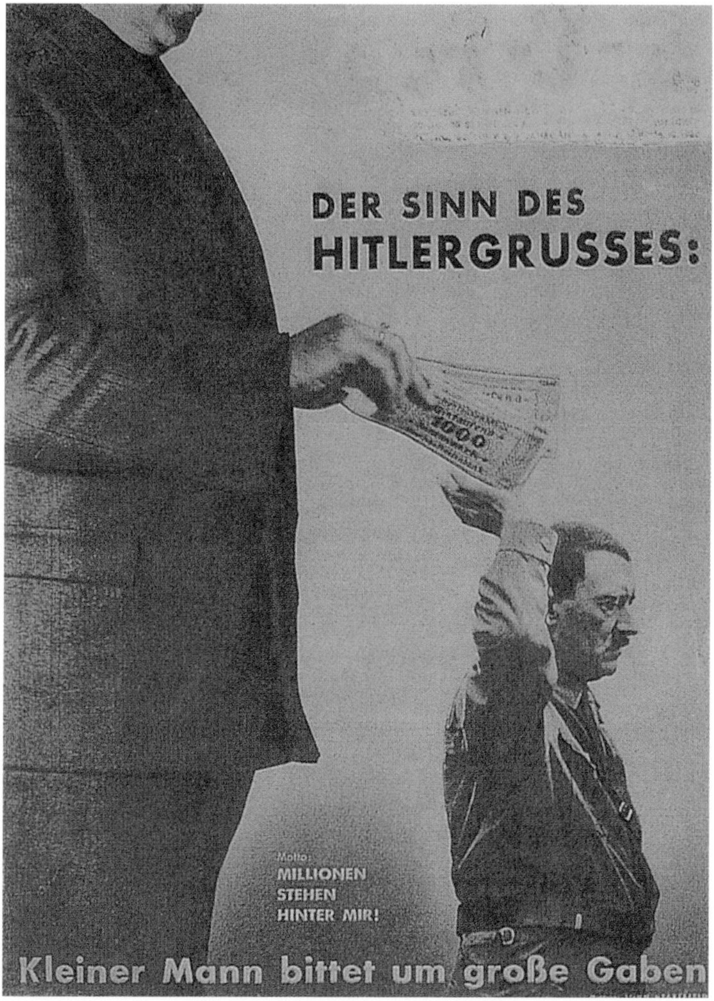

11

《히틀러 경례의 의미-작은 남자가 큰 선물을 요구한다》

존 하트필드, 1923년. 모토-백만장자가 내 뒤에 있다!

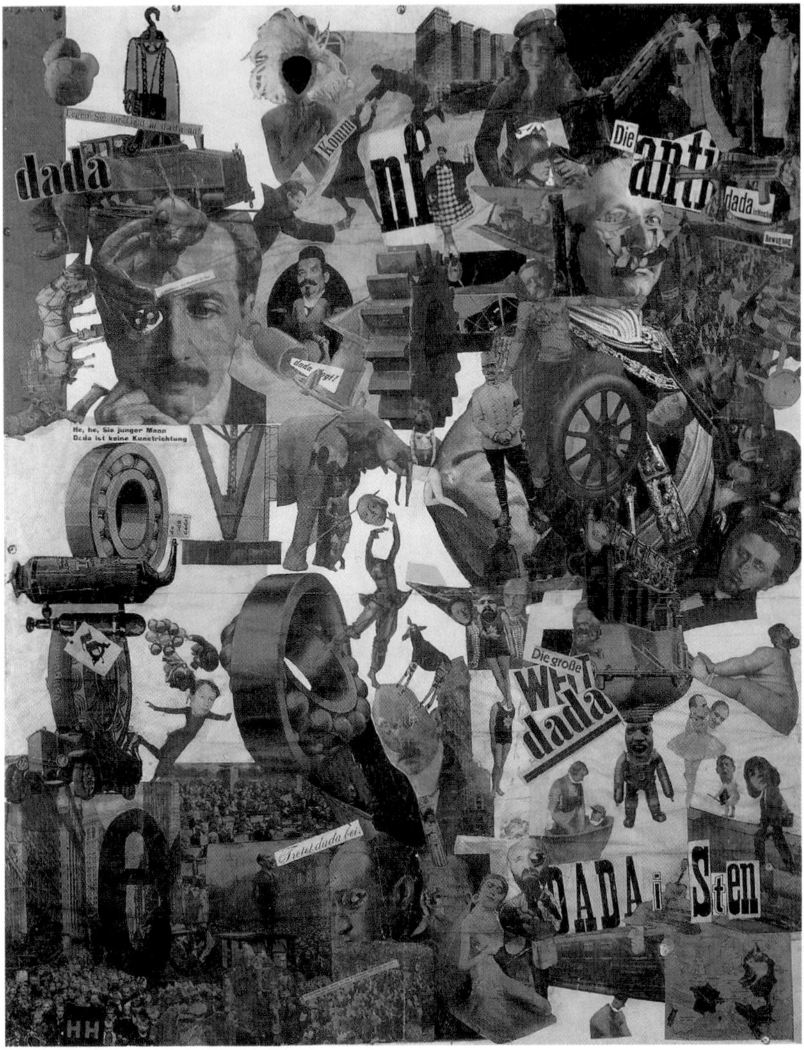

12

〈바이마르 공화국의 맥주 배를 부엌칼로 가르다〉 한나 회흐, 1919년

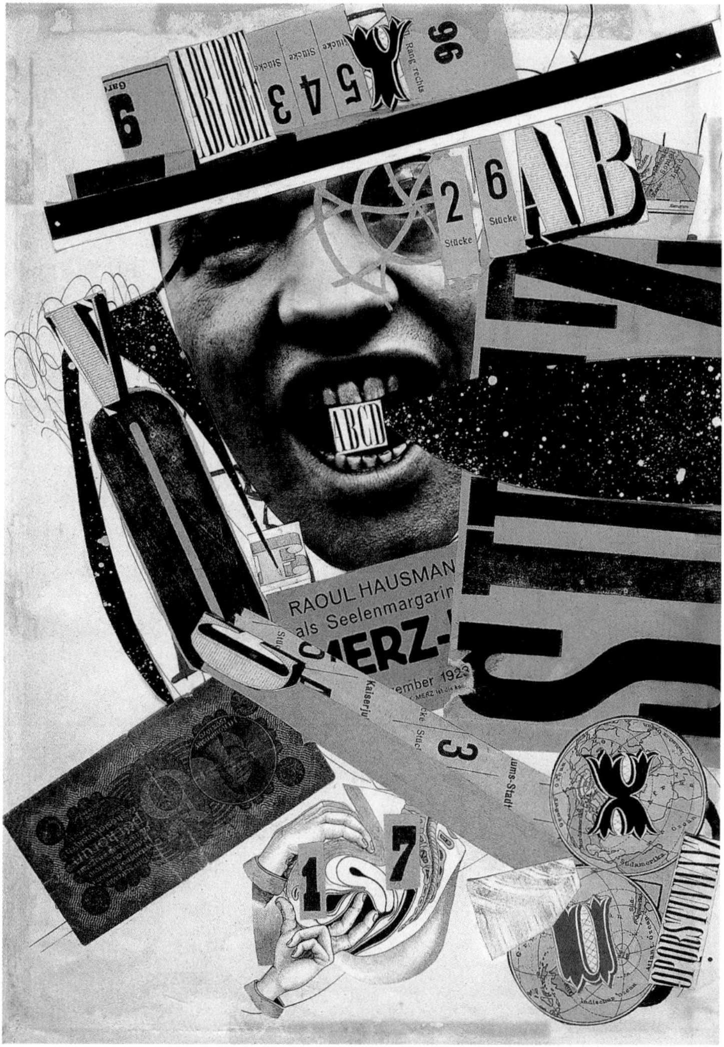

13

〈ABCD〉 라울 하우스만, 1920년

개입하여 현실에 균열을 내는 새로운 예술이 되려 한다.16 하지만 이때 보편적 가독성보다 기표의 물질성을 강조하는 바람에 다다의 포토몽타주는 사실상 의미를 알 수 없는 수수께끼 그림(rebus)에 가까워진다.

하트필드는 유미적인 포토몽타주의 부조리와 무질서를 비판하며 그것을 대중과 소통하는 새로운 매체로 만들어내려 했다. 파편과 균열로 가득 찬 불연속의 화면은 이제 에어브러시로 매끄럽게 이어지는 연속적 공간으로 변한다. 문장을 낱말과 음소로 분해시키는 대신에 사진에 표제가 붙음으로써 이미지 속에 서사가 도입된다. 덕분에 그의 포토몽타주에 담긴 정치적 메시지는 누구나 쉽게 이해할 수가 있다. 나아가 하트필드는 포토몽타주를 유일물(작품)이 아니라 복제물(인쇄매체)로 이해했다. 이로써 포토몽타주는 대량으로 배포되는 대중문화적 선동의 매체가 된다.[11]

충격, 균열, 무의미의 포토몽타주는 그의 눈에 '부르주아 아방가르드의 장난'으로 보였다. 그것은 가상의 공간에서 홀로 투쟁하는 연기를 하는 것에 불과하다는 것이다. 하지만 정치적 목적에서 대중과의 소통을 강조하는 데는 당연히 미학적 위험이 따르게 마련이다. 파편성 대신에 통일성, 불연속 대신에 연속성을 강조하는 포토몽타주는 형식적 측면에서는 어쩔 수 없이 전통으로 되돌아가야 하기 때문이다. 사실 한나 회흐[12]나 라울 하우스만[13]의 것에 비해 하트필드의 포토몽타주는 그다지 다다스러워 보이지 않는다. "더 공산주의자가 될수록 덜 다다이스트가 된다."

아니, 이념을 위해 다다의 정체성을 버리는 것까지가 하트필드의 다다이즘이었을까? 사실 예술을 더 이상 예술이 아닌 지점까지 몰고 가는 것이 다다의 목표가 아니었던가. 회흐나 하우스만의 포토몽타주가 여전히 손으로 제작된 '작품'이라면, 하트필드의 그것은 대량으로 인쇄되어 길거리에 뿌려지는 '사물(전단지)'에 가깝다. 그런 의미에서 하트필드의 포토몽타주는 뒤샹의 것과는 또 다른 의미에서 비(非)예술의 전략이었다고 할 수 있을 것이다.

콜라주

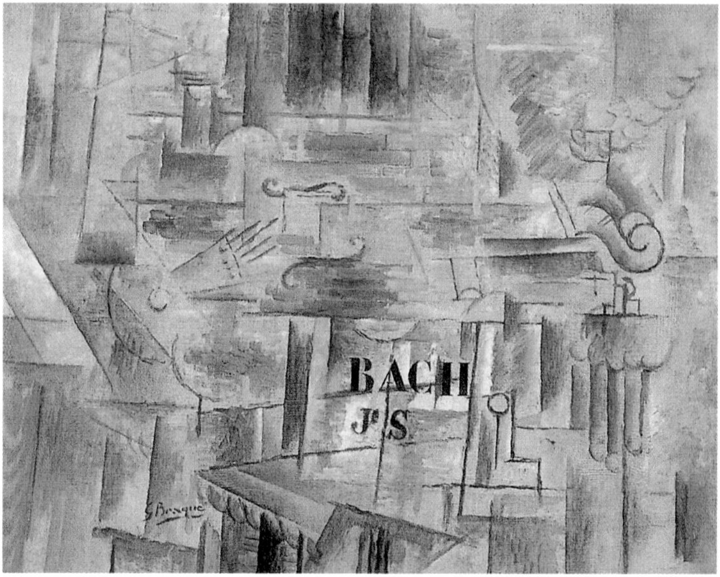

1
〈J. S. 바흐에 바치는 오마주〉 조르주 브라크, 1912년

피카소와 브라크는 콜라주 직전에 종종 화면에 인쇄된 스텐실 글자를 모사한 트롱프뢰유를 사용했다. 화면에 인쇄된 것처럼 보이는 그 글자들은 공간의 환영을 깨뜨리며 관객에게 캔버스가 실은 이차원 평면에 불과하다는 사실을 일깨워준다. 얼마 후 브라크는 트롱프

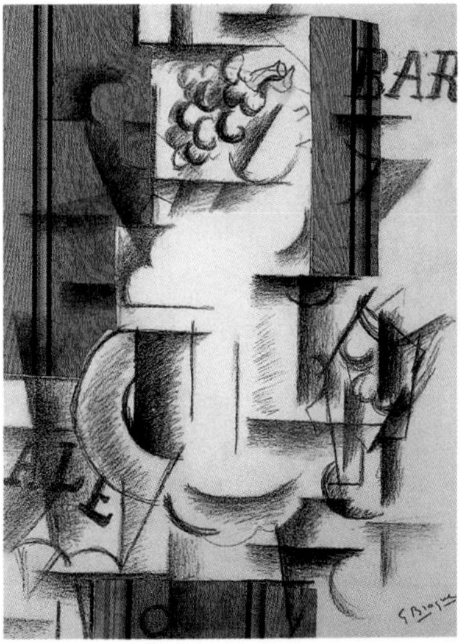

2
〈과일 접시와 유리잔〉 조르주 브라크, 1912년

뢰유 대신에 아예 실물, 즉 나뭇결이 그려진 벽지를 도입한다. 예를 들어, 〈J. S. 바흐에 바치는 오마주〉[1]의 화면 왼쪽 아래의 나뭇결은 붓으로 그린 후 빗으로 만들어낸 무늬다. 반면 〈과일 접시와 유리잔〉[2]의 나뭇결은 실제 나무 무늬의 벽지를 오려 붙인 것이다.

클레멘트 그린버그(Clement Greenberg, 1909~1994)에 따르면, 콜라주는 "진정한 모더니즘 예술의 미학을 이해하는 가장 뛰어나면서도 직접적인 열쇠"다. 그는 콜라주를 특유의 '평면성 원리'로 설명한다. 벽지는 현실에 속하는 이질적 물건이라 확연히 눈에 띄기에, 그것이 발라진 대상은 공간적 깊이를 깨고 화면의 전면으로 육박하는 효과를 낸다. 오려 붙인 벽지가 평면 위에서 마치 저부조와 같은 효과를 낼 때, "삼차원의 공간성은 더 이상 효과 혹은 환영이 아니라 조각에서처럼 실제의 현실이 된다." 이에 대해 피카소는 이렇게 말한다.

> 우리는 트롱프레스프리(trompe l'esprit)를 찾아내기 위해 트롱프뢰유(trompe l'oeil)를 버리려 했다. 우리는 더 이상 우리의 눈을 속이고 싶지 않았다. 다시 말하지만 정신을 속이고 싶었다.1

'눈속임'으로 공간의 환영을 만드는 게 아니라 '정신의 속임'으로 정말로 공간을 구축하는 것이 피카소와 브라크가 추구한 입체주의의 목표였다. 브라크가 도입하고 피카소가 발전시킨 콜라주는 입체주의를 넘어 그 이후의 다른 예술운동에도 받아들여진다. 그리하여 우리는 입체주의 콜라주 외에도 다다이즘 콜라주와 초현실주의 콜라주를 갖게 됐다. 하지만 그린버그가 보기에 이 중에서—장 아르프와 쿠르트 슈비터스를 빼고—콜라주의 구조 원리에 충실한 것은 입체주의자들뿐이었다.

그린버그에 따르면, 다다이즘과 초현실주의에서 콜라주는 "서로 관련이 없는 그림이 요소들을 병치시킴으로써 낯설고 놀라운 효과를 내는 수단"에 불과하며, "그 결과는 예술 작품이 아니라 그저 몽타주, 한

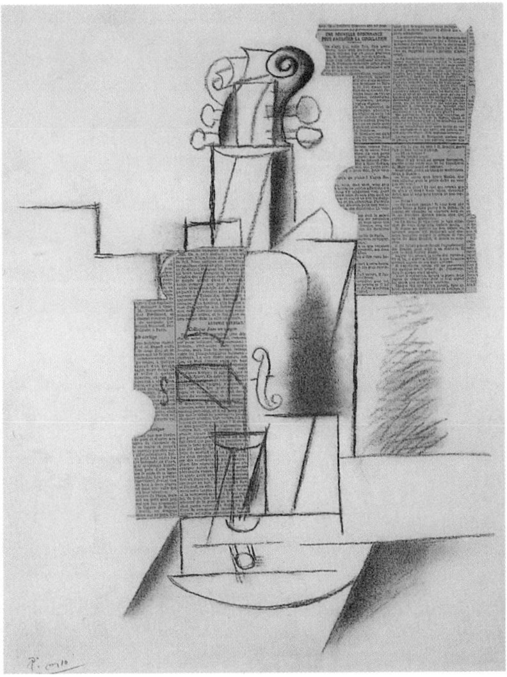

3
〈바이올린〉 파블로 피카소, 1912년

갓 장난질뿐"이다. 다다이스트와 초현실주의자들은 콜라주를 학적 쇼크 효과를 내는 기법으로 "오용"했을 뿐이다. 그린버그는 "피카소가 브라크보다 그 매체로 훨씬 더 다면적 효과를 내고 훨씬 더 강력하게 사용했으며, 브라크는 그 순수함과 우아함에서 피카소를 따라갈 수 없었다."고 말한다.2

가령 피카소의 〈바이올린〉[3]에서 신문지 조각은 한 번은 바이올린의 울림통으로, 또 한 번은 바이올린 뒤의 배경으로 사용된다. 같은 평면 위에 붙여졌지만, 둘 사이에는 깊이의 차이가 발생한다. "외려 얇은 평면 위에서 공간감이 발생한다."는 그린버그의 말은 이를 염두에 둔 것이리라. 피카소를 브라크의 위에 올려놓는 그린버그의 평가에는 물론 모더니즘의 본질을 '평면성'의 지향으로 설명하는 특유의 편견이 반영되어 있다. 하지만 정작 콜라주를 입체주의적으로 사용한 이는 브라크로 보인다.

언어학자인 로만 야콥슨에 따르면, 초현실주의의 화면은 두 사물 사이의 유사성에 기초한 시각적 '은유(metaphor)'라고 할 수 있다. 가령 달리의 화면에서 계란은 여성의 난자를 암시하는 성적 은유다. 반면 입체주의는 두 사물의 인접성에 기초한 시각적 '환유(metonymy)'나 부분으로 전체를 암시하는 '제유(synecdoche)'를 지향한다. 예를 들어 피카소와 브라크의 화면에서 화면에 오려 붙인 신문의 기사는 발칸 전쟁을 암시하는 환유, 화면에 그려진 'ʃ' 모양의 선은 바이올린을 가리키는 제유라고 할 수 있다.

브라크의 콜라주가 제유나 환유의 기능을 발휘하는 데 제한됐다면, 피카소의 콜라주는 종종 입체주의의 목표를 넘어서곤 했다. 그는 이렇게 말한다.

> 만일 신문 조각이 병이 될 수 있다면, 우리는 신문과 병의 관계에 대해 생각해볼 여지를 갖게 될 것이다. 이런 식으로 대체된 오브제는 독특함을 지니고 있다. ······ 우리는 이 세상이 점점 이상하게 변화하고 있다는 걸 알기 때문에 사람들이 이 기이함에 대해 생각하기를 바랐다.[3]

"신문과 병의 관계"는 입체주의 기획과는 아무 관련이 없다. 거기서 비롯되는 "기이함"을 초현실주의자들이라면 아마 '경이'라고 불렀을 것이다. 피카소의 콜라주는 관계없는 사물의 우연적 병치로 꿈과 비슷한 시적 충격을 만들어내는 초현실주의의 기법에 근접해 있다. 앙드레 브르통이 브라크에게는 유보적 태도를 보이면서도 피카소만은 주저 없이 초현실주의자로 인정한 것은 이 때문이다. 브르통이 간파한 것처럼, 적어도 콜라주에 관한 한 피카소가 아니라 브라크야말로 입체주의적이었다.

8 초현실주의

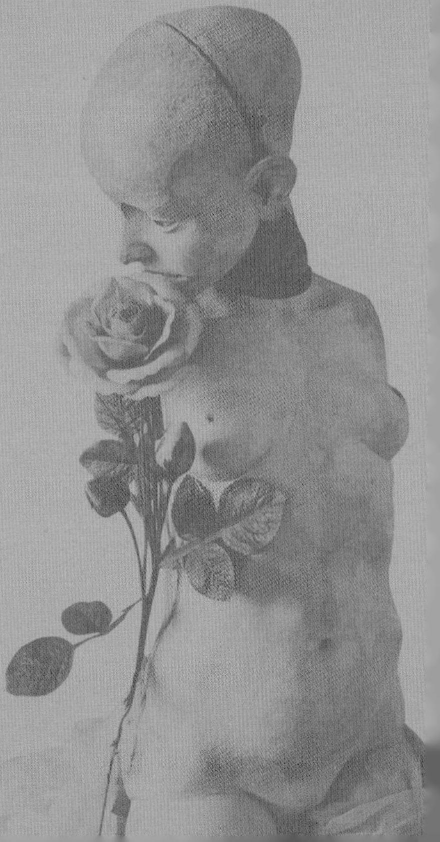

현실 속의 경이로움

'다다이즘 양식'은 존재하지 않는다. 모든 것을 부정하는 파괴적 성격으로 인해 다다는 제 언어를 가질 수가 없었다. 다다이즘은 초현실주의에 이르러서 고유의 언어를 갖게 된다. 상당수의 다다이스트들은 앙드레 브르통이 주도하는 초현실주의 운동에 가담한다. '형식'의 측면에서 초현실주의는 그리 급진적이지 못했다. 주로 구상적 이미지에 의존했기 때문이다. 초현실주의의 급진성은 리얼리티를 재(再)정의한 데서 찾아야 할 것이다. 초현실주의는 현실과 몽상이 중첩된 새로운 리얼리티를 탐구하려 했다. 현대미술을 추상과 동일시하는 분위기 속에서 한때 모더니즘의 변방으로 여겨졌던 초현실주의는 1960년대 이후 추상이 퇴조하면서 새로이 조명을 받게 된다.

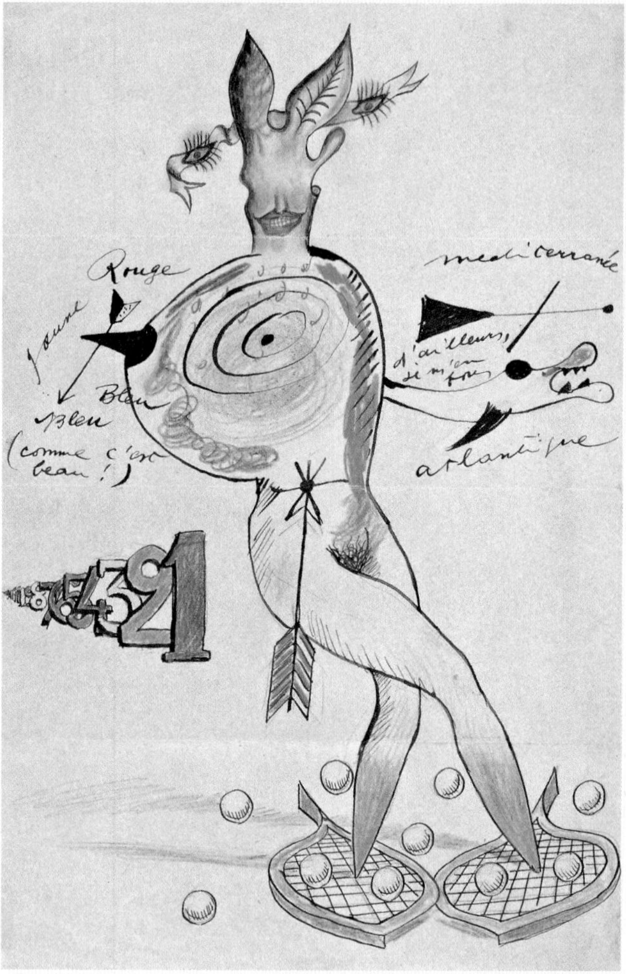

1
〈우아한 시체〉 이브 탕기, 호안 미로, 막스 모리스, 만 레이, 1927년

다다는 아무것도 느끼지 않는다. 그것은 아무것도 아니다. 아무것도, 아무것도. 당신의 희망처럼 아무것도 아니다. 당신의 낙원처럼 아무것도 아니다. 당신의 예술처럼 아무것도 아니다. 당신의 종교처럼 아무것도 아니다.[1]

피카비아의 시는 다다이즘 특유의 허무주의를 보여준다. 이 허무의 끝에서 다다이즘은 예술이 더 이상 예술일 수 없는 곳에 이른다. 초현실주의(Surrealism)는 다다가 남긴 이 폐허 위에서 다시 건설을 하려는 긍정적 열망에서 탄생했다. 다다가 생명력을 다해갈 즈음 앙드레 브르통(André Breton, 1896~1966)은 다다의 무정부주의를 대체할 새로운 이론과 원칙을 수립할 필요성을 느끼고, 이 새로운 예술의 이념에 '초현실주의'라는 이름을 붙였다. 그 이름은 원래 아폴리네르의 것이었으나, 아폴리네르는 그저 그 이름만을, 그것도 불완전하게 사용했을 뿐, 거기에 이론적 개념을 부여하지는 못했다. 브르통은 '초현실'을 "꿈과 현실이라는 모순된 두 상태"가 중첩된 "절대적 현실성"[2]으로 규정한다.

해방으로서 노이로제

1차 세계대전 중 브르통은 어느 정신병원에서 인턴으로 근무하며 포탄 충격의 희생자들을 돌본 적이 있다. 그때 어느 젊은 환자가 특히 그의 관심을 끌었는데, 이 환자는 끔찍한 전장에서 참혹한 현실을 피해 저만의 환상으로 도피하는 증상을 보였다. 그는 포탄은 빈 껍질, 상처는 페인트, 시체들은 허수아비, 나아가 전장의 모든 사태가 배우들의 연기라 믿고, 포탄이 날아오면 외려 참호 밖으로 나가 손가락으로 폭발 지점을 가리키곤 했다. 그런데도 그의 몸에는 파편 하나 스치지 않았기에, 아무리 설득을 해도 그는 전쟁이 장난이 아니라는 것을 믿으려 하지 않았다. 그의 환상은 결국 과도한 충격으로부터 자신을 방어하는 심리적 기제였던 셈이다.

그 환자에게 착란은 곧 자유와 해방의 상태였다. 따라서 초현실주의가 그의 착란을 창작의 원리로 받아들일 때, 그것은 (현실에 대한) 비판이자 동시에 (억압에서의) 해방을 의미하게 된다. 당시 브르통은 그곳에서 환자들을 돌보며 프로이트의 방법에 따라 그들의 꿈을 분석하곤 했는데, 이 경험이 훗날 초현실주의를 만들어내는 바탕이 되었다. 초현실주의자들은 즐겨 프로이트를 인용했지만, 사실 그 둘이 추구하는 목표는 서로 양립 불가능한 것이었다. 정신분석학이 착란을 (정상적인 부르주아 사회로 환자를 돌려보내기 위해) 반드시 치료해야 할 질병으로 본다면, 초현실주의는 외려 광인들의 착란을 해방과 창조의 상태로 보았기 때문이다.

"광인의 비밀, 나는 이 비밀을 캐내는 데 일생을 바치겠다. 광인이야말로 지나치도록 양심적이요 정직한 사람이다. 그들의 순결과 비교할 수 있는 것은 단지 내 순결밖에 없다."[3] 브르통은 정신병원에 근무하던 시절에 이 양심적이고 정직한 이들에게서 목격한 순결을 이제 자기 자신 안에서 찾아내겠다고 결심한다. 그가 순결한 광인들에게서 목격한 것은 의미 없는 중얼거림, 즉 "비판 정신의 간섭 없이 가능한 한 빠르게 쏟아내는 독백"이었다. 브르통은 노이로제에서 나오는 이 횡설수설을

"그 어떤 논리적 억압에도 방해받지 않는 말해진 사고(la pensée parlée)"[4]라고 부른다. '자동기술'이라 불리는 초현실주의의 대표적 기법은 이렇게 얻어졌다.

우아한 시체

'자동기술'은 자신을 외부와 분리시킨 상태에서 떠오르는 생각을 이성의 통제 없이 가능한 한 빨리 받아쓰는 것을 말한다. 브르통은 1924년 〈1차 선언〉에서 이 기법을 아예 초현실주의와 동일시했다. "초현실주의. 남성명사. 마음의 순수한 자연현상으로서, 입으로 말하든 펜으로 쓰든, 혹은 그 밖의 다른 어떤 방법으로든 사고의 참된 움직임을 표현하는 것. 이성으로부터 어떠한 감독도 받지 않고 심미적, 윤리적 관심을 완전히 떠나서 행해지는 사고의 구술." 이 선언을 발표하기 5년 전에 브르통은 이미 필리프 수포와 함께 이 기법을 실험한 바 있었다. 그 실험에서 탄생한 〈자장(磁場)〉은 오늘날 최초의 초현실주의 작품으로 알려져 있다.

주목해야 할 것은 자동기술이 다다 이후 예술에 다시 존재 이유를 주었다는 점이다. 다다 이후의 아방가르드라면 모름지기 다다 못지않은 급진성을 유지하면서도 그것의 미적 허무주의를 극복해야 했다. '예술을 거부하면서도 동시에 새로운 예술을 해야 한다.'는 이 두 가지 모순된 과제를 해결해준 것이 바로 자동주의였다.[5] 무의식에서 흘러나오는 작품은 인간의 예술이자 동시에 인간의 것이 아니기 때문이다. 여기서 예술가는 차라리 '영매'가 된다. 하지만 "즉발적 행위의 가장 작은 요소도 어떤 형이상학보다 더 복잡하고 계시적이다." 아르토의 말대로, 초현실주의자들은 자동기술이 그 어떤 의식적 창작물보다 더 완전하게 개인의 본성을 보여준다고 믿었다.

초현실주의 문인들은 자동기술의 한 방법으로 '우아한 시체(cadavre exquis)'[1]를 고안해냈다. 이는 종이 위에 글을 적거나 그림을 그린 후 그것을 접어서 넘기면, 뒷사람이 앞사람의 것을 보지 못한 채 계속 글이나 그림을 이어 나가는 장난이었다. '우아한 시체'라는 이름은, 그 놀이를 통해 제일 처음 얻어진 문장, 즉 "우아한 시체가 새 와인을 마시리라(le cadavre exquis boira le vin nouveau)."에서 유래한다. 초현실주의 화가들 역시 의식의 검열 없이 떠오르는 이미지를 직접 포착하는 방법들을 개발해냈다. 앙드레 마송(André Masson, 1896~1987)의 자유 드로잉, 막스 에른스트(Max Ernst, 1891~1976)의 프로타주, 오스카 도밍게즈(Oscar M. Dominguez, 1906~1958)의 데칼코마니는 문학적 자동기술의 회화적 버전이라 할 수 있다.

경이로운 것

자동기술이 초현실주의를 대표하는 기법이라면, 그 기법이 추구한 미적 이상은 '경이로운 것(le merveilleux)'에 있었다. 브르통은 초현실주의의 미를 아예 경이와 동일시했다. "경이란 언제나 아름다운 것이다. 어떠한 경이도 아름다운 것이다. 아름다운 것은 경이밖에 없다고 할 수 있다." 자동기술이 결국 이성의 스위치를 내려놓고 "도래할지도 모르는 것에 자신을 열어놓는 것"[6]을 가리킨다고 할 때, 도래할지 모르

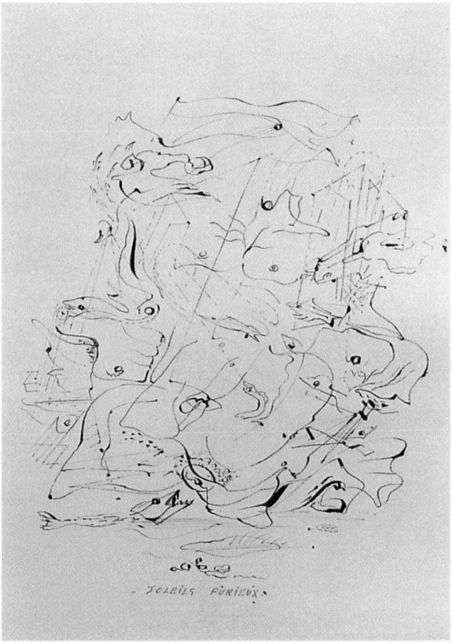

2
〈성난 항성들〉 앙드레 마송, 1925년

는 그 사건은 곧 '경이'를 가리킬 것이다. 화가들 중에서는 앙드레 마송[2]이 자동기술을 사용했다. 막스 에른스트는 자신의 프로타주를 일종의 '자동기술'이라 보았지만, 사실 회화에서 엄밀한 의미에서 자동기술은 마송의 '자유 데생'뿐이다.

경이에 이르는 또 다른 방법은 이미지의 병치다. 브르통은 피에르 르베르디의 말을 인용한다. "이미지는 정신의 순수한 창조다. 이미지는 …… 서로 멀리 떨어진 두 현실을 접근시킬 때 탄생한다. 접근한 두 현실의 거리가 멀면서도 관계가 적절할수록 이미지는 더 강렬해지고, 더 감동적인 힘과 시적 현실성을 띨 것이다." 공교롭게도 이는 아리스토텔레스가 《시학》에서 말한 '은유'의 정의와 일치한다. 〈1차 선언〉에서 브르통은 입체주의의 '파피에 콜레'를 초현실주의 기법으로 소개한다. 브라크의 환유적 콜라주와 달리, 실제로 피카소의 은유적 콜라주는 초현실주의 효과를 낸다. 에른스트는 이 가능성을 확장하여 콜라주를 경이의 기법으로 바꾸어놓았다.

콜라주는 이른바 '데페이즈망(dépaysement)'과 밀접한 관련이 있다. 이는 하나의 사물을 익숙한 환경에서 떼어내어 낯선 맥락에 배치하는 것을 말하는데, 로트레아몽은 그 효과를 "재봉틀과 우산이 해부대 위에서 우연히 만나는 것과 같은 아름다움"이라는 말로 표현한 바 있다. 화가들 중에서는 특히 마그리트(René François Ghislain Magritte, 1898~1967)가 이 기법을 즐겨 사용했다. 데페이즈망은 글자 그대로 '초현실성', 즉 "꿈과 현실이라는 모순적 상태가 해소된 …… 절대적 현실성"의 효과를 낸다. 가령 로트레아몽의 예에서 우산과 재봉틀과 해부대는 모두 현실에 속하는 사물이나, 그것들의 병치는 마치 꿈속의 영상을 바라보는 것 같은 분위기를 자아낸다. 여기서 꿈과 현실은 중첩된다.

가장 늦게 사용되었지만 가장 초현실주의적인 기법은 아마 '오브제(objét)'일 것이다. 오브제는 전통적 조각의 초현실주의적 대체물로, 초현실주의적 경이를 연출하는 핵심적 기법이라 할 수 있다. 〈1차 선언〉에서 브르통은 경이를 "일종의 세속적 계시"로 규정하면서 계시를 주는 대상으로 "낭만적 폐허와 현대의 마네킹"을 든다. 거기서 브르통은 초현실적 '경이'의 범주를 크게 발작적 아름다움과 객관적 우연으로 나

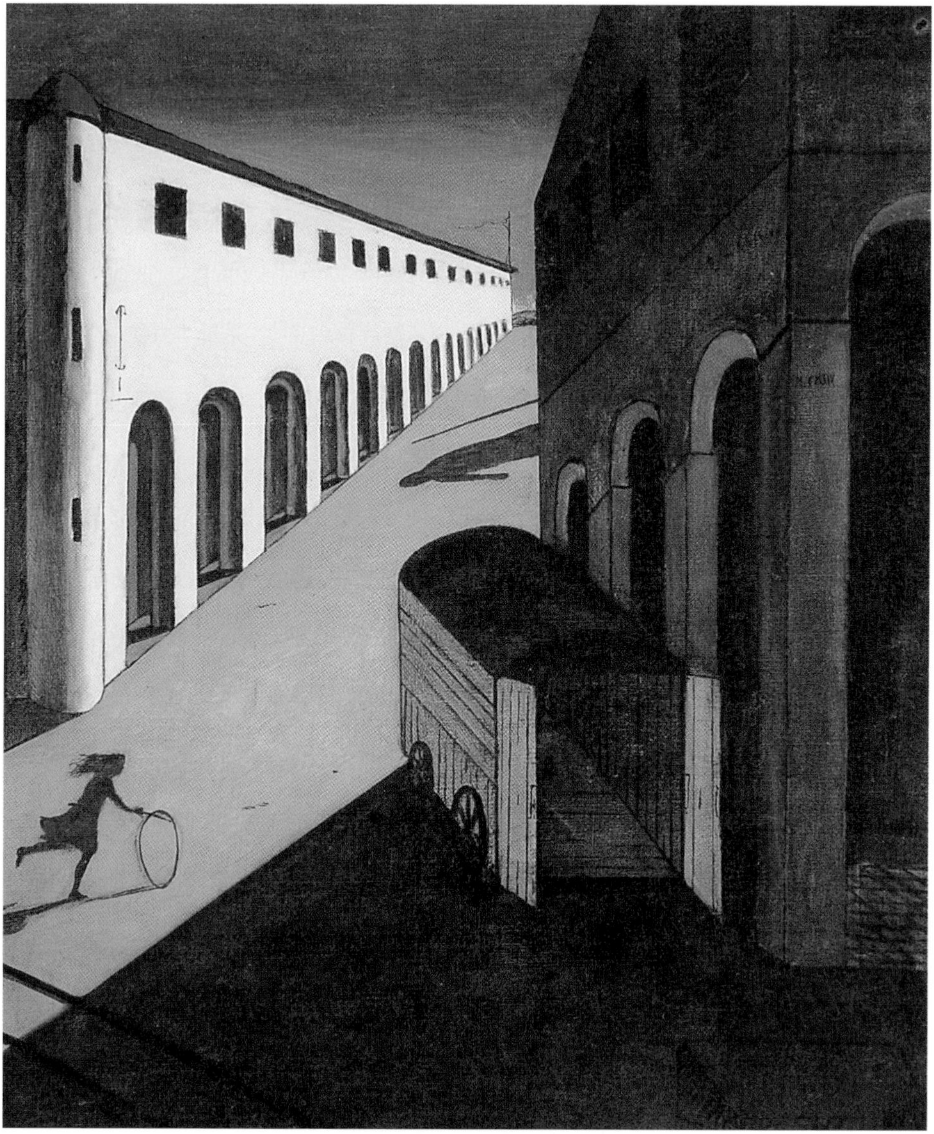

3

〈거리의 신비와 우울〉 조르조 데 키리코, 1914년

눈 바 있다. 이 구분을 받아들일 경우, 가령 마네킹을 이용한 한스 벨머(Hans Bellmer, 1902~1975)의 '제작된 오브제'들은 '발작적 아름다움'의 대표적 예가 될 것이고, 호안 미로(Joan Miró, 1893~1983)가 즐겨 사용한 '발견된 오브제'들은 '객관적 우연'에 들어갈 것이다.

1928년에 발표된 《초현실주의와 회화》에서 브르통은 모델을 외부에서만 찾은 것이 기존 회화의 오류라며, 새로운 회화는 "순수하게 내적인 모델을 참조"해야 한다고 주장한다.[7] 이 기준에 따라 그는 마티스와 드랭과 브라크를 비판하며 피카소를 초현실주의 회화의 선구로 내세운다. 하지만 정작 초현실주의 화가들에게 결정적 영향을 준 사람은 그가 〈선언〉에서 그저 지나가며 슬쩍 언급한 키리코였다. 키리코의 작품에서는 모든 것이 숨을 죽이고 어떤 황홀한 순간을 기다리는 듯하다.[3] 엇갈린 원근법, 길게 늘어진 그림자, 정체불명의 광원(光源)이 만들어내는 신비스러운 분위기. 초현실주의자들은 거기서 수수께끼 같은 '경이'를 보았다.[8]

콜라주, 프로타주, 그로타주

회화에서 초현실주의 운동을 주도한 인물은 막스 에른스트였다. 초현실주의의 다른 화가들처럼 에른스트 역시 키리코의 '형이상학적 회화'의 영향을 받았다. 그는 1919년 이후 한동안 콜라주를 창작의 주요한 수단으로 사용했다. 하지만 그는 자신의 콜라주가 입체주의 콜라주와 다름을 의식하고 있었다. "깃털 장식(plumage)은 깃털(plume)로 만들지만 콜라주(collage)는 아교(colle)로 만드는 게 아니다." 입체주의의 콜라주가 다수의 시점들을 아교로 이어 붙여 공간을 환기시키려 한다면, 초현실주의의 콜라주는 이미지들의 충돌 속에서 빛나는 시적 효과를 지향한다. 1919년에 출간한 《회고록》에서 그는 자신을 콜라주로 이끈 어떤 체험에 대해 이야기한다.

> 쾰른에 머물던 어느 비 오는 날, 교재 카탈로그가 내 눈길을 끌었다. 거기에는 수학, 기하학, 인류학, 동물학, 식물학, 해부학, 광물학, 고생물학 등 온갖 모형의 광고가 수록되어 있었다. 성질이 너무 다른 것들이 한자리에 모여 있는 것이 눈과 정신을 혼란시켜 환각을 일으켰고, 그 바람에 거기에 그려진 대상들의 의미가 시시각각 변해갔다. '시각의 능력'이 갑자기 강화되어 이 새롭게 출현한 대상들이 새로운 배경에서 나타나는 것이 보였다.[9]

그의 〈장인의 침실〉[4]은 이 체험을 그대로 그림으로 옮긴 듯하다. 이 작품의 데페이즈망 효과는 화면에 온갖 동물을 그린 후 몇 마리만 남기고 나머지는 덧칠로 지워버림으로써 얻어진 것이다. 이 시기에 그는 다양한 방식의 콜라주를 시도했다. 실물을 이어 붙이거나, 그렇게 생긴 이미지를 캔버스에 옮기거나, 한 화면 안에 실물과 유화를 결합시키기도 했다. 〈사춘기에 접근〉[5]에서 보듯이, 때로는 화면에 사진을 오려 붙이기도 했다. 좌표 없는 공간에 중력을 잃고 떠 있는 여인의 이미지는 마치 꿈속의 장면을 사진으로 찍어놓은 느낌이다. 작품을 옆으로 세워 보라! 그러면 신비한 효과를 자아낸 콜라주의 트릭이 금세 눈에 들어올 것이다. (사진의 정체는 소파에 누운 여인의 포르노그래피다.)

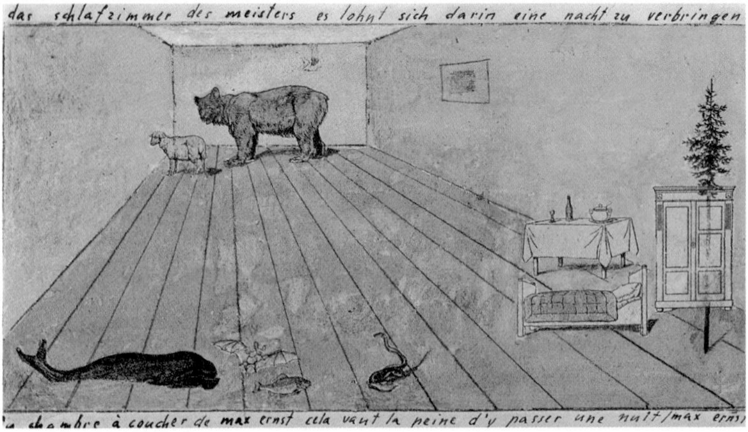

4
〈장인의 침실〉
막스 에른스트,
1919년

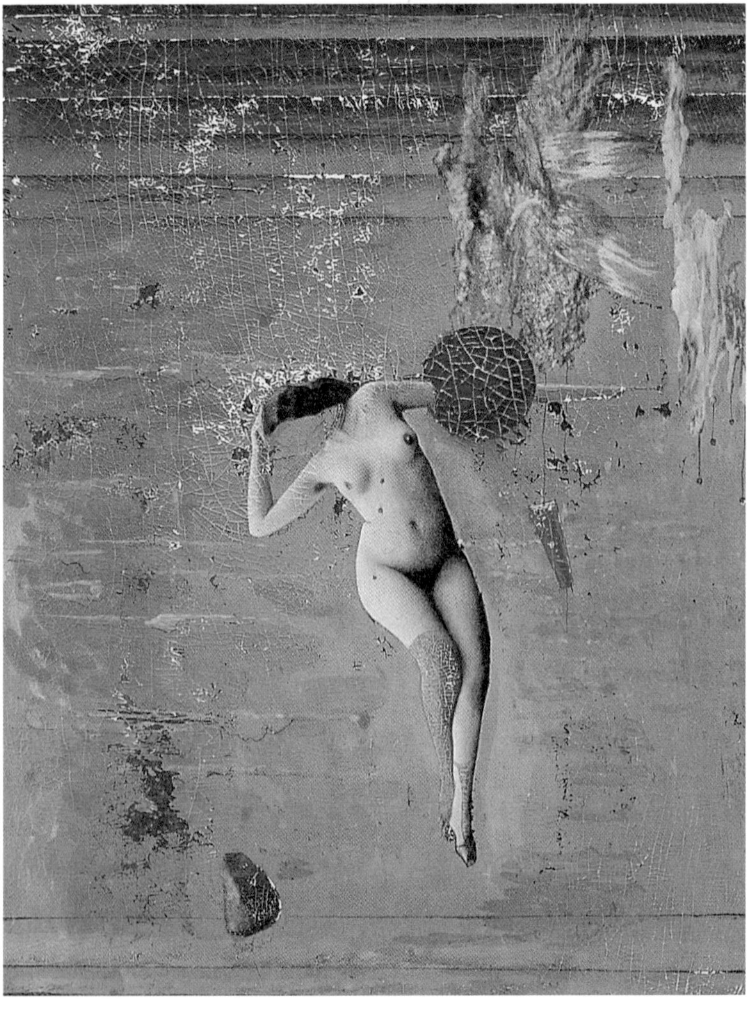

5
〈사춘기에 접근〉
막스 에른스트,
1921년

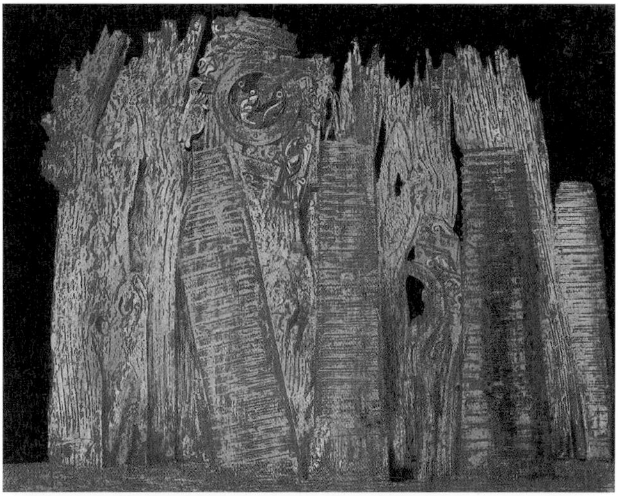

6
〈생 드니 요새의 저녁 모습이 야기한 비전〉
막스 에른스트,
1927년

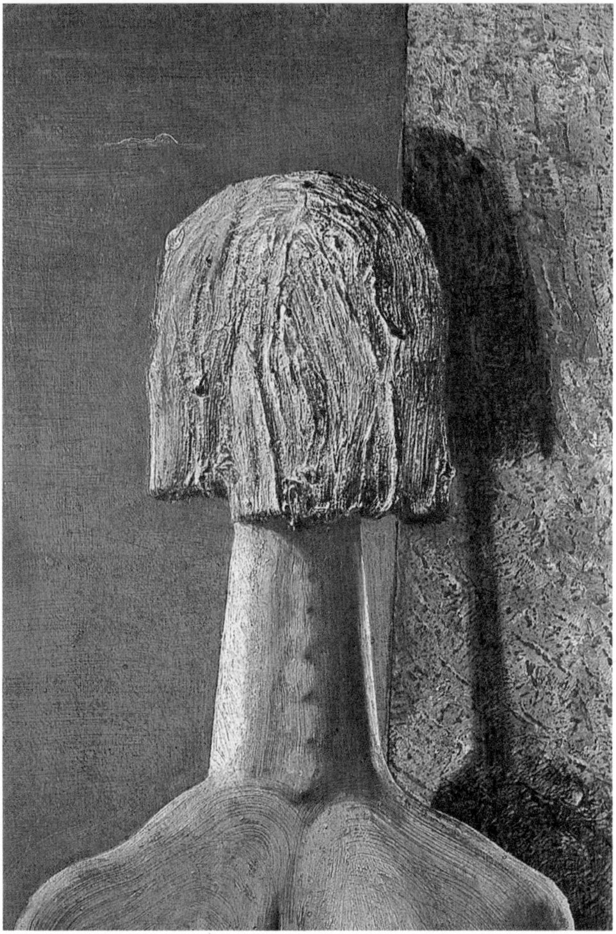

7
〈이브, 우리에게 남은 마지막 여인〉
막스 에른스트, 1925년

1925년 8월 10일, 에른스트는 스스로 '회화의 피안(au delà de la peinture)'이라고 부른 또 다른 체험을 한다. 그는 이를 가리켜 "레오나르도의 가르침을 실현"했다고 표현한다. 이는 "벽에 생긴 점들을 주의 깊게 바라보면 멋진 발견을 할 수 있을 것"이라는 다 빈치의 말을 염두에 둔 것이다.

> 해변의 어느 호텔에 묵고 있던 비 오는 밤, 어린 시절을 생각하다가 어떤 비전에 사로잡혀, 자국과 흠집이 완벽한 환상을 이루는 마룻바닥을 보았다. 이 비전의 상징적 내용 속으로 더 깊이 침잠하기로 결심했다. 명상과 환각의 힘을 강화하기 위해 바닥에 종이를 대고 검은 연필로 문질러 일련의 드로잉을 만들어냈다. 그렇게 생긴 드로잉들을 보며 …… 내 비전의 능력이 갑자기 늘어난 데, 그리고 그 모순적이고 중첩된 이미지들의 환각적 연쇄가 옛사랑의 기억처럼 강렬함과 급작스러운 데 놀랐다.10

여기서 탄생한 것이 프로타주(frottage)다. 그는 프로타주를 통해 얻은 다양한 이미지들로 〈자연사〉 연작을 제작하는데, 다양한 동식물로 이루어진 연작의 마지막 장면은 〈이브, 우리에게 남은 마지막 여인〉[7]이었다. 공교롭게도 이는 《구약성서》에 나오는 창조의 순서와 일치한다. 신이 이브를 만든 것은 세상의 모든 것을 만든 이후였기 때문이다. 에른스트는 이 이미지를 그대로 유화로 옮기기도 했다. 프로타주는 얼마 후 '그로타주(grottage)'로 발전한다. 이는 캔버스에 색을 두껍게 겹쳐 칠한 후 긁어서 모양을 내는 기법인데, 〈생 드니 요새의 저녁 모습이 야기한 비전〉[6]이 그 기법의 절정을 보여준다.

자동기술로서 초현실주의

브르통은 자동주의에 집착했지만, 사실 이 기법을 미술로 옮기는 데는 난점이 있었다. 떠오른 낱말을 옮겨 적는 속도로 떠오른 이미지를 그릴 수는 없기 때문이다. 그래서 피에르 나비유 같은 이는 아예 "초현실주의 그림 같은 것은 있을 수 없다."11고 말하기까지 했다. 브르통 역시 1930년 〈2차 선언〉에서 "오늘날까지도 자동기술이나 꿈의 기록과 같은 분야에 더 조직적이고 일관된 노력이 행해지지 않는 것은 유감"12이라고 한탄한 바 있다. 화가들 중에서 마송만이 유일하게 글자 그대로 자동기술을 따랐다. 마송은 '자동 데생'을 통해 "시대의 모든 창조적이며 파괴적인 충동에 체험의 그 순간에 반응"13했지만, 그마저도 1929년 이후에는 과거의 입체주의 언어로 되돌아간다.

즉흥을 기록할 때조차 화가는 해석을 하지 않을 수 없다. 따라서 예술적으로 가망이 있는 것은 완전한 자동주의보다 호안 미로처럼 "첫 단계에서는 자유로운 무의식이지만 다음 단계에서는 주의 깊게 계산"하는 반(半)자동주의를 채택하는 것이었다.[8] 브르통에 따르면, 미로의 사유와 감정은 애초에 유아적 단계에 고착되어 있어서, 억지로 즉발성(spontaneity)의 상태로 들어가야 하는 다른 이들과 달리, 철저히 자연스럽게 거기에 도달했다고 한다. 하지만 정작 미로가 마송을 능가할 수 있었던 것은 즉발성 그 자체보다는 그것을 가공하는 방식 때문이었다. 미로의 반자동주의를 통해 초현실주의는 문학에서 풀려나와 비로소 회화 고유의 수단에 도달한다.14

미로처럼 반자동주의를 채택한 또 다른 화가는 이브 탕기(Yves

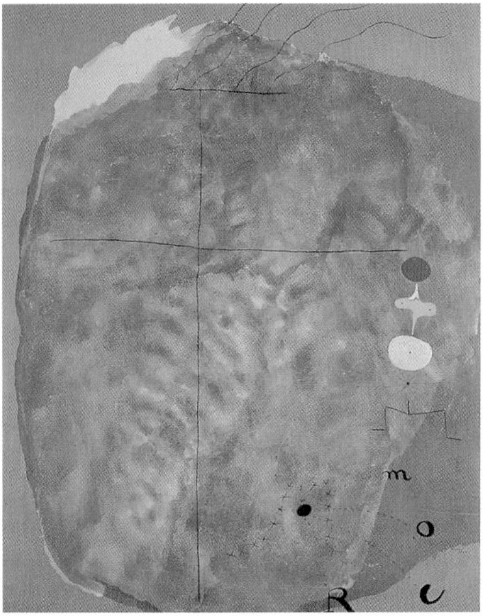

8
〈사랑〉 호안 미로, 1926년

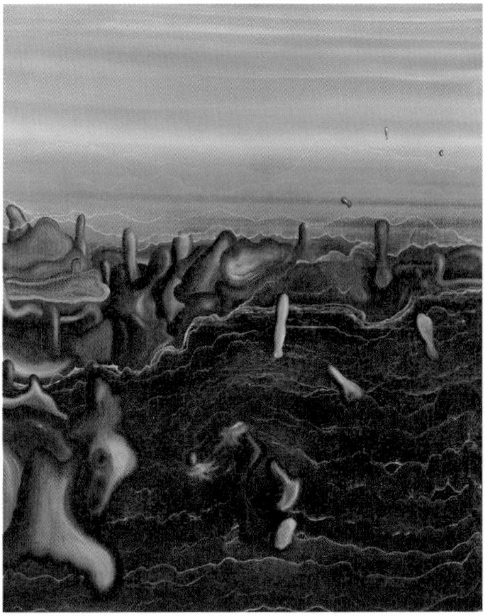

9
〈어두운 정원〉 이브 탕기, 1928년

Tanguy, 1900~1955)[9]였다. 그는 우연히 버스 안에서 길거리 화랑에 걸린 키리코의 그림을 보고 충격을 받아 아무런 예술적 훈련도 받지 않은 상태에서 화가가 되었다. 예술의 본질이 '놀라움(surprise)'에 있다고 믿은 그는 미로의 이미저리에 영향을 받아 원생동물을 닮은 유기적 형상을 그리곤 했다. 하지만 그는 미로와 달리 그 추상적 형상들을 거의 트롱프뢰유에 가까운 자연주의로 묘사한다. 이로써 무의식이 빚은 그 형상들은 종종 그림자까지 달고 있어 객관적 공간 속에 들어 있는 실재처럼 느껴진다. 이는 초현실주의의 또 다른 노선의 가능성을 암시한다.

그 가능성을 실현한 사람은 바로 살바도르 달리(Salvador Dalí, 1904~1989)다.

트롱프뢰유 초현실주의

1941년에 발표된 〈초현실주의의 예술적 기원과 전망〉에서 브르통은 초현실주의의 두 가지 노선을 지적한다. 하나는 마송과 미로, 탕기처럼 전면적 혹은 부분적으로 자동주의를 따르는 것이고, 다른 하나는 달리처럼 "꿈의 영상을 고정시키기 위해 트롱프뢰유"를 사용하는 것이다. '초현실주의의 교황'이 1930년대에 트롱프뢰유를 초현실주의 기법으로 승인한 것은, 자신이 얼마 전에 파문한 마송과 탕기에 맞세울 누군가(살바도르 달리)가 필요했기 때문이다. 추상적 형상을 자연주의적으로 묘사했다는 점에서 탕기는 자동주의에서 트롱프뢰유로 넘어가는 가교가 된다. "우리가 달리에게서 찬탄하는 것은 대부분 탕기가 암시만 했던 것을 스펙터클하게 확대한 것이다."[15]

달리는 "초현실주의의 수동성에 초현실주의적 능동성을 대립"시킨다. 무의식의 흐름에 자신을 내맡기는 자동기술과 달리, 트롱프뢰유는 화가의 능동적 개입을 요구한다. 하지만 이렇게 초현실주의를 무의식의 '표현'이 아니라 '재현'으로 바꿔놓는 것은 '무의식으로 하여금 스스로 말하게 한다.'는 초기 원칙의 위반일 수도 있다. 달리의 그림에는 프로이트 이론의 성적 상징들이 심히 명시적으로 인용된다. 이른바 '편집증적 비평 방법'은 하나의 이미지 속에 감추어진 또 다른 이미지를 보게 해준다. 이처럼 관객의 시각을 조직하는 데 착란증을 의식적으로 활

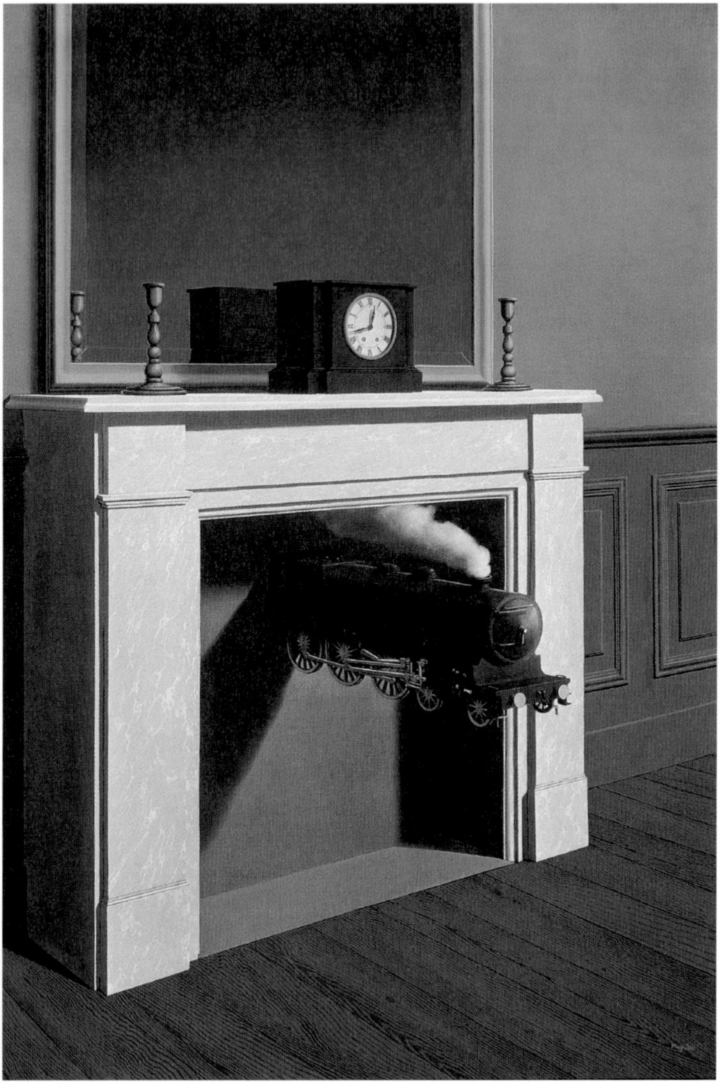

10
〈응고된 시간〉 르네 마그리트, 1939년

용하는 것 역시 무의식의 수동적 표출을 넘어서는 능동적인 기획이라 할 수 있다.

광고 이미지에 가까운 자연주의를 사용한다는 점에서, 마그리트[10] 역시 달리처럼 초현실주의의 구상적 노선에 속한다. 그의 화면에서 친숙한 일상의 대상들은 데페이즈망을 통해 언제나 낯설게 나타난다. 이는 '친숙한 낯섦'을 뜻하는 프로이트의 '언캐니(unheimlich)' 개념을 연상시킨다. 같은 모티프(가령 파이프)를 여러 작품에서 되풀이하는 반복 강박도 '억압된 것의 회귀'라는 언캐니의 정의와 일치한다.16 그런 점에서 그는 초현실주의적이다. 하지만 '패러독스'나 '실재론/관념론'과 같은 주제를 다룸으로써 그는 초현실주의의 범위를 넘어선다. 이때 '익숙한 낯섦'은 무의식의 수단이라기보다는 의식의 수단, 즉 논리적-철학적 성찰의 수단에 가까워진다.

초현실주의 오브제

1931년 브르통은 달리, 자코메티와 함께 잡지 〈혁명을 위한 초현실주의〉에 '상징적으로 기능하는 오브제'에 관한 글을 기고한다. 이로써 초현실주의는 환상의 회화에서 오브제-만들기의 단계로 이행한다. 1936년 파리의 샤를 라통 화랑에서 최초의 오브제 그룹전이 열린다. 특히 1938년 보자르 화랑에서 열린 '초현실주의 국제전'은 온갖 오브제로 이루어진 거대한 설치 예술이었다. 전시회에서는 여러 오브제 중에서 특히 인형 혹은 마네킹이 중요한 비중을 차지하고 있었다.

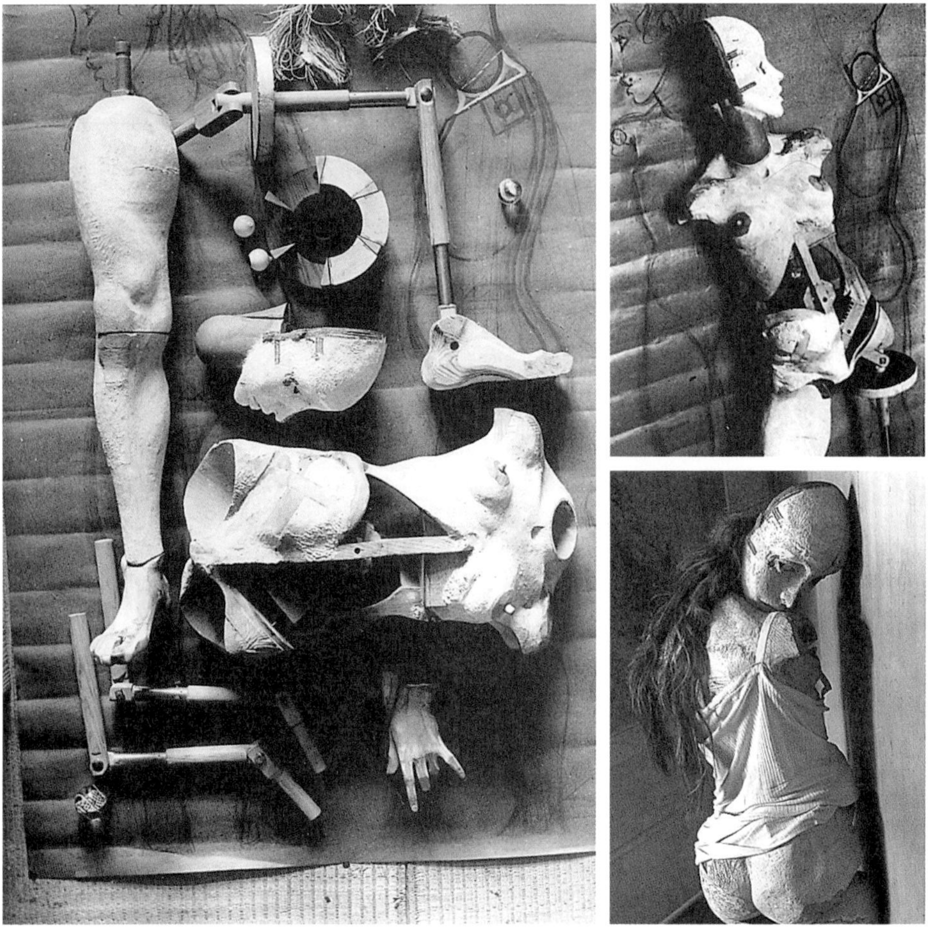

11
사진집 《인형》에 수록된 사진들, 한스 벨머, 1934년

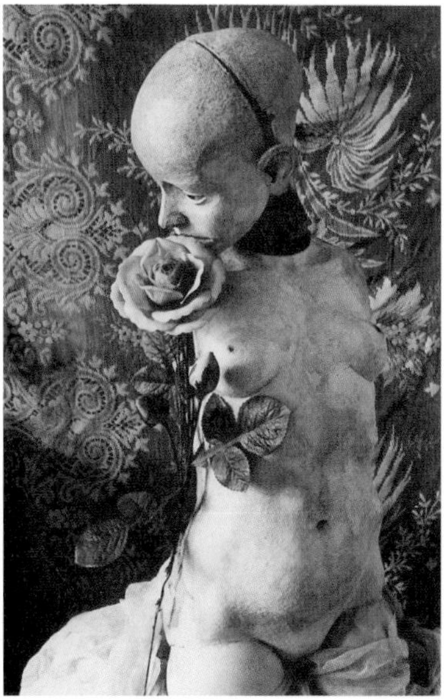

12
〈인형〉 한스 벨머, 1934년

방문객들은 먼저 마당에서 달리의 〈비 내리는 택시〉에 놀랐다. 이 낡은 자동차 안에는 달팽이로 덮인 인형과 상어 머리의 운전수가 비를 맞으며 앉아 있었다. …… 복도를 따라 들어가면 곳곳에서 여자 마네킹을 보게 된다. 에른스트의 마네킹은 검은 베일로 된 옷을 입고 발로 남자 형상을 짓밟고 있었다. …… 뒤샹의 마네킹은 가슴 주머니에 손수건 대신 빨간 전구를 꽂은 남자 재킷을 입고 있었다. 장관은 마송의 〈팬지의 입마개를 한 소녀〉였다. 그녀는 머리에 버들가지 새장을 쓴 채 의안이 촘촘히 박힌 슬립을 입고 있었다.17

이 시기의 오브제 중에서 가장 인상적인 것은 한스 벨머의 작업[11, 12] 이리라. 그는 1933년부터 구체 관절을 이용해 기괴한 소녀의 인형을 만들었다. 마치 인체의 구조를 모르는 이가 해체하여 조립한 듯이 신체 부위를 엉뚱하게 결합한 이 "해부학의 애너그램"[18]은 원래 '아리안' 여성의 신체를 이상화한 나치에 대한 항의이자, 당시 독일 사회에 지배적이던 젠더와 섹슈얼리티의 표상에 대한 반역이었다. 하지만 이런 사회적, 정치적 측면보다 눈에 띄는 것은 소녀의 신체를 파괴하는 가학성 속에 노골적으로 드러나는 성적 욕망이리라. 할 포스터는 인형의 섬뜩함(uncanny) 속에서 초기 프로이트의 '쾌락 원리'와는 구별되는 새로운 원리, 즉 '죽음의 충동'을 본다.[19]

프로이트는 전장에서 돌아온 병사들이 꿈속에서 반복해서 끔찍하고 참혹한 전장으로 돌아가는 것을 설명하는 데 어려움을 겪었다. 쾌락 원리에 따르면, 무의식은 불쾌한 기억은 망각해야 하기 때문이다. 이를 설명하기 위해 프로이트는 '죽음의 충동'이라는 원리를 도입한다. 즉, 우리의 무의식에는 삶의 충동과 나란히 탄생 이전의 죽음의 상태로 돌아가려는 충동도 있다는 것이다. 병사들이 무의식 속에서 트라우마를 반복하는 것은 그 때문이리라. 가령, 벨머의 인형은 섬뜩하지만 거기에는 또한 거부하기 힘든 묘한 매력이 있다. 그것이 바로 브르통이 말한 '발작적 아름다움'인데, 그 매력은 우리의 무의식에 깔린 '죽음의 충동'에서 비롯되는 것이다.

사물이면서 생명처럼 보이는 마네킹. '달걀 모양의 석회암 퇴적물' 같은 오브제. 미로와 마송, 탕기의 그림 속의 무정형한 형상들. 이들은 모두 인간/비인간, 생명/비생명의 모호한 혼합 속에서 개체 발생의 최초 상태(자궁), 진화 단계의 최초 상태(바다)를 암시한다. 브르통은 그것들을 "베일에 가린 에로틱"이라 부른다. 실제로 그런 형상들을 좋아하는 취향의 바탕에는 진화를 거슬러 무생물, 즉 죽음의 상태로 되돌아가려는 은밀한 성적 욕망이 깔려 있을 것이다. 할 포스터는 초현실주의 본질이 죽음의 충동과 연결된 이 언캐니의 체험, 즉 "억압되었던 것이 불현듯 통합된 정체성, 미적 규범과 사회질서를 파열시키며 회귀하는" 체험에 있다고 주장한다.

초현실주의 그 이후

"생명과 죽음, 현실과 환상, 과거와 미래가 …… 모순으로 보이기를 그치는 마음의 한 지점 …… 그 지점을 결정하려는 희망이 초현실주의 활동의 기본적 동기였다."[20] 브르통은 실제로는 죽음의 충동까지 나아갔지만, 그것을 스스로 인정하지는 않았다. 억압으로부터 생명의 해방을 표방한 혁명이 죽음을 지향한다는 것은 곧 실패를 자인하는 꼴이었기 때문이다. 브르통이 멈춰 선 곳에서 과감하게 죽음의 충동으로 나아간 이는 조르주 바타유였다. 그는 미술이 애초에 형태를 깨는 '파괴 충동'에서 출발했다며, 모든 분류를 해체하는 "무정형의 임무"를 주장했다. 1930년대 '도퀴망' 그룹은 브르통을 떠난 화가들과 함께 초현실주의 운동의 대안으로 떠오른다.[21]

초현실주의자들이 〈초현실주의 혁명〉이라는 잡지의 이름을 통해 '혁명'을 표방했을 때, 그것은 정신의 혁명을 의미했지 사회-정치적 혁명을 가리킨 건 아니었다. 1926년 이후 공산당에 가입한 초현실주의자들

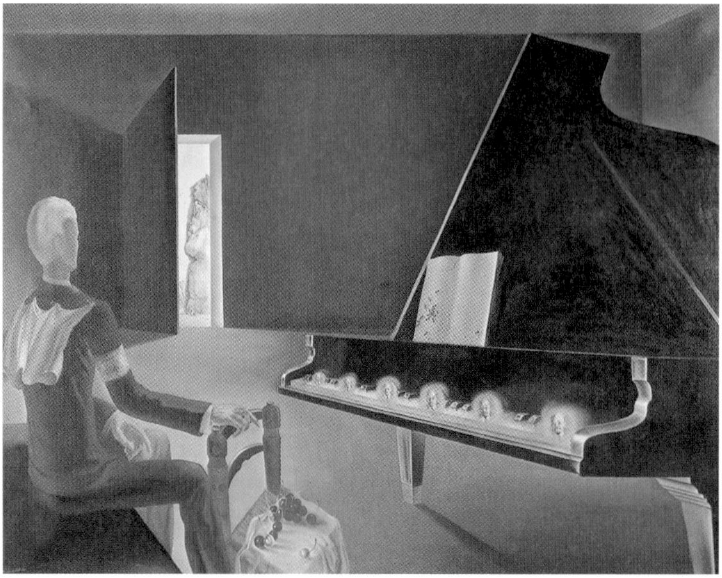

13
〈부분적인 환상, 피아노 위의 6개 레닌 유령〉 살바도르 달리, 1931년

은 입으로는 사적 유물론을 표방하면서도 혁명의 요구에 제 영혼을 파는 데는 동의하지 않았다.22 1930년대 이후에 '초현실주의'는 공산당 내에서 차라리 혐오의 대상이 되기 시작한다. "가장 강렬한 정치성을 띤 그림이라야 …… 레닌의 얼굴을 그랜드 피아노 건반 위에 여섯 번 정도 그린 살바도르 달리의 그림[13]인데 이 따위 그림을 가지고 무엇을 할 수 있단 말인가?" 1935년 초현실주의자들은 공식적으로 공산주의와 결별을 선언한다.

초현실주의 운동은 2차 세계대전의 발발과 더불어 종언을 고한다.

종전 후 망명했던 초현실주의자들이 돌아와 1960년대까지 활동을 계속 하기는 했지만, 이 운동이 1924~1939년 사이에 도달했던 절정에는 다시 오를 수 없었다. 미국으로 망명한 초현실주의자들은 그곳의 미술 속에 중요한 자취를 남긴다. 그들이 남긴 흔적은 아실 고키라는 다리를 통해 미국의 추상표현주의로 이어진다. 자동주의, 특히 마송의 자동 데생은 고키, 폴록, 드 쿠닝이 구사하는 화법의 원형이었다. 미로 역시 언젠가 깡통에 구멍을 뚫어 줄에 달아 움직이면서 뚫린 구멍으로 물감을 흘리는 방법을 제안한 적이 있다.[23] 폴록은 그것을 '드리핑(dripping)'이라고 불렀다.

오브제

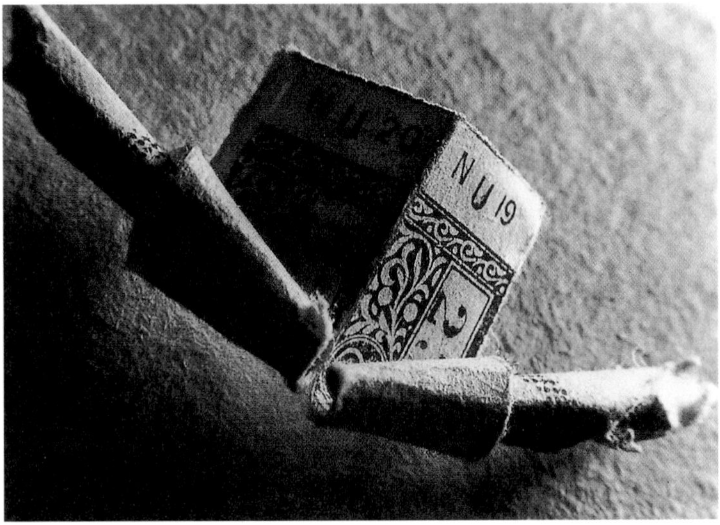

1
〈비자발적 조각〉 브라사이, 1933년

《초현실주의 미술》의 저자 알렉산드리안에 따르면, 오브제는 "콜라주보다 더 전형적으로 초현실주의적인 창작물"이다.[1] 오브제의 시조는 1798년 '불합리한 기구'의 수집품 목록을 만들었던 작가 리히텐베르크라고 한다. 그의 목록에 수록된 수집품은 '손잡이 없는 이 빠진 칼'이나 '야간에 누운 채로 움직일 수 있는 이동식 침대'와 같이 전혀 실용성이 없는 것들이었다. 리히텐베르크의 오브제 목록은 실은 아무런 개념 없이 무엇이든 닥치는 대로 사들이곤 했던 당시의 무식한 수집가들의 몰취향을 풍자하기 위한 것이었다고 한다.

초현실주의자들도 처음에는 리히텐베르크처럼 오브제를 풍자의 목적으로 사용했다. 하지만 오래지 않아 그들은 그것의 중요성을 깨닫고는 초현실주의 미학의 중심 원리로 발전시키게 된다. 앙드레 브르통은 이미 1924년에 검은 양모로 된 페이지들을 나무 요정 모양의 책등에 묶은 책에 관해 언급한다. 하지만 그가 오브제의 심리학을 발전시키는 것은 1929년 〈2차 초현실주의 선언〉 이후의 일이다. 당시에 파트너가 된 달리와 함께 그는 〈몽상-오브제〉, 〈존재-오브제〉, 〈환영-오브제〉 등 다양한 오브제에 관한 글들을 발표한다.[2]

1934년 브르통은 '초현실주의란 무엇인가'라는 강연에서 "오브제의 탐구가 초현실주의의 가장 첨예한 연구 중 하나"라고 선언한다. 이미 1924년의 에세이에서 그는 오브제를, 두 개의 경쟁하는 현실들, 즉 내면의 현실과 외부의 현실을 매개하고 화해하는 도구로 규정한 바 있다. 그에게 오브제는 현실 속에서 꿈과 같은 상태를 보여주는 사물을 의미한다. 거기서 꿈과 현실은 중첩된다. '대립물의 통일'이라는 헤겔의 말처럼, 그 속에서 (물리적 대상의) 지각과 (몽환적 이미지의) 상상은 서로 충돌하면서 동시에 하나로 결합된다.

1936년 파리의 샤를 라통 화랑에서 최초의 초현실주의 오브제 그룹전이 열렸을 때 출품작들을 체계적으로 분류하려는 시도가 있었다. 알렉산드리안은 그것이 오늘날의 눈에는 "매우 부적절하다."며 자신이 작성한 새로운 분류법을 제안한다. 하지만 그의 시도 역시 그다지 성공적으로 보이지는 않는다. 분류가 과도하게 세밀하여 '분류'하는 행위의 목적 자체가 상실된 느낌을 주기 때문이다. 아무튼 그의 새로운 분류법에 따르면, 초현실주의 오브제의 종류는 무려 16가지나 된다.

> 발견된 오브제, 자연적 오브제, 해석된 발견된 오브제, 해석된 자연적 오브제, 레디메이드, 아상블라주, 편입된 오브제, 환영 오브제, 몽상 오브제, 상자, 시각적 기계, 시 오브제, 움직이고 침묵하는 오브제, 상징적으로 기능하는 오브제, 객관적으로 제공된 오브제, 존재 오브제.

이 중에서 '발견된 오브제(found object)'는 다른 모든 사물 속에서 주목을 끄는 오브제를 가리킨다. 대개는 산업적 생산물로 그 기능이나 기원을 알 수 없게 된 경우가 많다. 가령 브라사이[1]의 사진 속의 기괴한 오브제는 실은 반쯤 찢어져 둘둘 말린 버스 티켓이다.3 자코메티는 파리의 벼룩시장에서 우연히 금속으로 된 마스크를 발견하고는, 그것에서 영감을 받아 미완성으로 남아 있던 자신의 조각 〈비가시적 오브제〉의 얼굴 부분을 비로소 완성할 수 있었다고 한다. 그 물건이 펜싱 마스크임을 알게 된 것은 물론 나중의 일이었다.

'자연적 오브제(natual object)'는 나무뿌리나 조개껍데기 등 우연히

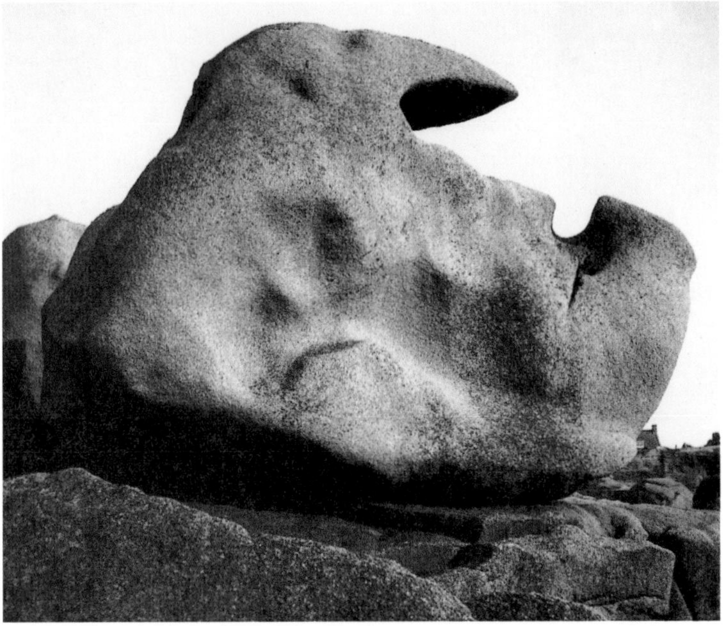

2
〈암석, 브리타니〉 에일린 아가르, 1936년

발견된 자연의 산물을 가리키는데, 앙드레 브르통은 그중에서도 특히 돌멩이를 좋아했다고 한다. 그는 종종 지인들과 함께 센 강변을 거닐며 돌멩이를 찾곤 했는데, 그것은 그가 광물의 왕국에서 "기호와 암시의 영역"을 발견했기 때문이다. 파리의 초현실주의 작가들이 자연적 오브제마저도 도시환경에서 발견하려 했다면, 에일린 아가르[2]와 같은 영국의 초현실주의 작가들은 해변이나 시골에서 몽상적 느낌을 주는 오브제를 발견하곤 했다.4

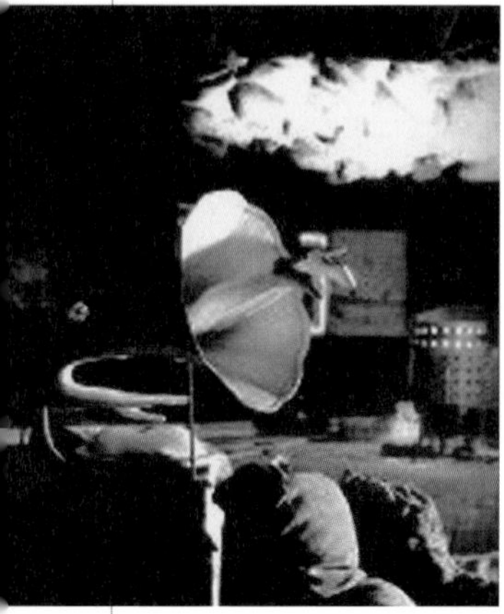

3 〈결코〉 오스카르 도밍게스, 1938년

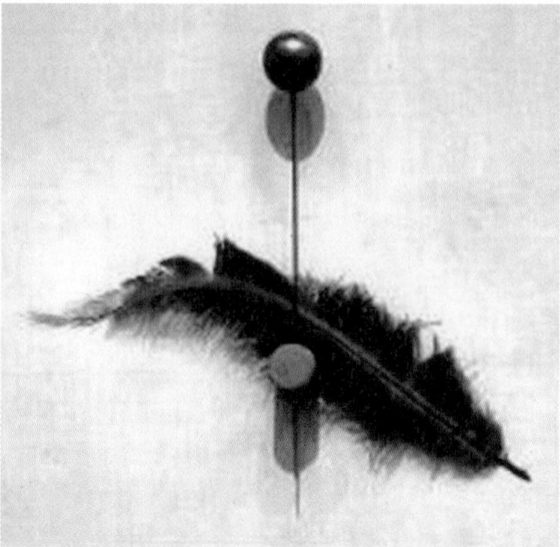

4 〈스페인 무희〉 호안 미로, 1928년

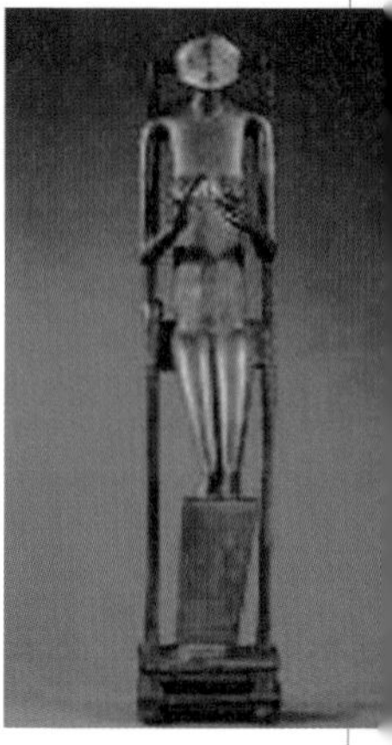

5 〈비가시적 오브제〉 혹은 〈허공을 그러쥔 손들〉 알베르토 자코메티, 1934년

'해석된 발견된 오브제(found object interpreted)'는 우연히 발견한 산업적 산물을 예술가의 솜씨로 기괴한 오브제로 변화시킨 것을 가리킨다. 특히 도밍게스가 이 분야에서 탁월한 능력을 발휘했는데, 그는 〈결코〉[3]라는 작품에서 낡은 마네킹과 축음기로 여자의 다리가 스피커 밖으로 빠져나오는 모습을 연출한다. '해석된 자연적 오브제'는 우연히 주운 자연의 대상을 예술적으로 가공하여 오브제로 변화시킨 것을 가리킨다. 막스 에른스트는 1934년 자코메티를 방문했을 때 그의 집 근처에서 주운 돌들에 홈을 파고 색을 칠하여 오브제로 만들었다.

'레디메이드(Ready-made)'는 하나의 산업 생산물이 원래의 맥락에서 떨어져 나와 본래의 기능을 상실하는 경우를 가리킨다. 가령 뒤샹의 〈병 건조대〉나 〈자전거 바퀴〉를 생각해보라. '아상블라주(Assemblage)'

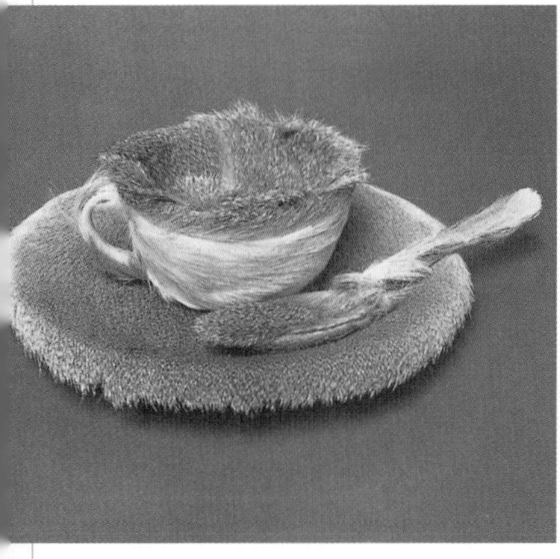

6 〈모피의 컵, 컵 받침, 그리고 스푼〉
메레 오펜하임, 1936년

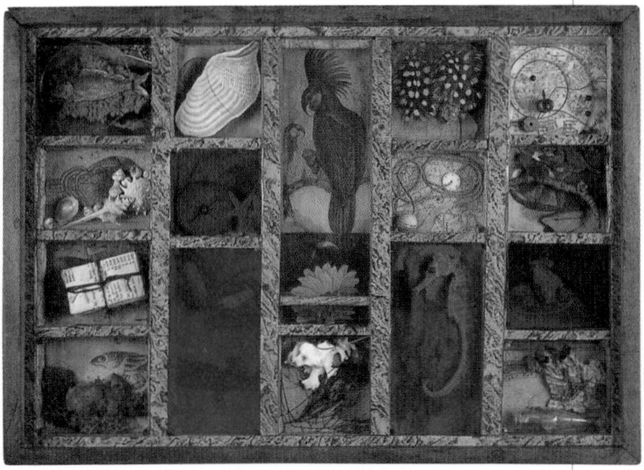

7 〈솔로몬 군도〉 조셉 코넬, 1940~1942년

는 '자연적 오브제'나 '발견된 오브제'를 결합하여 조각 작품으로 만드는 것을 가리킨다. '편입된 오브제(incorporated object)'는 회화나 조각의 일부로 편입된 오브제를 가리킨다. 예를 들어 호안 미로는 〈스페인 무희〉[4]에서 텅 빈 캔버스에 깃털을 머리핀으로 고정시켜놓았다.

'환영 오브제(phantom object)'는 실제로는 존재하지 않으나 마치 존재하는 것처럼 암시되는 오브제를 가리킨다. 가령 자코메티의 〈비가시적 오브제〉는 〈허공을 그러쥔 손들〉[5]이라는 제목으로도 불리는데, 거기서 여인의 두 손은 마치 보이지 않는 대상을 움켜쥔 듯이 보인다. 한편, '몽상 오브제(dream object)는 꿈 특유의 "과장하고 극화하는" 경향에 따라서 소박하고 친숙한 대상을 요란하고 화려하게 변형시킨 오브제를 말한다. 가장 대표적인 예는 메레 오펜하임의 〈모피의 컵, 컵 받침, 그리고 스푼〉[6]이다.

어떤 오브제들은 특정한 작가의 이름과 밀접히 결합되어 있다. 가령 '상자(box)'는 미국의 조각가 조셉 코넬[7]의 독특한 오브제 전략으로, 그는 발견된 오브제를 데페이즈망 기법으로 배열하여 상자 속에 담은 일련의 작품으로 널리 알려졌다. '시각적 기계(optical machine)'는 가령 뒤샹의 〈회전하는 준(準)구체〉[8]처럼 회전을 통해 시각적 환영을 만들어 내는 오브제다. '시 오브제(poem object)'는 오브제에 시 텍스트를 결합시킨 것으로, 초현실주의자들 중에서는 브르통만이 유일하게 이 전략을 구사했다.

'움직이고 침묵하는 오브제(mobile and mute object)'는 자코메티 특유의 오브제로, 움직이지 않으면서도 움직이는 것 같은 느낌을 주는 오브제를 말한다. 가령 〈유예된 공〉[9]에서 구체는 반달 모양을 따라 미끄러져 내려가다가 도중에 멈추고 만다. 이때 관찰자는 묘한 초조감과 실망감을 느끼게 된다. '상징적으로 기능하는 오브제(symbolically functioning object)'[10]는 자코메티의 영향 아래 달리가 고안한 것으로, 오브제를 전용하여 억압된 욕망이나 리비도의 보상적 만족을 상징하는 데 사용하는 것을 가리킨다.

'객관적으로 제공된 오브제(objectively offered object)'는 게라심 루카가 1945년에 출간한 《수동적 흡혈귀》라는 책에서 도입한 것으로, 누군가를 생각하는 가운데 만들어진 물건을 가리킨다. 이 경우 그 사물은 그 사람과의 정서적, 지성적 교류의 매체가 될 수 있다고 한다. 마지막으로 '존재 오브제(being-object)는 가령 기괴한 제례 의상을 입은 장 브누아[11]처럼 인물이나 인형, 인물상, 혹은 마스크 등이 그 자체로서 상징

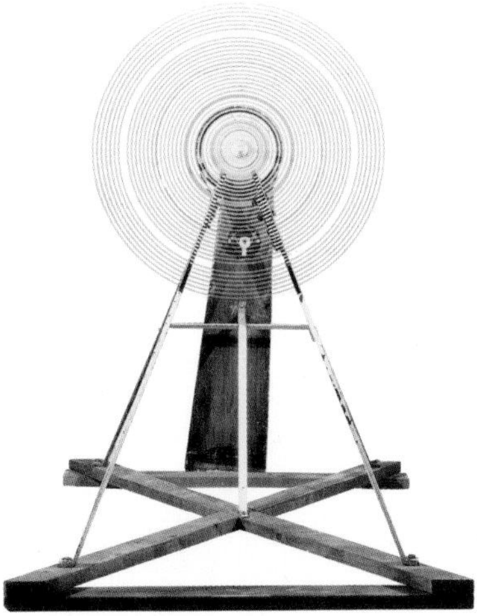

8
〈회전하는 준(準)구체〉 마르셀 뒤샹, 1925년

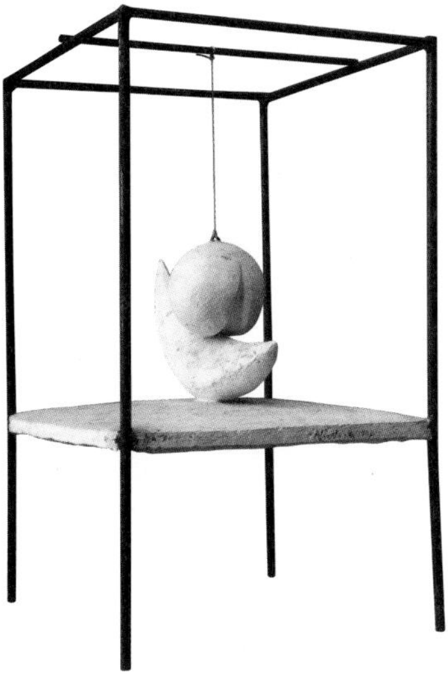

9
〈유예된 공〉 알베르토 자코메티,
1930~1931년

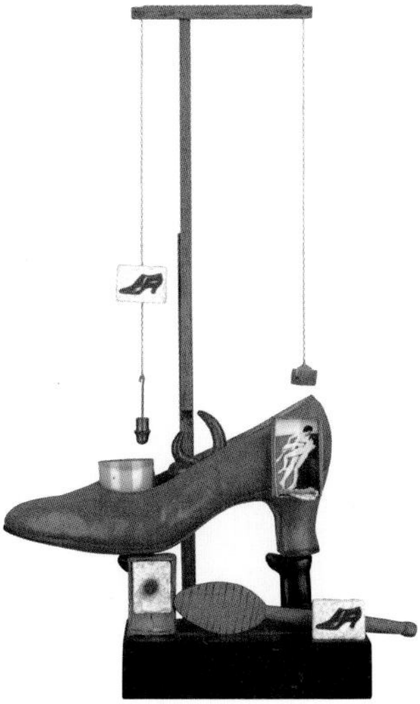

10
〈상징적으로 기능하는 분변학적(糞便學的) 오브제〉
살바도르 달리, 1931년

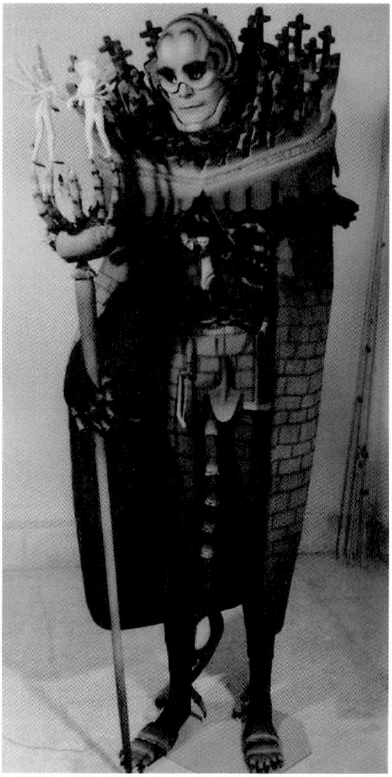

11
〈시체 선호증〉 장 브누아, 1964~1965년

적 기능을 가진 오브제가 되는 경우를 말한다. 인형을 소재로 한 한스 벨머의 작업도 여기에 속할 것이다.

초현실주의는 오브제를 조각과 대등한 위치에 올려놓았고, 그로써 현대조각은 오브제를 기초로 자신을 재규정하지 않을 수 없었다. 현대회화가 전통적 회화의 규약을 파괴하려 한 것처럼, 오브제가 전통적 조각의 관념을 뒤흔들어놓았던 것이다. 조각이 아니라 아예 사물(오브제)로 돌아가려 했던 전후 예술의 전략들, 가령 미니멀리즘의 전략은 멀리 초현실주의의 오브제 전략에 그 기원을 두고 있다. 조각가들 중에서 최초로 자신의 작품을 '조각'이 아닌 '오브제'로 선언한 사람 역시 초현실주의자 자코메티였다.

9 신즉물주의

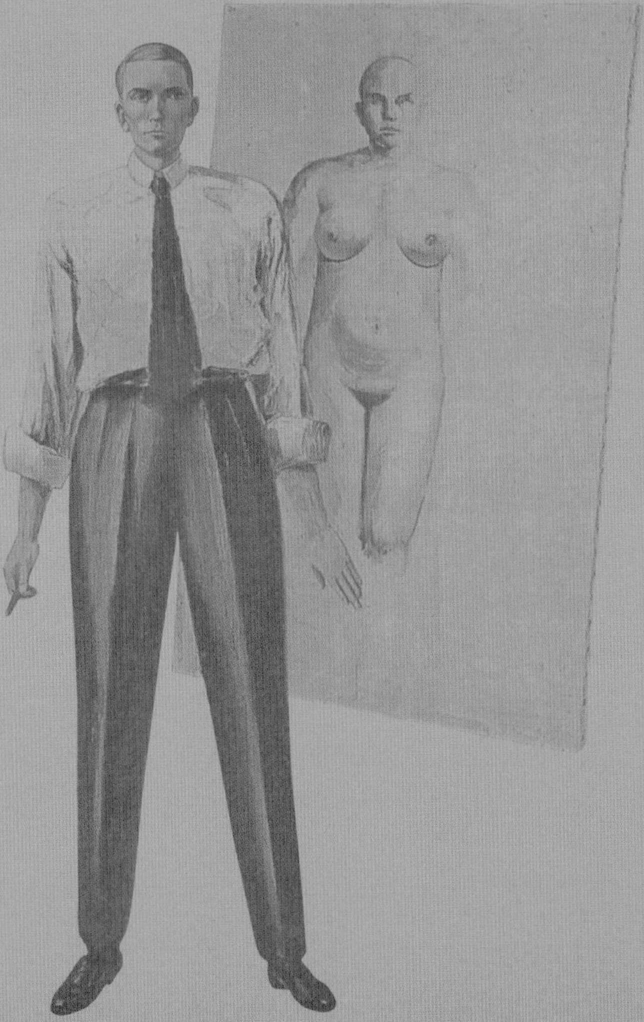

냉정한 현실의 질서

정치적으로나 경제적으로 상대적 안정을 누렸던 바이마르 시대에는 예술에서도 표현주의와 다다이즘의 파토스 과잉을 억누르고 현실에 냉정히 거리를 취하는 관조적 태도가 요구됐다. 마침 1920년대에는 다른 나라에서도 복고적 경향('질서로 회귀')이 나타났다. 신즉물주의는 처음부터 두 개의 상이한 경향으로 이루어져 있었다. '진실주의'라 불린 왼쪽 날개는 부르주아 사회의 위선에 냉정한 해부의 칼을 들이댔고, '마술적 리얼리즘'이라 불린 오른쪽 날개는 정치적 메시지가 없는 데드팬의 미학을 지향했다. 표현주의처럼 신고전주의 역시 좌우익 양쪽에서 비판을 받는 가운데, 사회주의 리얼리즘 아니면 신고전주의풍의 나치 예술로 변신할 것을 강요받았다.

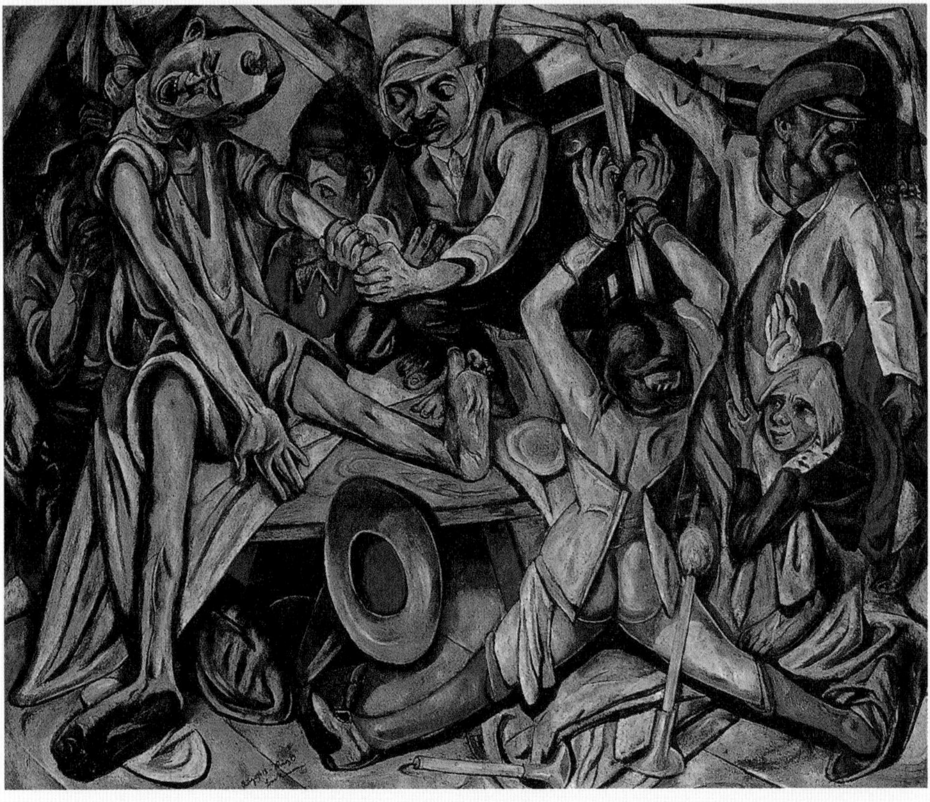

1
〈밤〉 막스 베크만, 1918~1919년

신즉물주의(Neue Sachlichkeit)는 바이마르 공화국(1918~1933)의 예술이었다.[1] 이 자유민주주의 공화국은 1920년대 중반 좌우익의 국가 전복 시도와 치솟는 인플레이션을 극복하고 정치적, 경제적 안정에 도달한다. 당시 독일 사회는 어렵게 이룩한 이 현상을 유지하기 위해 모든 사안에 조심스레 냉정하게 거리를 취하는 '즉물적' 태도를 장려했다. 신즉물주의는 한마디로 예술의 영역에서 "표현주의의 과잉과 인플레이션 시대로부터 거리를 취하는 방식"[2]이었다. '즉물성'은 종종 '객관성(objectivity)'으로 번역되나, 독일어에서 '즉물성'은 외려 대상 자체보다는 대상에 대한 태도를, 즉 대상을 대하는 건조하고 냉정한 이성적 태도를 가리킨다.

신즉물주의의 탄생

'신즉물주의'라는 명칭은 1923년 만하임 미술관장 하르틀라우프가 전시회에 초청하기 위해 작가들에게 돌린 회람에서 유래한다. 이 전시회는 "인상주의적으로 해체"되거나 "표현주의적으로 추상적"이지 않고, "만질 수 있는 실재에 충실"한 작품들을 위한 것이었는데, 하르틀라우프는 이 새로운 구상 회화의 명칭으로 '신즉물주의'를 제안했다. 그의 제안은 2년 후 '신즉물주의: 표현주의 이후의 독일 회화'라는 이름의 전시회로 실현된다. 당시 독일에서는 그 경향을 가리키는 데 '신사실주의', '신자연주의', '마술적 사실주의' 등 여러 이름이 사용되었으나, 이 전시회의 성공으로 '신즉물주의'가 다른 것을 제치고 새로운 경향의 이름으로 자리 잡는다.

'즉물성'이 대상성을 넘어 대상성에 대한 태도를 가리킨다면, '신즉물주의'는 그저 대상들이 복귀하는 차원을 넘어 복귀한 그 대상들이 감정 없이 차갑게 묘사되는 것까지를 가리킬 것이다. 이 시기에 구상의 복귀는 독일만의 현상이 아니었다. 이탈리아에서는 세베리니가 미래주의 언어를 버리고 고전주의 양식을 채택했고(172쪽 그림 참조), 일찍부터 아방가르드를 배반한 카라는 미래주의의 소란함을 떠나 형이상학적 회화의 고요함으로 잠적해버렸다(172쪽 그림 참조).[3] 프랑스에서는 피카소와 드랭이 입체주의 언어를 버리고 앵그르의 신고전주의 양식으로 돌아갔다. 그런 의미에서 신즉물주의는 '질서로 회귀'라는 1920년대의 보편적 현상의 독일 판이라고 할 수 있다.

'신즉물주의'라는 역어는 사실 적절한 것이 아니다. 원어에는 '주의'라는 말이 들어 있지 않기 때문이다. 실제로 신즉물주의는 '이즘(ism)'이 아니었다. 거기에는 강령도, 선언도, '운동'이라는 자의식도 없었다.[4] 신즉물주의는 아방가르드 이후 '이즘'을 표방하지 않은 최초의 현대예술이었다. ('이즘'을 거부한 것은 다다가 최초였지만, 1920년대 중반 다다는 이미 '다다-이즘'이 되어 있었다.) 1920년대 독일 사회에서 '혁명'이나 '운동'의 시대는 지나갔다고 여겨졌다. 유토피아의 열망이 환멸로 바뀐 후에 찾아온 것은 안정된 부르주아 체제가 제공한 사회적 질서와 산문적 일상. 신즉물주의는 이런 시대에 인간이 느끼는 패배주의와 냉소주의의 표현이었다.

> 비도덕성보다 더 나쁜 것은, 오늘날 많은 예술가들이 갖고 있는 불신에 가득 찬 상대주의와 희망의 상실이다. …… 그들은 더 이상 예술을 완전

히 신뢰하지 못한다.5

신즉물주의의 두 날개

'신즉물주의'라는 흐름에 속한 모든 화가에게 공통된 양식이 있었던 것은 아니다. 존재하는 것은 차라리 상이한 화가들 사이에 서로 교차하는 일련의 공통성들이리라. 1978년 전시회의 카탈로그는 그런 가족유사적 특성으로 여덟 가지를 든다. 첫째, 뚜렷한 윤곽을 사용하는 것, 둘째, 감상이나 감정이 결여된 냉정한 시각을 유지하는 것, 셋째, 진부한 일상의 사소한 제재를 다루는 것, 넷째, 대상을 맥락에서 고립시켜 정체성을 문제 삼는 것, 다섯째, 역동성보다 정태성을 선호하는 것, 여섯째, 이질적 세부들을 명확한 질서로 구축하는 것, 일곱째, 그리는 과정의 흔적을 지우고 화가의 필체를 제거하는 것, 여덟째 그로써 대상 세계와 새로운 정신적 관계를 드러내는 것.6

하지만 이렇게 신즉물주의의 양식적 특성을 규정하는 데는 늘 문제가 따른다. 이 흐름이 처음부터 서로 이질적인 두 갈래로 이루어져 있어, 어느 한쪽을 강조하다가는 다른 쪽의 특성이 경시되기 십상이기 때문이다. 하르틀라우프는 이미 1922년에 '자연으로 회귀'하는 흐름이 좌익과 우익으로 구별된다고 지적한 바 있다.7 만하임 전시회의 카탈로그에서도 그는 '신즉물주의'의 두 날개에 대해 이야기한다.

> 거의 좌익이라 불러야 할 하나의 흐름은 시사(時事)의 세계로부터 대상성을 떼어내서 그 체험을 그것의 속도와 열도 속에서 끄집어내려 한다.

다른 하나의 흐름은 무시간적 대상을 찾아, 그것을 붙들고 예술의 영역에서 영원한 현존의 법칙을 실현하려 한다. 첫 번째를 '진실주의자'라 부른다면, 두 번째는 '고전주의자'라 부를 수 있을 것이다.[8]

막스 베크만, 오토 딕스, 게오르게 그로스, 크리스티안 샤드와 같은 진실주의자들(Veristen)은 사회를 풍자하거나 비판하기 위해서 구상으로 돌아갔다. 이들의 격렬한 리얼리즘은 종종 사물의 외양을 외려 왜곡하곤 했는데, 이는 그들이 '추'야말로 진실, 즉 현실의 진정한 모습이라고 믿었기 때문이다. 반면 안톤 레더샤이트나 게오르크 슈림프(Georg Schrimpf, 1889~1938)와 같은 고전주의자들(Klassizisten)은 시사와 관계없이 표현의 과잉에 대한 반발에서 앵그르의 것과 같은 명확한 이미지로 돌아가려 했다. 제재보다 형식에 치중했던 이들은 '질서로 회귀'라는 전후의 현상을 좀 더 분명히 보여준다.

비평가 프란츠 로(Franz Roh, 1890~1965)는 1925년에 발표한 저서에서 "우리 주위의 객관적 세계의 자율성을 다시 즐길 수 있게 되었고, 대상으로 결정화된 물질의 경이를 새로이 보게 되었다."[9]고 말하며, 이 새로운 구상적 경향을 환영했다. 그는 그 흐름에 '마술적 사실주의'라는 명칭을 주었지만, 1925년 전시회의 성공으로 '신즉물주의'라는 명칭이 관철된 후로 그 이름은 주로 신즉물주의의 한쪽 날개, 즉 좀 더 보수적인 '고전주의자'를 가리키는 데 사용된다. 저서에서 그는 양자의 특성을 비교한 표까지 작성해가며 표현주의와 마술적 사실주의의 대립을 강조했지만, 모던과 포스트모던의 관계처럼 신즉물주의 역시 표현주의의 단절이자 계승이라고 할 수 있을 것이다.

진실주의자들

특히 베크만(Max Beckmann, 1884~1950)이나 딕스처럼 표현주의에서 건너온 화가들은 그것을 잘 보여준다. 베크만은 종종 표현주의자로 분류되나, 그의 의도는 이미 표현주의의 한계를 넘어서 있었다. 자신을 역사화가로 여겼던 그는 예술이 주관적 '표현'을 넘어 전쟁과 이념의 폭력으로 점철된 혼란상의 객관적 '기록'이 되어야 한다고 믿었다. 그에게 "아라베스크 문양이나 아름다운 글씨 따위는 아무런 가치도 없다." 현실을 증언하는 데는 역시 "조각적 특성이 중요하다."[10] 실패한 좌익 봉기와 뒤이은 우익 테러의 상황을 다룬 그의 작품[1]에서는 여전히 표현주의 고유의 굵은 직선들이 사용된다. 하지만 그것들은 파열되어 흩어지지 않고 모여서 실재를 구축한다.

딕스는 입체주의에서 표현주의와 다다이즘에 이르기까지 다양한 영향을 받아왔다. 이를 반영하는 듯 그의 작품 세계는 양식적으로 다양함을 보여준다. 가령 〈카드놀이 하는 상이용사들〉[2]처럼 다다의 몽타주를 닮은 작품이 있는가 하면, 〈참호〉[3]처럼 강한 사실성에 표현주의적 강렬함을 결합한 작품도 있다. 하지만 신즉물주의자로서 그의 특성을 가장 잘 보여주는 것은 역시 1920년대 중반 이후에 그린 일련의 초상화들일 것이다. 표현주의적으로 과장되고 공격적으로 사실주의적인 딕스의 초상들은 어딘지 그로테스크한 느낌을 준다. 거기에 묘사된 것은 사회적 허식을 벗겨낸 인물들의 적나라한 모습이다.[4] 그 모습은 추하지만 진실한 것이다.

다다이즘에서 넘어온 작가들은 "절단과 파편의 기호학을 문자 그대

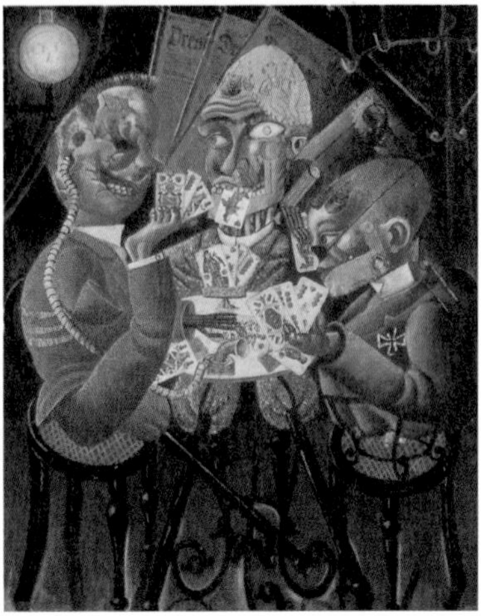

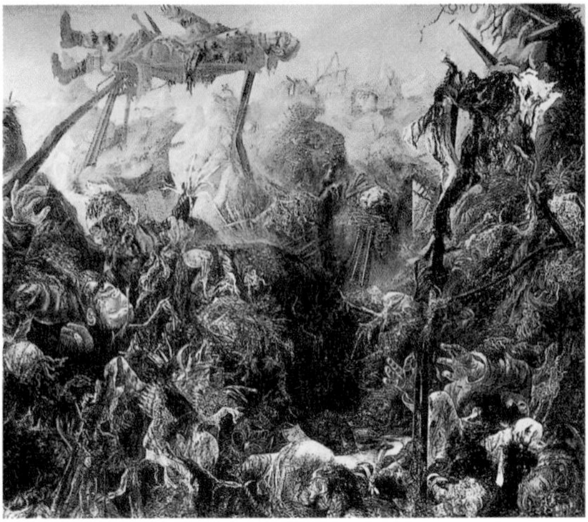

2 〈카드놀이 하는 상이용사들〉 오토 딕스, 1920년

3 〈참호〉 오토 딕스, 1923년

4 〈예술가의 부모 II〉 오토 딕스, 1924년

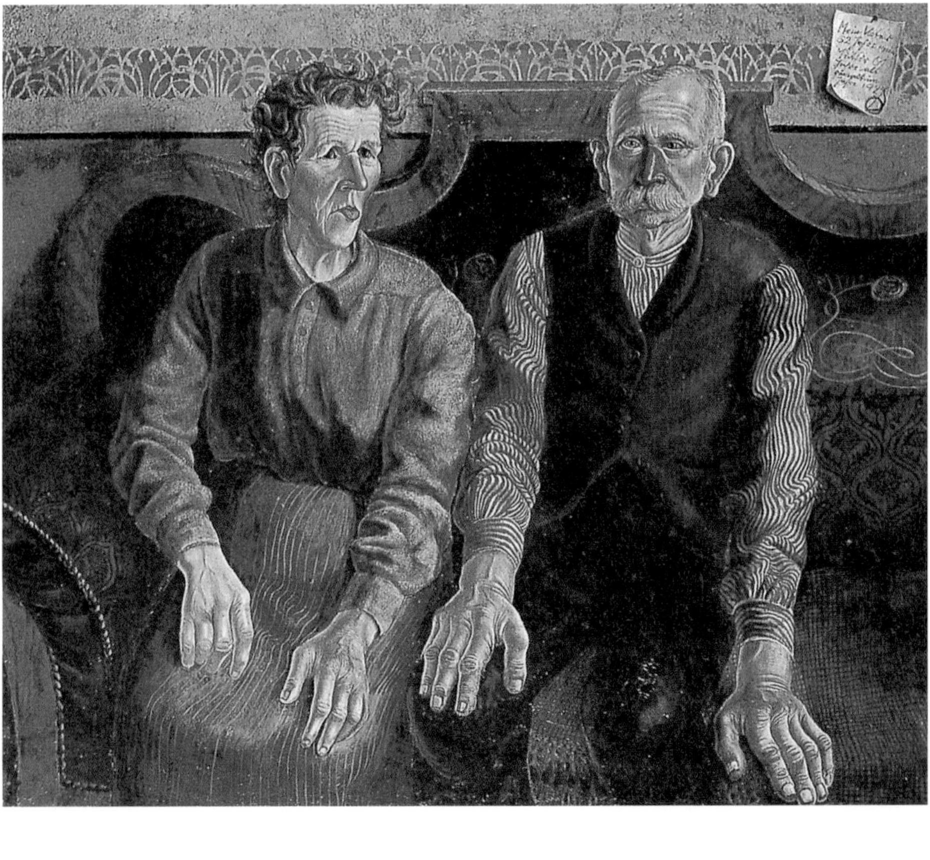

로 해석해 그 장치들을 수술 도구처럼 다시 사용한다."11 딕스의 〈카드놀이 하는 상이용사들〉은 의자나 탁자 다리와 구별되지 않는 의족을 가지고 있다. 여기서 절단과 파편은 묘사의 형식이 아니라, 보철 신체라는 현실의 진실한 묘사다. 그로스는 〈사회의 기둥들〉[5]에서 지배 세력인 국가, 교회, 장군의 머리 뚜껑을 열어 그 속에 든 배설물과 쓰레기를 보여준다. 여기서도 절단과 파편은 객관적 현실의 진실한 해부로 나타난다. 초현실주의가 마네키노(마네킹)를 사용했다면, 신즉물주의는 다다의 몽타주와 콜라주를 글자 그대로 해석해 전쟁이 낳은 마키노(기계)-신체를 묘사하는 데 전용했다.

"진실주의자는 그의 동시대인들의 얼굴에 거울을 들이댄다. 나의 드로잉과 회화는 항의의 행위로 행해진 것이다. 나는 내 작품을 수단으로 세상 사람들에게 세상이 추하고 병들고 위선적이라는 사실을 확신시켜 주려 했다." 그로스의 말은 크리스티안 샤드[6]에게도 그대로 적용된다. 샤드의 작품은 카바레 볼테르 시절부터 다다에 참여했던 그의 경력에 비하면 놀라울 정도로 사실주의적이다. 어느 비평가에 따르면, 샤드는 "이 운동(=신즉물주의)을 이전의 사실주의로부터 구별시켜주는 '차가운 응시'의 원형적 소유자"12다. 피부 아래를 찌르는 듯이 날카롭게 묘사된 대상은 그 묘사의 적나라함으로 인해 관객에게 일체의 감정이입을 허용하지 않는다.

마술적 사실주의

진실주의자들이 변덕이 심한 도시 생활의 거친 일상을 화폭에 담았

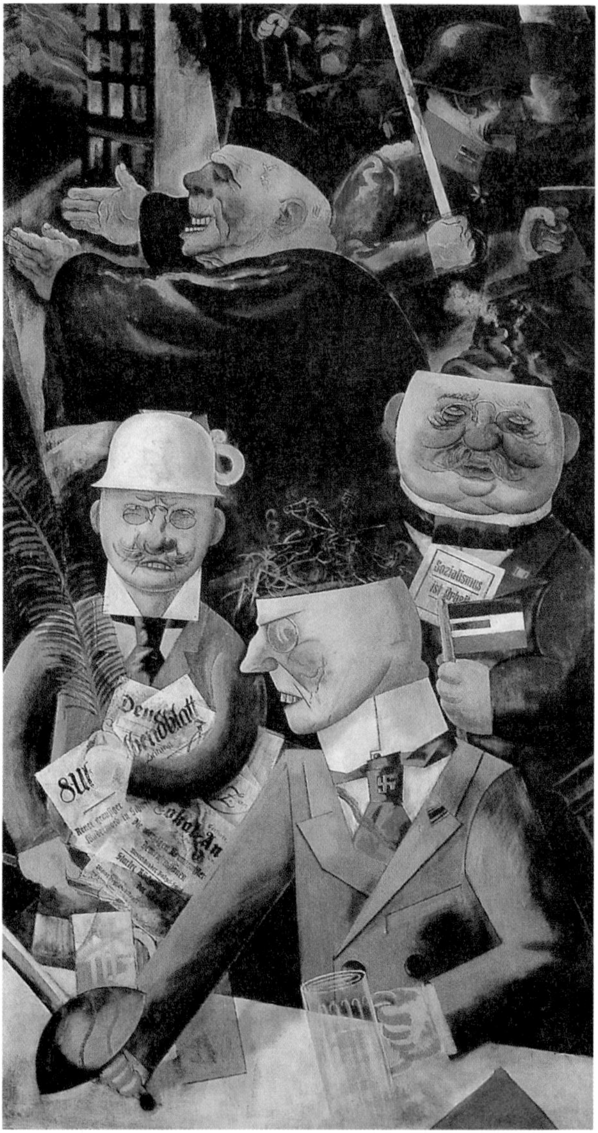

5

〈사회의 기둥들〉 게오르게 그로스, 1926년

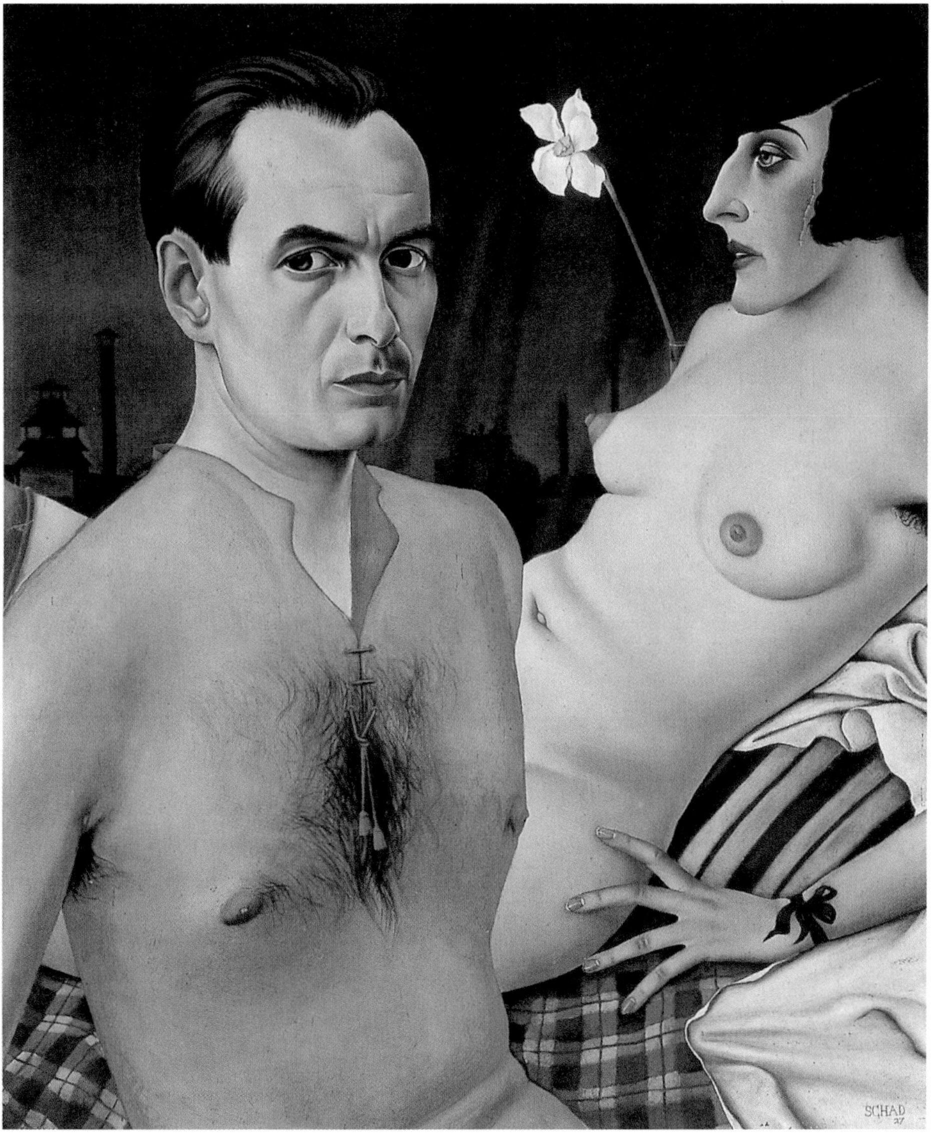

6

〈모델과 자화상〉 크리스티안 샤드, 1927년

다면, '고전주의자'라는 신즉물주의의 오른쪽 날개는 농촌이나 소시민 계층의 정태적 세계를 이상화하는 경향이 있었다. 가령 게오르크 슈림프의 〈창가의 여인〉[7]은 한적한 전원생활의 한 단면을 보여준다. 하지만 거기에는 아늑함보다 정체를 알 수 없는 어떤 낯섦이 존재한다. 레더샤이트는 등장인물을 마네킹처럼 뻣뻣하게 묘사하곤 한다.[8] 이것이 그의 작품을 키리코의 형이상학적 회화에 가깝게 만들어준다. 비슷한 분위기를 카를로 멘제의 작품[9]에서도 느낄 수 있다. 차갑게 얼어붙은 인물의 뒤로 펼쳐지는 알 수 없는 공간에서 관객은 형이상학적 회화의 그것과 비슷한 불안함을 느끼게 된다.

특히 프란츠 라치빌의 경우에는 묘사된 이미지가 지나치게 정교한 나머지 몽상처럼 보이기까지 한다.[10] 신즉물주의, 특히 그것의 오른쪽 날개를 '마술적 리얼리즘'이라 부르는 것은 바로 이 분위기 때문일 것이다. 이 용어를 만든 평론가 프란츠 로는 그 효과를 보링거의 용어로 사용한다. 보링거에 따르면, 인간과 환경이 친화하는 곳에서는 '감정이입'의 충동이, 그리고 인간이 환경과 적대하는 곳에서는 '추상 충동'이 발생한다. 따라서 구상 회화는 환경과의 친화를 반영하는 감정이입의 산물이어야 한다. 하지만 신즉물주의의 경우 이 관계가 정확히 거꾸로 뒤집어져 있다. 신즉물주의에서 "대상 세계와 관련하여 강조되는 것은 추상이지, 감정이입이 아니다."[13]

신즉물주의의 구상은 편안함이 아니라 외려 섬뜩한(uncanny/unheimlich) 느낌을 준다. 당시 어느 평론가는 이 마술에 대해 이렇게 말했다. "이 새로운 마술은 인간과 관련되지 않은 상태에서 저 스스로 보존하는 사물의 직관된 현존이다. 그것은 섬뜩한 고요(unheimlichen

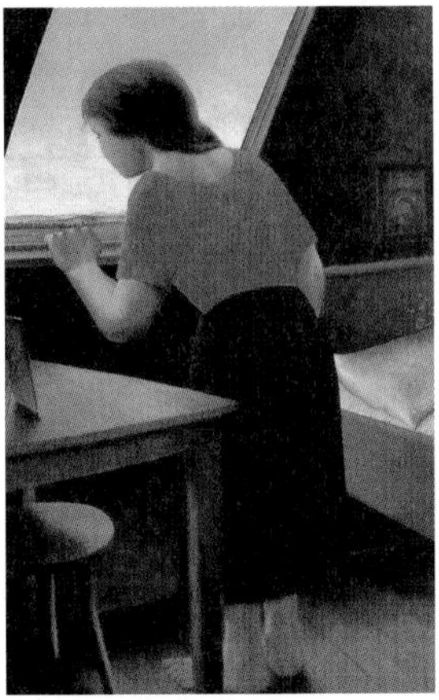

7
〈창가의 여인〉 게오르크 슈림프, 1925년

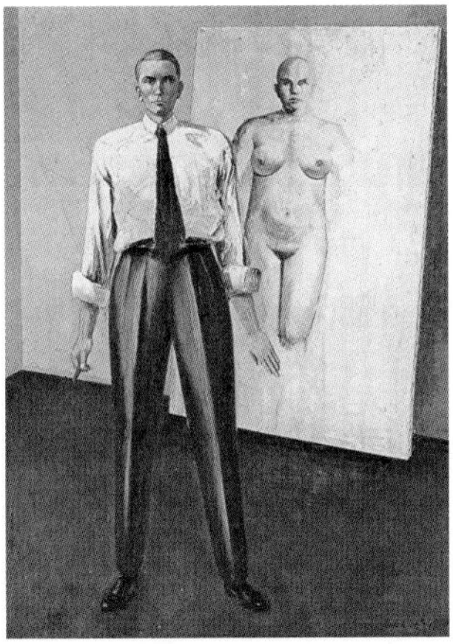

8
〈자화상〉 안톤 레더샤이트, 1928년

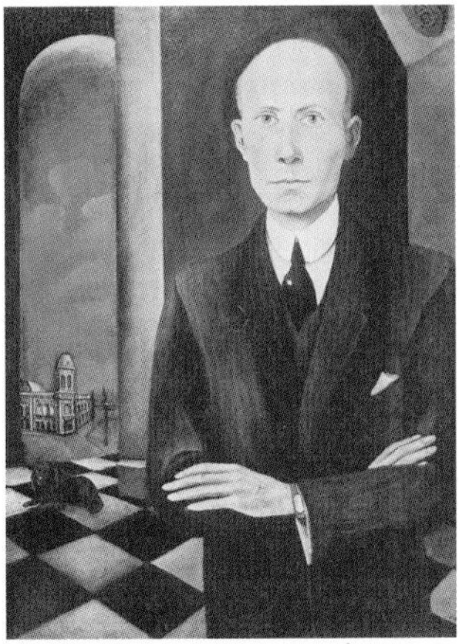

9
〈운더베르크의 초상〉 카를로 멘제, 1928년

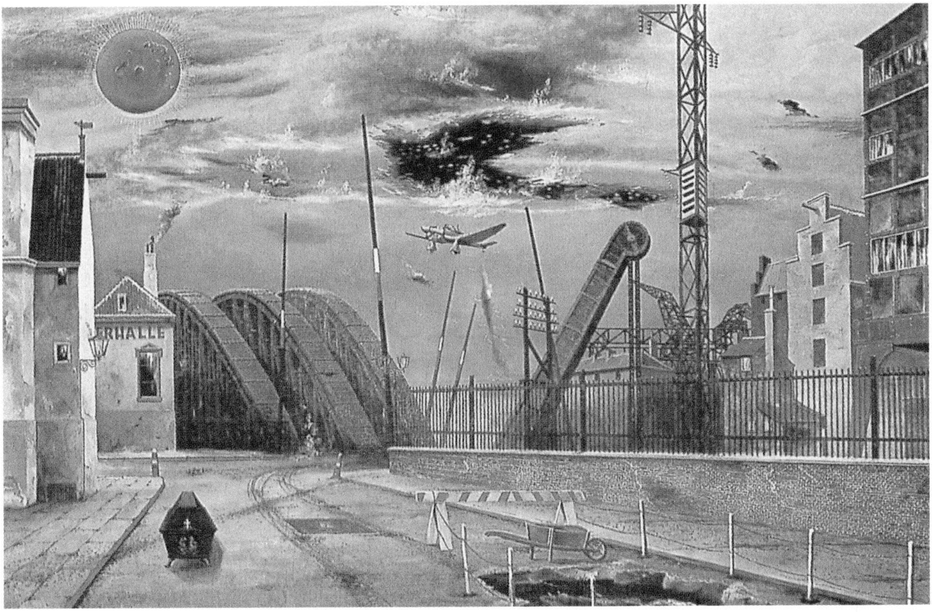

10
〈파업〉 프란츠 라치빌, 1931년

Ruhe)에 감싸인 사물들의 유일성과 무한성이다."14 이렇게 사물을 소외, 즉 낯섦의 감정 속에서 바라보게 해줄 때 '언캐니'의 효과가 발생한다. 하지만 이 효과는 초현실주의의 그것과는 다르다. 초현실주의의 언캐니가 왜곡을 통해 현실을 넘어서는(sur/real) 데서 나온다면, 신즉물주의의 그것은 외려 디테일의 정교함으로 현실에 과장적으로 충실한(super/real) 데서 나오기 때문이다.15

사진의 신즉물주의

여기서 사진의 역할을 빼놓을 수 없을 것이다. 신즉물주의 사진은 아틀리에에서 연출한 예술사진, 만 레이가 이끄는 바우하우스의 실험사진과 하트필드의 포토몽타주에 대한 반발이었다. 신즉물주의 사진의 대명사로 통하는 아우구스트 잔더(August Sander, 1876~1964)는 카메라를 적절히 이용하면 눈에 보이는 것 이면에 깔린 진실을 드러낼 수 있다고 믿었다. 사진을 다큐멘터리로 이해한 이 사진술의 사회학자는 사회의 모든 계급과 계층을 사진에 담아 시대의 진실한 초상[11]을 제공하려 했다. 사실 신즉물주의 회화와 사진 사이에 양식적 공통점은 별로 없지만, 대상에 냉정히 거리를 취한 채 현실을 되도록 객관적으로 재현하려는 태도에서 공통점을 찾을 수 있다.

신즉물주의 사진의 또 다른 선구자는 알베르트 렝거파츠슈(Albert Renger-Patzsch, 1897~1966)다. "예술은 예술가에 맡겨두라."16고 말하며 예술사진의 개념을 단호히 거부한 그는 예리한 접사로 대상들에 초점을 맞춤으로써 그것들을 환경으로부터 고립시켜 추상화하곤 했다.

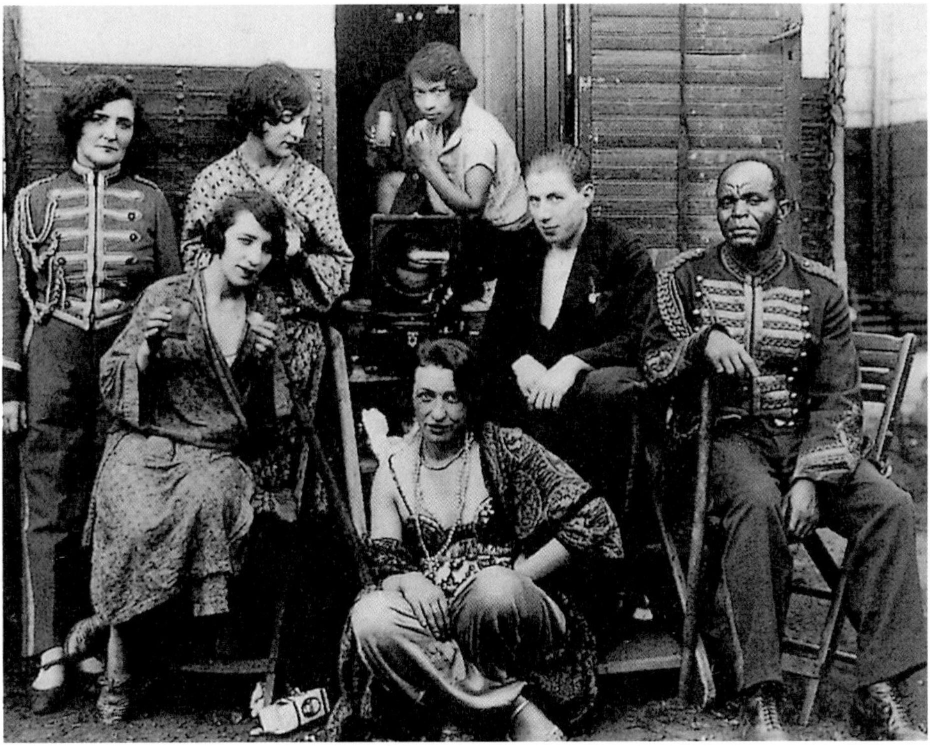

11
아우구스트 잔더의 사진집 《20세기의 얼굴》에 수록된 작품 〈서커스 단원들〉, 1925~1932년

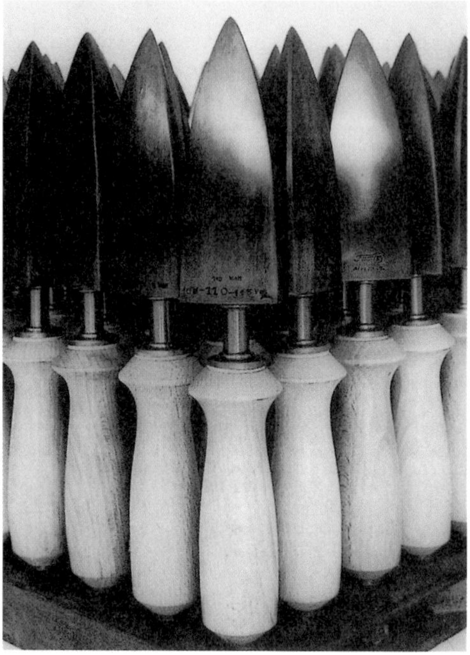

12
〈구두 제작에 사용되는 다리미〉 알베르트 렝거파츠슈, 1925년

〈구두 제작에 사용되는 다리미〉[12]에서 볼 수 있듯이, 강렬한 사실주의에도 불구하고 그의 사진은 대상을 기능적, 구조적 맥락에서 떼어냄으로써 순수한 디자인에 가까워진다. 그는 늘 "예술을 위한 예술과는 관계없다."고 강조했지만, 사실주의를 위한 예리한 접사로 인해 그의 사진은 다큐멘터리의 성격을 잃고 차라리 예술적 추상에 접근한다. 1928년에 출간된 사진집의 이름대로 그의 사진 속에서 〈세계는 아름답다〉.

발터 벤야민이 사진사를 외과 의사에 비유한 것은 신즉물주의, 특히 잔더의 영향이었을 것이다. 그의 비유는 프란츠 로의 언급을 연상시킨다. "땀구멍까지 현미경으로 들여다보는 듯한 이 철의 객관성은 …… 세계의 고통 없이 세계 상태의 치유에 나서는 의사의 객관성과 무감함이라는 의미를 가질 수 있다."[17] 환자의 고통에 무감해야 수술을 하는 의사처럼, 세계의 고통에 무감해야 세계를 치유할 수 있다. 잔더의 사진을 극찬한 벤야민도 렝거파츠슈는 강하게 비판한다. 아우라를 파괴하여 예술의 '미학적' 기능을 '정치적' 기능으로 바꾸어놓는 것이 사진의 본질이라 믿었던 그에게 사진을 예술로 되돌리는 렝거파츠슈가 '반혁명적'으로 느껴졌던 모양이다.

〈세계는 아름답다〉, 이것이 신즉물주의 사진의 정점인 렝거파츠슈의 사진집 제목이다. 그것은 비천한 가난 그 자체를 세련되고 완벽하게 다룸으로써 향유의 대상으로 바꿔놓는 데 성공했다.[18]

벤야민은 잔더의 급진성이 렝거파츠슈에 이르러 미학성이 변질되었다고 본 모양이다. 하지만 신즉물주의가 후세에 영향을 끼친 것은 정작 벤야민의 비판을 받은 그 특성을 통해서였다. 가령 독일 현대사진을 대표하는 베른트와 힐라 베허의 '유형학적 사진', 그들의 제자 토마스 루프의 건조한 초상사진에서 즉물성은 순수한 미적 효과를 위한 장치로 사용된다.

바이마르의 예술

바이마르 공화국처럼 신즉물주의 예술 역시 좌우로부터 협공을 받았다. 루카치는 사실의 집적으로는 현실의 관계를 보여주지 못한다며 신즉물주의를 비판했다. 벨라 발라스는 신즉물주의 예술에 정서와 영혼이 배제된 것은 기계화한 현실의 자본주의사회에서 생명이 사물화한 결과라고 보았다. 에른스트 블로흐는 신즉물주의를 평화와 질서의 염원, 돈 버는 쾌락의 산물로 보면서, 그것의 건조한 사실주의가 현실 세계의 부패에 대해 침묵한다고 비판했다. 마르크스주의자들에게 당파성과 경향성이 결여된 신즉물주의는 역사적 전망을 잃고 사회적으로 부유하는 인텔리들이 정치적으로 분명한 입장과 명확한 고백을 피해 도피하는 현상을 의미했다.

좌익이 경향성의 결여를 비판했다면, 보수우익은 외려 신즉물주의의 정치성을 비판했다. '신즉물성(Neue Sachlichkeit)'이란 실은 '신당파성(Neue Parteilichkeit)'에 불과하다는 것이다. 벤야민은 신즉물주의자들의 의도가 아무리 혁명적이라도 그들의 작품은 "반혁명적"이라고 말했지만, 보수우익에게는 신즉물주의, 특히 진실주의자의 막연한 풍자적이고 비판적인 뉘앙스마저 위험해 보였던 모양이다. 이 맥락에서 주목할 것은 민족주의자 하인츠 킨더만의 비판이다. 그는 신즉물주의를 '독일적' 예술에 받아들이기 위해 '급진적' 즉물성을 '이상화한' 즉물성으로 대체해야 한다고 주장했다. 이로써 그는 신즉물주의가 제3제국 예술에 접근할 가능성을 열었다.[19]

나치 집권 후에 진실주의의 작품들은 즉시 '퇴폐예술'로 낙인찍힌다.

반면 마술적 사실주의의 작품들은 상당수 이 운명을 피해갔는데, 이는 나치가 그것들의 명확한 구상성을 평가했기 때문이다. 나치는 즉물성을 이상화하고 영웅화함으로써 신즉물주의를 제3제국의 예술로 발전(?)시키려 했다. 좌익 역시 노동자의 이상화와 영웅화를 통해 그것을 사회주의 리얼리즘으로 끌고 가려 했다. 결국 1930년대 이후 신즉물주의의 구상은 제3제국의 회화와 사회주의 리얼리즘 속으로 흡수되어 사라진다. 그런 의미에서 신즉물주의는 어쩌면 바이마르 공화국 자체였는지도 모른다. 언젠가 그로스는 자신을 비난하는 좌익 동지들의 비판에 이렇게 대답했다.

> 종종 동지들은 …… 내가 노동자를 묘사하는 방식에 반대한다. 나의 프롤레타리아가 진짜 프롤레타리아가 아니라, 프티부르주아가 만들어낸 인공적 형상, 즉 아나키스트 예술가 그로스가 바라본 노동자의 모습이라는 것이다. …… 하지만 나는 '볼셰비키 만세'의 요구에 따라 노동자를 단정히 머리 빗고 늙은 영웅의 옷을 입은 모습으로 그릴 필요는 없다고 생각한다. 나는 내가 그리는 것과 다른 방식으로 프롤레타리아의 모습을 상상할 수가 없다. 나는 아직도 그들이 사회적 위계의 맨 아래에서 억압받고, 남루한 옷을 입고, 저임금에 시달리고, 냄새나는 집에 살면서 종종 '정상에 오르라'는 부르주아적 욕망에 지배당한다고 본다. 게다가 일방적이고 그릇된 프로퍼갠더의 이상화에 따라 찬송가를 부르는 것으로 그들에게 봉사할 수 있다고는 절대 믿지 않는다.[20]

10 구축주의

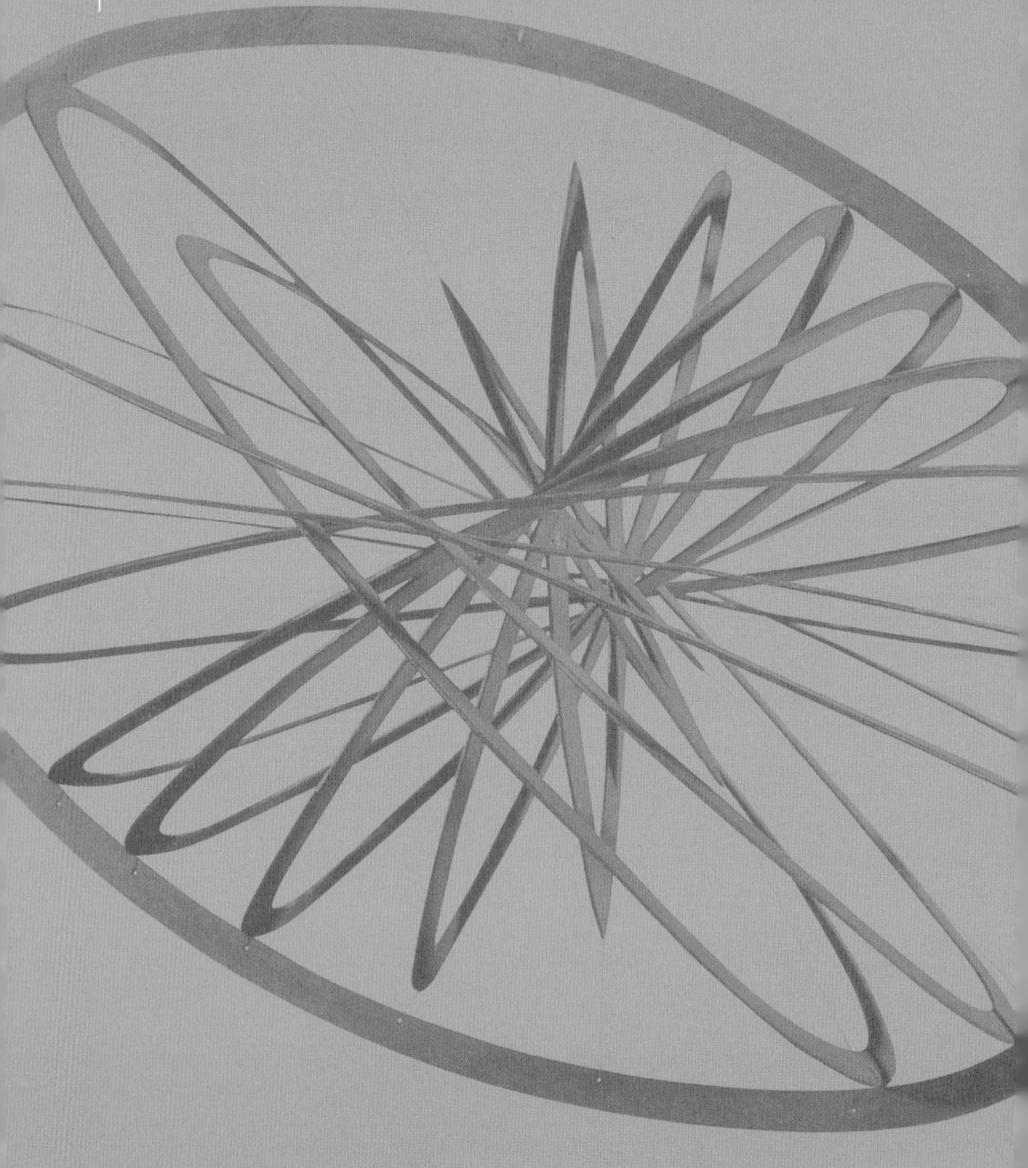

삶을 구축하는 혁명의 예술

페터 뷔르거에 따르면, 아방가르드 운동은 부르주아 사회와 문화로부터 거리를 취하는 데서 출발하여 곧 삶과 예술의 경계를 무너뜨리려는 시도로 나아가게 된다. 러시아 구축주의는 아방가르드 운동의 이 둘째 국면을 대표한다. 그것은 삶에서 유리된 예술을 부정하고 인민의 삶에 도움이 되는 예술이 되려고 했다. 구축주의는 미적 자율성의 영역에 갇혀 '구성(composition)'을 하는 데서 벗어나 대중의 삶에 필요한 대상들을 '구축(construction)'하려 했다. 유물론적-생산주의 미학으로 인해 구축주의는 한때 '혁명의 양식'으로 여겨지기도 했으나, 구축주의자들의 정치적 앙가주망은 결국 좌초하고 만다. 스탈린주의 국가에서 아방가르드 예술이 설 자리는 없었다.

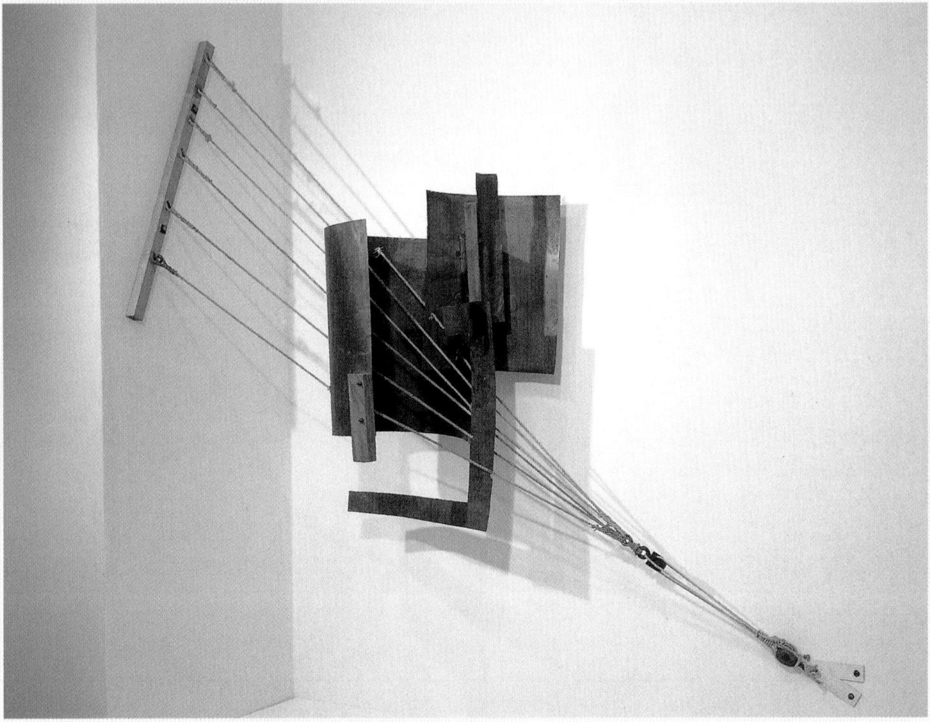

1
〈코너 역부조〉 블라디미르 타틀린, 1915년

러시아 예술은 1917년과 1925년 사이, 그러니까 공산주의의 약속이 아직 신선하게 여겨지고 예술가들이 공산주의와 제휴한 그 짧은 기간 동안 눈부신 발전을 한다. 러시아 아방가르드에 사회적 은유가 되어준 것은 10월 혁명이었고, 그것의 보호막이 되어준 것은 레닌의 문화상 루나차르스키였다. 그의 후원으로 미술계의 주력으로 떠오른 아방가르드 예술가들은 당시 '미래주의자'라는 막연한 이름으로 불리곤 했다. 가령 나탄 알트만이 "미래주의야말로 프롤레타리아에 의한 창조의 유일한 형식"이라 했을 때, 그것은 미래주의는 물론이고 입체주의, 절대주의, 구축주의 등 당시의 모든 '현대예술'을 가리켰다. 이 중에서 혁명의 적통이 된 것은 구축주의(Constructivism)였다.

구축주의 이전의 구축

구축을 향한 충동은 혁명 이전부터 존재했다. 그 충동은 물론 입체-미래주의의 품에서 나왔다. 이 시기에 블라디미르 타틀린(Vladimir Evgrafovich Tatlin, 1885~1953)은 파리에서 보았던 피카소의 부조의 영향 하에 일련의 '카운터 릴리프(counter-relief)'[1]를 제작한다. 아직 입체주의의 언어('아상블라주')를 사용하고 있으나 아무것도 재현하거나 암시하지 않는다는 점에서 그것들은 이미 순수추상의 자족성에 도달해 있었다. 카운터 릴리프는 마치 지지대 없이 공간을 향해 투사된 것 같은 느낌을 준다. 그는 이 효과를 강조하기 위해 종종 그것들을 두 벽이 만나는 구석에 설치하곤 했다. 말레비치 역시 같은 자리에 〈검은 사각형〉을 걸었는데, 이는 경쟁자인 타틀린을 모방한 거였을 것이다.

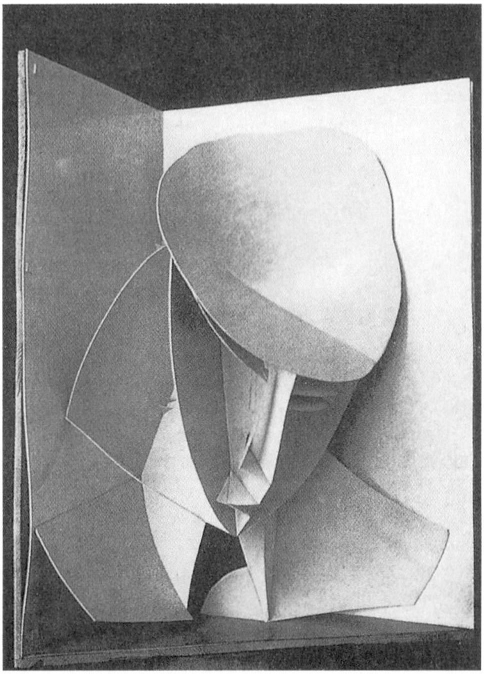

2
〈구축된 두상〉 나움 가보, 1918년

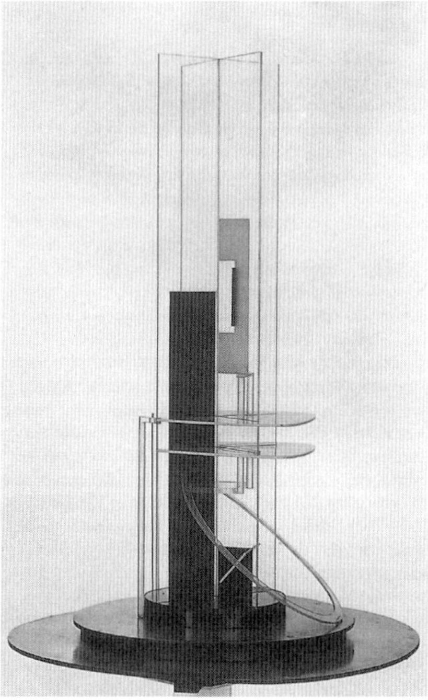

3
〈기둥〉 나움 가보, 1923년경, 1927년에 재구축

타틀린과 더불어 구축주의에서 선구적 역할을 한 것은 나움 가보(Naum Gabo, 1890~1977)였다. 그의 〈구축된 두상〉[2]은 면으로 공간을 분할하여 깊이(凹)를 부피(凸)로 바꾸어놓았다. 이 작품은 뚜렷이 구축주의적이지만, 이렇게 조각을 '평면의 구축'(피카소)과 '공간의 조직화'(보초니)로 이해하는 것은 입체주의와 미래주의 조각의 특징이기도 하다. 그가 이 두 흐름에 분명한 선을 긋는 것은 1920년 〈현실주의 선언〉

이후의 일이다.[3] 이 '최초의 구축주의 선언'에서 그는 "미래주의도 입체주의도 우리 시대가 기대하는 것을 가져다주지 못했다."며, "삶의 진정한 법칙"에 기초한 새로운 예술을 선언한다. 그가 말한 '삶의 법칙'이란 공간과 시간을 의미했다.

> 공간과 시간은 삶을 건설할 유일한 형식이다. 따라서 예술은 구축되어야 한다. …… 우주가 자신을 구축하듯이, 엔지니어가 교량을 구축하듯이, 수학자가 궤도 공식을 구축하듯이, 우리는 작품을 구축한다.1

이어서 '구축적 기법'의 기본 원칙들이 나열된다. 가령 "빛을 흡수하는 물질적 몸체가 유일한 회화적 실체이고, 부피가 아니라 깊이야말로 유일한 조각적 형태다." "선은 대상의 윤곽 대신에 정지력과 리듬의 방향을 드러내며 깊이와 더불어 공간을 조직하는 데 사용된다." "동감각적 리듬은 실시간 지각의 형식이며, 그것을 통해 공간에 시간이 도입된다." 그가 훗날 제작한 〈공간 속의 선적 구성 No.1〉[4]은 이 '구축적 기법'의 기본 원리를 잘 보여준다.

〈현실주의 선언〉은 점점 교조가 되어가는 타틀린의 이론에 대한 반발에서 나왔다. 비록 혁명에는 공감을 했지만, 가보는 타틀린처럼 예술을 일방적으로 집단주의와 공리주의에 내맡기는 데는 동의할 수 없었다. 칸딘스키를 따라서 그는 구축의 행위가 여전히 '인간의 내면'에 기초해야 한다고 보았다. 반면 타틀린은 "낡아빠진 인간의 심리학"이 아니라 "물질의 본능"에 따라 구축하려 했다. 가보에게 '삶'이 그저 공간과 시간을 가리켰다면, 타틀린에게 '삶'은 무엇보다도 인민대중의 물질

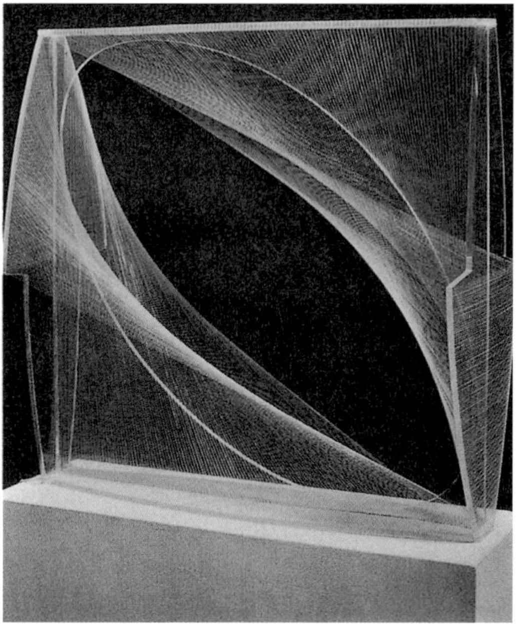

4
〈공간 속의 선적 구성 No.1〉 나움 가보, 1922년

적 요구를 의미했다. 한마디로 가보가 관념론적이라면, 타틀린은 유물론적이었다. 1922년 결국 가보가 떠나며 구축주의 운동에는 최초의 균열이 발생한다.

혁명의 예술

구축주의가 레닌의 이념에 가장 부합하는 양식으로 간주된 것은, 재료(물질)의 조직을 강조하는 그것의 원칙이 '변증법적 유물론의 시각적 구체화'로 해석되었기 때문이다. 모홀리 나기의 말대로, 그 시절 "구축주의는 곧 시각상의 사회주의"를 의미했다. 혁명 러시아에서 구축주의는 거의 공산주의나 다름없었다. 실제로 현대의 예술운동 중에서 구축주의만큼 "철저하게 마르크스주의 이념을 표현하거나 혁명적 공산주의 기구에 밀접히 연결된 것은 없었다."[2] 구축주의는 삶에서 유리된 예술을 넘어 혁명적 프롤레타리아트의 물질적 욕구를 충족시키고, 그들의 열망을 표현하며, 그들의 감정을 조직하고 체계화하는 것을 자신의 가장 큰 사명으로 생각했다.

거기에는 당시의 경제적 사정도 한몫을 했다. 이미 대기근의 시기에 레닌은 루나차르스키에게 이렇게 말한 바 있다. "기근이 만성인 지금 전위주의자의 연극은 자신의 열광을 먹고살도록 하라."[3] 혁명 초 아방가르드는 계획경제로 지탱되는 국가의 지원을 받을 수 있었지만, 경제난으로 인해 부분적으로 자유화하는 신경제정책(NEP)이 도입되면서 예술가들 역시 언제까지나 국가의 지원만 바라보고 있을 수는 없었다. 이제 예술도 부분적으로 자유화된 시장 속에서 자신의 유용성을 증명해야 했다. 예술가들은 이젤을 포기하고 생산으로 이동하기로 결의한다. 이렇게 구축주의는 혁명을 위해 예술을 포기하는 자기희생의 산물이기도 했다.

구축주의는 공리주의적이었다. 순수예술이 실용예술보다 우월하다는 것은 구축주의자들에게 낯선 생각이었다. 외려 그들은 삶과 예술의 유리를 극복하고 '삶과 예술의 통합'을 추구했다. 이를 위해 그들은 직접 생산과 건축에 참여하여 사회의 물질적 욕구의 수준을 높이는 데 기여하는 한편, 그래픽과 사진술을 활용하여 대중을 위한 사회적 소통의 장을 개척하는 데도 힘을 쏟았다. 삶과 예술의 통합은 곧 '기술과 예술의 통합'을 의미했다. 구축주의자들에게 양식의 개척자는 예술가가 아니라 엔지니어였다. 이 점에서 구축주의와 절대주의는 서로 영향을 주고받았지만 구별된다. 말레비치는 예술을 과학기술에 종속시키기를 원하지 않았다.

엔지니어-예술가가 추구하는 것은 재료와 기계의 미였다. 기계에 기능과 관련이 없는 부품이란 없기에, 구축주의자들은 기능에 불필요한 장식을 배제하고 물질적 재료와 기계적 형태에서 나오는 아름다움만 추구했다. 그런 의미에서 '구성주의'라는 역어는 적합하지 않다. '구성(composition)'과 '구축(construction)'은 명확히 구별되기 때문이다. 구성은 자율적이나 구축은 자율적이지 않다.[4] 예를 들어 칸딘스키의 구성은 예술의 '내적 필연성'에만 따르면 되지만, 타틀린의 구축은 구조의 물리적 법칙, 재료의 물질적 특성, 건축의 공리적 목적과 같은 외적 요인들에 구속을 받아야 한다. 구축주의자들에게 칸딘스키는 그저 '신비주의자'일 뿐이었다.

제3인터내셔널 기념비

구축주의자들에게 양식적 영감을 준 것은 바로 타틀린의 〈제3인터내셔널 기념비〉[5]였다. 혁명 직후의 기념비 사업은 다소 고전적 양식에 따라 "수염 난 인물들"의 동상을 세우는 데 그쳤다. 타틀린의 기념비에 이르러서야 비로소 아방가르드는 혁명에 고유한 양식에 도달한다. 공

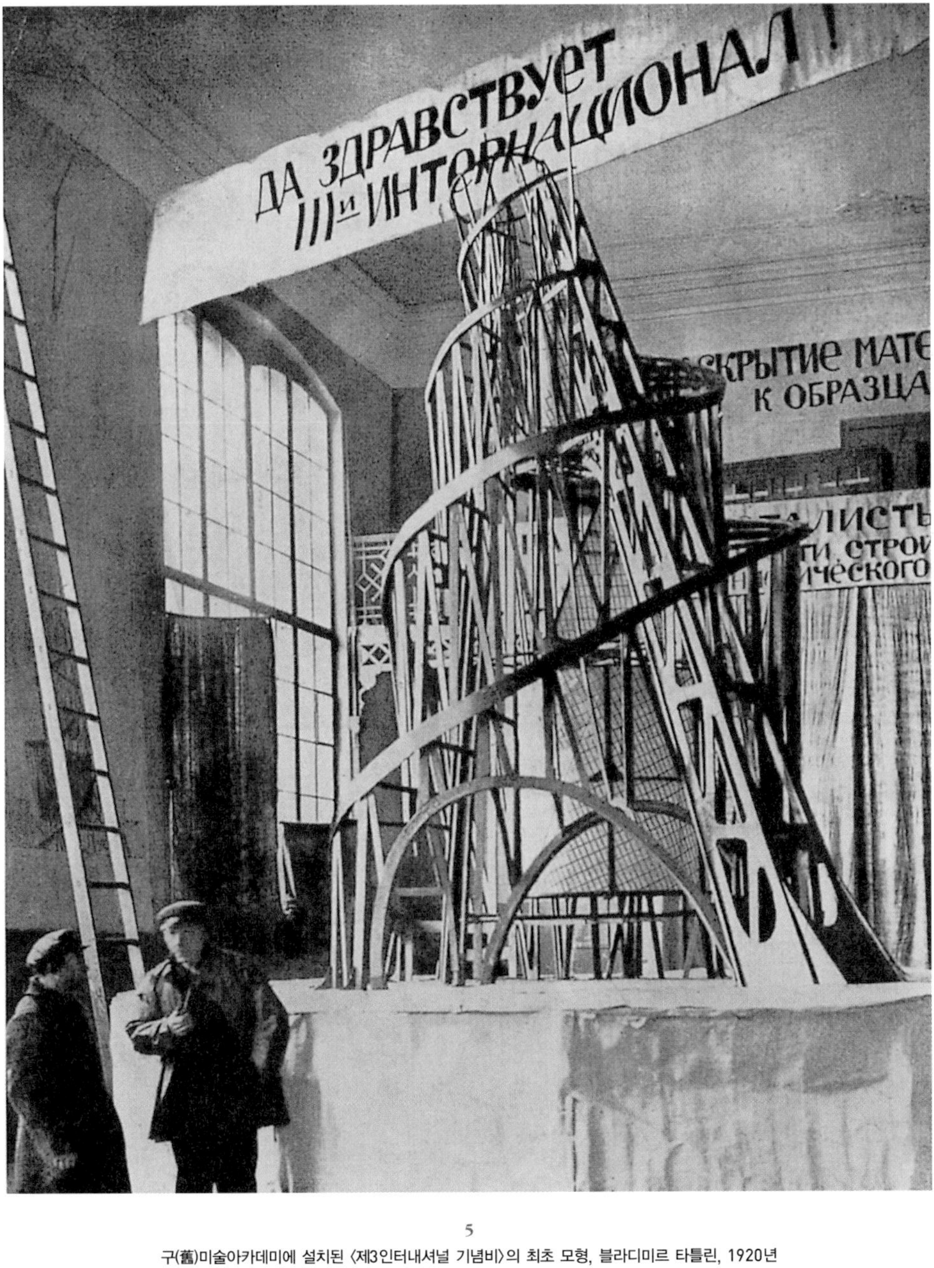

5

구(舊)미술아카데미에 설치된 〈제3인터내셔널 기념비〉의 최초 모형, 블라디미르 타틀린, 1920년

산주의가 약속하는 해방된 생산력(엔지니어링)과 시대의 가장 진보적인 양식(순수추상)은 기념비 속에서 마침내 하나가 되었다. 마야콥스키는 이 작품을 "10월 혁명의 최초의 작품"이라 불렀다. 타틀린 자신은 이 작품에 대해 이렇게 말했다. "내 기념비는 이 시대의 상징이다. 그 안에 예술적 형태와 공리적 형태를 통합함으로써 나는 예술과 삶의 종합을 창조했다."[5]

기념비는 수직과 나선의 강철 프레임 위에 유리를 덮어씌운 거대한 기계 혹은 천문대였다. 하단은 입방체 모양으로 1년에 한 번 회전하게 되어 있다. 그곳은 코민테른 회의와 국제 컨퍼런스를 위해 사용된다. 중단은 피라미드 모양으로 한 달에 한 번 회전한다. 그곳에는 코민테른의 집행위원회와 산하기구들이 입주할 예정이다. 상단은 실린더 모양으로 하루에 한 번 회전한다. 그곳에는 신문, 방송, 출판과 관련된 기관들이 입주하여 전 세계 프롤레타리아에게 필요한 정보를 제공할 것이다. 유리벽 사이는 보온을 위해 진공으로 처리되고, 엘리베이터가 기념비의 상단과 중단, 하단의 상이한 회전 속도에 교묘히 맞춰 움직이며 지상과 건물을 연결할 것이다.

여기에는 강철과 유리라는 새로운 '재료'의 아름다움이 있다. 또한 혁명의 역동성을 상징하면서 휘감아 올라가는 나선 '구조'의 아름다움이 있다. 나아가 송신탑으로나 쓰이는 에펠탑과 달리 다양한 목적에 쓰이는 '실용성'이 있다. 중요한 것은 이 공리적 측면이 재료나 구조의 미와 떼어낼 수 없을 정도로 밀접히 통합되어 있다는 점이다. 타틀린의 작업을 이론적으로 뒷받침한 비평가 니콜라이 푸닌은 이 작품을 이렇게 평했다. "우리 눈앞에서 가장 복잡한 문화적 문제 중 하나가 해결된다. 공리적 형태가 순수한 창조적 형태로 나타난다. 이로써 다시 한 번 새로운 고전주의가 가능해진다. 르네상스로서가 아니라 창안으로서."[6]

팍투라와 텍토닉

타틀린은 자신의 조형 원리를 '팍투라(faktura)'와 '텍토닉(techtonic)'으로 요약했다. 두 개념이 구축주의자 전체의 것이 되는 데는 오랜 시간이 걸리지 않았다. 1922년 〈최초의 구축주의 노동 집단 강령〉에서 이미 그 두 개념은 구축주의의 핵심 원리로 명기된다. "1. 우리의 유일한 이념은 사적 유물론에 기초한 과학적 공산주의다. 2. 소비에트 구축 실험은 삶에서 유리된 실험을 떠나 현실적 실험을 지향한다. 3. 진정 과학적이고 규율 있는 방식으로 실용적 구조를 창조하는 법을 찾기 위해 구축주의자들은 세 분과를 설립했다. 텍토닉, 팍투라, 구축이 그것이다."[7] 그 각각을 〈강령〉은 이렇게 정의한다.

A. 텍토닉, 혹은 텍토닉 스타일은 한편으로는 공산주의의 속성에서, 다른 한편으로는 산업 재료의 편의적 사용에서 영감을 받아 형성된다.

B. 팍투라는 가공된 재료의 유기적 상태 또는 결과로서 얻어진 조직의 새로운 상태다. 따라서 우리 그룹은 팍투라가 의식적으로 가공되고 편의적으로 사용된 물질이라고 간주한다. 이때 텍토닉이 방해받거나 구축이 제약받지 않아야 한다.

C. 구축은 구축주의의 조직적 기능으로 이해되어야 한다.[8]

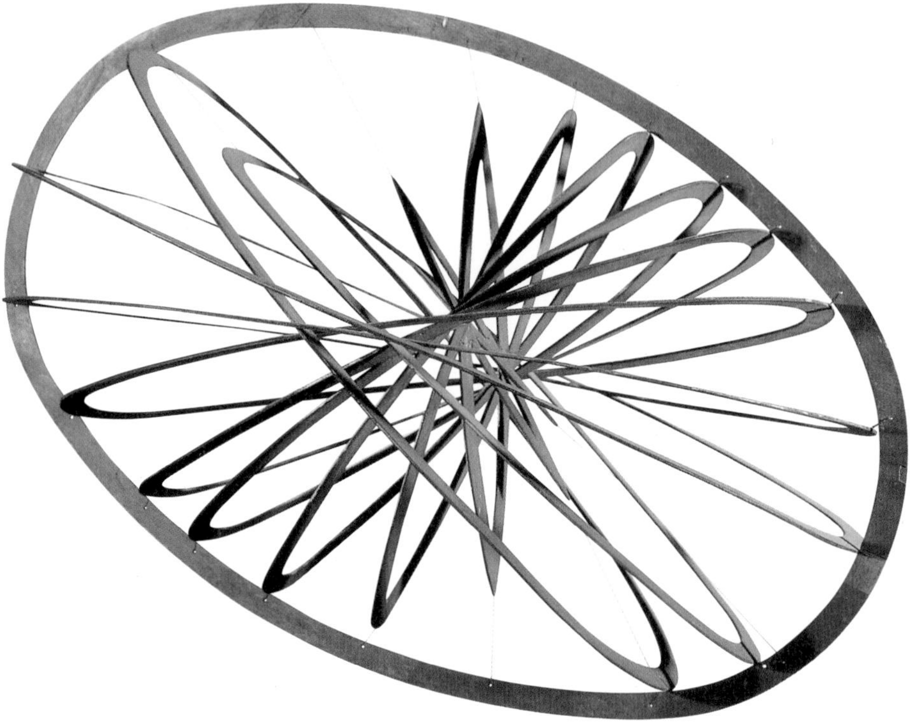

6
〈매달린 조각〉 알렉산드르 로드첸코, 1920년경

한마디로, '팍투라'는 재료 자체의 현상학적 질(qulia)을 실현한 것을 의미한다. (참고로, 타틀린은 강철과 유리를 "그 엄숙 단정함에서 고대의 대리석에 비견되는 현대적 고전주의의 재료"라 부른 바 있다.) '텍토닉'은 실용적 구조 속에 혁명의 이념을 담아내는 디자인의 원리를 가리킨다. 그리고 '구축'은 제3의 요소라기보다는 앞의 두 요소를 종합하는 행위 자체라 할 수 있다. 이렇게 물질의 구조 속에서 공산주의의 미학을 발견하는 것, 그것이 구축주의의 과제였다.

구축주의 노동 집단은 1921년 모스크바에서 열린 '청년미술가회'의 전시회에서 처음으로 작품을 선보인다. 출품작 중에서 눈에 띄는 것은 알렉산드르 로드첸코(Aleksandr Mikhailovich Rodchenko, 1891~1956)의 〈매달린 조각〉[6] 연작과 칼 이오간손의 〈균형 연구〉 연작 중 〈공간 교차〉[7]였다. 로드첸코의 〈매달린 조각〉은 같은 중심을 가진 다양한 크기의 고리들로 이루어져 있어서 중심을 기준으로 회전하며 다양한 삼차원의 이미지를 연출한다. 이 연작은 알루미늄 페인트를 칠한 동판을 재료로 원, 타원, 사각형, 오각형 등 다양한 형태로 만들어졌는데, 현재 원작이 남아 있는 것은 타원뿐이다. 작품은 평면 상태로 접었다가 공간으로 펼칠 수 있어 관객에게 작품의 형성 과정이 그대로 노출된다.

이오간손의 〈공간 교차〉는 그 자체가 구축주의의 시범 교육이었다. 그의 연작은 여러 개의 막대기들을 단 하나의 줄로 이어놓은 구조로 되어 있다. 오늘날 원작은 사라지고 없지만, 남아 있는 사진을 통해 줄의 끝이 길게 늘어져 있는 것을 볼 수 있는데, 이는 그 줄을 당기거나 늘여서 구축물의 모양을 바꿀 수 있음을 시사한다. 할 포스터에 따르면, 이는 "부르주아 미술가 스튜디오의 비밀스러움"에 맞서 "조각의

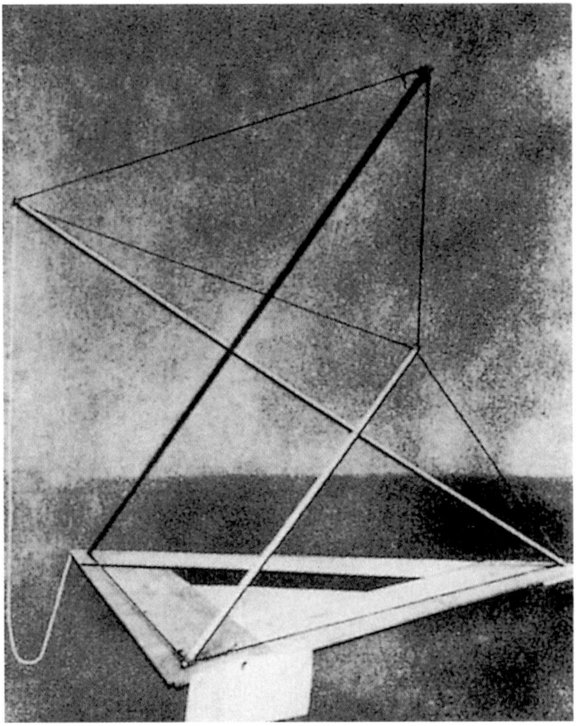

7
〈균형 연구〉 연작 중 〈공간 교차〉 칼 이오간손, 1921년

논리적 생산 방식과 연역적 구조"를 그대로 드러냄으로써 "예술적 영감을 물신화하는 데 반대를 선포"9한 것이다. 이오간손과 로드첸코의 두 연작은 당시에 구축주의의 '과학적' 작업 방식을 보여주는 증거로 간주되었다.

좌절한 유토피아

하지만 예술을 삶으로 돌려보내려는 구축주의의 시도는 대부분 좌절로 끝난다. 비평가 보리스 아르바토프의 말은 현실과 유토피아 사이에 벌어져 있던 간극의 규모를 보여준다.

> 그것이 유토피아라 하더라도 우리는 그것을 계속 말해야 한다. …… 우리는 이 이론(구축주의)이 얼마나 위대한지 설명해야 한다. 지금의 상황이 비극적인 것은 사실이다. 지금은 반대편으로 건너가기 위해 강가에 서 있는 한 인간의 상황과 비슷하다.10

구축주의의 대명사로 통하는 타틀린의 기념비는 원래 '엠파이어스테이트' 빌딩을 능가하는 400미터 높이로 지어질 계획이었다. 그 계획에는 구름에 이미지와 텍스트를 투사하는 거대한 프로젝터도 포함되어 있었다. 구축주의자들은 당시의 기술로 이 유토피아적 구상을 실현할 수 있다고 믿었지만, 현실은 녹록하지 않았다. 내전의 상황에서 이 무모한 기념비에 들어갈 어마어마한 양의 철을 구하는 것부터가 불가능했다. 그리하여 〈기념비〉는 결국 6~7미터 크기의 목제 모형으로만 남았다.

러시아 경제는 아직 농업에 의존하고 있었다. 제정러시아로부터 물려받은 기술의 원시성은 늘 아방가르드의 진보적 구상이 실현되는 것을 방해했다. 가령, 구축주의를 실현한 유일한 건축인 〈레닌 묘소〉를 지을 때에는 산에서 베어온 통나무를 현장에서 깎아 다듬어야 했다. 이

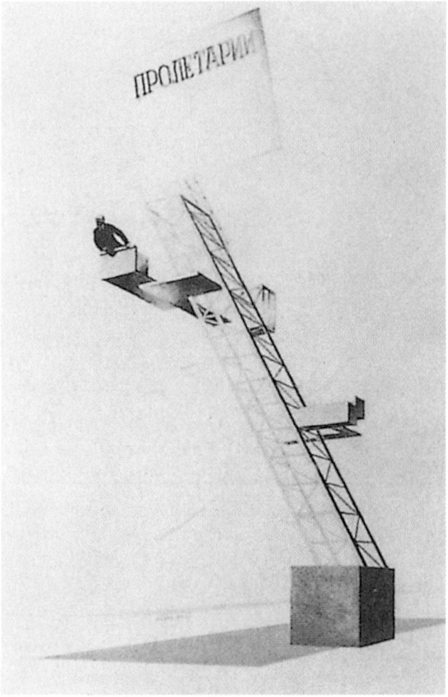

8
〈레닌을 위한 연설대〉 엘 리시츠키, 1920년

런 상황에서 기계와 건축의 힘에 대한 신앙은 구축주의자들의 현실이 아니라 비현실적 가설에 불과했다. 〈기념비〉와 더불어 초기 구축주의를 대표하는 엘 리시츠키(El Lissitzky, 1890~1941)의 〈레닌을 위한 연설대〉[8] 역시 실현되지 못했다. 클루치스의 〈라디오 연설자를 위한 디자인〉[9]처럼 구축주의자들의 구상은 대부분 지상(地上)에서가 아니라 지상(紙上)으로만 실현될 수 있었다.

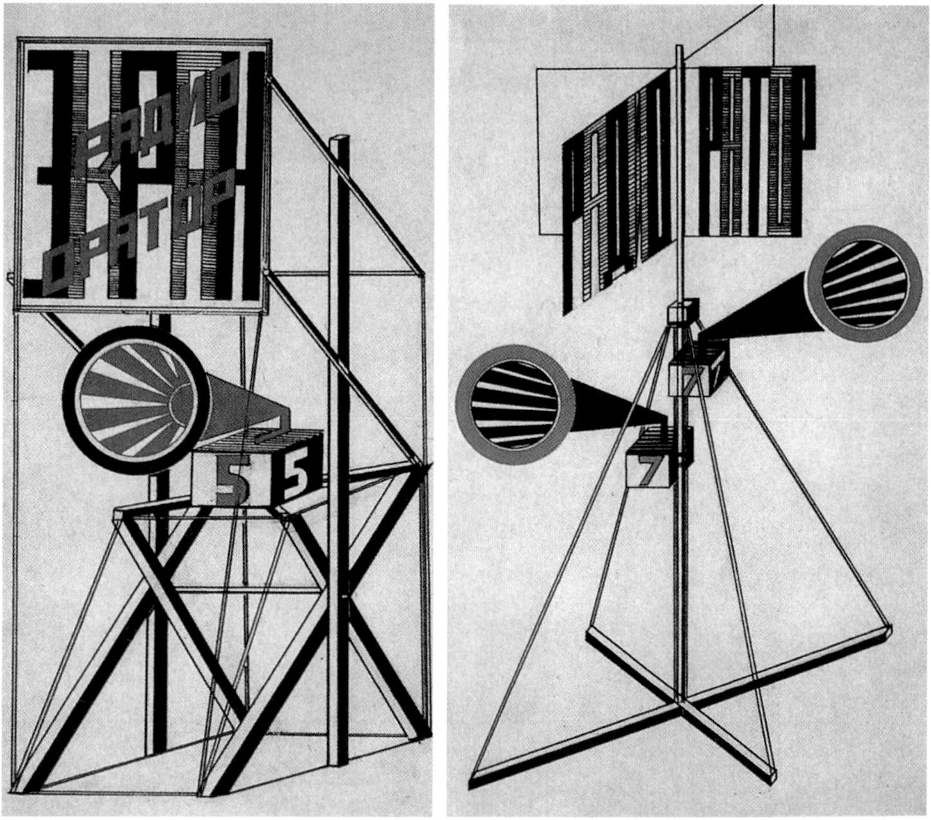

9

〈라디오 연설자를 위한 디자인〉 구스타프 클루치스, 1922년

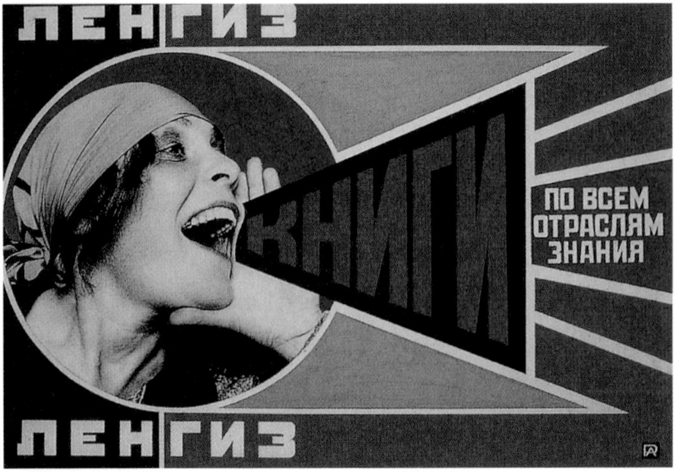

10
알렉산드르 로드첸코의 포토몽타주, 1924년

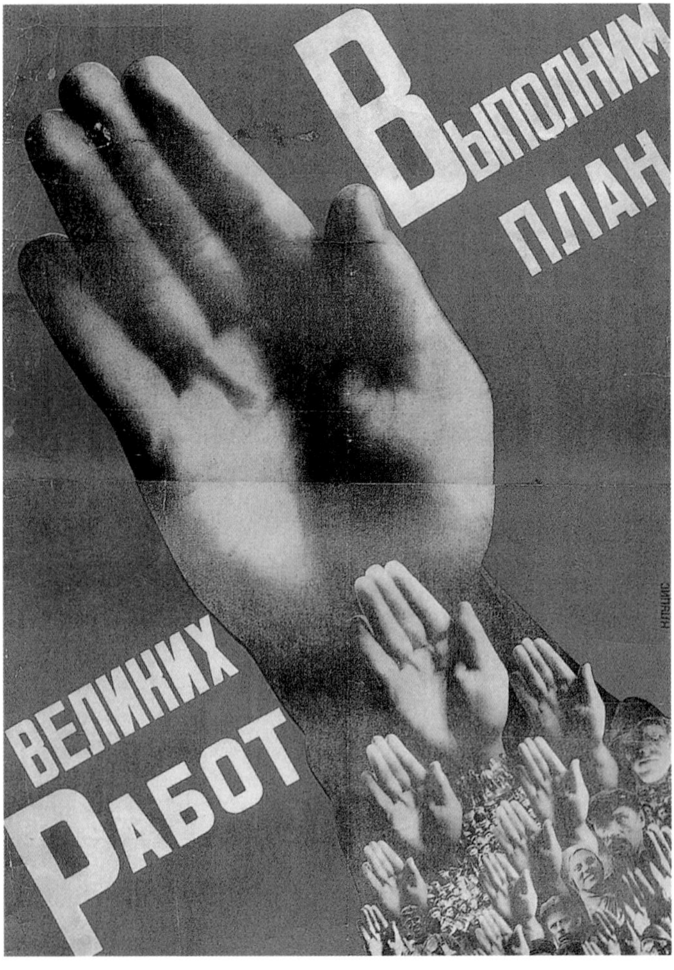

11
〈위대한 프로젝트의 계획을 완수하자〉
구스타프 클루치스, 1930년

많은 구축주의자들이 '생산주의자'가 되어 이젤을 버리고 노동 현장에 들어갔다. 하지만 이들이 생산에 결합하는 것도 쉽지는 않았다. 공장에서 그들은 그저 성가신 존재일 뿐이었다. 공리주의 원칙을 내세운 구축주의가 혁명에 실질적인 도움을 준 것은 차라리 사진과 그래픽을 이용한 '아지프로(선전 선동)' 프로젝트였을 것이다. 특히 로드첸코의 작업[10]은 명쾌한 초보적 상징주의로 예술과 대중을 효율적으로 결합시켰다. 대량으로 복제할 수 있는 사진은 그에게 사회주의적 속성을 가진 매체로 여겨졌다. 혁명과 대중이 서로 소통하는 길을 열어준 구축주의의 정치적 포토몽타주[11]가 베를린 다다의 그것과 거의 동시에 출현했다는 점은 특기해둘 만하다.

구축주의 그 이후

1920년대 중반이면 구축주의 아방가르드가 프롤레타리아 대중의 문화를 생산하는 데 실패했다는 사실이 드러나기 시작한다. 1920년대 후반과 1930년대 초반에 세계를 휩쓸었던 반(反)모더니즘 운동('질서로 회귀')의 러시아적 버전으로 사회주의 리얼리즘이 나타난다. 1932~1933년에 대대적으로 벌어진 아방가르드 숙청 이후, 이 흐름은 소비에트의 공식적 예술 양식으로 자리 잡는다. 1934년에 '사회주의 리얼리즘'의 선언은 구축주의를 비롯한 모든 아방가르드 운동의 종말을 의미했다. 그 이후 소비에트에서 건축과 예술은 구축주의자들이 꿈꾼 것과는 정반대로 과거로 퇴행해 진부하기 짝이 없는 신고전주의의 영웅적 양식을 취하게 된다.

12
〈순수한 빨강/순수한 노랑/순수한 파랑〉 알렉산드르 로드첸코, 1921년

구축주의의 이념이 바우하우스와 데스테일에 영향을 끼친 것은 널리 알려진 사실이다. 흥미로운 것은 구축주의와 미니멀리즘 사이의 묘한 평행선이다. 가령 로드첸코는 사진으로 넘어가며 회화에 종지부를 찍는 작품을 남겼다. "나는 회화를 그것의 논리적 귀결로 환원시켜 세 개의 캔버스를 전시했다. 즉, 빨강, 파랑, 노랑이다.[12] …… 모든 것이 끝났다. …… 더 이상 재현은 없을 것이다."[11] 로드첸코는 말레비치의 화면에 남아 있던 형상과 배경의 '관계'마저 제거했다. 1960년대의 미니멀리즘 역시 형상과 배경의 관계주의를 파괴했다. '재현을 피하려면 사물이 되어야 한다.'는 미니멀리즘의 이상은 이미 러시아 아방가르드의 구축 속에 실현되어 있었다.

가장 흥미로운 것은 구축주의의 여러 구조물이 오늘날 해체주의 건축을 연상시킨다는 점이리라. 거기에는 이유가 있을 것이다. 가령, 모더니즘 건축은 '형태는 기능을 따른다.'는 기능주의 원칙 때문에 장식적 요소는 물론이고 건축의 상징적 차원까지 제거해버렸다. 하지만 러시아 아방가르드의 구축은 여전히 상징성—가령 '혁명의 역동성'—을 갖고 있었다. 구축주의자들의 작업은 기술적 측면에서 실현 불가능한 실험으로 남았지만, 테크놀로지가 발달한 오늘날 기술적으로 실현할 수 없는 실험적 형태란 거의 없다. '구축(construction)'의 실험들이 외려 '해체(de-construction)'를 표방하는 양식을 통해 실현된다는 것은 역사의 묘한 아이러니다.

액소노메트리

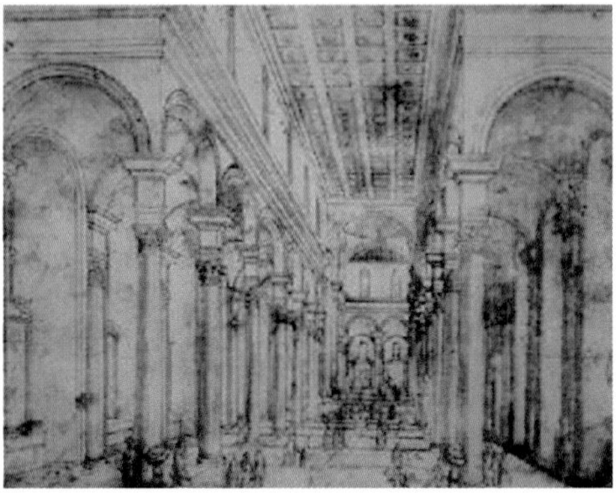

1 〈성 로렌초 성당의 원근법적 투시도〉 필리포 브루넬레스키, 15세기 초

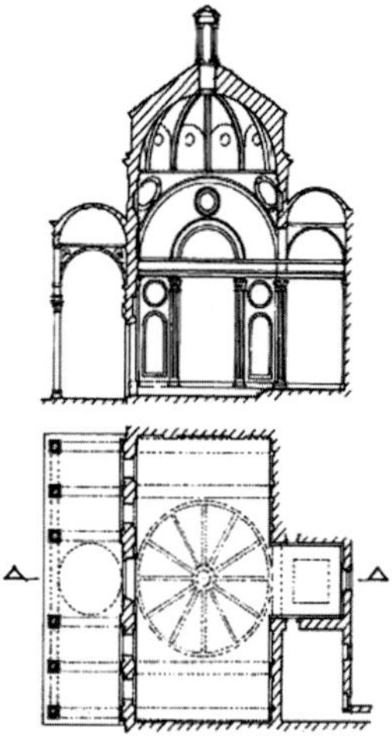

2 〈피렌체 파치 예배당의 입면도와 평면도〉 필리포 브루넬레스키, 15세기 초

삼차원의 사물을 이차원의 평면에 투사하는 데는 다양한 방법이 존재한다. 대표적인 것이 바로 르네상스의 원근법이다. 원래 원근법은 건축가 브루넬레스키(Filippo Brunelleschi, 1377~1446)가 자신의 의뢰인들에게 앞으로 지어질 건물의 모습을 미리 보여주려는 목적에서 발명했다고 한다.[1, 2] 하지만 당시에는 회화 역시 삼차원의 공간을 이차원의 평면에 옮겨놓는 방법을 고민하고 있었다. 그리하여 브루넬레스키는 자신의 방법을 곧 화가들에게도 전수하기 시작한다. 그렇게 탄생한 것이 최초의 원근법이 적용된 회화 마사초의 〈삼위일체〉다.

원근법은 이처럼 기술의 영역에서 발명되어 예술의 영역으로 넘어왔다. 하지만 브루넬레스키의 원근법 도면이 건축물의 설계나 제작에 사용된 것은 아니다. 거기에는 물론 입면도, 평면도, 혹은 측면도가 사용됐을 것이다. 원근법적 투사는 사실 기술적 제작에는 적합하지 않다. 시선에서 멀어질수록 사물의 길이가 단축되기 때문이다. 원근법적 재현은 사물의 '객관적' 상태가 아니라, 인간의 눈에 비친 '주관적' 영상에 불과하다. 이렇게 사물의 길이가 실제와 다르게 투사되는 도면을 가지고 건물을 지을 수는 없는 일이다.

때문에 기술적 목적에 사용되는 도면에서는 원근법과는 다른 유형의 투시법이 필요하다. 가령 A와 B를 비교해보자. B는 원근법에 따라 그려진 정육면체의 모습으로, 거기서는 관찰자의 눈과의 거리에 따라 각 면의 길이가 달라져 눈에 가까운 쪽은 길게, 눈에서 먼 쪽은 짧게 묘사된다. 반면 A에서는 관찰자의 눈과의 거리에 상관없이 정육면체의 모든 면이 평면 위에 동일한 길이로 매핑된다. B가 사물을 '눈에 보이는 대로'(주관적으로) 묘사한다면, A는 사물을 '있는 그대로'(객관적으로)

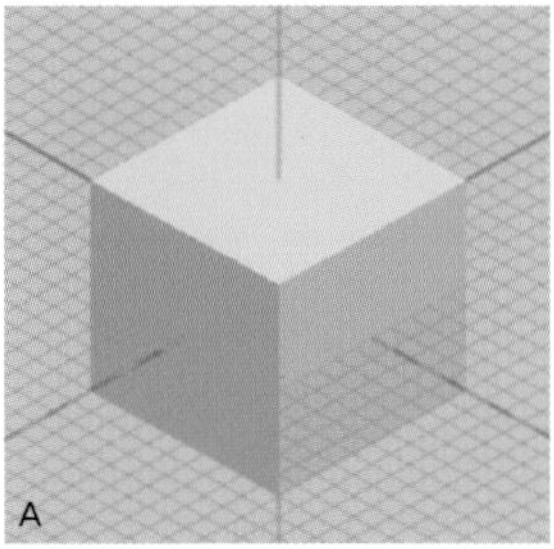

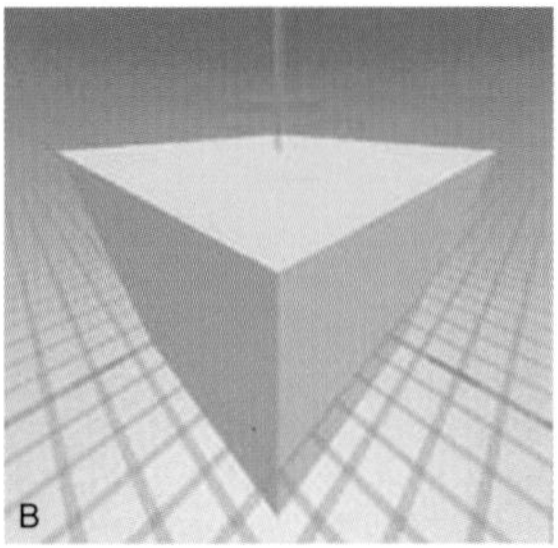

묘사한다.

원근법적 투사(B)에서는 눈에서 멀어질수록 선들의 간격이 좁아져 결국 어디선가 한 점에 모이게 된다. 하지만 평행투사(A)에서는 선들이 서로 평행을 이루고 있어 아무리 연장해도 결코 한 점에서 만나지 않는다. 이 평행투사의 대표적인 예가 바로 '액소노메트리(axonometry)'다. 액소노메트리는 19세기부터 건축과 디자인, 기계 설계 등 기술적 도면에 널리 사용되어왔기에, 예술을 기술적 구축으로 바꾸어놓으려 한 구축주의나 데스테일, 바우하우스가 화면에 액소노메트리를 도입한 것은 매우 자연스러운 일이었다.

원근법에서 벗어나는 것이 현대회화의 '보편적' 특성이라면, 액소노메트리의 도입은 현대예술에서 '기술적 구축'을 지향하는 흐름들이 원근법을 폐기하는 '특수한' 형식이었다. 실제로 엘 리시츠키는 액소노메트리 속에서 원근법의 규약에서 벗어나는 길을 보고, 이를 자신의 '프로운' 회화에 적극 활용했다. 액소노메트리는 삼차원 공간의 사물을 시점과의 거리에 따른 길이의 단축 없이 평면에 1대 1로 매핑한다. 때문에 원근법에 익숙한 눈에는 이 오래된 지각의 관습을 거슬러 묘사된 대상들이 어딘지 이상하게 보인다.

제들마이어는 현대예술이 "기술적 청사진"(기계의 도면이나 공장의 설계도)을 닮아간다고 말했다. 액소노메트리는 그가 지적한 경향의 축어적(글자 그대로의) 예가 될 것이다. 제들마이어는 나아가 원근법을 해체한 현대예술의 작품이 지지대를 잃고 허공을 부유하는 경향을 보인다고 지적한 바 있다. 엘 리시츠키의 '프로운'[3] 회화가 보여주듯이, 액소노메트리 속의 사물은 현실의 공간이 아니라, 어떤 절대적 공간 속을 부유하는 것처럼 느껴진다. 거기에서 원근법의 그것과는 다른 색다른 미적 효과가 발생한다.1

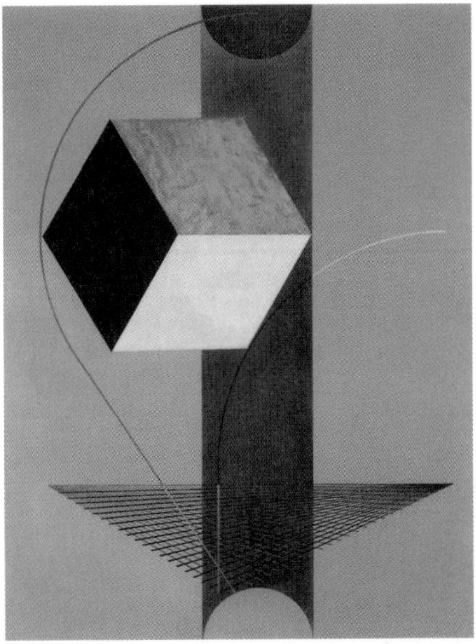

3 〈프로운 99〉 엘 리시츠키, 1924~1925년

II 데스테일

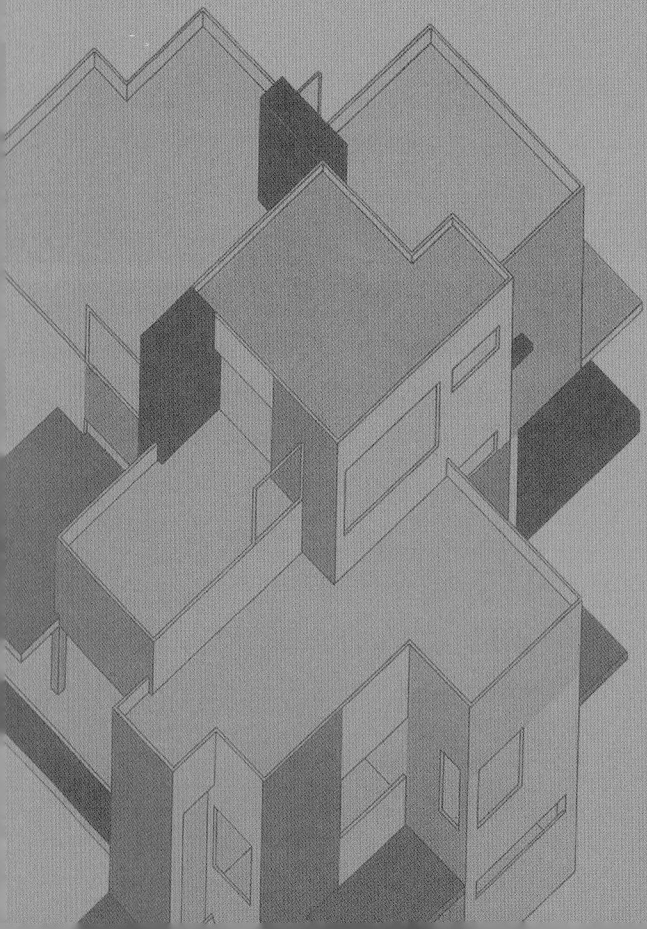

신조형의 양식

'데스테일'은 자신을 '신조형'이라고 불렀다. 신조형을 주도한 것은 몬드리안과 두스부르흐였다. 몬드리안은 신지주의의 영향 아래 수평과 수직, 삼원색과 흑백으로 이루어진 특유의 양식을 확립하는 데 중요한 역할을 했다. 두스부르흐가 엘 리시츠키를 통해 러시아 구축주의를 받아들이면서, 몬드리안의 정신주의와 두스부르흐의 물질주의는 알력을 일으키게 된다. 몬드리안은 회화를 최고의 예술로 여겼으나, 두스부르흐는 구축주의의 정신에 따라 삶과 유리된 예술에 죽음을 선고하며 회화를 건축에 종속시키려 했다. 몬드리안의 탈퇴에도 불구하고 두스부르흐의 지도 아래 데스테일은 국제적 명성을 누리며 독일의 바우하우스에 커다란 영향을 끼친다.

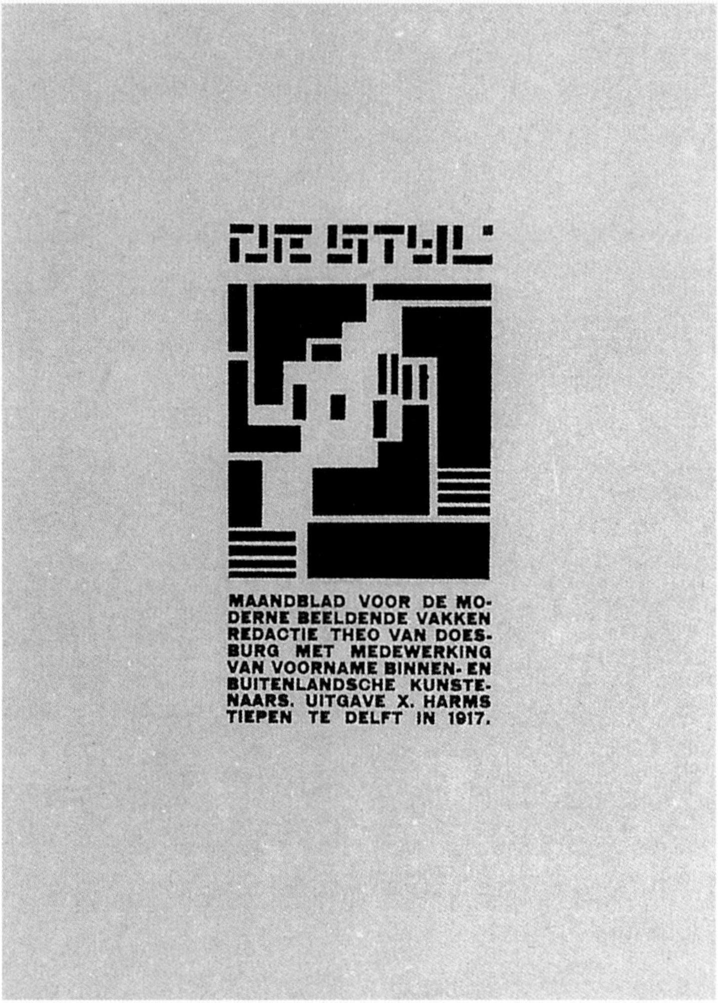

1
빌모스 후스자르가 디자인한 〈데스테일〉 창간호 표지에 실린 〈선언 I〉, 1918년

'데스테일(De stijl)'은 테오 판 두스부르흐(Theo van Doesburg, 1883~1931)와 피트 몬드리안(Piet Mondrian, 1872~1944)의 주도 아래 1917년 네덜란드에서 결성된 예술 및 공예 운동이다. 두 사람 중에서 몬드리안은 주로 데스테일의 이념과 양식을 형성하는 데 주력했고, 두스부르흐는 예술가들을 조직하고 이 새로운 양식과 이념을 국제적으로 전파하는 전도사의 역할을 했다. 이 둘 외에도 반 데르 레크(Bart van der Leck, 1876~1958), 조르주 방통젤로, 빌모스 후스자르 같은 화가들, 그리고 게리트 리트벨트를 비롯한 일군의 건축가들이 데스테일 운동에 참여했다. 이들은 1918년 잡지 〈데스테일〉 2호에 게재된 〈선언문〉에 서명함으로써 본격적으로 활동을 시작한다. 서명에는 반 데르 레크를 제외한 대부분의 사람들이 참여했다고 한다.

인간의 목적은 양식이다

〈선언 I〉[1]은 다소 투쟁적 어조로 "낡은 시대정신과 새 정신이 있다."고 단언한다. "낡은 정신이 개별적인(individual) 것과 연결되어 있다면, 새 정신은 보편적인(universal) 것과 연결되어 있다." 새로운 예술은 물론 새 의식에 따라 "보편자와 개별자의 균형"을 추구한다. 하지만 여전히 "전통, 도그마, 개별자의 지배가 그것의 실현을 반대하고 있다." 〈선언〉은 "예술과 문화의 개혁을 믿는 모든 이"를 향해 "이 방해를 극복할 것을 촉구"한다.1 〈선언〉에서 데스테일이 말하는 '보편자과 개별자의 균형'은 구상과 추상의 어설픈 조합을 가리키는 게 아니다. 데스테일의 작가들은 오직 순수추상을 통해서만 그 '균형'에 도달할 수 있다고 믿었다.

그룹의 명칭은 두스부르흐가 창간한 잡지의 제목에서 유래한다. '양식'을 뜻하는 이 낱말('de stijl')은 고트프리트 젬퍼가 지은 책의 제목[2]의 첫 단어('der Stil')를 딴 것이라고 한다. 하지만 그로써 이들이 '소재가 양식을 결정한다'는 젬퍼의 것으로 잘못 이해된 유물론적 관점까지 받아들인 것은 아니다. 데스테일의 태도는 외려 정신주의적이었기 때문이다. 그 명칭은 아마도 "자연의 목적은 인간이고, 인간의 목적은 양식"[3]이라는 모토를 요약한 것이리라. 주의해야 할 점은, 그들이 말하는 '양식'이 예술가의 개인 양식을 가리키는 게 아니라는 점이다. 외려 그들은 화면에서 개인적 브러시워크의 흔적을 지움으로써 개인을 초월한 '양식(de stijl)'에 도달하기를 원했다.[4]

몬드리안은 그 양식을 '신조형주의(New Plasticism)'라고 불렀다. 1919년에 쓴 〈자연적 실재와 추상적 실재〉라는 글에서 그는 신조형의 정신을 완전한 추상으로 규정한다. "신조형의 이념은 외관의 개별적 특성들, 즉 자연적 형태와 색채를 무시할 것이다. 그것은 형태와 색채의 추상에서, 즉 직선과 명확히 규정된 원색에서 자신의 표현을 찾아야 한다."[5] 이 이념에서 "오직 삼원색과 흑백, 오직 정사각형과 직사각형, 오직 수평선과 수직선만 허용"하는 데스테일 특유의 양식이 나온다. 신조형이 이렇게 모든 것을 기본형과 기본색으로 환원시킨 것은, '추상을 통해 보편성으로 상승함으로써 영적 조화와 질서에 도달한다'는 유토피아적 이상의 표현이었다.

신조형의 원리

추상을 향한 운동의 출발은 입체주의였다. 파리에 체류하던 시절 몬드리안이 본 것은 분석적 단계에 있던 입체주의였다. 그 시기에 입체주의는 공간의 파편들을 그리드처럼 배열하는 경향을 보였다. 행여 이것이 회화의 공간화가 아니라 평면화를 초래할까봐, 피카소와 브라크는 화면에 실재를 암시하는 글자와 실물을 끌어들였다. 이로써 그들의 입체주의는 종합적 단계로 이행했다. 하지만 몬드리안은 피카소와 브라크가 발길을 돌린 곳에서 과감하게 앞으로 걸음을 내딛는다. 가령 〈파랑, 회색, 핑크의 구성〉[2]에서 화면은 거의 그리드에 가까워진다. 하단의 몇 부분만 곡선으로 마무리될 뿐, 화면 전체가 수평과 수직의 직교(直交)로 구성되어 있다.

칸딘스키나 말레비치의 것처럼 몬드리안의 추상 역시 '신지학'의 영향 아래 형성되었다. 신지학에 따르면, 우주는 음양의 대립으로 이루어진다. 신지학의 창시자 마담 블라바츠키는 여성적 에너지를 수평으로, 남성적 에너지를 수직으로 표상한다. 몬드리안에 따르면, "세계는 통일체여서 그 안의 모든 현상 속에 현시되는 것은 하나이자 동일하다. 이 불변적 관계의 조형적 표현이 바로 수직으로 교차하는 두 개의 직선이다." 〈부두와 바다〉[3]는 이 신지학적 시각으로 바라본 세계의 모습을 보여준다. 화면 중앙의 축이 슬쩍 바다로 뻗은 부두의 모습을 암시할 뿐, 여기서 자연은 비가시적인 수직과 수평의 리듬을 통해 묘사된다.

같은 곳에서 몬드리안은 "하지만 추상만으로는 회화에서 자연적인 것을 제거하기에 충분하지 않다."고 말한다. "그저 직선만으로 자연적

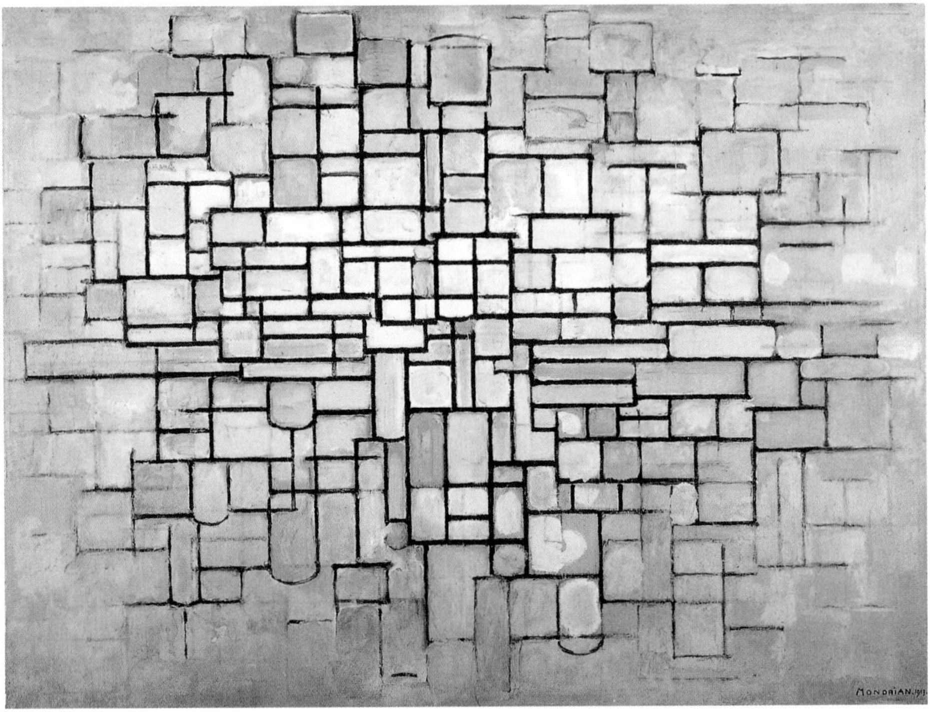

2
〈파랑, 회색, 핑크의 구성〉 피트 몬드리안, 1913년

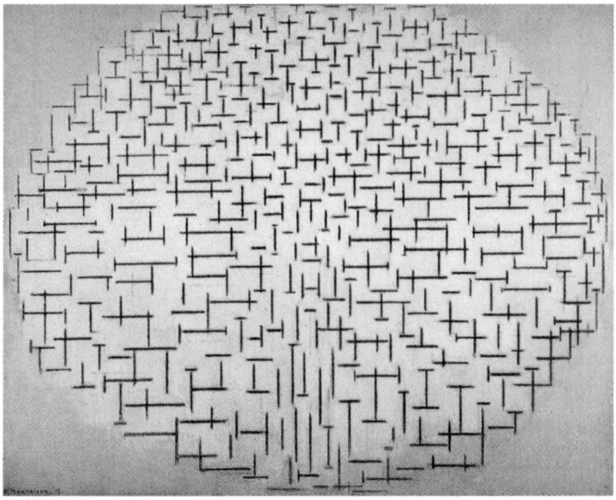

3
〈부두와 바다〉 피트 몬드리안, 1915년

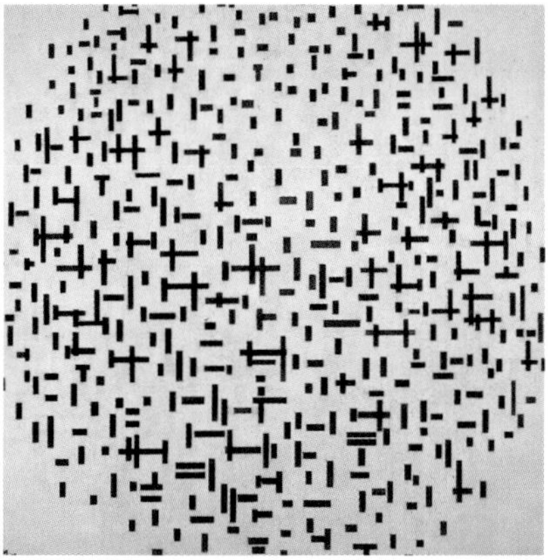

4
〈선 구성〉 피트 몬드리안, 1917년

인 것을 표현할 경우 여전히 자연주의적인 것이 남기" 때문이다. 따라서 추상 못지않게 중요한 것은 "선과 색이 자연과는 다른 방식으로 구성"되는 것이다. 거기에는 "완전히 다른 구성, 즉 수학적이지만 비대칭적인 구성이 필요하다."[6] 〈선 구성〉[4]에서 몬드리안은 마침내 아무것도 재현하지 않는 완전한 추상에 도달한다. 제재를 포기한 것은 물론이고, 앞의 작품의 대칭이 사라진 것이 눈에 들어온다. 하지만 이 '비대칭성(asymmetry)'의 원칙은 대칭에 집착한 얀 빌스가 그룹을 떠나는 계기가 되기도 했다.

신조형의 형성기에 중요한 역할을 한 것은 쇼엔마커스의 신플라톤주의 사상이었다. '신조형(niewe beelding)'이라는 말 자체가 그가 사용하던 용어였다. 1915년에 발표된 그의 저서 《세계의 새 이미지》에는 신조

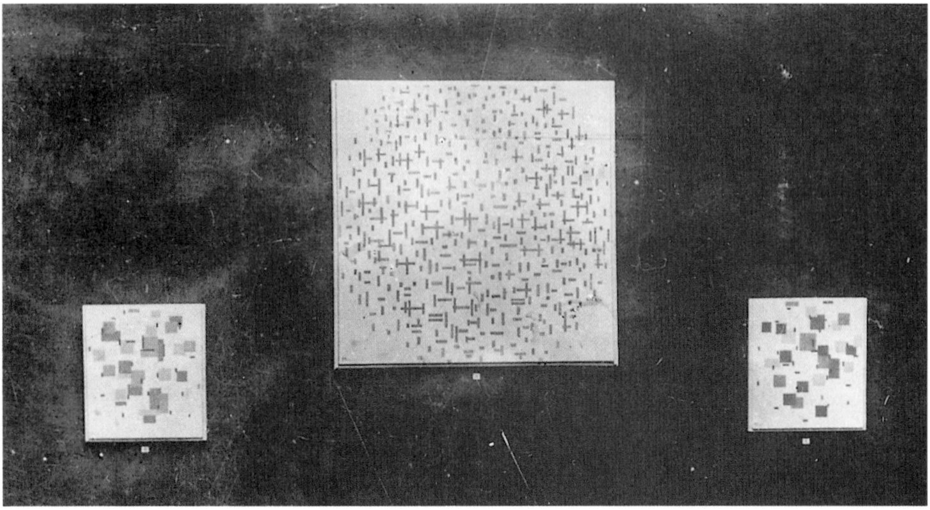

5
〈다른 두 점의 색채 구성〉 피트 몬드리안, 1917년

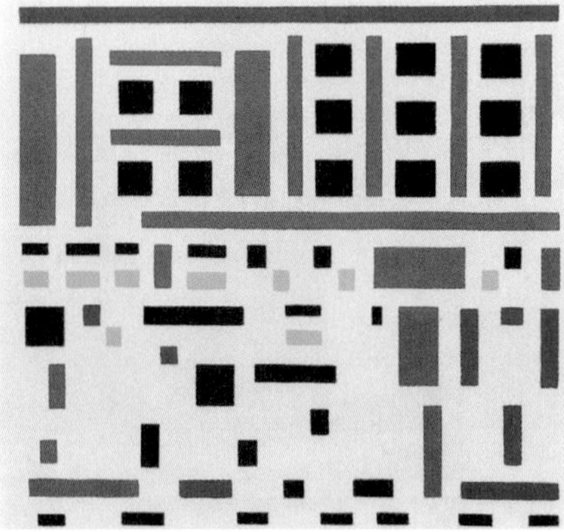

6
〈구성 1917 No.3〉 바르트 반 데르 레크, 1917년

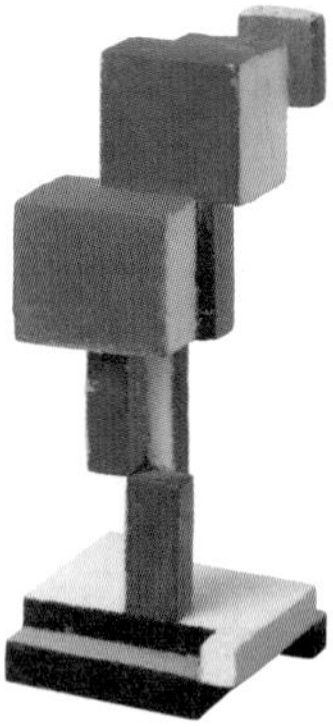

7
〈타원에서의 구성〉
조르주 방통젤로, 1918년

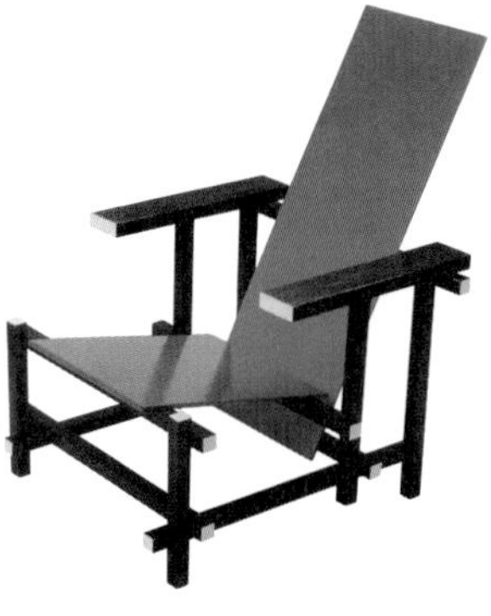

8
〈적/청 의자〉 게리트 리트벨트, 1918년

형의 표현을 암시하는 발언이 들어 있다. “지구상의 모든 것의 형상을 만드는 두 가지 근본적이고 완벽한 반대 명제가 있다. ‘수평적’인 힘의 흐름인 태양을 도는 지구의 궤도와 ‘수직적인’ 힘의 흐름인 태양에서 나오는 광선의 공간적 운동이 그것이다.”[7] 이어서 1916년의 《조형적 수학》에서는 “모든 색의 근원은 삼원색이며, 시각적으로 팽창하는 노랑은 밖을 향한 빛의 운동, 시각적으로 후퇴하는 파랑은 창공, 빨강은 중간에서 둘을 화해시킨다.”고 말했다.[8]

〈선 구성〉을 전시할 때 몬드리안은 양옆으로 다소 경향이 다른 두 점의 색채 구성을 배치했다.[5] 여기서 처음으로 색면(色面)이 등장하는데, 그것들은 아직 완전한 원색에 도달하지는 못했다. 역시 쇼엔마커스와 교류했던 반 데르 레크는 〈구성 1917 No.3〉[6]에서 이미 이 삼원색과 흑백의 구성을 보여준다. 조르주 방통젤로 역시 〈타원에서의 구성〉[7]

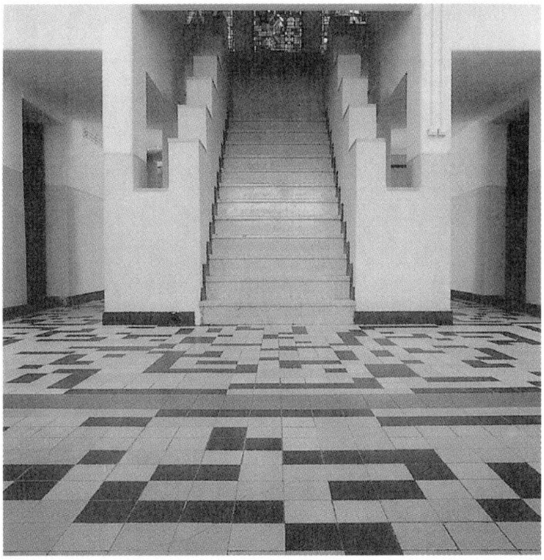

9
드 봉크 여름 휴양 주택의 타일 바닥 색체 디자인, 테오 판 두스부르흐, 1917년

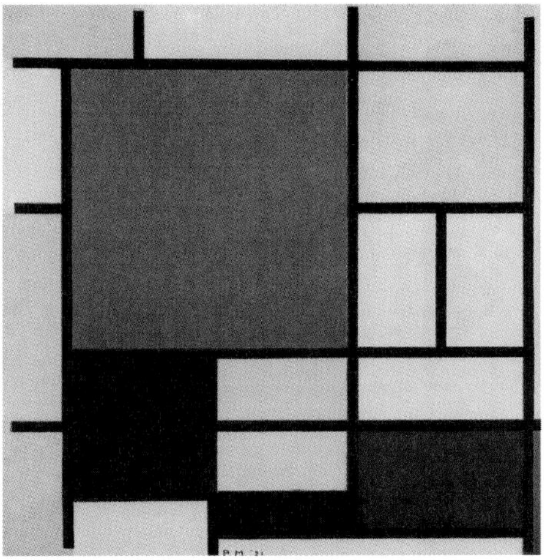

10
〈적, 황, 청, 흑의 구성〉 피트 몬드리안, 1921년

에서 공간 구성에 삼원색과 흑백을 사용했다. 리트펠트가 제작한 〈적/청 의자〉[8]나 두스부르흐의 실내디자인[9]은 1921년 이후 몬드리안의 원숙한 양식[10]을 미리 보여주는 듯하다. 수직/수평의 교차와 삼원색과 흑백을 사용하는 신조형의 언어는 데스테일 작가들의 협업을 통해 만들어졌다.

'평정'으로서 순수추상

데스테일은 예술 작품을 "우주의 은유"로 보았다. 진정으로 위대한 예술 작품은 "자연에서 빌려온 수단들을 취소"하고 "순수한 예술적 수단들만 가지고 미적 평형을 성취한다."[9] 몬드리안에게 '평형(equilibrium)'이란 곧 '인간과 우주의 균형', 즉 〈선언〉에서 말한 '개별자와 보편자의 균형'을 가리킨다. 평형은 우리 밖의 보편자가 개별자인 우리 안에서 나타날 때 성취된다. 이렇게 개별자 안에서 보편자가 나타나는 방식이 바로 신조형의 순수추상이다. '평형'에 관한 몬드리안의 생각은 거의 불교의 교리를 연상시킨다.

가변적인 것은 (인간들 사이의) 상호 행동을 통해 출현하고 변화한다. …… 이 행동 안에 삶의 모든 불행과 행복이 들어 있다. (개별자와 보편자의) 지속적 분리에서 불행이 발생하고, 가변적인 것의 영원한 재탄생에서 행복이 유발된다. (하지만) 불변적인 것은 모든 불행과 행복 너머에 있다. 그것은 평형이다.[10]

11
〈검은선의 구성 II〉 피트 몬드리안, 1930년

이 언급은 거의 쇼펜하우어의 말처럼 들린다. 실제로 몬드리안은 칸트에서 헤겔로 이어지는 독일 관념론 철학을 잘 알고 있었다. 그중에서 그가 즐겨 인용한 것은 헤겔이다. 그가 헤겔을 참조한 데는 이유가 있을 것이다. 가령, 우주가 수직과 수평의 대립으로 이루어진다는 생각은 '대립물의 통일'이라는 변증법의 원리를 연상시킨다. 개별적-자연적인 것에서 추상적-보편적인 것으로 나아간다는 모티프 역시 주관정신이 절대정신 속으로 지양된다는 정신현상학의 논리와 유사하다. 나아가 예술을 절대정신이 드러나는 방식으로 보는 헤겔의 생각은 몬드리안의 신념과 일치한다.

제 머릿속에서 절대정신이 완성되었다고 믿은 헤겔처럼, 몬드리안 역시 신조형 속에서 개별과 보편의 모순이 해결된다고 믿었을지 모른다. 하지만 헤겔은 그의 의견에 동의하지 않을 것이다. 헤겔에게 예술은 모순의 궁극적 해결이 아니었다. 제아무리 추상적이더라도 예술은 여전히 감각적 매체에 의존하기 때문이다. 감각에 묶여 있는 한, 모든 선은 구체적인 '이' 선이요, 모든 색은 구체적인 '이' 색이기 때문이다. 그래서 헤겔의 절대정신은 잠시 예술의 옷을 입었다가 감각에 의존하지 않는 종교와 철학으로 떠나는 것이다. 이 문제가 계속해서 몬드리안을 괴롭힌 모양이다. 1920년대 중반에 그의 화폭은 점점 더 '미니멀'해져, 거의 말레비치에 접근한다.[11]

디자인으로서 데스테일

데스테일의 전개를 흔히 세 시기로 구분하곤 한다. 1917~1921년 데스테일의 이념과 양식이 형성되는 전기가 끝나갈 때쯤, 종전으로 발이 풀린 몬드리안이 다시 파리로 이주하고, 그룹의 다른 멤버들 역시 뿔뿔이 흩어지고 만다. 두스부르흐는 외려 이 위기를 운동의 국제적 확산의 기회로 활용한다. 1921~1925년 데스테일 운동은 새로 교체된 멤버들과 함께 중기로 접어드는데, 이 시기에 가장 중요한 사건은 두스부르흐와 엘 리시츠키의 만남일 것이다. 리시츠키를 통해 데스테일은 절대주의와 구축주의의 영향을 흡수하기 때문이다. 전기의 데스테일이 회화를 중심으로 전개되었다면, 중기에는 외려 건축가들의 활동이 두드러졌다.

처음부터 데스테일은 '신조형'의 개념을 회화나 조각에 국한시키지 않았다. 회화를 최고로 여긴 몬드리안 역시 원칙적으로는 '신조형'이 모든 예술을 포괄한다고 보았다.[11] 하지만 이것이 장르를 뒤섞는 혼합 예술을 의미하는 것은 아니다. 예술에 대한 데스테일의 관념은 철저히 '모더니스트적'이어서, 각 장르의 언어를 그 기본 요소로 되돌려야 한다고 믿었다. 그 환원을 통해 각 언어의 기본 요소들 속에서 장르를 초월하는 보편성이 드러난다는 것이다.[12] 하지만 그들의 기대와 달리 그 보편성이 발견된 것은 회화와 건축 사이에서뿐이었다. 두 장르는 평면을 기본 요소로 사용하기 때문이다. 데스테일이 회화와 건축을 중심으로 전개된 것은 이와 관련이 있다.

이 시기에 두스부르흐는 리시츠키에게서 구축주의의 이념을 받아들인다. 그 영향은 도처에서 발견된다. 1924년의 〈집단적 구축을 위하여〉라는 논문에서 그는 예술의 죽음을 선언한다. "우리는 생활과 예술이 더 이상 분리된 영역이 아니라는 점을 인식해야 한다. 실제 생활에서 분리된 환상으로서 예술이라는 이념은 사라져야 한다." 이 시기에 리시츠키는 이미 정치로부터 결별을 선언한 상태였지만, 생활과 예술의 통일이라는 유토피아적 이상은 그대로 유지하고 있었다. 다만 그것을 공산주의라는 특정한 정치 체제 대신에 막연하게 "경제와 산업의 발전"에 연루시켰다.[13] 러시아의 구축주의는 이렇게 탈(脫)정치화한 형태

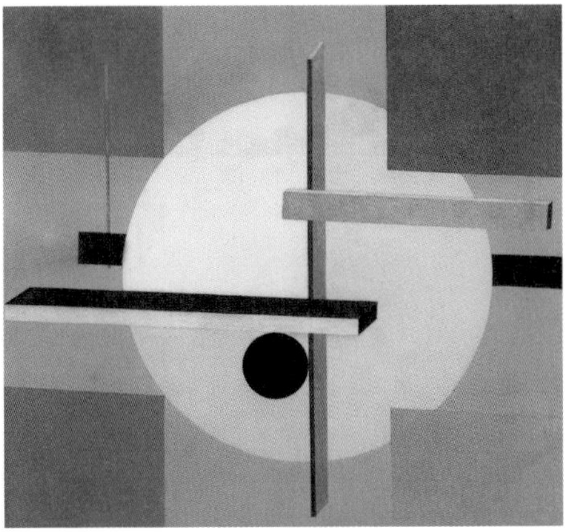

12
〈프로운 R.V.N. 2〉 엘 리시츠키, 1923년

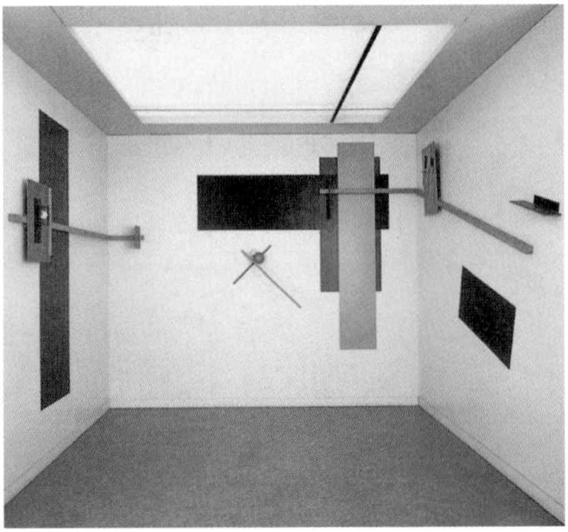

13
〈프로운 방〉 엘 리시츠키, 1923년, 1965년에 재현

로 데스테일 운동에 접목된다.

1921년부터 두스부르흐는 리시츠키의 '프로운' 구성[12, 13]에 영향을 받아 반 에스테렌과 더불어 '액소노메트리'[14]라는 가상의 건축 구조를 설계하기 시작한다. 거리에 따라 길이가 단축되는 원근법과 달리 액소노메트리는 입체를 평면에 실제 크기 그대로 1대 1 대응시킨다. 이 방법으로 그린 대상은 어딘지 이상해 보이나, 그로 인해 외려 현실이 아닌 다른 (절대적) 공간에 떠 있는 것 같은 묘한 분위기를 갖게 된다. 리시츠키는 말레비치의 절대주의를 삼차원으로 확대하는 데 이 방법을 사용했다. 두스부르흐의 연작이 '프로운'을 연상시키는 것은 이 때문이다. 작업의 결과물은 1923년 파리의 어느 화랑에서 전시되고, 전시회는 커다란 성공을 거둔다.

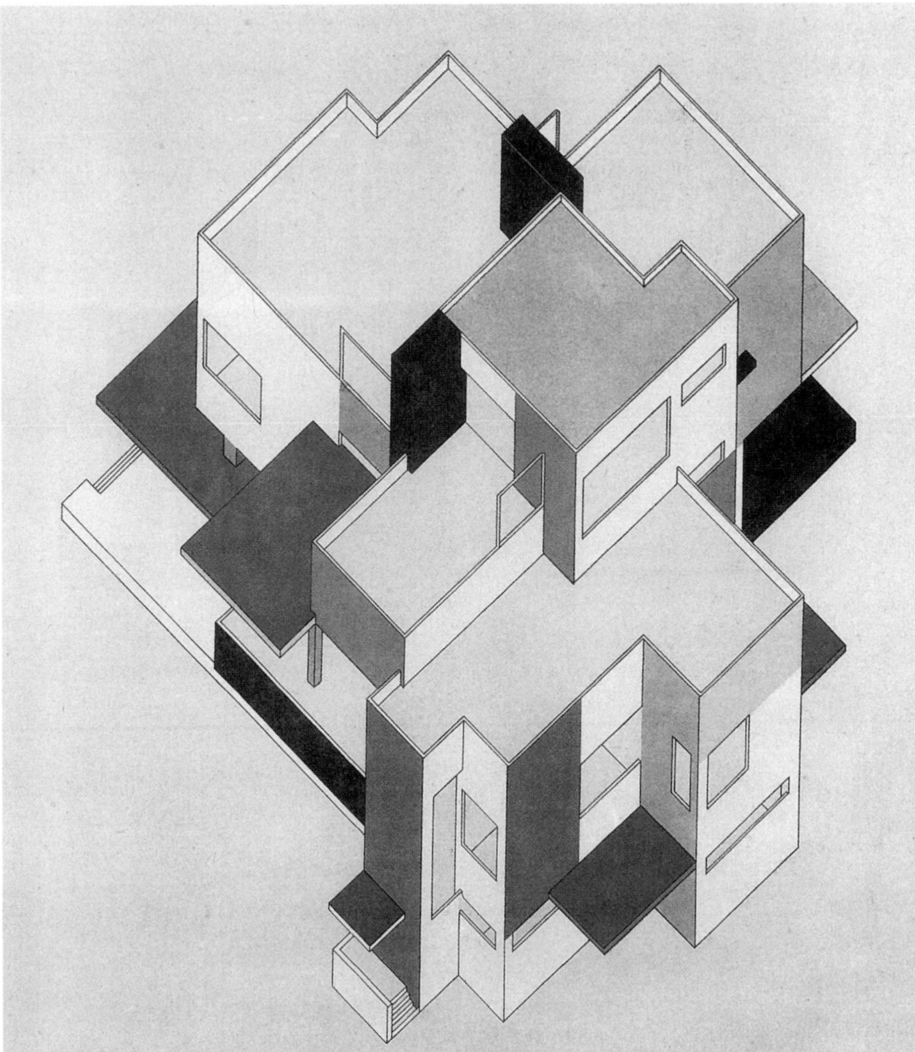

14
자택의 액소노메트리 도면, 테오 판 두스부르흐, 1929년

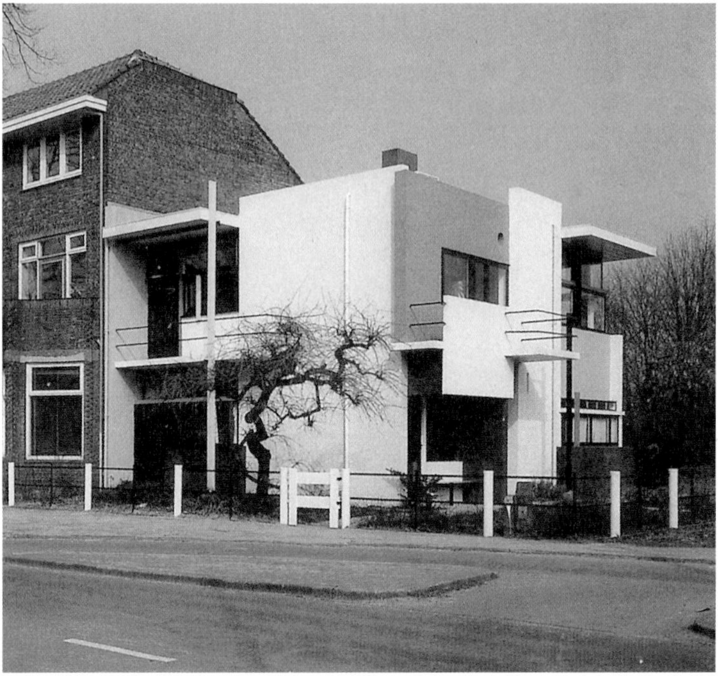

15
〈슈뢰더 하우스〉 게리트 리트펠트, 1923~1924년, 슈뢰더 주택의 가로 측 외관

사실 초기에 데스테일 건축은 프랑크 라이트의 영향에서 벗어나지 못했지만, 데스테일이 고유의 건축 언어를 갖는 데는 오래 걸리지 않았다. 1924년의 〈조형적 건축을 향하여〉14에서 두스부르흐는 데스테일 건축의 16가지 원칙을 제시한다. 거기에 따르면, "조형적 건축은 기능에 따라 분할되는 단 하나의 공간으로 이루어진다." "거기에는 반복과 대칭도 없고, 안과 밖의 구별도 없다." "분할된 공간은 밖으로 확산

되고, 표면은 무한한 공간과 연접하며, 건축의 좌표는 우주 공간의 지점들과 1대 1 대응한다." 이 16가지 원칙을 뜯어보면, 그 안에서 몬드리안의 신조형주의가 리시츠키의 구축주의와 합쳐지고 있음을 알 수 있다.

게리트 리트벨트의 〈슈뢰더 하우스〉[15]는 데스테일 건축의 역사에서 각별한 의미를 갖는다. 위트레흐트 근교에 지어진 이 건물은 '데스테일'의 건축 언어가 온전한 형태로 실현된 최초의 예이자 유일한 예이기 때문이다. 직각의 형태와 밝은 원색으로 이루어진 건물은 서로 교차하는 판벽들로 지어졌는데, 그 속의 어떤 요소들은 무한의 공간에 떠 있는 것 같은 느낌을 주고, 건물 전체에 어떤 대칭적 요소도 존재하지 않는다.15

신조형의 절대정신

1925~1931년 데스테일의 마지막 시기에 몬드리안은 두스부르흐와의 불화 끝에 그룹을 떠난다. 흔히 두스부르흐가 '요소주의'라는 이름 아래 화면에 대각선을 도입한 것이 원인이었다고 하나[16], 그다지 근거가 있어 보이지는 않는다. 리시츠키를 만난 이후 두스부르흐는 몬드리안의 영향에서 벗어나 독자적 생각을 발전시키고 있었다.16 몬드리안은 특히 두스부르흐가 리시츠키를 통해 도입한 구축주의의 요소가 데스테일에 이질적이라고 느꼈던 모양이다. 실제로 신조형주의와 구축주의는 건축적 공간에 대해 서로 다른 생각을 갖고 있다. 이와 관련하여 주목해야 할 것은 두스부르흐의 〈조형적 건축을 향하여〉에 등장하는 열한 번째 원리다.

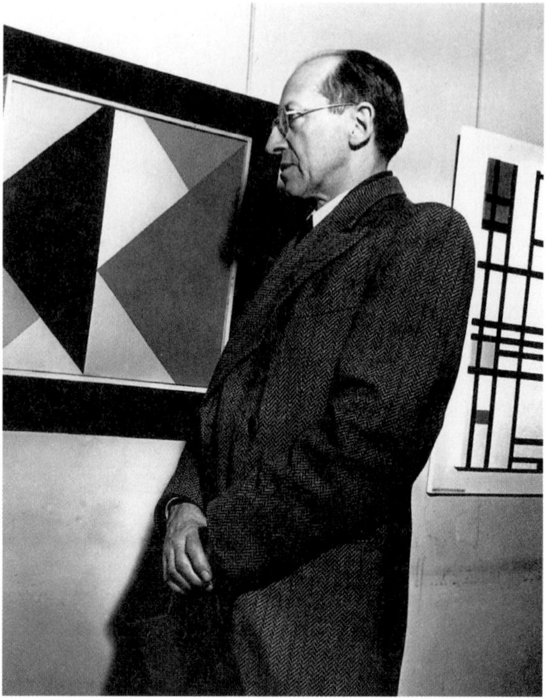

16
〈삼각형〉 테오 판 두스부르흐, 1928년,
피트 몬드리안이 두스부르흐의 〈삼각형〉 앞에 서 있다.

새로운 건축은 반(反)입방체다. 그것은 모든 기능적 공간의 단위를 폐쇄된 입방체 안에 집어넣지 않고, 기능적 공간 단위들을 입방체의 중심으로부터 원심력적으로 투사한다. …… 이런 식으로 건축은 중력에 반대하여 작용하면서 다소간 부유하는 측면을 갖게 된다.

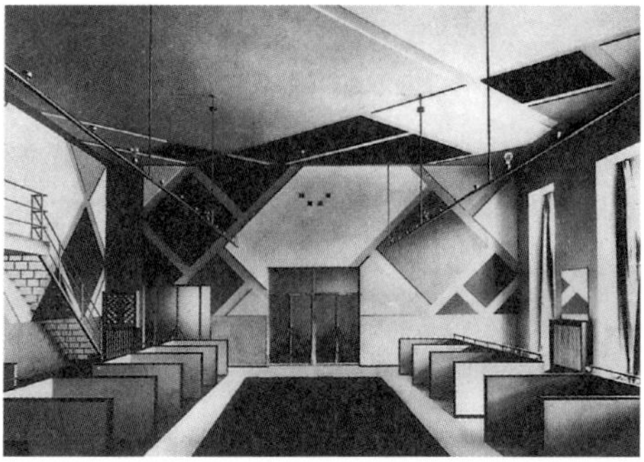

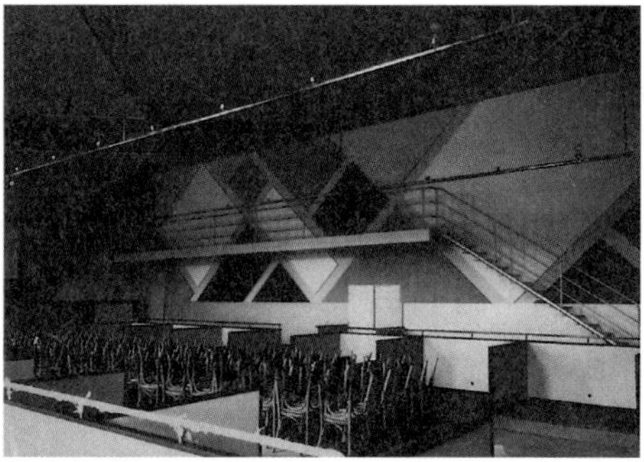

17
카페 오베테의 1층에 위치한 시네마-댄스 홀의 벽면 색채 디자인, 테오 판 두스부르흐, 1927년

예를 들어 몬드리안의 디자인에서 건축의 요소들은 대지에 확고히 자리를 잡고 있다. 하지만 두스부르흐의 디자인에서는 그 요소들이 허공을 자유롭게 떠다니며 서로 중첩되기도 한다. 이렇게 건축이 지지대 없이 공간으로 투사되는 듯한 느낌은 멀리 타틀린의 '카운터 릴리프'에서 유래하고, 건축의 요소가 허공을 부유하는 듯한 느낌을 주는 것은 리시츠키의 '프로운 회화'에서 유래한 것이다.

두스부르흐는 구축주의의 영향 아래 몬드리안보다 더 급진적인 방향으로 나아갔다. 가령 신건축의 열네 번째 원리는 구상이든 추상이든 "조화의 독자적이며 가상적인 표현으로서 회화를 제거"할 것을 요구한다. 회화든, 건축이든, 건축에서 분리된 단위로서 그 어떤 이미지도 허용되지 않는다. 색채가 사용된다면, 그것은 장식이 아니라 건축적 표현의 유기적 매체여야 한다. 가령 두스부르흐가 디자인한 카페 오베테[17]에서 색면은 완전히 건축 속에 통합되어 공간을 구획하는 기능을 한다.

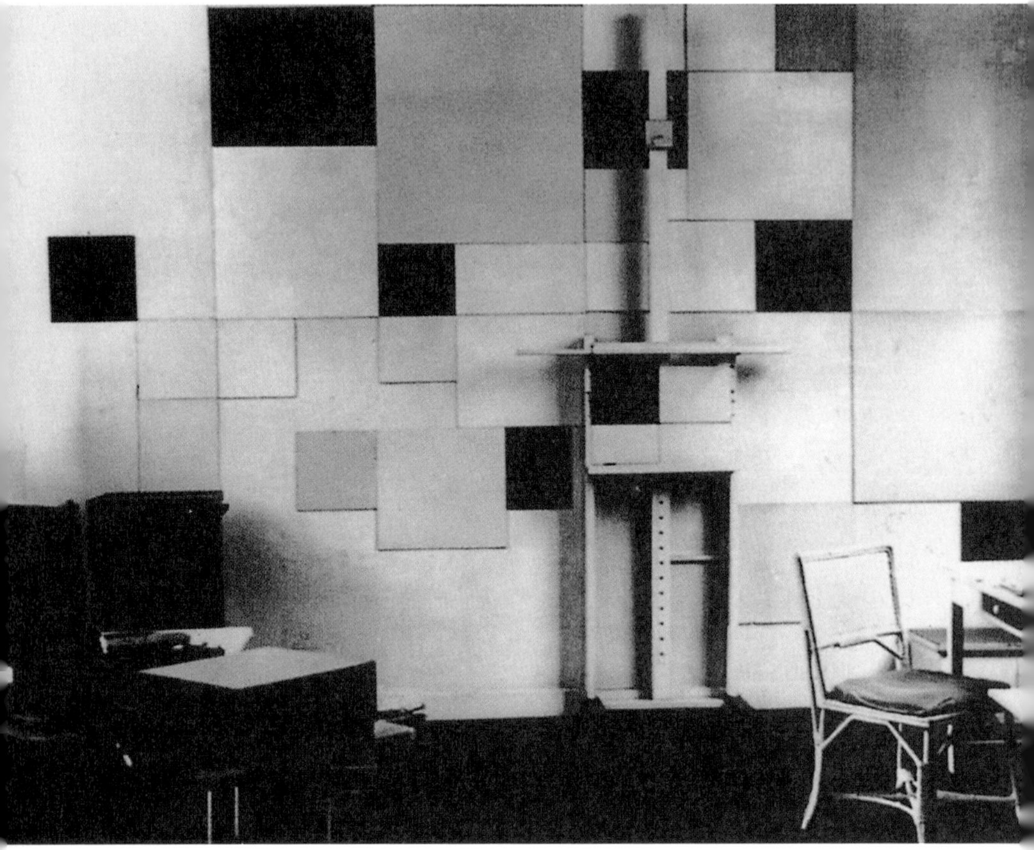

18
파리의 몬드리안 작업실, 1929년경

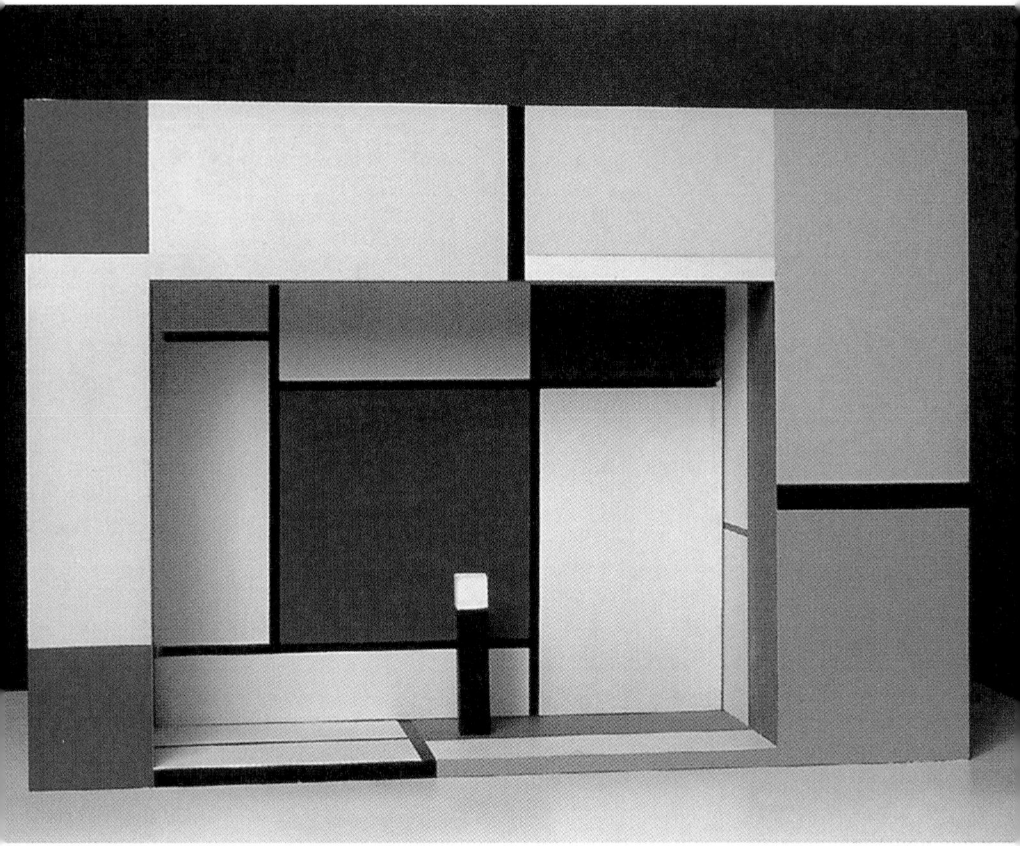

19
미셸 쇠포르의 연극 〈덧없음은 영원하다〉를 위한 무대 모형, 1926년, 1964년에 재구성

하지만 이렇게 '회화를 제거'한다는 것은 몬드리안으로서는 도저히 받아들일 수 없는 것이었다. 그에게는 여전히 회화가 신조형을 위한 최고의 매체였기 때문이다.

몬드리안 역시 이 시기에 두스부르흐에게 자극을 받아 파리의 작업실을 색면[18]으로 꾸미기도 하고, 미셸 쇠포르의 연극을 위해 무대를 디자인하기도 했다.[19] 하지만 그가 벽에 붙인 색면은 벽에 걸린 회화처럼 보이고, 그가 디자인한 무대는 받침대 위의 조각처럼 보인다. 사실 둘 다 평면을 사용하지만 회화와 건축을 통합한다는 것은 결코 쉬운 목표가 아니다. 그 앞에서 데스테일은 선택의 갈림길에 서게 된다. 회화가 건축 속으로 사라지거나, 아니면 회화를 위해 건축이 포기되어야 한다. 몬드리안은 후자를 택하고, 두스부르흐는 전자로 나아가 아예 '구체예술'을 선언한다.

> 예술 작품은 자연의 형식적 특성으로부터, 혹은 감각이나 감성으로부터 아무것도 받아서는 안 된다. 우리는 서정주의, 드라마주의, 상징주의 등을 배제하기 원한다. 그림은 완전히 순수 조형적 요소들, 즉 평면과 색채들로만 이루어져야 하고, 따라서 그림은 '자기 자신' 이외의 다른 의미를 가질 수 없다. 기법은 기계적이어야 한다.17

색면과 색채만 사용한다는 점에서 이런 회화는 외형상으로 몬드리안의 것과 크게 다르지 않을 것이다. 하지만 그 회화가 갖는 의미는 완전히 다르다. 몬드리안에게 신조형은 인간과 우주, 개별과 보편, 의식과 무의식의 '평형'을 상징했다. 거기서 그는 아마도 헤겔이 말한 절대정신의 실현을 보았을 것이다. 구체예술은 정확히 그것의 반대 명제를 세운다. 여기서 그림은 일체의 상징적 차원을 잃고 그저 '자기 자신'으로, 즉 채색된 평면으로 남는다. 헤겔의 용어를 빌리면, 그것은 절대정신이 종교와 철학으로 자리를 옮기며 벗어버린 물질적 껍데기에 불과할 것이다. 데스테일 운동은 1931년 두스부르흐가 요양원에서 사망하면서 종말을 고한다.

12 바우하우스

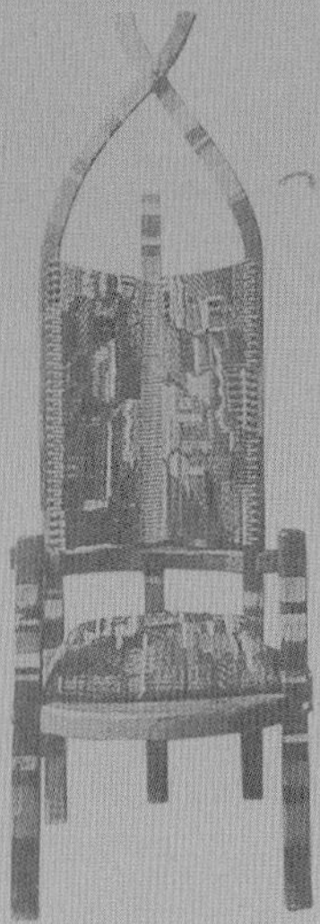

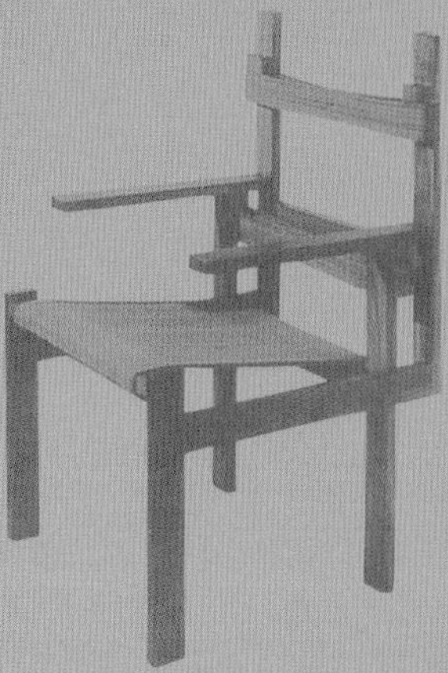

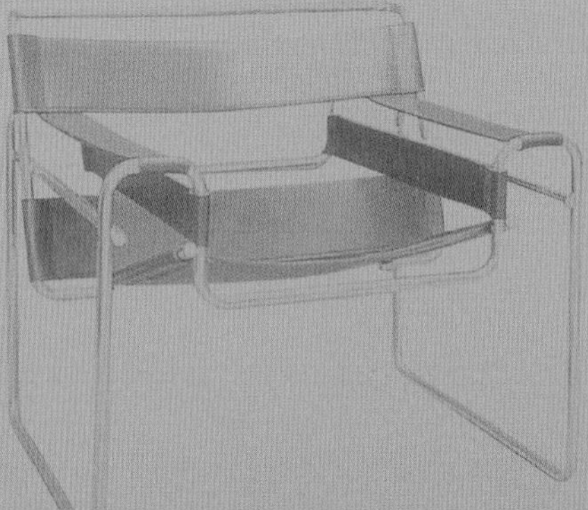

사회주의 대성당에서 산업디자인으로

데스테일의 영향이 비교적 제한적이었다면, 바우하우스는 오늘날 생활의 모든 영역에 깊숙이 들어와 있다. 바우하우스는 대량생산된 공산품의 조악함에 대한 반발에서 나온 공예운동으로, 초기에는 표현주의의 영향 아래 장인적 수공예를 지향했으나, 두스부르흐를 통해 데스테일에 자극을 받고, 모홀리 나기를 통해 구축주의에 영향을 받으면서 기계적 대량생산을 위한 산업디자인 운동으로 변모한다. 러시아에서 실패한 구축주의가 바우하우스를 통해 미국식 포디즘과 결합하고, 그로써 '삶과 예술의 경계를 지양한다'는 아방가르드의 목표가 다분히 자본주의적 방식으로 실현된다. 물론 나치는 바우하우스의 사회주의 성향과 모더니즘 취향을 용서하지 않았다.

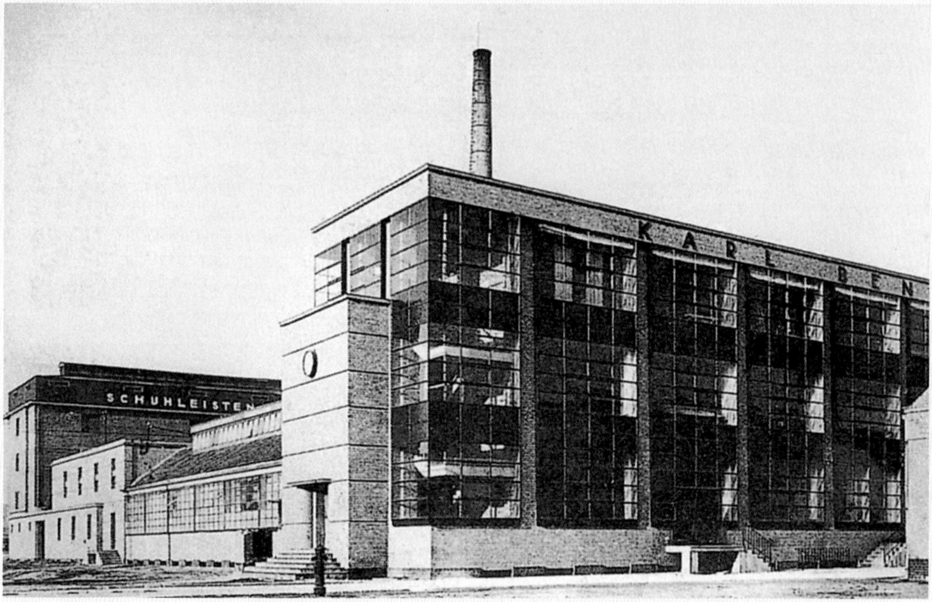

1
〈파구스 구두공장〉 발터 그로피우스, 1910~1912년

'바우하우스(Bauhaus)'는 오늘날 산업디자인의 대명사가 되었다. 1919년에 설립되었지만, 산업을 위한 새로운 미술이라는 아이디어는 이미 오래전부터 존재해왔다. 일찍이 고트프리트 젬퍼는 1852년 〈과학, 공업 및 예술〉에서 산업적 산물에 적용될 고유한 양식의 필요성을 강조한 바 있다. "과학은 더 실용화할 도구를 제공한다. …… 그러나 양식은 조금도 발달하지 못하고 있다. 가스등은 실로 놀라운 발명임에 틀림없다. …… 그러나 우리는 그것을 촛불이나 석유등처럼 보이게 하느라 가스 분출구를 가리기에 급급하다. …… 우선 현존하는 미술의 원형을 해체하는 과정을 완수해야 한다. 그런 다음에 비로소 뭔가 새롭고 건전한 것이 이루어질 수 있다."1

사회주의 성당기사단

바우하우스는 "현존하는 미술의 원형"을 해체하고 산업에 적합한 양식을 창조하기 위한 대안적 교육기관으로 설립되었다. 초대 교장으로는 발터 그로피우스(Walter Gropius, 1883~1969)가 임명되었는데, 그는 '파구스 구두공장'[1]처럼 전면 유리를 사용한 혁신적 건축으로 전쟁 전부터 명성이 자자하던 차였다. 1919년 학교의 창립을 선언하기 위해 모인 이들의 손에는 라이오넬 파이닝거(Lyonel Charles Adrian Feininger, 1871~1956)의 목판화를 표지로 한 강령이 들려 있었다.

모든 조형미술의 궁극적인 목표는 완벽한 건축에 있다. 한때는 건축물을 장식하는 것이 미술의 가장 고상한 기능이었다. …… 그러나 오늘날

미술은 고립 상태에 있다. 미술이 고립 상태에서 벗어나는 길은 오직 모든 공예가의 의식적 협력뿐이다. 건축가, 화가, 조각가들은 건축이 …… 종합적 성격을 띠고 있다는 것을 새로이 인식하고 배워야 한다. 그때 비로소 그들의 작업은 '살롱 미술'로 전락했을 때 상실한 구축적인 건축 정신을 불어넣을 수 있게 될 것이다.2

바우하우스의 목표는 크게 세 가지였다. 첫째는 건축 속에서 조각, 회화, 공예 등 모든 장르를 통합하는 것이다. 현대에 들어와 예술은 가령 중세의 성당 건축이나 근대의 궁성 건축과 같은 시대의 "중심적 과제"에서 떨어져 나와 뿔뿔이 원자화되고 자립화되어 갔다. (한스 제들마이어는 이를 "중심의 상실"이라고 한탄한 바 있다.) 바우하우스는 예술의 이 자율화에 대한 반발로 건축 속에서 여러 예술을 통합함으로써 사라진 '총체 예술'을 복원하려 한다. 강령의 표지로 사용된 파이닝거의 목판화[2]에는 이 바우하우스의 이념이 잘 나타나 있다. 거기서 하나의 성당을 이루는 세 첨탑 위의 별들은 각각 건축가, 조각가, 화가를 상징한다.

둘째는 공예의 질을 예술의 수준으로 끌어올리는 것이다. 그로피우스는 바우하우스 설립 3년 전에 이미 산업에 예술을 도입할 필요성을 역설한다. "오늘날 모든 산업이 예술적 문제를 심각하게 고려해야 한다는 과제에 직면하고 있다. 제조업자들은 수제품의 고상한 질에 기계적 생산의 이점을 가미하도록 신경 써야 한다."3 기계 생산으로 인해 전통적인 장인 생산이 쇠퇴하자, 생활 세계는 조악한 대량 생산물로 가득 차 버렸다. 이런 상황에서 바우하우스는 "예술가와 공예가 사이에 오만한 장벽을 만드는 계급 차별"을 없애고, 공예의 정신을 예술의 수

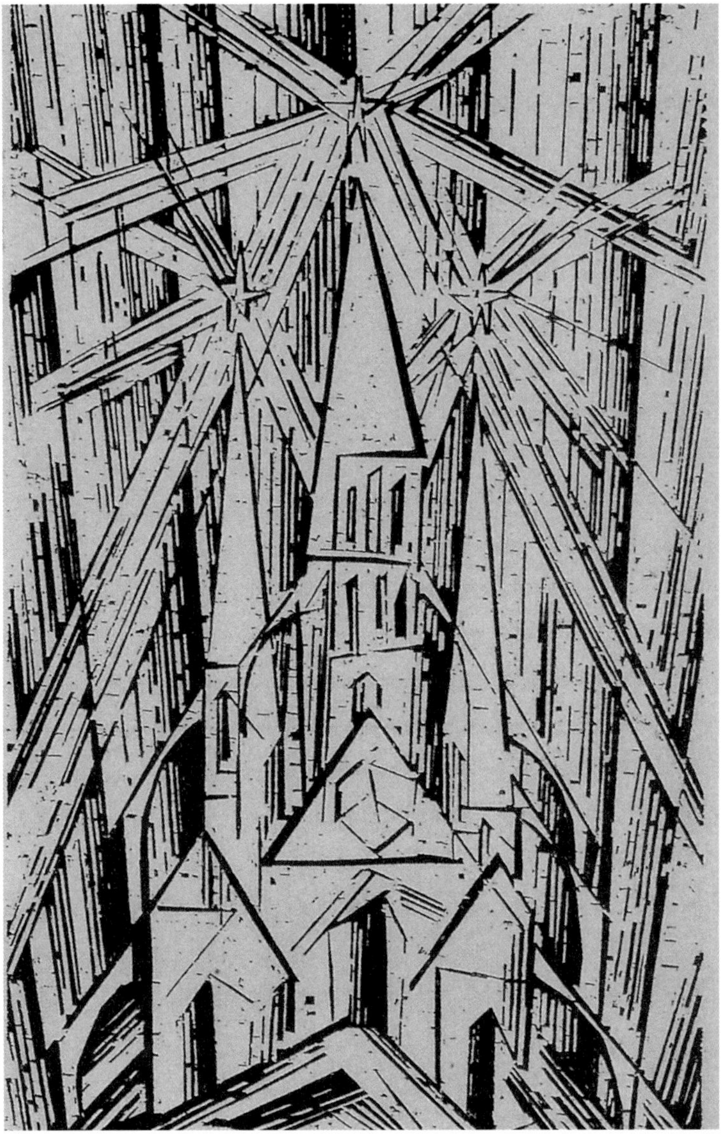

2

〈대성당〉 라이오넬 파이닝거, 1919년, 바우하우스 강령의 표지 목판화

준에서 부활시키려 했다. 바우하우스의 이념은 이 점에서 윌리엄 모리스의 이상을 계승하고 있다.[4]

셋째는 "공예 및 산업 지도자들과 부단히 접촉"하는 것이다. 하지만 이 접촉이 본격적인 산업디자인을 의미하는 것은 아니다. 오스카 슐레머(Oskar Schlemmer, 1888~1943)에 따르면, "바우하우스는 원래 성당 혹은 사회주의 교회를 건립하겠다는 이상을 가지고 창립되었으며, 작업장들은 성당 건립 길드(Dombauhütte)의 형식으로 설립되었다."[5] 그 명칭의 중세적 기원('Bauhütte')에서 알 수 있듯이, 초기의 바우하우스는 수공예의 부활을 통해 "대(大)건축"을 창조하기 위한 일종의 길드 조직이었다. 학교에서 '교수' 대신 '명인(Meister)'이라는 호칭을 사용한 것도 이 때문이다. 하지만 윌리엄 모리스로 거슬러 올라가는 이 낭만적 반(反)자본주의는 머잖아 시대착오로 드러나고 만다.

바우하우스 바이마르

한때 초현대식 디젤기관차[3]를 디자인하기도 한 그로피우스가 전통적 수공업으로 돌아간 것은 유례없이 참혹했던 기계전(機械戰)의 여파일 것이다. 그 시절 독일에는 문명이 잃어버린 근원적 순수함에 대한 열망이 존재했고, 그로피우스 역시 이 표현주의적 분위기에서 자유로울 수 없었을 것이다. 당시 바우하우스의 교육은 공방의 실습과 형태의 연구라는 두 갈래로 이루어져 있었다. 이에 따라 교수진도 공방 명인과 형태 명인으로 이루어졌는데, 그로피우스가 첫 형태 명인으로 임명한 요하네스 이텐(Johannes Itten, 1888~1967)과 라이오넬 파이닝거, 게르

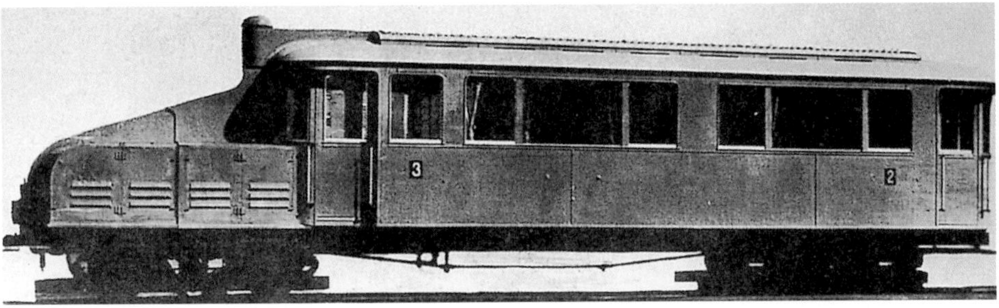

3
그로피우스가 디자인한 초현대식 디젤기관차

하르트 마르크스는 모두 헤르바르트 발덴의 '폭풍'과 관련이 있었다. 이 화랑은 당시 표현주의 운동의 중심이었다.

이 시절 바우하우스의 교육과정을 결정한 이는 6개월의 예비과정(Vorkurs)을 도입하여 운영한 이텐이었다. "모든 사람은 원래 창조적으로 태어났으며, 타고난 재능을 여는 열쇠는 마스다스난이 쥐고 있다." 당시에 마스다스난이라는 동방 종교에 심취해 있었던 이텐은 학생들이 예비과정을 통해 이전에 배운 모든 것을 쓸어버리고 자기 안에 잠재된 창조력을 해방하기를 바랐다. 머리를 밀고 다닌 이 마스다스난의 수도사는 교육에서 두 가지를 강조했다고 한다. 하나는 질감과 색채, 형태, 명암을 이용해 평면과 입체를 다루는 것이고, 다른 하나는 율동적인 곡선으로 원화를 따라 그려가며 구조 분석을 통해 그 안에 구현된 영적 표현을 찾아내는 것이었다.

1919~1925년 바이마르 시기[4, 5]에 바우하우스는 어느 정도 수익을 올린 직물 공방과 도자 공방을 제외하면 대외적으로 이렇다 할 활동이

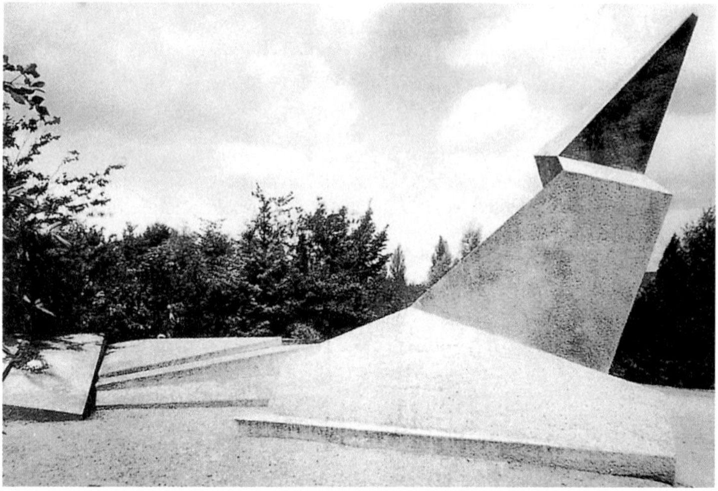

4
발터 그로피우스의 기념물, 1921년, 나치 점령 하에 심하게 훼손되어 다시 복구됨

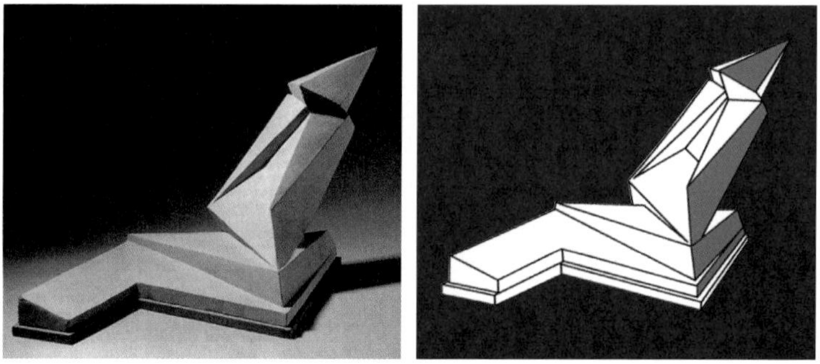

5
바이마르 중앙 공동묘지 3월 희생자의 기념비 작업 모형, 발터 그로피우스, 1922년

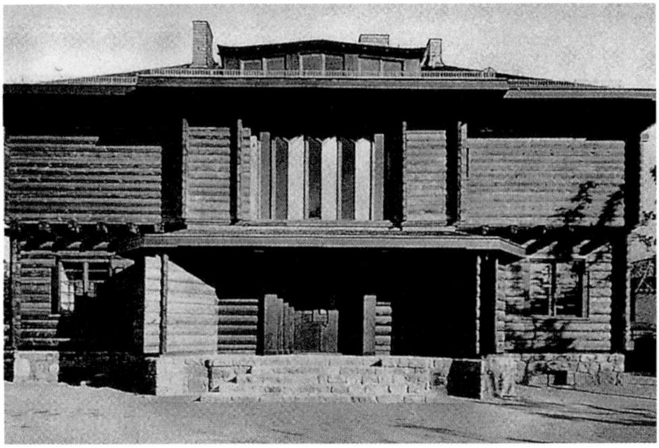

6
조머펠트의 주택, 발터 그로피우스, 아돌프 마이어, 1920~1921년

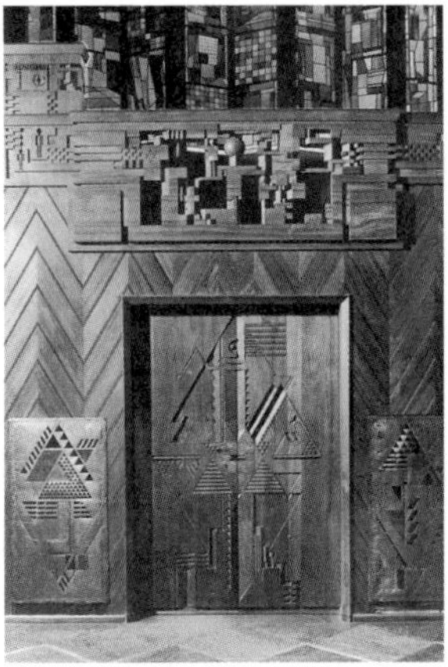

7
조머펠트의 주택, 요스트 슈미트가 만든 현관문과 주변 모습, 1921년

없었다. 이 시기를 대표하는 작품은 베를린의 목재상 조머펠트의 주택[6] 이리라. 이 건물은 그로피우스의 스타일을 아는 이들에게 놀라움을 줄 것이다. 단순한 구조, 장식의 배제, 인공적 재료와 같은 현대적 특성은 찾아볼 수 없고, 외려 오두막이나 통나무집처럼 들보를 사용하는 비교적 원시적인 구조를 갖고 있기 때문이다. 전체적으로 표현주의적 인상을 주나, 요스트 슈미트가 제작한 현관[7]에서 보듯이 건물의 모든 요소는 표현주의의 서정적 추상이라기보다는 차가운 기하학적 추상으로 디자인되어 있다.

비교적 성공적인 기획이었지만, 조머펠트의 주택은 그 시절 바우하우스의 한계를 고스란히 드러내고 있었다. 거기에는 "낡은 공예가 정신의 찬양만 있을 뿐 어느 한구석 산업디자인을 연상시키는 곳이 없"[6]

었기 때문이다. 초기 바우하우스의 이 낭만적 복고주의는 1921년 바이마르를 찾은 데스테일의 창시자에게 사정없이 비웃음을 사고 만다. 두스부르흐는 바우하우스에서 가르치는 한편, 구축주의-다다이스트 그룹을 결성하여 밤마다 요란한 무정부주의적 퍼포먼스로 바우하우스의 이 가망 없는 낭만주의를 비난하곤 했다. "너희는 모두 낭만주의자야." 두스부르흐의 비판은 이후 바우하우스의 방향 전환에 중요한 계기가 된다.

영혼에서 기계로

클레와 칸딘스키 등 이 시기에 초빙된 형태 명인들은 대부분 표현주의 계열의 작가였다. 이 일방적인 표현주의에 두스부르흐는 어느 정도 필요한 균형을 제공해주었다. 그의 영향은 1921년에 교체된 문장(紋章)[8]에서 확인할 수 있다. 원래의 문장이 표현주의적 목판화에 가깝다면, 오스카 슐레머의 새 문장은 이미 데스테일 양식을 반영하고 있다.

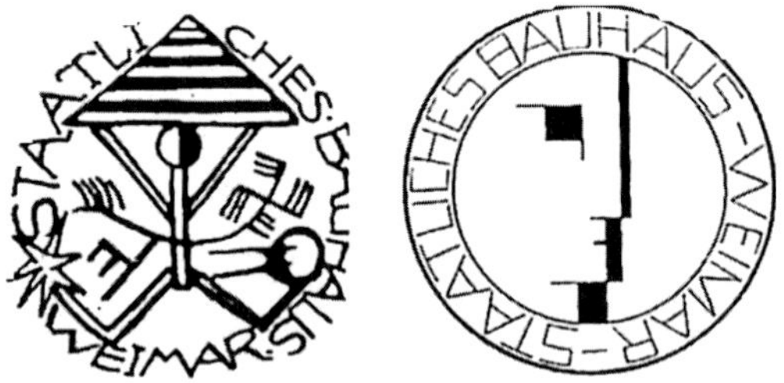

8
바우하우스의 공식적인 문장(紋章). 왼쪽은 원래 문장이고, 오른쪽은 교체된 문장이다.

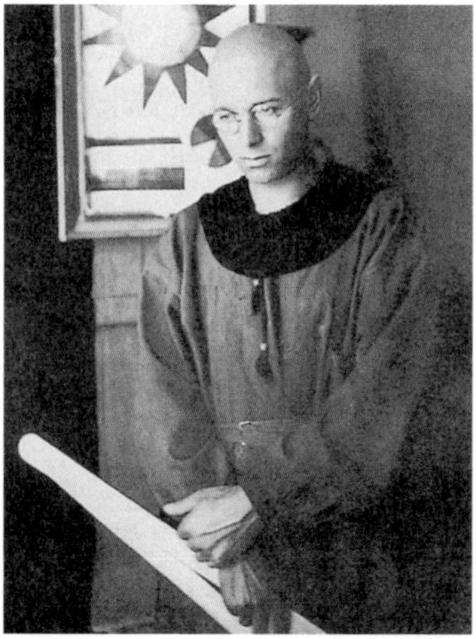

9
자신이 디자인한 수도복을 입고 다닌 요하네스 이텐

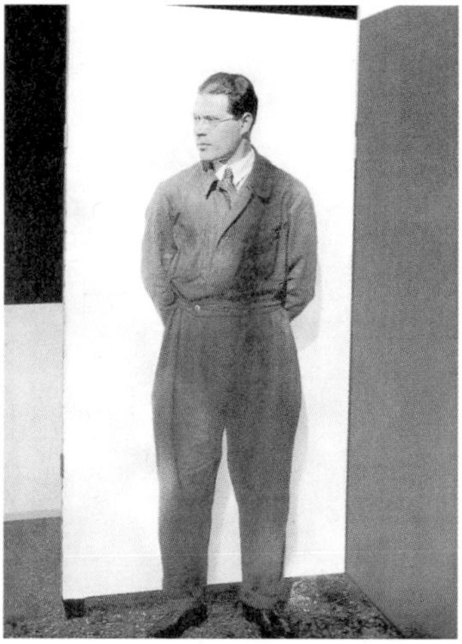

10
엔지니어 작업복 차림의 나즐로 모홀리 나기
(사진 제공, 루치아 모홀리)

"가망 없는 낭만주의에 빠져 구체적 결과물을 내놓지 못한다."는 두스부르흐의 비판은 정당한 것이었다. 이 시기 바우하우스에서 이텐은 시대착오로 느껴지기 시작했고, 그로피우스 역시 학교의 방향 전환을 모색하고 있었다. 하지만 새로운 노선을 위해 그가 선택한 것은 두스부르흐가 아니라 모홀리 나기(László Moholy-Nagy, 1895~1946)였다.

몬드리안과 두스부르흐의 갈등과 비슷한 대립이 이텐과 모홀리 나기 사이에도 존재했다. 둘의 차이는 옷차림에서부터 나타났다. 이텐이 자신이 디자인한 수도복[9]을 입고 다녔다면, 모홀리 나기는 엔지니어의 작업복[10] 차림으로 학교에 나타났다. 이텐이 세계에 대한 유물론적 해석을 거부했다면, 모홀리 나기는 러시아 구축주의의 유물론적 미학에 공감했다. 이텐은 바우하우스에 참여하면서도 예술과 생활의 결합에는 관심이 없었던 반면, 모홀리 나기는 예술이 대중의 물질적 생활에 도움이 되어야 한다고 믿었다. "지난 100년 동안 미술과 생활은 아무 관련이 없었다. 미술 작품을 만들기 위한 개인적인 탐닉은 대중의 행복에 아무것도 공헌한 바가 없다."7

기계를 혐오한 수도승 이텐과 달리 기술자 모홀리 나기는 기계를 '시대정신'으로 보았다. "20세기의 현실은 기술, 즉 기계의 발명과 구성, 그리고 그것에 대한 지지다. 기계 사용자가 된다는 것은 20세기 사람이 된다는 것이다. 기계는 구시대의 초월적 정신주의를 대체한다."8 모홀리 나기는 인간의 영혼에 관한 이야기를 "동화"로 간주하며 "영혼이란 육체의 작용에 불과하다."고 말하곤 했다. 타틀린이나 리시츠키를 따라 작품이 영감의 산물이라는 관념을 경멸하며, 예술가의 작업을 엔지니어링으로 간주했다. 유명한 '전화 회화(telephone painting)'[11]의 일화는 인간의 자취가 사라진 기계적 생산의 익명성에 대한 그의 취향을 잘 보여준다.

> 1922년 나는 한 간판 제조업자에게 전화로 유약을 바른 자기 그림들을 주문하곤 했다. 나는 공업용 색채 표본을 가지고 원하는 색을 지정했으며 그래프 용지에 원하는 작품의 밑그림을 그려놓았다가 그쪽에서 똑같은 용지로 그대로 옮겨 그리게 하곤 했다. …… 이렇게 해서 수학적으로 잘 계산된 조화로운 형태들도 충분히 감동을 줄 수 있으며, 감각과 지각의 완전한 평형을 가져올 수 있다는 사실을 확신하게 되었다.9

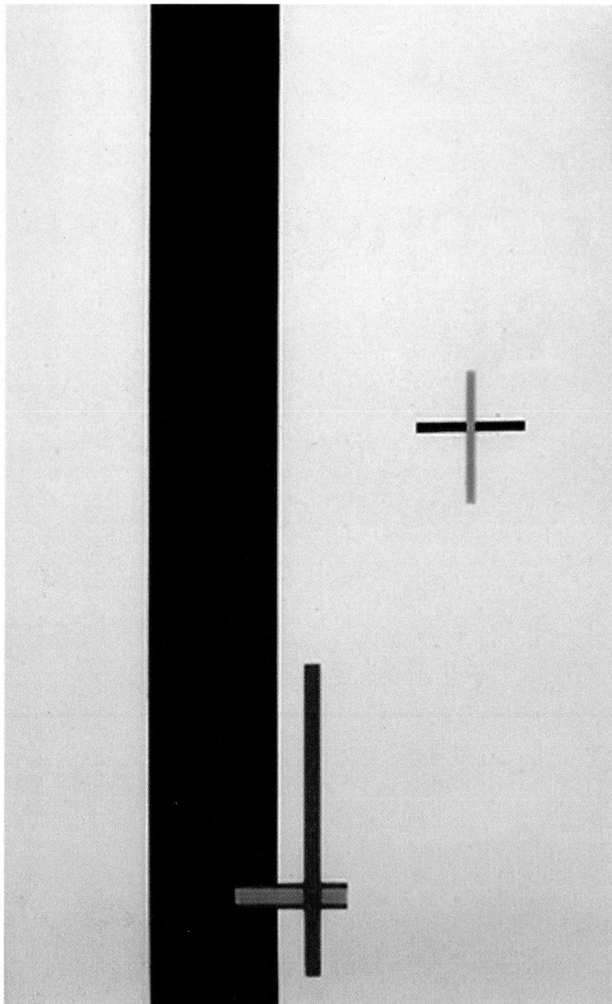

11
〈에나멜을 이용한 구축 III〉 모홀리 나기, 1923년

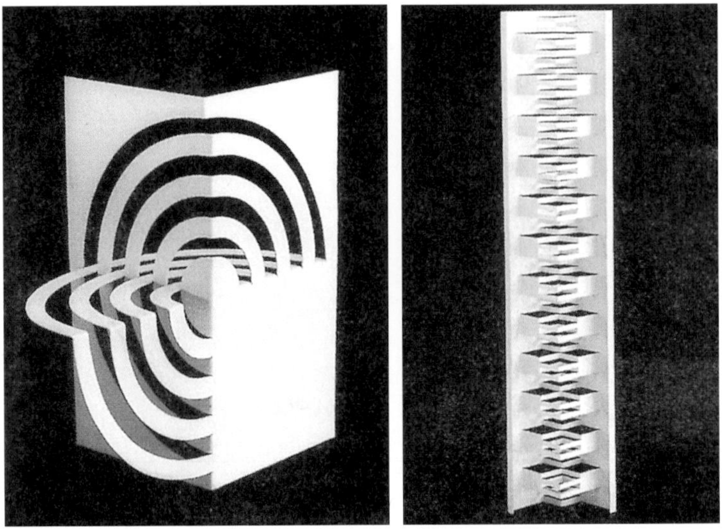

12
1927~1928년에 만든 습작물을 근래에 재현한 모습, 요제프 알베르스

이 방법으로 그는 뉴욕 현대미술관에 소장된 세 점의 '전화 회화'를 제작했다. 이렇게 작품을 전화로 '주문'하는 것은 1960년대 '개념예술'을, 노동자에게 그림의 제작을 맡기는 것은 앤디 워홀의 '팩토리'를, 그리고 숫자 코드를 통해 이미지를 좌표에서 좌표로 옮기는 것은 디지털 이미지의 '픽셀화(pixellation)'를 선취한 것이었다.10

이 시기에 주목해야 할 또 다른 인물은 요제프 알베르스(Josef Albers, 1888~1976)다. 그는 이텐이 떠난 예비과정에서 모홀리 나기를 보조하면서 바우하우스의 방향 전환에 결정적 도움을 준다. 알베르스는 재료의 특성과 그것에 내재된 조형적 가능성에 관심이 있었다. 가령 종이는

약한 재료지만 어떻게 자르고 접느냐에 따라 튼튼한 구조가 될 수도 있다.[12] 그의 교육은 최소한의 재료를 사용하여 구축의 의미를 깨닫게 하는 데 집중되어 있었다. 그는 학생들에게 늘 "무언가를 덜함으로써 더 많은 것을 얻는다는 사실에 주목하라."고 가르쳤다. 폐교 후 미국으로 건너간 알베르스가 미니멀리즘과 개념예술의 선구자가 된 것은 이 원칙('less is more')과 관련이 있을 것이다.

마이스터들

두스부르흐와 모홀리 나기를 통해 들어온 구축주의의 영향으로, 바우하우스의 교육은 원작에서 영혼의 표현을 읽는 명상적 실습에서 재료와 구조에 대한 과학적 분석으로 바뀐다. 마침 사회의 분위기도 표현적 열정 대신에 냉정한 태도를 요구하는 신즉물주의 취향으로 변하고 있었다. 신비주의자의 '예술'과 엔지니어의 '기술'의 공존은 점점 어려워졌다. 1922년 그로피우스는 이텐에게 받은 최후통첩에 대해 언급한다.

> 마이스터 이텐은 영리주의적인 외부 세계와는 완전히 대조되는 개별적인 작품 제작을 하든지, 아니면 산업과의 제휴를 모색하든지 양단간에 결정을 보자고 요구했다. …… 나는 분리 속에서가 아니라 합병 속에서 통일을 구한다. …… 우리는 병존하는 두 가지 디자인 과정에 관심을 가지고 있다.11

이텐의 요구를 거절하며, 그로피우스는 그 이유를 이렇게 설명한다.

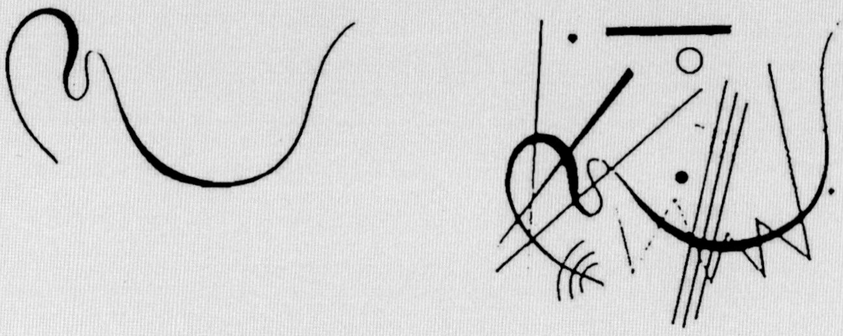

13
바실리 칸딘스키의 '수평선을 강조한 자유로운 물결 같은 선', '기하학을 곁들인 선'
칸딘스키의 기초 디자인 과정은 바우하우스에서 가장 유익한 과목이었을 것이다.

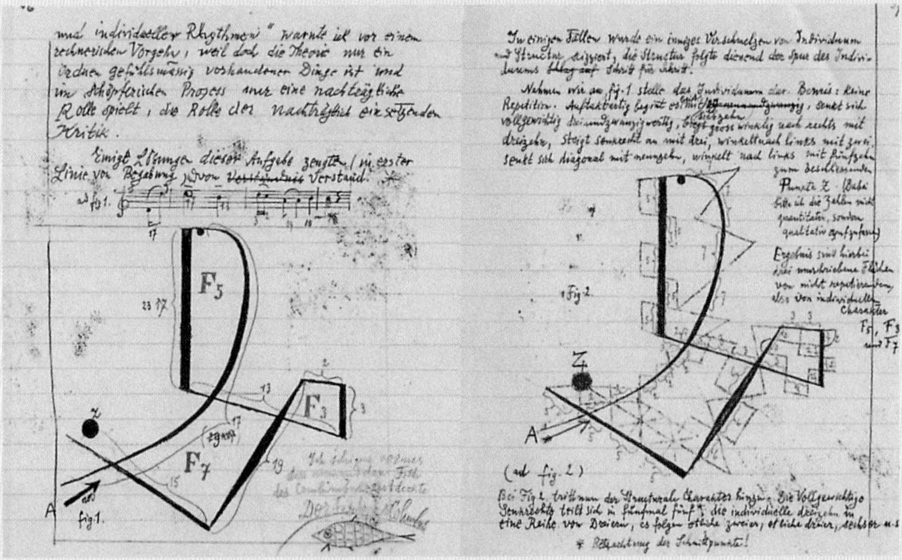

14
파울 클레의 '교육학적 스케치북 일부', 1925년
바우하우스에서 클레가 강의를 위해 적었던 메모.

> 만약 바우하우스가 외부 세계의 작업 및 작업 방식과 인연을 끊는다면 그것은 기인들의 도피처가 되고 말 것이다. …… 중요한 것은 개인의 창조적 활동을 세계의 광범한 실용적 작업과 결합시키는 일이다! 우리가 주위의 세계를 완전히 거부하고 만다면 우리가 빠져나갈 수 있는 유일한 길은 낭만의 섬일 뿐이다.12

'기인'은 결국 사직을 하지만, 칸딘스키와 클레는 변화된 환경에 비교적 잘 적응해 나갔다. 이 시기에 클레의 작품에서는 자연적 모티프가 거의 사라지고, 칸딘스키의 화면도 기하학적 추상으로 변모한다. 두 사람 모두 표현주의자였지만, 당시 바우하우스의 유사(類似)과학적 분위기에 맞춰 자신들의 주관적 견해를 엄밀히 객관화하려 했다. 학생들에게 가르칠 '형태와 색채의 법칙'을 수립하는 것이 둘의 과제였는데, 총서로 발간된 두 사람의 교안은 문제에 접근하는 두 사람의 차이를 잘 보여준다. 즉, 칸딘스키가 그 법칙을 연역적으로 도출하려 한다면[13], 클레는 자연의 관찰과 체험에서 그것을 귀납해내려 한다.[14]

1923년 독일에서는 헨리 포드의 자서전이 번역되어 발간되고, 이어 쾰른에 자동차 조립 라인이 세워졌다. 어떤 의미에서 바우하우스는 "러시아 구축주의의 이념적 성격을 미국의 포디즘의 경제 논리에 적용시킨 것"13이었다. 같은 해에 바우하우스는 대규모 전시회를 개최한다. 전시회는 대대적인 관심을 끌며 꽤 성공을 거두었다. 여기서 바우하우스의 변신을 인상적으로 보여준 것은 철저히 기능에 따라 공간을 배분한 게오르크 무헤의 암호른 주택[15]이었다.14 조머펠트의 주택이 거대한 수공예품이라면, 이 집은 공업용 재료로 저렴하게 대량으로 짓는 산업

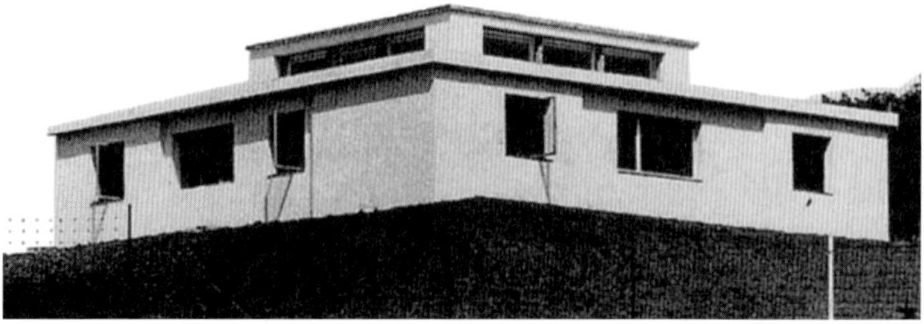

15
암호른 주택, 게오르크 무헤, 1925년

적 건축의 원형이었다. '사회주의 대성당'이라는 이념은 이제 '거주를 위한 기계'의 이념으로 바뀌었다.

공방의 젊은 마이스터들

1925년 우익이 바이마르 의회를 장악하면서 학교에 대한 압력이 심해지자, 바우하우스는 바이마르를 떠나 아직 사민당의 영향 아래 있던 데사우로 이전하기로 한다. 1923년 전시회를 통해 명성을 얻은 것이 바우하우스가 데사우 시로부터 전폭적 지원을 얻는 데 도움이 되었다. 그로피우스가 시의 재정 지원을 받아 설계한 신축 교사는 매끈한 직선으로 이루어진 완전히 현대적인 기능주의적 건축으로, 바우하우스가 더 이상 전통적 공예가 아니라 산업디자인을 가르치는 곳이라는 사실을 시각적으로 확신시켜주었다.[16] 신축 교사는 그 자체가 이 시기의 바우하우스를 대표하는 작품으로, 당시는 물론이고 지금도 수많은 방문

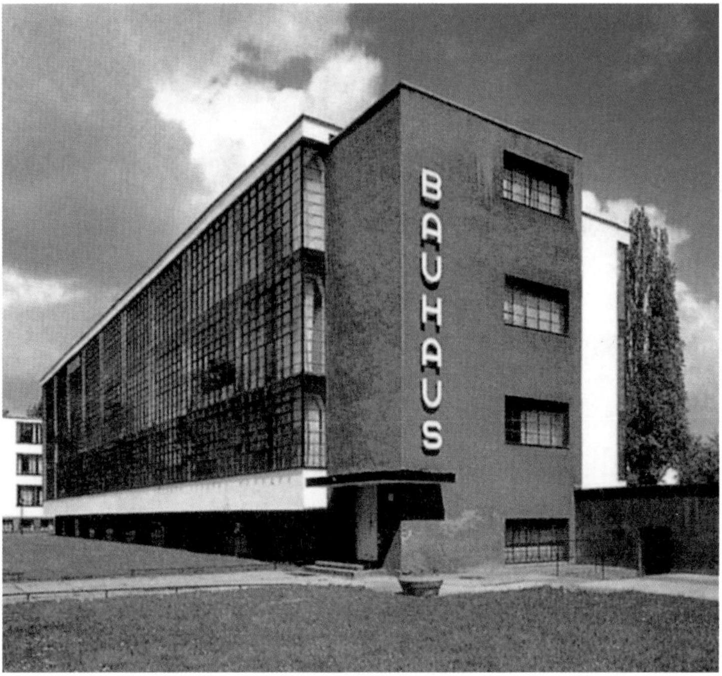

16
데사우 바우하우스 작업장 건물

객의 발길을 잡아끌고 있다.

1925~1932년 데사우 시기에 두드러지는 것은 '젊은 마이스터들(junge Meister)'이라 불린 2세대의 활약이다. 인쇄 공방 소속의 헤르베르트 바이어(Herbert Bayer, 1900~1985)[17]는 쓸데없이 장황한 고딕체나 세리프체를 대체하기 위해 단순하고 명료한 바우하우스 특유의 산세리프체('Akzidenz Grotesk')를 개발했다. 가구 공방 소속의 마르셀 브로이

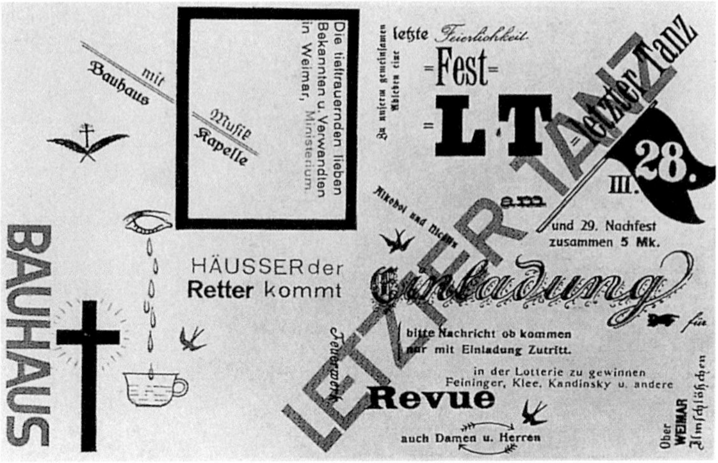

17
1925년 3월 바이마르에서 있었던 바우하우스 마지막 파티 초대장, 헤르베르트 바이어

어는 전통적 소재인 목재 대신에 금속이나 천, 가죽을 이용해 가구를 제작했다. 그의 의자 디자인은 초기 표현주의에서 데스테일의 영향을 거쳐 바우하우스 고유의 양식에 이르는 역사를 보여준다. 유일한 여성 마이스터 군타 스퇴츨이 운영하던 직물 공방은 바우하우스에서 사업적으로 가장 성공을 거둔 분야 중 하나였다.[18, 19, 20]

젊은 마이스터는 아니지만, 오스카 슐레머가 이끄는 무대 공방은 독일 아방가르드 무용의 중심이 되었다. 원래 무대 공방은 표현주의 화가이자 극작가인 로타르 슈라이어가 맡았지만, 정서적 표현으로 점철된 그의 원시적 종교극은 1923년경 바우하우스의 모토인 '예술과 기술의 통합'에는 더 이상 어울리지 않았다. 그의 뒤를 이어 부임한 오스카 슐

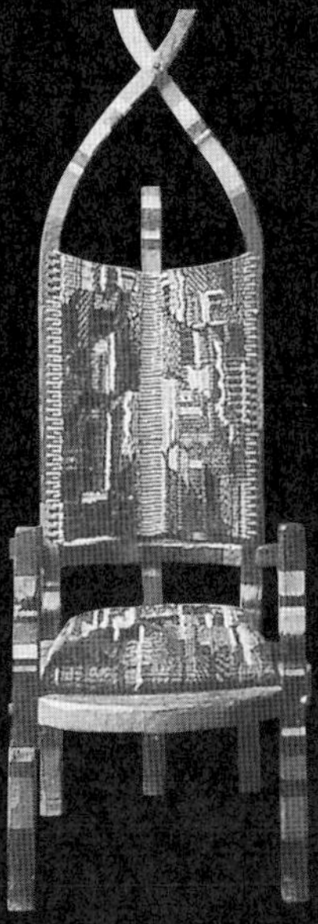

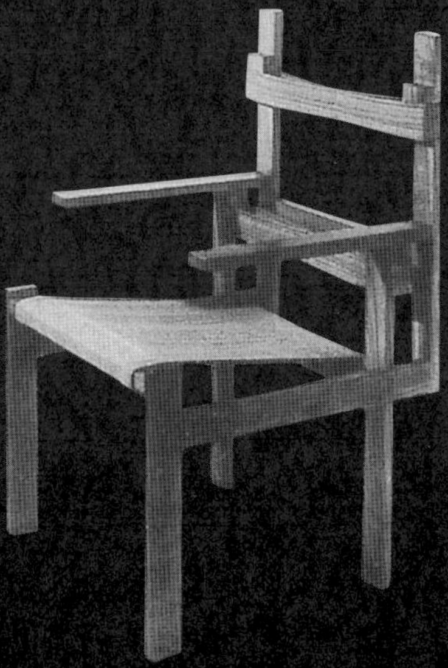

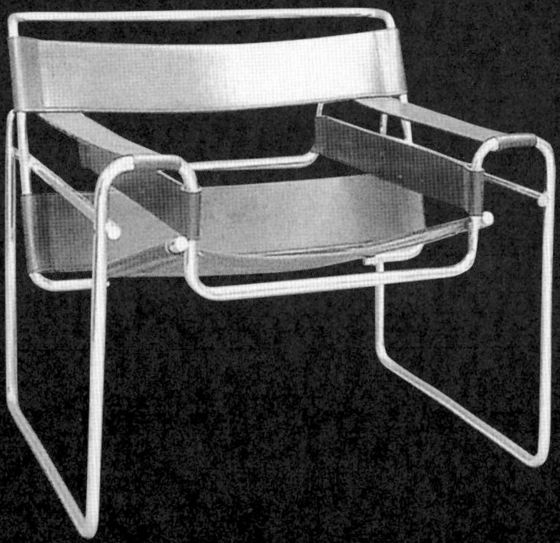

18 위 · 원시적인 '아프리카식 의자', 1921년, 표현주의적이다.
19 왼쪽 · 데스테일의 영향을 받은 '나무 의자', 1922년, 자연적이다.
20 오른쪽 · 칸딘스키의 이름을 딴 '바실리 의자', 1925년, 인공적이고 산업디자인적이다.

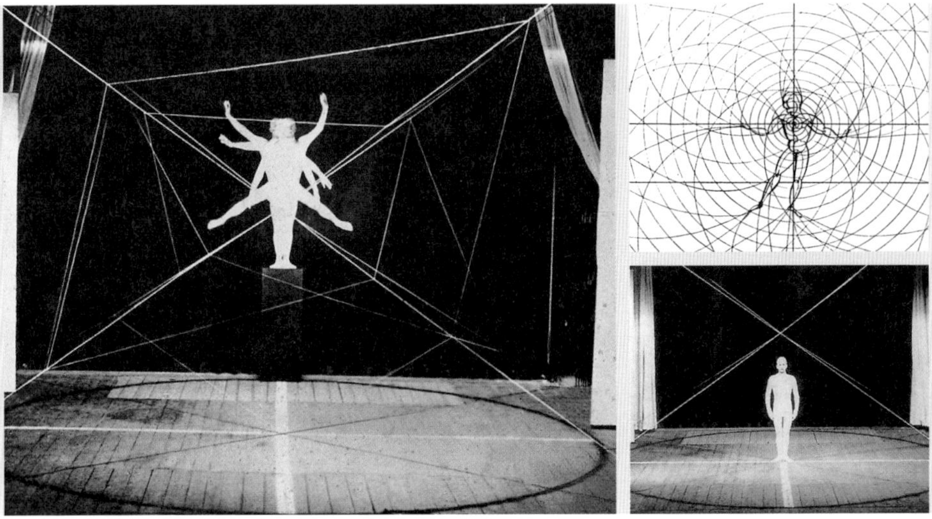

21
〈공간 속의 댄스〉 오스카 슐레머, 1927년

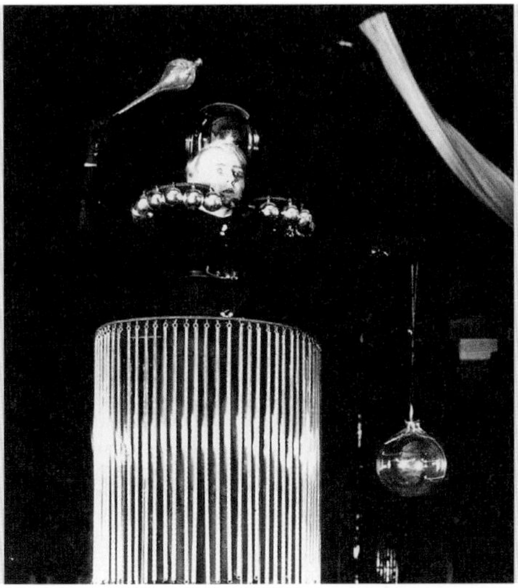

22
〈유리 댄스〉 오스카 슐레머, 1929년

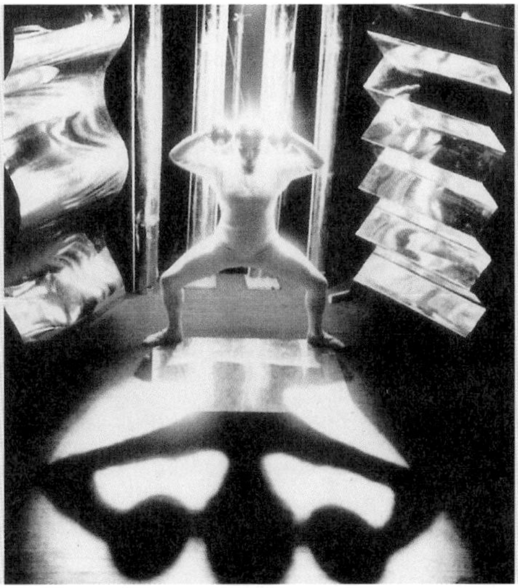

23
〈메탈 댄스〉 오스카 슐레머, 1929년

레머는 '아폴론(미술)과 디오니소스(무용)의 상보적 관계'라는 독특한 이론에 따라, 추상적인 기계 이미지에 다다이스트의 몸짓을 결합한 일련의 바우하우스적 퍼포먼스를 선보였다. 〈공간 속의 댄스〉[21], 〈유리 댄스〉[22], 〈메탈 댄스〉[23] 등의 이른바 '수학적 · 신체기계적' 무용은 오늘날의 눈에도 전위적으로 보인다.15

바우하우스의 건축 공방

'건축' 속에서 모든 예술을 통합하는 것이 바우하우스의 이상이었지만, 바우하우스에 건축학과와 공방이 처음 생긴 것은 1927년의 일이었다. 그로피우스는 신설된 건축학과에 스위스의 건축가 하네스 마이어를 임명했다. 신설된 건축학과는 더 이상 중세적 성당 건축이 아니라 현대적인 공공의 도시 계획을 지향했다. 마이어의 건축학과는 그로피우스를 도와 베를린 근교의 노동조합학교와 데사우 퇴르텐 지역의 주택단지를 짓는 프로젝트에 참가했다.[24] 이 실험적인 주택단지들은 합리적으로 계획되고, 표준화된 부품으로 조립되었다. 부품들의 현장 제작으로 운송비를 대폭 절감할 수 있었고, 공정의 표준화로 집 한 채의 골조 공사를 사흘 만에 끝낼 수 있었다.

1928년 그로피우스는 갑자기 사임을 발표하고 마이어를 자신의 후임으로 임명한다. 이는 많은 이들의 우려를 불러일으켰다. 그가 정치색이 강한데다가, 거의 '반(反)예술'에 가까운 관념을 갖고 있었기 때문이다. 마이어는 이른바 '바우하우스 양식'에 공공연히 반감을 표했다. 그것의 기하학적 양식은 원래 기능주의에서 나왔지만, 그것이 '양식'으로

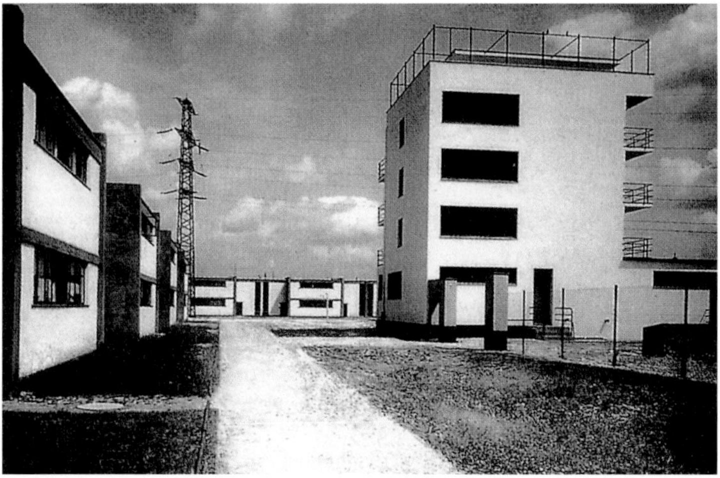

24
데사우 퇴르텐 주택단지에 있는 소비조합 건물, 발터 그로피우스와 데사우 바우하우스의 건축, 1928년

굳어진 후에는 종종 기능과 상관없이 '현대적 느낌'을 주는 미적 장식으로 사용되었기 때문이다. 그의 눈에 바우하우스는 "미학적인 과도한 세련과 위험한 공식주의"[16]에 빠져 있는 것으로 보였다. 그는 "모든 찻잔을 구축주의적 형태로 만드는 '디자인 학교'"를 원래의 설립 이념에 따라 건축 학교로 바꾸기를 원했다.

마이어에 따르면, 건축은 "그저 사회적·기술적·경제적·정신적인 것의 조직화"다. 그것은 "미학적 과정이 아니라 …… 생물학적 장치다." 따라서 "예술가가 만들어내는 건축은 존재할 권리가 없다."[17] 모홀리 나기만 해도 기술적 고려와 함께 예술적 창의성의 역할을 강조했으나, 마이어는 삶의 기능과 관계없는 예술은 "삶을 질식"시킨다고 보았다. 모홀리 나기의 구축주의마저도 마이어의 기능주의 앞에서는 미적 사치일 뿐이었다. 마이어 아래서 할 일이 없어진 예술가들은 차례로 바우하우스를 떠난다. 모홀리 나기가 사임하고, 브로이어와 바이어가 그 뒤를 따른다. 슐레머 역시 마이어의 기능주의적 바우하우스에서 존재의 의미를 잃은 무대 공방을 떠난다.

바우하우스가 사회주의자 교장 아래서 가장 큰 상업적 성공을 거두었다는 것은 역설이다. 벽화 공방의 디자인 벽지는 첫해에만 450만 롤이 팔려 나갔다. 금속 공방은 데사우 수영장의 조명 기구와 드레스덴 박물관의 위생 집기류를 수주했고, 가구 공방에서는 데사우와 라이프치히 전시장의 시설을 설계했으며, 광고학과는 IG-파르벤 사의 신문 광고를 디자인했다. 사업적 성공에도 불구하고 마이어의 정치색은 우려한 대로 바우하우스에 위기를 가져왔다. 예술의 사회성을 강조하던 마이어는 학내에 정치학 강좌를 개설하고 정치조직의 결성을 장려했다. 그렇잖아도 바우하우스를 '볼셰비키의 온상'이라 부르던 적대자들에게 이는 공격의 빌미를 제공했다.

바우하우스의 종말

1930년 8월 그로피우스는 위기에서 벗어나기 위해 마이어를 해임하고 그 자리에 건축가로 이름을 날리고 있던 미스 반 데어 로에(Ludwig Mies van der Rohe, 1886~1969)[25]를 앉힌다. 교장으로 부임한 후 그가 제일 먼저 한 일은 일단 예술을 사회와 분리시키는 일이었다. 이는 물론 사회주의자 마이어로 인한 정치적 논란에서 벗어나기 위한 조치였

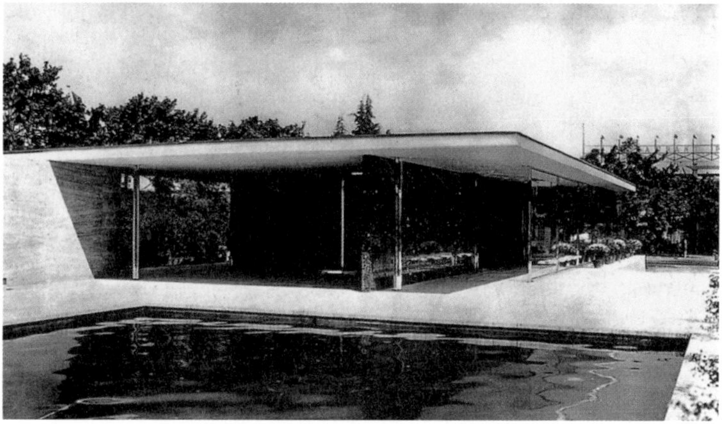

25
바로셀로나 국제 전시의 독일관, 루트비히 미스 반 데어 로에, 1928~1929년, 분수지를 가진 외부 전경

다. 이어서 그는 바우하우스를 본격적인 건축전문대학으로 바꾸려 했다. 이를 위해 각 공방은 '인테리어 디자인'이라는 이름으로 건축학과 아래에 편제되었다. 이로써 공방의 활동은 위축되고, 바우하우스는 이제 순수한 교육기관에 가까워졌는데, 이는 1929년에 발생한 대공황으로 인해 각 공방에서 수주하는 일감이 사라진 것과 관련이 있다.

이 개혁 조치에도 불구하고 바우하우스의 장래는 밝지 않았다. 1932년 8월 데사우의 시의회는 나치가 제안한 동의안을 통과시킨다. "바우하우스의 교육 활동을 금년 9월 30일부로 종료할 것. …… 바우하우스의 모든 교사는 해고될 것."18 여기에는 경제적 이유보다 이념적 동기가 더 크게 작용한 듯하다. 나치당 소속의 시의회 의장은 일간신문에 기고한 글에서 바우하우스 해산의 이념적 의의를 강조한다. "이른바

'디자인 연구소'의 소멸은 독일의 토양에서 유대 · 마르크스주의적인 예술 선전의 가장 저명한 장소의 하나가 소멸하는 것을 의미한다." 이 글에서 그는 언젠가 이 건물을 헐어버리고 그 자리에 독일인을 위한 주택이나 공원을 짓자고 제안했다.

데사우에서 쫓겨난 바우하우스는 1932년 베를린으로 이전하나, 더 이상 그곳도 안전하지 않았다. 1933년 미스 반 데어 로에는 베를린의 게슈타포로부터 한 통의 편지를 받는다.

1. 루트비히 힐베르자이머와 바실리 칸딘스키는 더 이상 교단에 서서는 안 된다. 그들의 자리는 국가사회주의 사상의 원칙을 확실히 지지하는 자들이 차지해야 한다.
2. 지금까지 시행되어오던 교육과정은 우리 국가의 내부 구조를 확립하려는 국가의 요구를 충족시키기에는 불충분하다. 그러므로 적절히 수정된 교육과정이 프러시아 문화장관에게 제출되어야 한다.
3. …… 바우하우스의 존속과 재개에 관한 결정은 이와 같은 문제점의 즉각적인 제거와 상기 조건의 이행 여하에 따라 이루어질 것이다.19

이는 바우하우스로서는 도저히 받아들일 수 없는 가혹한 요구였다. 미스 반 데어 로에는 1933년 8월 30일 학생들에게 바우하우스의 해산을 통고한다.

우리 교수단은 마지막 회의에서 바우하우스를 해산하기로 결정했다. 이러한 결정이 내려지게 된 이유는 학교의 어려운 경제 사정 때문이다. 이 결정은 국가 비밀경찰국과 프러시아 과학성, 예술성, 교육성에 통고되었다. …… 교수단은 물론 어느 때든지 학생들이 조언을 구할 때는 이에 응할 것이다. 전교생에게는 사무실에서 성적증명서가 교부될 것이다.[20]

바이마르에서 데사우를 거쳐 베를린으로 이전하고, 표현주의에서 구축주의를 거쳐 기능주의로 이행해온 바우하우스의 여정은 이 한 장의 편지로 막을 내린다.

나가기

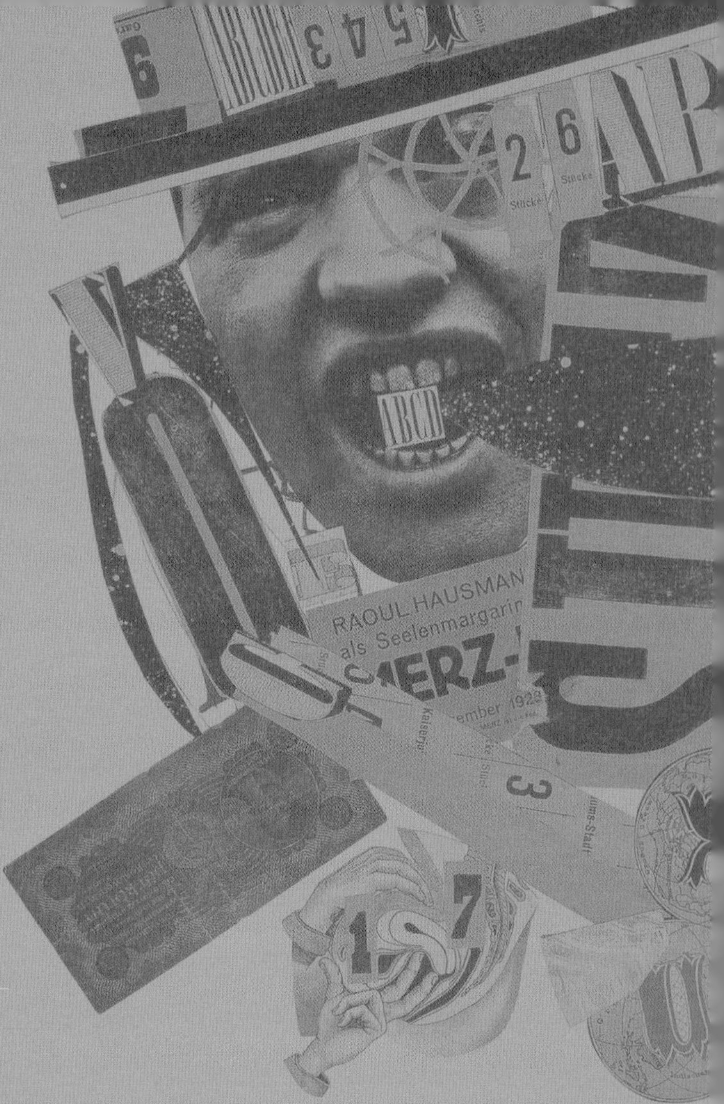

아방가르드의 이론들

'아방가르드'는 역사상 가장 위대한 예술운동이었다. 여기서는 '아방가르드'라는 현상의 의미를 다양한 측면에서 조망하게 된다. 클레멘트 그린버그가 아방가르드 운동에 대한 사회학적 분석을 제시한다면, 레나토 포지올리는 아방가르드 예술가들의 감성에 대한 심리학적 분석을 제시한다. 아도르노가 현대예술의 작품을 철학적으로 구제하려 한다면, 페터 뷔르거는 이 시대에 다시 아방가르드를 부활시키려는 정치적 기획을 시도한다. 논의의 과정에서 각각의 저자는 아방가르드의 의의와 한계에 대해 다소 엇갈리는 견해를 내놓는다. 이 논의는 자연스레 1950~1960년대에 다시 등장한 네오 아방가르드의 성격에 대한 논란으로 이어질 것이다.

20세기 초 유럽은 전쟁과 혁명의 한가운데에 있었다. 자본주의는 위기에 빠지고, 부르주아 사회의 죽음을 예고하는 징후가 나타났다. 자본의 자기 증식이 결국 유럽 대륙을 세계대전으로 몰아갔다는 인식이 확산되고, 그 와중에 러시아에는 최초로 사회주의 정권이 들어선다. 격변은 정신의 영역에서도 일어났다. 과학에서는 그동안 확고한 세계관을 제공해주던 고전물리학이 붕괴한다. 절대적이었던 시간과 공간은 상대적인 것으로 드러난다. 절대성은 상대성으로, 결정론은 확률론으로 대체된다. 대상은 견고함을 잃고 입자의 분포로 해체된다. 같은 시기에 등장한 정신분석학은 '이성적 주체'라는 근대의 자의식마저 무너뜨렸다.

사회, 세계, 인간의 관념에 급격한 변화가 일어나면서 이제 사람들은 세상에 '최종적 권위'란 존재하지 않는다고 느끼게 된다. 일찍이 니체가 '신은 죽었다.'고 진단한 상황이 현실로 나타난 것이다. 한편으로는 좌표가 사라진 데서 비롯된 퇴폐주의와 허무주의의 분위기, 다른 한편으로는 권위가 무너지면서 열린 기술적 진보와 예술적 창조의 가능성. 모더니즘은 낙관과 비관이 교차하는 이 어지러운 상황 속에서 탄생했다. '최종적 권위'가 사라진 것은 예술에서도 마찬가지였다. 고전적인 미와 예술의 이상은 무너져 내렸다. 모더니즘은 마치 어둠을 비추는 탐조등처럼 이 허무를 향해 던지는 기획이라고 할 수 있다.

종종 '모더니즘'의 동의어처럼 사용되는 것이 '아방가르드(avant-garde)'라는 표현이다. 이 말은 원래 군사학의 용어로 '척후병'을 가리켰다. 오늘날과 비슷한 맥락에서 이 말을 처음으로 사용한 사람은 생시몽주의자 올랭드 로드리그라고 한다. 1825년 〈예술가, 과학자, 산업가〉

라는 글에서 그는 예술의 힘이 사회적 · 정치적 · 경제적 개혁의 가장 직접적이고 신속한 길이라며, 예술가들을 향해 "(민중의) 아방가르드로 복무"하라고 요청했다. 예술가는 대중에 앞서 미지의 땅에 들어간다. 거기에는 물론 희생이 따르나, 그들이 위험을 무릅쓰고 개척해놓은 그 길을 따라 사회는 안전하게 미래로 나아갈 수 있다는 것이다.

아방가르드와 키치

'아방가르드'에 관한 논의의 물꼬를 튼 것은 아마 미국의 평론가 클레멘트 그린버그의 1939년 글 〈아방가르드와 키치〉일 것이다.[1]

> 그 발전 과정에서 특정한 형식을 정당화하기 점점 더 어려워지면, 사회는 그동안 예술가나 작가들이 대중과 소통하기 위해 의존해왔던 확립된 관념들과 결별한다. …… 종교, 권위, 전통, 문체 속에 들어 있던 진리들은 모두 의문의 대상이 된다. …… 과거에 이런 상황은 대개 움직임 없는 알렉산드리아니즘, 즉 일종의 아카데미시즘으로 해소되곤 했다. 여기서 진정으로 중요한 주제들은 논란을 일으킨다 하여 회피되고, 창조적 활동이 형식의 작은 세부의 솜씨 속으로 사라지는 가운데, 더 큰 문제들은 옛날 거장들의 선례에 따라 결정된다. 현 사회가 썩어가는 가운데서도 한 가지 희망적인 조짐이 있다면, 그것은 우리가 우리 문화의 이 마지막 국면을 받아들이려 하지 않는다는 것이다. 알렉산드리아니즘에서 벗어나려는 가운데 서구의 부르주아 사회는 뭔가 전대미문의 것을 만들어냈다. 바로 아방가르드 문화다.[2]

당시에 유럽을 떠돌던 혁명적 사상들이 없었다면 아방가르드는 나올 수 없었을 것이다. 하지만 그들의 급진적 수사에도 불구하고 이 "최초의 보헤미아 정착민들은 곧 정치에 별 관심이 없는 것으로 드러났다." 그들은 자신을 사회로부터 격리시킨 후, 부르주아 정치는 물론이고 혁명적 정치까지도 거부했기 때문이다. 아방가르드의 사명은 따로 있었다. "아방가르드의 가장 진정하고 중요한 기능은 '실험'이 아니라, 이념적 혼란과 폭력의 한가운데서 문화를 진전시킬 길을 발견하는 것이다." 이를 위해 그들은 "예술을 절대적인 것의 표현으로 좁히고 끌어올려, 그 안에서 모든 상대성과 모순이 의미를 잃게 만들려 했다." 그 "절대적인 것의 표현"이란 물론 재현이 사라진 순수한 추상이리라.

그린버그는 이 순수추상의 특성을 '모방의 모방(imitation of imitating)', 즉 자기 지시성(self-referntiality)으로 규정한다. 아방가르드가 모방하는 것이 있다면, 그것은 자연이 아니라 자연을 모방하는 행위, 즉 창작의 과정 그 자체다. 한마디로 과거의 예술이 자연을 모방했다면, 아방가르드는 예술 자체를 탐구한다. 실제로 아방가르드의 작가들은 "공통적 경험의 주제로부터 관심을 돌려 제 작업의 매체에 초점을 맞추었다." 가령 "피카소, 브라크, 몬드리안, 미로, 칸딘스키, 클레, 마티스와 세잔은 자신들이 사용하던 매체에서 주요한 영감을 끌어왔다." 이제 "주제나 내용은 마치 돌림병처럼 회피되어야 할 어떤 것이 되고", 그로써 '예술을 위한 예술', 즉 '순수예술'이 탄생한다.

주제나 내용이 없는 이 순수한 형식은 무엇을 위한 것일까? 그린버그에 따르면, 아방가르드의 사명은 서구 산업사회 속에서 '문화'를 구제하는 데 있다. "아방가르드 예술의 필요성은 오늘날 그 밖의 방식으로는 높은 수준의 예술과 문학을 만드는 게 불가능하다는 데 있다." 전위(avant-garde)가 아니라면, 후위(rear-garde)일 수밖에 없다. 아방가르드가 대적해야 할 상대가 있다면, 그것은 그와 동시에 서구 산업사회에 나타난 또 다른 문화적 현상, 즉 '키치(Kitsch)'라 불리는 대중적이고 상업적인 예술과 문학이다. 이윤 추구를 위해 모든 문화적 경험을 키치로 만들어 소비하는 산업사회에서 아방가르드는 문화의 진정성("높은 수준의 예술과 문학")을 구원하는 유일한 길이다.

키치는 보통교육의 확산과 관련이 있다. "한때 농민이었다가 노동자나 소시민이 되어 도시에 정착한 이들." "편의를 위해 글자를 익혔으나 미처 도시의 전통적 가치를 즐기는 데 필요한 여가를 얻지는 못한 이들." "진정한 문화의 가치에는 무감하면서도 모종의 문화만이 제공할 수 있는 여가에 목마른 이들." 키치는 이런 이들의 수요를 충족시켜주는 '대체 문화(ersazt culture)'로 등장했다. 키치는 완전히 성숙한 문화적 전통에서 장치와 트릭과 원칙과 주제를 빌려와 제 목적에 써먹는다. 이렇게 "진정한 문화의 타락하고 관학화한 시뮬라크라를 원료로 사용"하기에, 키치란 "대리적 경험이자 날조된 감각", 한마디로 "우리 시대의 삶 속에서 겉만 그럴싸한 모든 가짜의 본보기다."

아방가르드와 키치, 이 "두 개의 동시적인 문화 현상"의 차이는 어디에 있는가? "아방가르드가 예술의 과정을 모방한다면, 키치는 예술의 결과를 모방한다." 이 정식에 따라 그린버그는 다소 독단적으로 "모든 키치는 관학적(academic)이며, 역으로 모든 관학적인 것은 키치"라고 단언한다. 물론 키치라 하여 모두 저급한 것은 아니다. "키치에도 여러 수준이 있어, 그중 어떤 것은 참된 빛을 추구하는 순진한 사람에게 위험스러울 정도로 고급스럽다. 또 모든 키치 하나하나가 다 가치 없는 것도 아니다. 때로 키치도 장점이 있는 것, 진정한 민중 취향을 가진 것을 만들어낸다. 그리고 이 우연하고 고립된 예들이 더 잘 알아야 할 사람들을 바보로 만들어왔던 것이다."[3]

키치는 "참된 빛을 추구하는 순진한" 대중에게만 위험한 것이 아니다. 키치의 진정한 위험은 그것이 아방가르드까지 유혹한다는 데 있다. 아방가르드 예술가들은 사회로부터 자신을 격리시켰지만, 여전히 부르주아의 돈주머니를 필요로 한다. "키치가 보장하는 엄청난 이윤은 아방가르드 그 자체에 대한 유혹의 근원이며, 그것의 멤버들이 항상 이 유혹에 저항해왔던 것은 아니다. 야심이 있는 작가나 예술가들은 키치에 완전히 굴복하지는 않아도 키치의 압력 아래 기꺼이 자신들의 작품을 수정하려 한다. 이때 프랑스의 시므농이나 이 나라의 스타인벡처럼 헷갈리는 경계 현상들이 등장한다. 그 결과는 어떤 경우든 진정한 문화의 손상으로 나타나게 된다."[4]

아방가르드의 정신은 '전통의 거부'에 있다고 하나, 그린버그는 외려 '키치'야말로 아방가르드의 적이라 보는 듯하다. 새로움을 이해하지 못하는 대중이 전통으로 돌아가는 것은 아니다. 키치 역시 온갖 새로움의 제스처를 갖고 나타나며, 대중에게도 새로운 것에 대한 취향은 있다. 가령 러시아의 농민은 자기가 늘 보던 러시아 성상에 가까운 것은 입체주의임에도 불구하고 외려 레핀의 사실주의를 더 좋아한다. 그에게는 외려 르네상스의 원근법이 새롭기 때문이다. 대중에게 "피카소에 대한 대안은 미켈란젤로가 아니라 키치다." 따라서 '키치냐 아방가르드냐'는 "그저 옛것과 새로운 것 사이의 선택의 문제가 아니다. 새로워 보이는 나쁜 옛것과 진정으로 새로운 것 사이의 선택의 문제다."

참여를 부정하고 매체를 강조한다는 점에서, 그린버그의 것은 아방가르드에 대한 '형식주의적' 이해에 가깝다. 여기서 '아방가르드'는 거의 '유미주의'의 동의어가 된다. 아방가르드의 자의식 속에서 "최고의 예술가는 예술가들의 예술가이며, 최고의 시인은 시인들의 시인이다." 아방가르드는 대중의 이해를 구하지 않는다. 그들의 관객은 다른 예술가들이다. 이처럼 소수에게 이해되는 진정한 예술과 다수에게 영합하는 시뮬라크라를 대립시킨다는 점에서, 그린버그의 아방가르드는 '엘리트주의적'이다. 그가 보기에 부르주아의 고급예술과 프롤레타리아의 대중예술 사이에 본질적인 차이가 존재하는 것은 아니다. "모든 아카데믹한 것은 키치이며, 모든 키치는 아카데믹하다."[5]

참여를 거부하고 매체에 집중하는 이 순수예술에 그린버그는 심오한 정치적 의미를 부여한다. "몰락 단계의 자본주의에서는 …… 그것이 아직 생산할 수 있는 모든 것이 거의 언제나 자본주의 자체의 존재에 위협이 된다." 자본주의를 몰락시킬 요인(=프롤레타리아트)이 자본주의 내에서 태어나듯이, 아방가르드 역시 그 존재로 자본주의를 위협한다는 것이다. 이는 아방가르드가 부르주아 사회와 거리를 취한다는 사실을 염두에 둔 것으로 보인다. 하지만 그린버그 자신도 인정하듯이 "아방가르드는 부르주아 사회의 돈이 필요했기 때문에 그 사회에 결부된 채로 남아 있었다." 이 존재의 모순은 그저 '키치에 영합하지 말라'는 도덕률로 극복될 성격의 것이 아니다.

부르주아 시장과 거리를 취하나 여전히 부르주아의 돈이 필요하다는 모순은 자본주의 내에서 해결되지 않을 것이다. 이 존재의 모순은 사회주의라는 새로운 물적 토대 위에서만 극복될 수 있다. 구원과 심판의 그날이 오기까지 그린버그는 아방가르드에 이 타락한 세상에서 (자본주의가 아직 생산해내는) '문화'를 보존하는 세속적 수도원의 역할을 맡긴다.

> 오늘날 우리는 어떤 새로운 문화를 위해서 사회주의로 기울어지는 것이 아니다. 일단 사회주의가 도래하면 새로운 문화는 불가피하게 나타날 것이다. 오늘 우리가 사회주의에 기대는 것은, 그것이 무엇이건 우리가 바로 지금 갖고 있는 살아 있는 문화를 보존하는 것, 단지 그것을 위해서일 뿐이다.[6]

"부르주아 사회와 결부된 채로" 남아야 했던 아방가르드 문화를 보존하려 한 것은 그가 동조했던 트로츠키의 영구혁명론과 관련이 있을 것이다. 혁명 직후 순수한 노동자계급의 예술을 주장하던 '프롤렛쿨트'와 가진 논쟁에서 트로츠키는 이렇게 말한 바 있다. "우리의 시대는 아직 새로운 문화의 시대가 아니라 그것으로 들어가는 입구일 뿐이다. 새로운 문화를 위한 길을 닦을 수 있게 될 만큼 우리는 먼저 낡은 문화의 가장 중요한 요소들을 보존해야 한다."[7]

아방가르드의 심리학

그린버그가 아방가르드에 사회학적 관점에서 접근한다면, 레나토 포지올리(Renato Poggioli, 1907~1963)는 아방가르드의 망탈리테를 심리학으로 분석한다.[8] 또 그린버그가 형식주의적 관점에서 아방가르드를 거의 추상예술로 환원시킨다면, 포지올리는 미래주의, 다다이즘, 초현실주의처럼 선언문을 갖고 나타난 흐름을 아방가르드의 본류로 본다. 그는 아방가르드가 그저 '유파'가 아니라 하나의 '운동'이었다는 데 주목한다. "낭만주의 이래 출현한 일체의 예술적, 문화적 선언들은 자신을 '운동'으로 명명하고 정의하는 경향을 가진다."[9] 유파가 인문주의의 이상에 갇혀 문화를 일종의 보고(寶庫)로 본다면, "운동은 문화를 축적이 아니라 창조로 이해하고, 그것을 활동과 활력의 중심으로 바라본다."[10]

'운동'으로서 아방가르드는 '행동주의'와 '적대주의'라는 두 가지 특성을 보인다. 행동주의는 모든 운동에 내재된 일반적 경향이다. 문화를 축적이 아니라 창조로 볼 경우, 당연히 결과보다는 행동, 작품보다는 활동을 중시하게 된다. 실제로 아방가르드는 (뭔가를 파괴하거나 창조하는) 행동 자체를 거의 맹목적으로 찬양하는 경향이 있다. "문학은 행동을 리듬에 맞추어 노래하지 않는다. 시는 앞서 나갈 것이다."(랭보) 아방가르드의 이 행동주의 성향은 표현주의를 대변하던 잡지들의 제목—〈행동(Die Aktion)〉과 〈폭풍(Der Sturm)〉—에서 벌써 드러난다. 미래주의자들의 예에서 볼 수 있듯이, 그들의 심리적 역동주의는 종종 신체적 역동주의나 기계적 역동주의로 이어진다.

아방가르드의 적대주의는 주로 공중(公衆)과 전통을 향한 것이다. 아방가르드 작가들은 노골적으로 "공중의 취향에 대한 역겨움"을 드러낸다. 그들은 사회에 맞서 반항을 하는 '유일자'라는 자의식 속에서 공중의 습속과 예의를 거침없이 공격하며, 거기서 비롯된 "자체의 비대중성을 자연스럽게 받아들인다." 아방가르드의 또 다른 적은 전통에 얽매이는 의고주의. "우리는 아버지의 시체를 어디에도 옮길 수 없다."(아폴리네르) 전통의 거부에서 비롯된 젊음의 찬미는 청년의 신선함에서 사춘기의 순수함으로, 소년기의 장난기로, 어린아이의 천진난만함으로 이어진다. 아방가르드 예술이 종종 어린아이의 것을 닮은 것은 이 심리적 퇴행에서 비롯된 '유아주의'의 특성이라 할 수 있다.

포지올리가 보기에 아방가르드의 정신은 분명히 귀족주의적이다. 이 귀족주의는 한편으로는 반(反)부르주아적 경향으로, 다른 한편으로는 반(反)프롤레타리아적 경향으로 나타난다. 다시 말해 부르주아의 미학적 의고주의를 공격하며 동시에 상업화한 대중예술의 몰취향을 비웃음으로써 아방가르드는 부르주아의 미감과 프롤레타리아의 미감에 이중적으로 반대한다. 그린버그처럼 포지올리 역시 야만의 시대에 문화를 보존하는 것이 아방가르드의 자의식이라고 본다. 즉, "과거는 상승의 과정으로만 기능했고, 닥쳐오는 미래는 야만으로 다시 떨어지는 숙명적 불행으로 생각되기 때문에, 그런 사태를 피하기 위해 이제까지 끌어올린 단계를 고수하고 유지해야 한다는 것이다."11

하지만 아방가르드의 기획은 처음부터 자체 모순에 빠져 있었다. 먼저 부르주아의 미적 이상을 파괴한다는 반아카데미 기획에 대해 생각해보자. "적어도 의도 면에서 아방가르드 예술의 임무는 고전주의라는 수세기에 걸친 유행을 넘어서서 고전성 자체의 승인을 얻어내는 것"이었다. 이는 "아방가르드가 아카데미에 들어가기를 열망할 수 없고 그래서도 안 된다는 것을 인정한다 해도, 실제로는 전통으로 재진입하기를 열망할 수 있고, 또 열망해야 한다는 것을 의미한다."12 그의 말대로 오늘날 아방가르드 작품들은 이미 오래전에 세계 유수의 부르주아 미술관에 모셔져 '현대의 고전'으로 추앙받고 있다. 이는 아방가르드 예술가들이 내심 원하던 것이기도 하다.

프롤레타리아의 취향을 거부한다는 반(反)키치의 기획은 어떤가? 아방가르드는 유행을 극복하기 위해 난해한 예술 언어를 만들어내나, 그것의 성패는 결국 그것이 낡은 것을 몰아내고 그 자신이 새로운 유행이 되느냐에 달려 있다. 아방가르드가 "자신이 얕잡아보는 대중성을 유행의 영향에 의거하여 정복한다."고 비난받는 것은 이 때문이다. 아방가르드 역시 결국 극복해야 할 낡은 유행에 맞서는 새로운 유행일 수밖에 없다. "이것이 퐁시프(=키치)의 창조를 재능의 임무로 분류한 보들레르의 역설적 진리다." 키치를 극복하기 위해 언젠가 자신도 키치가 되어야 하는 것. 이것이 "새로운 유행, 운동, 아방가르드의 출현으로 죽어가는 모든 운동의 피할 수 없는 냉혹한 운명이다."[13]

그린버그는 아방가르드가 "자본주의 자체에 위협"이 된다고 보나, 아방가르드의 반부르주아적 성향은 "환상이자 가설"일 뿐이다. 아무리 부르주아 사회를 거부한다 해도 "아방가르드와 부르주아 사이에는 하나의 관계가 틀림없이 존재한다."[14] 부르주아의 돈을 거부하는 한, 아방가르드 예술가는 자본주의 내에서는 '실업자', 사회주의 사회에서는 '공무원'이 될 뿐이다. 나아가 자신에 대한 저항을 참아주는 체제 역시 자유민주주의뿐이다. 나치에 대한 고트프리트 벤의 충성은 표현주의에 대한 탄압으로 돌아왔고, 공산주의에 대한 마야콥스키의 헌신은 스탈린 치하에서 자살로 끝을 맺었다. 결국 아방가르드를 허용하는 물적 토대와 상부구조는 모두 부르주아 사회에 있다는 이야기다.

그린버그와 같은 "좌익 비평가들"은 아방가르드의 미학적 급진주의 속에서 사회적 급진주의의 함의를 읽어내려 한다. 하지만 포지올리가 보기에 이 두 아방가르드 사이에 본질적 연관이 있다는 생각은 순수한 허구다. "예술의 혁명가와 정치의 혁명가 사이의 동맹이라는 완전히 비유적이고 상징적인 가설은 이론적, 역사적으로 오류다."[15] 아방가르드에게도 이념이 있다면, 그것은 "모든 정치적 이념 중에서 가장 비정치적이고 가장 반정치적인 것", 즉 무정부주의와 자유주의다. 아방가르드 예술가들이 종종 공산주의 운동에 참여했다면, 그것은 "부르주아 사회 전체에 대한 적대주의적이고 허무주의적인 경향이 정치의 차원에까지 넓혀진 것에 기인한 것으로 봐야 한다."[16]

포지올리가 이 책을 발표한 1960년대에는 이미 "아방가르드주의 자체가 전통이 되고, 예외로서 규칙이 되어버리는 미래 사회의 징후"[17]가 나타나 있었다. 문제는 외려 어느새 '전통'과 '규칙'으로 전락한 아방가르드를 극복하는 것이다. 그린버그는 '전위가 아니라면 후위'라고 믿었지만, 미래주의는 "언제나 전위에 서 있다고 믿었기 때문에 외려 후위에 남았다." 이제 현대예술에 목표가 있다면, 그것은 "제 사명을 완전히 소진한 아방가르드 정신이 예술적 창조의 전제 조건으로서 역할을 그만두는 시대"를 여는 데 있다. 여기서 아방가르드의 극복이 '끝없는 자기 부정'이라는 아방가르드의 계승이라는 역설이 성립한다. 널리 알려진 것처럼 포스트모던은 이 역설에서 출발한다.

아방가르드의 미학

'아방가르드'라는 용어는 프랑스와 이탈리아의 전통에 속한다. 독일의 미학자인 아도르노(Theodor Wiesengrund Adorno, 1903~1969)는 '아방가르드' 대신에 '현대(Moderne)'라는 용어를 사용한다. 포지올리가 아방가르드의 망탈리테에 심리학적으로 접근한다면, 아도르노는 아방가르드의 작품에 철학적으로 접근하려 한다. 그의 《미학 이론》은 일종의 구제 비평으로 보인다.[18] 여기서 그가 펼치는 작품의 존재론은, 현대 예술의 형식 속에 침전된 소리 없는 목소리를 철학적 해석으로 구원하려는 시도라 할 수 있다. 그린버그가 그저 아방가르드가 "자본주의 존재 자체에 위협"이 된다고 말했다면, 아도르노는 현대예술이 어떤 의미에서 자본주의사회에 대한 저항일 수 있는지 정치한 분석을 보여준다.

아방가르드에 대한 아도르노의 견해 역시 그린버그의 것처럼 '형식주의적'이다. 현대예술에서 "내용은 형식 속에 침전된다." 따라서 그것이 던지는 메시지를 들으려면 형식을 해석해야 한다. 현대예술의 형식은 과거의 것과 전혀 달라, 전통적인 관점에서 보면 거의 작품이라 부를 수 없을 정도다. "오늘날 중요시되는 유일한 작품이 있다면, 그것은 더 이상 작품이 아닌 어떤 것이라고 할 수 있다." 현대예술은 더 이상 '유기적 전체'가 아니다. 입체주의의 형식이나 몽타주의 기법에서 보듯이, 그것은 주로 파편화한 형식으로 나타난다. 현대예술이 이처럼 이불구화한 형식으로 나타나는 것은 자본주의사회에서 인간이 당하는 "고통을 체험으로" 나타내기 위해서라고 한다.

현대예술은 '미메시스(닮기)'를 통해 부르주아 사회에 저항한다. 예를 들어 현대예술이 '추상'으로 치닫는 것은 자본주의 하에서 "인간들 사이의 관계가 실제로 그렇게 되었기" 때문이다. 현대예술이 몽타주의 파편적 형식을 취한다면, 그것은 자본주의적 분업 속에서 인간의 노동이 전체적 성격을 잃고 파편화했기 때문이다. 현대예술이 아름답지 못하다면, 그것은 현대사회 자체가 추하기 때문이다. 현대예술이 '우연'을 도입한다면, 그것은 "과학기술로 인해 당하게 된 거세 작용을 스스로 의식 속에 받아"들였기 때문이다. 이렇게 현대예술은 형식이라는 "사물을 통해서, 사물의 손상되고 소외된 형태를 통해서" 마찬가지로 손상되고 소외된 현대사회의 부정적 상태를 증언한다.

페터 뷔르거(Peter Bürger)의 표현에 따르면, 현대예술은 이렇게 "소외에 적응함으로써 그 소외에 항의한다." 여기서 현대예술이 현대사회와 맺는 이중적 관계가 드러난다. 즉, 현대예술은 불구화한 형식을 통해 스스로 추해짐으로써 불구화한 현대사회의 상태를 고발한다. 하지만 동시에 그 저항을 통해 그 상태가 달라져야 하며, 또 달라질 수 있다고 말한다. "새로운 예술은 이렇게 화해의 가상을 단호히 거부함으로써 화해되지 않은 것 가운데 화해를 견지한다." 수용의 측면에서도 마찬가지다. 현대예술을 감상하는 것은 즐겁기는커녕 차라리 고통스럽다. 그로써 관객은 현대사회의 소외를 직접 체험할 수 있게 된다. 따라서 이제 "본질 구성적 의미에서 예술 향유의 개념은 사라져야 한다."

현대예술은 '아름다움'을 버리고 '새로움'을 추구한다. 여기서 그는 현대사회의 치유를 본다. 과거에 합리적 의식이 없었던 인간은 자연과 미메시스의 관계를 맺었다. 그때 자연은 살아 있었고, 그리하여 종종 숭배의 대상이었다. '계몽'을 통해 인간은 자연의 지배에서 벗어나나, 합리적 의식을 얻은 대가로 그만 자연과의 유대를 잃어버리고 만다. 인간이 자연과 다시 화해하려면, 이제는 계몽을 계몽해야 한다. 이성은 '새로이' 어리석어져야 한다. 아도르노는 그 일이 지금 현대예술에서 일어나고 있다고 보았다. "합리성 자체가 새로움의 전율 속에서 미메시스적인 것으로 된다." "단지 새로움 속에서만 미메시스와 합리성이 퇴행하는 일이 없이 서로 결합할 수 있다."19

'새로움'의 추구는 자연과 화해하는 길이자 사회와 불화하는 길이기도 하다. 합리적으로 관리되는 사회는 차이를 지워버리고 모든 것을 계량화한다. 이 동일성의 폭력에 맞서 현대예술은 사회와 소통을 거부한다. 소통은 공통의 코드를 전제하기 때문이다. 소통을 거부하기 위해 예술은 형식의 실험을 통해 끝없이 기존의 코드를 깨고, 아무도 이해하지 못할 새로운 형식, 새로운 예술 언어를 만들어낸다. 하지만 자본주의의 문화 산업은 이 저항을 묵과하지 않는다. 그것은 제법 난해한 작품도 대중이 이해하도록 번역하여 상품('키치')으로 제공한다. 예술은 추적을 따돌리기 위해 끝없는 탈주를 감행한다. 키치화(化)에 맞서 그것은 더 급진적인 방식으로 재료를 조직한다.

이렇게 재료와 대결하는 것이 곧 사회와 대결하는 것이며, 재료를 급진적인 방식으로 조직하는 것이 곧 사회를 급진적으로 비판하는 길이라는 것이 모더니즘의 미학적 신념이다. "예술 속에서 형이상학적으로 참되지 못한 것은 기술적으로 실패한 것"이다. 즉, 새로운 형식을 만드는 데 실패한 예술은 형이상학적으로도 (그리하여 정치적으로도) 실패한 것이라는 이야기다. 현대예술은 사회와 소통을 거부하기 위해 끝없는 형식의 혁신 속에서 한없이 난해해진다. 하지만 이는 사회를 버리기 위함이 아니다. 외려 더 높은 차원에서 사회와 다시 화해하기 위한 제스처다. "역설적이지만 예술은 비화해적인 것을 증언해야 하며 동시에 그것을 화해시키려는 경향을 가져야 한다."[20]

아방가르드의 정치학

아도르노의 《미학 이론》이 아방가르드에 대한 철학적, 미학적 해석을 제공한다면, 페터 뷔르거의 1974년 《아방가르드의 이론》은 지나간 68학생운동의 여파를 반영하듯 아방가르드에 정치적 관점에서 접근한다.[21] 이 책에서 비판의 표적으로 삼은 것은 역시 아도르노의 아방가르드 이론이다. 뷔르거는 아방가르드를 새로움의 창조로 간주하는 아도르노의 형식주의적 이해를 문제 삼는다. 이 형식주의 혹은 유미주의적 이해는 아도르노가 그린버그와 공유하는 것이기도 하다. 뷔르거가 보기에 아도르노의 아방가르드 이해는 일면적이다. "그는 오로지 새로운 유형의 예술 작품만 주장했을 뿐이며, 아방가르드 운동이 의도했던 실생활로 예술의 귀환은 강조하지 않았다."[22]

역사적으로 아방가르드 운동에는 두 개의 국면이 있었다. 첫째는 예술이 실생활로부터 떨어져 그저 예술이 되려고 하는 자율성의 국면이다. 예술이 이 단계에 도달한 것은 19세기 말 유미주의에서다. 둘째는 자율성에 도달한 이 순수예술이 사회적으로 쓸모없다고 깨닫는 자각을 통해 자기비판에 들어가는 국면이다. 예술이 단지 예술일 뿐이고자 하는 목표를 이루면, 예술이라는 부분 체계의 자기비판이 시작된다. "역사적 아방가르드 운동을 통해 …… 예술은 자기비판의 단계에 접어든다. 유럽의 아방가르드 내에서 가장 과격한 운동이라 할 수 있는 다다이즘은 그 이전의 예술 조류들에 대해서만이 아니라 시민사회에서 발전되어온 예술 제도에 대해서도 비판을 가하게 된다."[23]

아도르노가 아방가르드를 첫째 국면, 즉 예술이 자율성을 향하는 운동과 동일시한다면, 뷔르거에게 본격적인 아방가르드는 둘째 국면, 즉 예술이 자기비판을 수행하는 단계와 더불어 시작된다. "예술이 실생활의 관계들로부터 완전히 분리된 후 한편으로는 비로소 미적인 것이 순수하게 전개될 수 있었지만, 다른 한편 자율성의 또 다른 측면인 사회적 무효과성이 인식될 수 있었다. 예술을 실생활로 돌려보내려 했던 아방가르드의 저항을 통해 자율성과 무효과성 사이의 연관이 드러난다."[24] "사회적 무기능성이 시민사회에서 예술의 본질로 드러나고 그에 따라 예술의 자기비판이 유발된다. 이 자기비판을 실천적으로 수행한 것이 역사적 아방가르드의 공적이다."[25]

하지만 예술을 삶 속으로 되돌리려는 아방가르드의 시도는 자기모순에 빠져 있었다. "실생활에 맞서 예술이 누리는 상대적 자유는 동시에 비판적 현실 인식이 가능하기 위한 조건"이다. 따라서 삶에서 유리되지 않고 그 안으로 동화되어 사라질 경우, 예술은 삶에 대해 취해야 할 거리를 잃고, 그로써 삶을 비판할 능력까지 잃게 된다. 결국 아방가르드는 애초에 이룰 수 없는 목표를 추구한 셈이다. 예술을 삶으로 되돌리려는 시도는 진보적 파토스를 사용했지만, 현실에서 삶과 예술의 거리를 없앤다는 목표는 상품, 광고, 키치로 실현되었다. "예술과 삶의 거리는 문화 산업으로 인해 잘못 지양되었으며, 이를 통해 우리는 아방가르드의 시도가 지닌 모순을 인식하게 되었다."

무엇이 문제인가? 아도르노는 아방가르드 예술을 "기존 질서와 모든 거짓된 화해에 반대하는 철저한 저항"으로 본다. 하지만 루카치가 지적하듯이, 문제는 "그 저항이 추상적 성격에 머물러 있고, 역사적 시각을 결하고 있으며, 자본주의를 극복하려고 노력하는 현실의 저항력들을 보지 못한다."는 데 있다. 참여를 거부하고 정치적 내용이 빠진 형식의 실험에 몰두하는 예술이 체제에 무슨 위협이 되겠는가? 그 형식이 아무리 급진적이어도 그것들은 자본주의 문화 산업에 무리 없이 받아들여져 상품이 될 뿐이다. 루카치가 아방가르드를 거부했던 것은 이 때문이다. 하지만 그렇다고 루카치의 미학이 대안이 될 수는 없다. 리얼리즘은 어디까지나 19세기의 예술 언어에 속하기 때문이다.

뷔르거는 브레히트에게서 대안을 찾는다. 루카치와 아도르노는 각각 다른 이유에서 브레히트를 거부했다. 가령, 루카치는 브레히트의 언어가 리얼리즘에서 벗어났다는 이유에서 그를 배척했다. '반(反)아리스토텔레스적 연극'이라는 구상이 보여주듯이, 브레히트는 '유기적 전체'로서 작품이라는 루카치의 미적 이상을 의도적으로 파괴한다. 한편, 아도르노가 브레히트를 거부한 것은, 그의 작품이 '비유기적 형식'을 통해 침묵으로 말하기보다 내용을 통해 노골적으로 정치적 메시지를 던졌기 때문이다. 아도르노의 형식주의적 관점에서 "작품과 …… 사회 사이의 관계는 필연적으로 무의식적인 관계로 설정"되어야 하나, 널리 알려진 것처럼 브레히트는 그 관계를 의식적으로 형상화하려 했다.

아도르노가 우려한 것은 생경한 이념의 주입이 작품 자체를 파괴하는 것이었다. "유기적 예술 작품에서는 항상 앙가주망이 작품 외부에 머물면서 작품의 실체를 파괴할 위험이 상존한다."[26] 아도르노가 정치적 진술을 거부하고 "아방가르드의 구조 원리 자체를 정치적 진술로 선언"한 것은 이 때문이다. 하지만 앙가주망으로 인해 작품이 파괴되는 것은 '유기적' 예술 작품에 해당되는 이야기다. 아방가르드 예술은 일종의 몽타주로서 그것의 구조 원리는 무기적이다. 그렇다면 무기적이라는 "그 원리로 인해 정치적 모티프와 비정치적 모티프가 한 작품 안에 병존"할 수도 있지 않은가. 뷔르거는 바로 여기서 "무기적 작품의 토대에 선 새로운 앙가주망 예술"[27]의 가능성을 본다.

아방가르드의 무기적 형식—파편적인 몽타주나 콜라주—은 그 자체가 이미 해방적 성격을 띤다. 작품의 부분들을 전체의 지배로부터 해방시킴으로써 그것은 체계로 완결되어가는 어떤 이데올로기에 저항하기 때문이다. 아도르노가 무기적 형식을 곧 정치적 진술로 여긴 것은 이 때문이다. 하지만 이 내용 없는 형식의 앙가주망은 동시에 공허할 수가 있다. 한편, 루카치는 작품에 정치적 모티프를 주입하는 것을 허용한다. 하지만 그가 고집하는 사회주의 리얼리즘의 형식은 역사가 입증하듯이 억압적일 수밖에 없다. 이 딜레마에서 벗어나려면 정치적으로 급진적인 내용을 미학적으로 해방적 형식에 담아야 한다. 이 새로운 앙가주망 예술의 가능성을 뷔르거는 브레히트에게서 찾는다.

네오 아방가르드

1950년대 말과 1960년대 초 미국과 유럽에서는 아방가르드 운동이 부활한다. 이 '네오 아방가르드'를 어떻게 볼 것인가? 페터 뷔르거는 네오 아방가르드가 보여주는 저항의 제스처를 신뢰하지 않는다. 그에게 역사적 아방가르드의 반복은 "자율적 예술 제도에 대한 아방가르드의 비판을 취소하는 것"을 의미한다. '네오' 아방가르드라는 반복은 그저 "반(反)미학을 예술적인 것으로, 위반 행위를 제도적인 것으로 전환"시키는 데 지나지 않기 때문이다. 가령 뒤샹이 변기를 미술관으로 가져갔을 때, 그로써 그는 아직 부르주아 사회의 예술 원칙을 의문시할 수 있었다. 하지만 서명된 변기가 미술관에 전시될 가치가 있는 것으로 받아들여지는 순간 상황은 역전된다.

> 오늘날 어떤 예술가가 난로 연통에 서명을 하고 그것을 전시한다면, 그 예술가는 결코 예술품 시장을 고발하고 있는 것이 아니다. 오히려 그는 예술품 시장에 자신을 편입시키고 있는 셈이다. 그는 개인의 창조성에 대한 관념을 깨뜨리는 것이 아니라 확증하고 있는 것이다.28

이미 포지올리는 "아방가르드의 관습들이 규범으로부터 일탈하는 것은 극히 규칙적이고 규범적"이라고 지적한 바 있다. 이 경우 아방가르드의 "일탈은 예측 가능해질 뿐 아니라 그 자체가 뚜렷한 표준으로 변화"29 되는데, 뷔르거가 보기에는 네오 아방가르드가 바로 그 경우에 속한다. "네오 아방가르드는 아방가르드를 제도화함으로써 진정으로 아방가르드적인 의도들을 부정하게 된다."30

미국의 평론가 할 포스터는 이 비판에 맞서 네오 아방가르드의 복권을 시도한다.31 네오 아방가르드의 변호를 위해 그는 정신분석학의 개념을 원용한다. 라캉이 해석한 프로이트에 따르면, 주체성은 결코 단

번에 전적으로 성립하지 않는다. 장 라플랑슈의 말대로, "하나의 외상을 이루려면 항상 두 개의 외상이 있어야 한다."

> 하나의 사건은 오로지 그것을 기록하는 또 다른 사건을 통해서만 등재되며, 우리가 누구인지를 우리는 오로지 지연된 작용 속에서만 알게 된다.32

결국 1950~1960년대의 아방가르드는 역사적 아방가르드의 반복(neo)이 아니라 그것의 사후 효과라는 이야기다. 한마디로 네오 아방가르드를 통해서 비로소 우리는 역사적 아방가르드를 이해하게 되고, 또 그것의 의도를 실현할 수 있었다는 이야기다. 결국 할 포스터에 따르면, 역사적 아방가르드와 네오 아방가르드는 하나의 외상을 이루는 두 개의 외상, 혹은 하나의 사건을 등재하는 두 번째 사건이었던 셈이다.

그런 경우가 더러 실제로 존재한다. 예를 들어 데리다, 들뢰즈, 푸코와 같은 프랑스의 후기 구조주의자들의 핵심적 명제들은 그에 수십 년 앞서 이미 비트겐슈타인, 하이데거, 벤야민과 같은 독일 철학자들의 저서에 등장한다. 하지만 이 독일 철학자들의 탈근대적 면모가 분명히 드러나는 것은 프랑스 후기 구조주의라는 두 번째 사건을 통해서였다. 물론 1960년대의 '네오 아방가르드'와 '포스트 아방가르드'의 성격에 관해서는 서로 충돌하는 다양한 관점이 존재한다. 하지만 그 시각들을 소개하는 것은 역사적 아방가르드 운동을 다루는 이 책의 범위를 넘어선다. 그에 대해서는 세계대전 이후의 미술의 역사에 바쳐질 3권에서 자세히 다루게 될 것이다.

미주

들어가기—현대예술의 혁명

1 Erich Auerbach, *Vier Untersuchungen zur Geschichte der französischen Bildung*. Berlin, 1951, p.127.
2 이영철 엮음,《현대미술과 모더니즘론》, 시각과언어, 1995, 12쪽.
3 닐 콕스, 천수원 옮김,《입체주의》, 한길아트, 2003. 391쪽.
4 한스 제들마이어, 남상식 옮김,《현대예술의 혁명》, 한길사, 2004.
5 같은 책, 71쪽.
6 같은 책, 106쪽.
7 같은 책, 161쪽.
8 같은 책, 196~197쪽.
9 같은 책, 205쪽.

01 야수주의

1 Russell T. Clement, *Les Fauves : A Sourcebook*, Greenwood Publishing Group, 1994, p. xii.
2 로버트 휴즈, 최기득 옮김,《새로움의 충격—모더니즘의 도전과 환상》, 미진사, 1991, 124쪽에서 재인용.
3 사라 위트필드,〈야수파〉, 니코스 스탠고스 편, 성완경 · 김안례 옮김,《현대미술의 개념》, 문예출판사, 1994, (12~41쪽) 35쪽에서 재인용.
4 로버트 휴즈, 위의 책, 128쪽.
5 André Derain, *Letters to Vlaminck* (1905-1909) in : Charles Harrison & Paul Wood

(ed.), Art in Theory 1900-2000 pp.63~65.

6 할 포스터 외, 배수희 옮김, 《1900년 이후의 미술사》, 세미콜론, 2007, 74쪽.

7 Henri Matisse, *Notes of a Painter* (1908) in : Charles Harrison & Paul Wood (ed.), pp.69~75, p.72.

8 폴크마 에서스, 김병화 옮김, 《앙리 마티스》, 마로니에북스/Taschen, 2006, 52쪽.

9 Henri Matisse, *Notes of a Painter* (1908) in : Charles Harrison & Paul Wood (ed.), pp.69~75, p.70.

10 Russel T. Clement, *Les Fauves : A Sourcebook*, p. xii.

11 사라 위트필드, 위의 책, 18~19쪽에서 재인용.

12 같은 책, 28쪽.

13 로버트 휴즈, 위의 책, 125쪽.

14 Werner Spies, *Kunstgeschichten*, Von Bildern und Künstlern im 20 Jahrhundert, Dumont, 1998, p.103.

02 입체주의

1 안네 간테퓌러-트리어, 김광우 옮김, 《입체주의》, 마로니에북스/Taschen, 2008, 6쪽.

2 Maurice Merleau-Ponty, *Cézanne's Doubt* in : Sense and Non-sense, Northwestern Univ Press, 1964, pp.9~25.

3 로버트 휴즈, 최기득 옮김, 《새로움의 충격—모더니즘의 도전과 환상》, 미진사, 1991, 21쪽.

4 존 골딩, 〈입체파〉, 니코스 스탠고스 편, 성완경 · 김안례 옮김, 《현대미술의 개념》, 문예출판사, 1994, 81쪽.

5 Georges Braque, *Georges Braque on the Beginnings of Cubism to Dora Vallier in Conversation* (1954) in : Richard Friedenthal, Letters of the Great Artists From Blake to Pollock, Random House, 1963, p.264.

6 Georges Braque, *Georges Braque on the Beginnings of Cubism to Dora Vallier in*

Conversation (1954), p.265.

7 닐 콕스, 천수원 옮김, 《입체주의》, 한길아트, 2003, 111쪽.

8 Georges Braque, *Georges Braque on the Beginnings of Cubism to Dora Vallier in Conversation* (1954), p.265.

9 로만 야콥슨, 권재일 옮김, 〈언어의 두 측면과 실어증의 두 유형〉, 《일반 언어학 이론》, 민음사, 1989.

10 닐 콕스, 위의 책, 249쪽.

11 데이비드 코팅턴, 전경희 옮김, 《큐비즘》, 열화당, 2003, 56쪽.

12 Pablo Picasso, *Conversation with Picasso* (1935) in : Charles Harrison & Paul Wood (ed.), Art in Theory 1900-2000, (pp.507~510), p.508.

13 안네 간테퓌러-트리어, 위의 책, 24쪽.

14 Guillaume Apollinaire, *Chapter VII from The Cubist Painting* (1912) in : Charles Harrison & Paul Wood (ed.), pp.188~190.

15 닐 콕스, 위의 책, 224쪽에서 재인용.

03 순수추상

1 니나 칸딘스키, 〈칸딘스키의 회화 발전에 관한 고찰〉(1946), 칸딘스키, 권영필 옮김, 《예술에서 정신적인 것에 관하여》, 미진사, 2000, 166~171쪽.

2 막스 빌, 〈칸딘스키 저서의 배경〉, 같은 책, 152~164쪽.

3 같은 책.

4 Jean Moréas, *Le Manifeste du Symbolisme*, Le Figaro, 1886.

5 칸딘스키, 위의 책, 50쪽.

6 Wassily Kandinsky, *Complete Writings on Art*, ed. by Kenneth C. Lindsay and Peter Vergo, London, G. K. Hall & Co, Vol. One (1901~1921), pp. 369~370.

7 칸딘스키, 위의 책, 110쪽.

8 같은 책, 129쪽.

9 로버트 휴즈, 최기득 옮김, 《새로움의 충격—모더니즘의 도전과 환상》, 미진사,

1991, 284쪽.
10 칸딘스키, 위의 책, 40쪽.
11 Wilhelm Worringer, *Abstraktion und Einfühlung* (1907), München, 1976.
12 칸딘스키, 위의 책, 110쪽.
13 Konrad Fiedler, *Über die Beurteilung von Werken der bildenden Kunst*, (1876), Ratingen, 1960, p.44.
14 Andreas Kramer, *Goethe and the Cultural Project of German Modernism : Steiner, Kandinsky, Friedlaender, Schwitters and Benjamin*, Publications of the English Goethe Society, 71, 2002, pp.18~36.
15 요한 볼프강 폰 괴테, 장희창 옮김, 《색채론》, 민음사, 2003.
16 August Endel, *Dekorative Kunst*, München, 1897~1898, p.125.
17 칸딘스키, 위의 책, 77쪽.
18 같은 책, 61쪽.
19 하요 뒤히팅, 김보라 옮김, 《바실리 칸딘스키》, 마로니에북스, 2007, 62쪽.
20 같은 책, 68쪽.

04 절대주의

1 김현화, 《20세기 미술사—추상미술의 창조와 발전》, 한길아트, 1999, 119쪽.
2 알랭 봉팡, 김은정 옮김, 《추상미술》, 한길사, 2000, 35쪽.
3 H. H. Arnason, Elizabeth C. Mansfield, *History of Modern Art*, 6. ed. New York University, 2000, pp.223~226.
4 아론 샤프, 〈절대주의〉, 니코스 스탠고스 편, 성완경 · 김안례 옮김, 《현대미술의 개념》, 문예출판사, 1994, 210~216쪽.
5 Kasimir Malevich, *From Cubism and Futurism to Suprematism : The New Realism in Painting* in : Charles Harrison & Paul Wood (ed.), Art in Theory 1900-2000, pp.173~183(이하 모든 인용은 여기에 의거한다).
6 John E. Bowlt, *Russian Art 1875-1975 : A Collection of Essays*, 1976, pp.130~139.

7 할 포스터 외, 《1900년 이후의 미술사》, 세미콜론, 2007, 130~134쪽.

8 Kasimir Malevich, *Non Objective Art and Suprematism* in : Charles Harrison & Paul Wood (ed.), Art in Theory 1900-2000, pp.292~293(이하 모든 인용은 이 문헌에서 이루어진다).

9 노르베르트 볼츠, 윤종석 옮김, 《구텐베르크―은하계의 끝에서》, 문학과지성사, 2000.

10 알랭 봉팡, 위의 책, 37쪽.

11 Andrew E. Benjamin, *Art, Mimesis, and the Avant-garde : Aspects of a Philosophy of Difference*, TJ Press, 1999, pp.99~106.

12 Werner Spies, *Kunstgeschichte*, Von Bildern und Künstlern im 20. Jahrhundert Bd. I Köln, 1998, p.167.

13 Kasimir Malevich, *The Question of Imitative Art* in : Charles Harrison & Paul Wood (ed.), Art in Theory 1900-2000, pp.293~298.

14 Kasimir Malevich, *Letter to Meyerhold* in : Charles Harrison & Paul Wood (ed.), Art in Theory 1900-2000, pp.506~507.

15 Werner Spies, *Kunstgeschichten*, p.163.

16 아론 샤프, 〈절대주의〉, 위의 책, 210쪽.

17 Matthew Collings, *This is Modern Art*, Weidenfeld & Nicolson, 1999, p.160.

18 아론 샤프, 〈절대주의〉, 위의 책, 214쪽.

그리드

1 Rosalind E. Krauss, *The Originality of the Avant-Guarde and Other Modern Myths*, The MIT Press, 1985, pp.8~22.

2 플라톤, 박종현 옮김, 《티마이오스》, 서광사, 2000, 47e3~53c3.

05 표현주의

1 Dietmar Elger, *Expressionismus*, Tachen, 1994, p.7.

2 노르베르트 볼프, 김소연 옮김, 《표현주의》, 마로니에북스/Taschen, 2007, 6쪽.

3 노버트 린던, 〈표현주의〉, 니코스 스탠고스 편, 성완경 · 김안례 옮김, 《현대미술의 개념》, 문예출판사, 1994, 50쪽에서 재인용.

4 노버트 린던, 〈표현주의〉, 같은 책, 42~68쪽.

5 프란츠 마르크, 〈독일의 야수파〉, 바실리 칸딘스키 · 프란츠 마르크, 배정희 옮김, 《청기사—20세기 예술의 혁명》, 열화당, 2007, (26~30쪽), 27쪽.

6 Dietmar Elger, *Expressionismus*, Tachen, 1994, p.15.

7 하요 뒤히팅, 최정윤 옮김, 《표현주의》, 미술문화, 2007, 126~127쪽.

8 노르베르트 볼프, 위의 책, 17쪽에서 재인용.

9 Ernst Ludwig Kirchner, *Programme of the Brücke* in : Charles Harrison & Paul Wood (ed.), Art in Theory 1900-2000, p.65.

10 Emil Nolde, *On Primitive Art* in : Charles Harrison & Paul Wood (ed.), Art in Theory 1900-2000, p.97.

11 Peter Selz, *German Expressionist Painting*, University of California Press, 1974(1957), p.116.

12 슐라미스 베어, 김숙 옮김, 《표현주의》, 열화당, 2003, 46쪽.

13 노버트 린던, 〈표현주의〉, 위의 책, 60쪽에서 재인용.

14 할 포스터 외, 배수희 · 신정훈 외 옮김, 《1900년 이후의 미술사》, 세미콜론, 2007, 87쪽.

15 Dennis Crockett, *German Post-Expressionism : The Art of the Great Disorder*, Pennsylvania State University, 1999, pp.8~13.

16 Alfred Rosenberg, *The Myth of the 20 Century* in : Charles Harrison & Paul Wood (ed.), Art in Theory 1900-2000. pp.412~413.

17 Antoon Van den Braembussche, *Thinking Art*, Springer, 1999, pp.173~179.

06 미래주의

1 지오반니 리스타, 정진국 옮김, 《미래파》, 열화당, 1988, 7쪽.

2 필리포 토마소 마리네티, 〈미래주의 창립과 선언〉, 이택광, 《미래주의 선언》, 그린비, 2008, 60~69쪽 (63쪽) 이하, 인용은 여기에 의거함.

3 같은 책.

4 노버트 린던, 〈미래주의〉, 니코스 스탠고스 편, 성완경 · 김안례 옮김, 《현대미술의 개념》, 문예출판사, 1994, 141~158쪽 (143쪽).

5 지오반니 리스타, 위의 책, 8쪽.

6 움베르토 보초니 외, 〈미래주의 화가 선언〉, 이택광, 《미래주의 선언》, 그린비, 2008, 89~93쪽.

7 Umberto Boccioni et al., *Futurist Painting : Technical Manifesto* in : Charles Harrison & Paul Wood (ed.), Art in Theory 1900-2000, pp.15~152.

8 같은 책.

9 Umberto Boccioni, *Technical Manifesto of Futurist Sculpture* in : Robert L. Herbert, Modern Artists on Art, Dover Publications, 1964/2000, pp.45~51.

10 같은 책.

11 리처드 험프리스, 하계훈 옮김, 《미래주의》, 열화당, 2003, 42쪽.

12 http://www.nanoaesthetik.de/texte/photodynamism.pdf

13 http://www.unknown.nu/futurism/musicians.html

14 Luigi Lussolo, *The Art of Noises* in : Lawrence S. Rainey, Modernism : an Anthology, Blackwell Publishing, 2005, pp.23~26.

15 http://www.unknown.nu/futurism/paintsound.html

16 Antonio Sant'Elia, *Manifesto of Futurist Architecture* in : Ulrich Conrads, Programs and Manifestoes on 20th-Century Architecture, MIT Press, 1971, pp.34~38.

17 리처드 험프리스, 위의 책, 48쪽.

18 할 포스터 외, 배수희 · 신정훈 외 옮김, 《1900년 이후의 미술사》, 세미콜론, 2007, 90~97쪽.

19 로버트 휴즈, 최기득 옮김, 《모더니즘의 도전과 환상》, 미진사, 1991, 61쪽.

1 리하르트 휠젠베크, 〈다다 이후〉, 니니코스 스탠고스 편, 성완경 · 김안례 옮김, 《현대미술의 개념》, 문예출판사, 1994, 174쪽에서 재인용.

2 Hugo Ball, *Flying Out of Time : Dada Diary*, Ed. John Elderfield, University of California Press, 1974, p.117.

3 John D. Erickson, *The Apocalyptic Mind* in : Manifestos and Movement 7 (1980), pp. 98~109, Twenties-Century Literary Criticism, Ed. Thomas J. Schoenberg and Lawrence J. Trudeau, Vol. 168, 2005. http://bit.ly/dgXXHK http://bit.ly/8XhgZi http://bit.ly/aFwFsB

4 트리스탄 차라 · 앙드레 브르통, 송재영 옮김, 《다다/쉬르레알리슴 선언》, 문학과지성사, 1987, 13~24쪽.

5 같은 책.

6 Seth Taylor, *Left-Wing Nietzscheans : the Politics of German Expressionism, 1910-1920*, de Gruyter, 1990, p. 164.

7 Richard Huelsenbeck, *The First German Dada Manifesto 1918* in : Charles Harrison, Paul Wood, Art in Theory : an Anthology of Changing Ideas, Blackwell, 1992, p.257.

8 같은 책.

9 로버트 휴즈, 최기득 옮김, 《새로움의 충격—모더니즘의 도전과 환상》, 미진사, 1991, 60쪽.

10 할 포스터 외, 배수희 · 신정훈 외 옮김, 《1900년 이후의 미술사》, 세미콜론, 2007, 136쪽.

11 발터 벤야민, 반성완 옮김, 〈기술복제시대의 예술작품〉, 《발터 벤야민의 문예이론》, 민음사, 1983, 226쪽.

12 할 포스터 외, 위의 책, 137쪽.

13 트리스탄 차라 · 앙드레 브르통, 위의 책, 45쪽.

14 재니스 밍크 · 마르셀 뒤샹, 정진아 옮김, 《현대미술작가론》, 마로니에북스, 2006, 34쪽.

15 할 포스터 외, 위의 책, 129쪽.

16 같은 책, 170쪽.

콜라주

1 닐 콕스, 천수원 옮김, 《입체주의》, 한길아트, 2003, 291쪽에서 재인용.

2 Clement Greenberg (hrsg. von Karlheinz Lüdeking), *Die Essenz der Moderne,* Ausgewählte Essays und Kritiken, Verlag der Kunst, 1997, pp.156～162.

3 닐 콕스, 위의 책, 291쪽에서 재인용.

08 초현실주의

1 던 에이드스, 〈다다이즘과 초현실주의〉, 니코스 스탠고스 편, 성완경 · 김안례 옮김, 《현대미술의 개념》, 문예출판사, 1994, 170～209쪽, 190쪽에서 재인용.

2 앙드레 브르통, 〈초현실주의 제1차 선언〉, 트리스탄 차라 · 앙드레 브르통, 송재영 옮김, 《다다/쉬르레알리슴 선언》, 문학과지성사, 1987, 111～156쪽, 121쪽.

3 같은 책, 113쪽.

4 같은 책, 30쪽.

5 던 에이드스, 〈다다이즘과 초현실주의〉, 위의 책, 193쪽.

6 Mary Ann Caws (ed.), *Surrealism*, Phaidon, 2004, p.19.

7 André Breton, *Surrealism and Painting* in : Charles Harrison, Paul Wood, Art in Theory : an Anthology of Changing Ideas, Blackwell, 1992, p.457～463.

8 S. 알렉산드리안, 이대일 옮김, 《초현실주의 미술》, 열화당, 1984, 63쪽.

9 Ulrich Bischoff, *Surrealism. Venedikt Taschen*, 1991, p.17에서 재인용.

10 Ulrich Bischoff, *Surrealism. Venedikt Taschen*, p.34에서 재인용.

11 S. 알렉산드리안, 위의 책, 57쪽.

12 앙드레 브르통, 〈초현실주의 제2차 선언〉, 위의 책, 157～222쪽, 191쪽.

13 Werner Spies, *Kunstgeschichten* : *Von Bildern und Künstlern im 20 Jahrhundert*, Bd. I. Dumont, 1998, p.252.

14 Werner Spies, *Kunstgeschichten : Von Bildern und Künstlern im 20 Jahrhundert*, p.264.
15 Werner Spies, *Kunstgeschichten : Von Bildern und Künstlern im 20 Jahrhundert*, p.270 .
16 할 포스터 외, 《1900년 이후의 미술사》, 세미콜론, 2007, 212쪽.
17 S. 알렉산드리안, 위의 책, 164~165쪽.
18 Thérèse Lichtenstein, *Behind Closed Doors : The Art of Hans Bellmer*, University of California Press, 2001.
19 할 포스터, 전영백 외 옮김, 《욕망, 죽음, 그리고 아름다움》, 아트북스, 2005.
20 앙드레 브르통, 〈초현실주의 제2차 선언〉, 위의 책, 157쪽.
21 할 포스터, 위의 책, 245~249쪽.
22 조르주 세바, 최정아 옮김, 《초현실주의》, 동문선, 2005, 127쪽.
23 Walter Erben, *Miró*, Benedikt Taschen, 1992.

오브제

1 S. 알렉산드리안, 이대일 옮김, 《초현실주의 미술》, 열화당, 1984, 150~162쪽.
2 Janine Mileaf, *Please Touch : Dada and Surrealist Objects After the Readymade*, Dartmouth College Press, 2010, pp.85~118.
3 Mary Ann Caws (ed.), *Surrealism*, Phaidon, 2004, p.98.
4 Mary Ann Caws (ed.), *Surrealism*, Phaidon, 2004, p.104.

09 신즉물주의

1 귄터 메트켄 · 베르톨트 힌츠, 안규철 옮김, 《신즉물주의—제3제국의 회화》, 열화당, 1988, 19쪽.
2 Steve Plumb, *Neue Sachlichkeit 1918-1933 : Unity and Diversity of an Art Movement*, Editions Rodopi B. V., 2007, p.11.
3 Carlo Cara, *Our Antiquity* in : Charles Harrison & Paul Wood (ed.), Art in Theory 1900-2000, pp.232~236.
4 Jost Hermand, *Unity within Diversity? The History of the Concept 'Neue Sachlichkeit'*

in : Keith Bullivant (ed.), Culture and society in the Weimar Republic, Manchester University Press, 1977, pp.166~182, p.167.

5 G. F. Hartlaub, *Der Zynismus als Kunstrichtung*, Frankfurter Zeitung, 13. 9. 1924.

6 Wieland Schmied, Exhibition 'Neue Sachlichkeit and German Realism of the Twenties' (Hayward Gallery in London, 1978/1979) Exhibition Catalogue.

7 G. F. Hartlaub, *Reply to a Questionaire* in : Charles Harrison & Paul Wood (ed.), Art in Theory 1900-2000, pp.247~249.

8 G. F. Hartlaub, Ausstellung 'Neue Sachlichkeit, Deutsche Malerei seit dem Expressionismus' (Mannheim Städtische Kunsthalle, 1925), Ausstellungskatalog.

9 Franz Roh, *German Art in the Twentieth Century*, Thames & Hudson, 1968, p.112.

10 로버트 휴즈, 최기득 옮김, 《새로움의 충격》, 미진사, 1991, 280쪽에서 재인용.

11 할 포스터 외, 배수희 · 신정훈 외 옮김, 《1900년 이후의 미술사》, 세미콜론, 2007, 204쪽.

12 Kerstin Stremmel · Uta Grosenick, *Realism*. Taschen, 2004, p.82.

13 Franz Roh, *German Art in the Twentieth Century*, Thames & Hudson, 1968, p.112.

14 Misch Orend, *Der Magischer Realismus*, Klingsor, Siebenbürgische Zeitschrift (Januar 1928), p.26. Steve Plumb, *German Art in the Twentieth Century*, p.50에서 재인용.

15 H. H. Arnason · Elizabeth C. Mansfield, *History of Modern Art*, Prentice Hall, 2010, p.259.

16 http://www.techniklexikon.net/d/neue-sachlichkeit/neue-sachlichkeit.htm

17 Werner Spies, *Dass ihr nicht werdet wie die Salzsäulen*, Frankfurt Allgemeiner Zeitung, 24 Mai 2011에서 재인용.

18 발터 벤야민, 반성완 옮김, 〈생산자로서 작가〉, 《발터 벤야민의 문예이론》, 문예출판사, 236쪽.

19 Julia Schröder, *Zeitgenössische Kritik an der Neuen Sachlichkeit*, GRIN Verlag, 2001.

20 George Grosz, *My Life in* : Charles Harrison & Paul Wood (ed.), Art in Theory 1900-2000, pp.411~412.

10 구축주의

1 Naum Gabo · Anton Pevsner, *The Realistic Manifesto* in : Charles Harrison & Paul Wood (ed.), Art in Theory 1900-2000, pp.298~300.

2 아론 샤프, 〈구성주의〉, 니코스 스탠고스 편, 성완경 · 김안례 옮김, 《현대미술의 개념》, 문예출판사, 1994, 243~257쪽, 244쪽.

3 로버트 휴즈, 최기득 옮김, 《새로움의 충격》, 미진사, 1991, 79쪽에서 재인용.

4 할 포스터 외, 배수희 · 신정훈 외 옮김, 《1900년 이후의 미술사》, 세미콜론, 2007, 176쪽.

5 크리스티나 로더, 정진국 옮김, 《러시아 구성주의》, 열화당, 1990, 30쪽.

6 Nikolai Punin, *The Monument to the Third International* in : Charles Harrison & Paul Wood (ed.), Art in Theory 1900-2000, pp.336~339.

7 Alexander Rodchenko · Varvara Stepanova, *Programme of the First Working Group of Constructivists* in : Charles Harrison & Paul Wood (ed.), Art in Theory 1900-2000, pp.341~343.

8 같은 책.

9 할 포스터 외, 위의 책, 178쪽.

10 같은 책, 174쪽에서 재인용.

11 같은 책, 178쪽.

액소노메트리

1 H. H. Arnason and Elizabeth C. Mansfield, *History of Modern Art*, New York University, 2010, p.226.

11 데스테일

1 De Stijl, *Manifesto I* in : Charles Harrison & Paul Wood (ed.), Art in Theory 1900-2000, p.281.

2 Gottfried Semper, *Der Stil* in den technischen und tektonischen Künsten oder Praktische Ästhetik ('기술적-구축적 예술에서 양식 혹은 실용적 미학'), 1861~1863.

3 윤재희 · 지연순 편저, 《데스틸운동과 건축》, 세진사, 1994, 14쪽.

4 John Milner, *Mondrian*, Phaidon, 1992, p.137.

5 Piet Mondrian, *Natural Reality and Abstract Reality* in : Mary Ann Caws (ed.), Manifesto : A Century of Isms, University of Nebraska Press, 2000, pp.419~431.

6 Piet Mondrian, *Dialogue on the New Plastic* in : Charles Harrison & Paul Wood (ed.), Art in Theory 1900-2000, pp.284~289.

7 윤재희 · 지연순 편저, 위의 책, 16쪽에서 재인용.

8 John Milner, *Mondrian*, phaidon, 1992, p.129.

9 Theo van Doesburg, *Principles of Neo-Plastic Art* in : Charles Harrison & Paul Wood (ed.), Art in Theory 1900-2000, pp.281~284.

10 Piet Mondrain, *Neo-Plasticism : The General Principles of Plastic Equivalence* in : Charles Harrison & Paul Wood (ed.), Art in Theory 1900-2000, pp.289~292.

11 Piet Mondrian, *Neoplasticism in Painting, 1917-1918* in : Mary Ann Caws (ed.), Manifestos, A Century of Isms, University of Nebraska Press, 2000, pp.425~428.

12 할 포스터 외, 배수희 · 신정훈 외 옮김, 《1900년 이후의 미술사》, 세미콜론, 2007.

13 Victor Margolin, *The Struggle for Utopia : Rodchenko, Lissitzky, Moholy-Nagy : 1917-1946*, University of Chicago Press, 1997, p.67.

14 Theo van Doesburg, *Towards a Plastic Architecture* (1924) in De Stijl, XII, 6/7, Rotterdam, 1924.

15 김승제 · 박열, 《근대 건축의 흐름》, 기문당, 2008, 87쪽.

16 수잔네 다이허, 주은정 옮김, 《피트 몬드리안》, 마로니에북스/Tachen, 2007, 67쪽.

17 Theo van Doesburg, *Manifesto of Art Concrete* (1930) in : Harold Osborne, The Oxford Companion to Twentieth-Century Art, Oxford University Press, 1981, p.123.

12 바우하우스

1 고트프리트 젬퍼, 〈과학, 공업 및 예술〉, 한스 M. 빙글러, 편집부 옮김, 《바우하우스》, 미진사, 2001, 26~27쪽.

2 발터 그로피우스, 〈바이마르 국립 바우하우스 강령〉, 같은 책, 43~46쪽.

3 발터 그로피우스, 〈공업, 수공업, 공예를 위한 예술자문기관으로서 교육기관 설립 권고〉, 같은 책, 34~35쪽.

4 권명광 편, 《바우하우스》, 미진사, 1984, 13쪽.

5 오스카 슐레머, 〈목조 작업장과 석조 작업장의 실정에 관하여 마스터 평의회에 보낸 편지〉, 한스 M. 빙글러, 위의 책, 87~88쪽.

6 프랭크 휘트포드, 이대일 옮김, 《바우하우스》, 시공사, 2000, 77쪽.

7 같은 책, 127쪽에서 재인용.

8 안나 모진스카, 전혜숙 옮김, 《20세기 추상미술의 역사》, 시공사, 1998, 93쪽에서 재인용.

9 Moholy-Nagy, *The New Vision and Abstract of an Artist*, 1947, 장 뤽 다발, 홍승혜 옮김, 《추상미술의 역사》, 미진사, 1988, 77쪽에서 재인용.

10 Eduardo Kac, *Aspects of the Aesthetics of Telecommunication* in : John Grimes and Gray Lorig (ed.) Siggraph Visual Proceedings, New York : ACM, 1992, pp.47~57.

11 발터 그로피우스, 〈바우하우스 이념의 가능성〉, 한스 M. 빙글러, 위의 책, 75~77쪽.

12 같은 책.

13 할 포스터 외, 배수희 · 신정훈 외 옮김, 《1900년 이후의 미술사》, 세미콜론, 2007, 187쪽.

14 게오르크 무혜, 〈국립 바우하우스의 단독주택〉, 한스 M. 빙글러, 위의 책, 94~95쪽.

15 RoseLee Goldberg, *Performance Art*, From Futurism to the Present, pp.97~120.

16 에른스트 칼라이, 〈바우하우스 10년〉, 한스 M. 빙글러, 위의 책, 227~231쪽.

17 하네스 마이어, 〈건축〉, 한스 M. 빙글러, 위의 책, 212~214쪽.

18 데사우 시의회의 우익 급진파, 〈바우하우스 해산 동의〉, 한스 M. 빙글러, 위의 책, 248~249쪽.

19 베를린 국가 비밀경찰국, 〈미스 반 데어 로에에게 보낸 편지〉, 한스 M. 빙글러, 위의 책, 266쪽.

20 루트비히 미스 반 데어 로에, 〈바우하우스의 해산을 학생들에게 통고〉, 한스 M. 빙글러, 위의 책, 266~267쪽.

나가기—아방가르드의 이론들

1 클레멘트 그린버그, 조주연 옮김, 〈아방가르드와 키치〉, 《예술과 문화》, 경성대학교 출판부, 2004, 12~33쪽.

2 같은 책, 14쪽.

3 같은 책, 22쪽.

4 같은 책, 22쪽.

5 같은 책, 21쪽.

6 같은 책, 33쪽.

7 Leon Trotsky (ed. by William Keach), *Literature and Revolution* (1925), Haymarketbooks, 2004, 159쪽.

8 레나토 포지올리, 박상진 옮김, 《아방가르드 예술》, 문예출판사, 1996.

9 같은 책, 43쪽.

10 같은 책, 44쪽.

11 같은 책, 116쪽.

12 같은 책, 129쪽.

13 같은 책, 127쪽.

14 같은 책, 136쪽.

15 같은 책, 145쪽.

16 같은 책, 151쪽.

17 같은 책, 311쪽.

18 테오도르 아도르노, 홍승용 옮김, 《미학 이론》, 문학과지성사, 1984.

19 같은 책, 42~43쪽.

20 같은 책, 251쪽.

21 페터 뷔르거, 최성만 옮김, 《아방가르드의 이론》, 지식을만드는지식, 2009.

22 같은 책, 172쪽.

23 같은 책, 42~43쪽.

24 같은 책, 43쪽.

25 같은 책, 52쪽.

26 같은 책, 177쪽.

27 같은 책, 180쪽.

28 같은 책, 99쪽.

29 레나토 포지올리, 위의 책, 93쪽.

30 페터 뷔르거, 위의 책, 113쪽.

31 할 포스터, 이영욱 외 옮김, 〈누가 네오 아방가르드를 두려워 하는가?〉, 《실재의 귀환》, 경성대학교 출판부, 2004, 27~74쪽.

32 같은 책, 70쪽.

진중권의 서양미술사 | **모더니즘**

Modernism

1판 1쇄 발행일 2011년 7월 18일
2판 1쇄 발행일 2021년 5월 10일
2판 3쇄 발행일 2024년 5월 13일

지은이 진중권

발행인 김학원
발행처 (주)휴머니스트출판그룹
출판등록 제313-2007-000007호(2007년 1월 5일)
주소 (03991) 서울시 마포구 동교로23길 76(연남동)
전화 02-335-4422 **팩스** 02-334-3427
저자 · 독자 서비스 humanist@humanistbooks.com
홈페이지 www.humanistbooks.com
유튜브 youtube.com/user/humanistma **포스트** post.naver.com/hmcv
페이스북 facebook.com/hmcv2001 **인스타그램** @humanist_insta

편집주간 황서현 **편집** 김주원 임미영 **디자인** 김태형
용지 화인페이퍼 **인쇄** 청아디앤피 **제본** 다인바인텍

ISBN 979-11-6080-622-9 03600

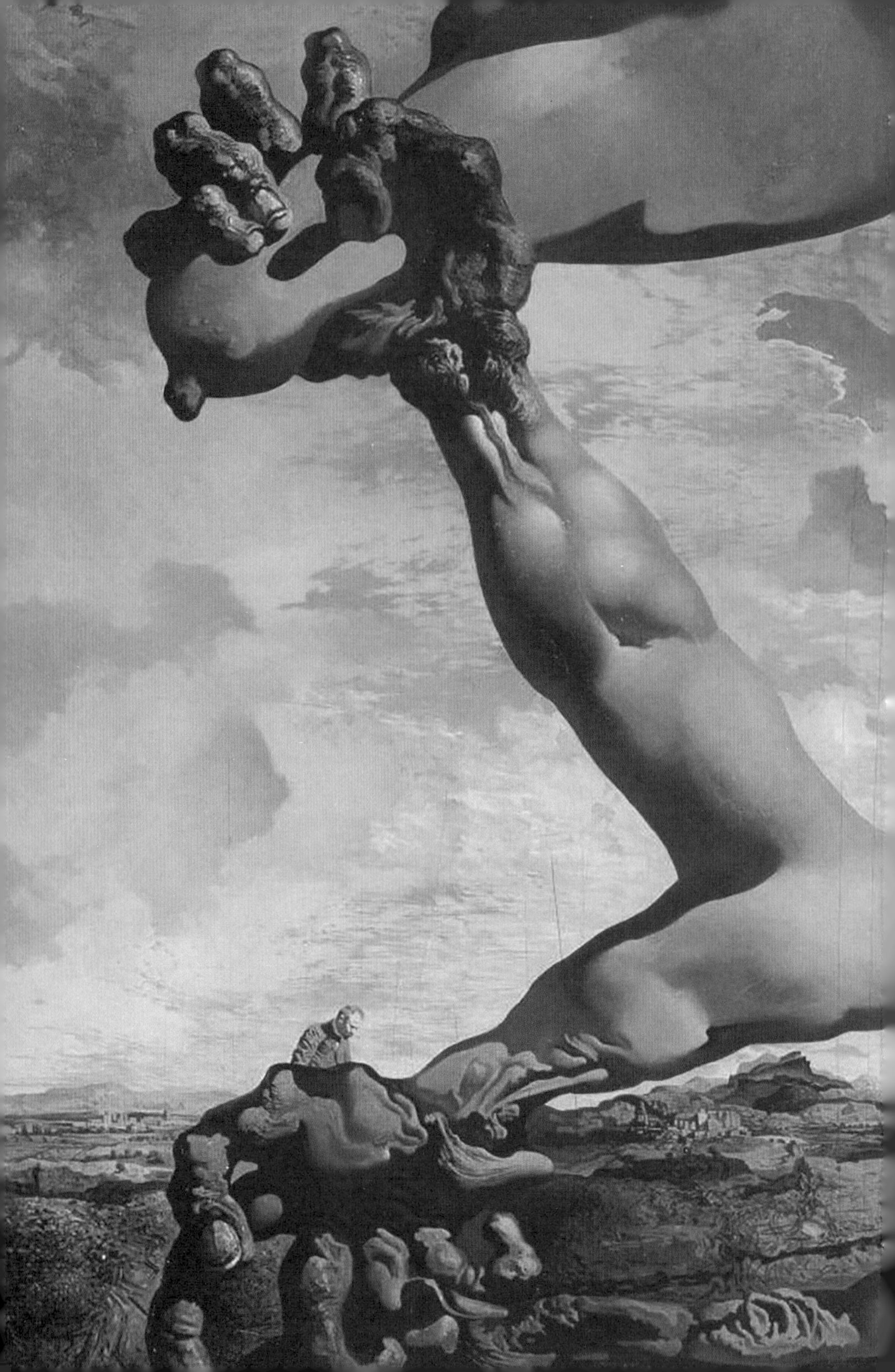